영유아 안전관리

천희영 문혁준 권희경 김민정 김정희 김혜금
김혜연 남옥선 서소정 안효진 정지나 최윤희

창지사

머 리 말

유엔아동권리협약은 아동이 자신의 생존과 보호 및 발달을 위한 권리를 마땅히 누리며 이 세상을 살아갈 수 있도록 아동에게 다양한 보호와 지원을 해야한다고 제시하고 약 20여 년 전 우리나라도 이를 비준하고 이행하고 있다.

그러나 첨단 기술 발전에 따른 급변하는 사회문화적 환경 속에서 아동의 안전과 보호를 위협하는 요인들은 여전히 존재하며 작용하고 있다. 사회 전반에 스며들어 있는 안전 불감증은 영유아기 아동의 생명을 위협하며 그들의 안전사고 가능성을 높이고 있다.

가정 내에서 영유아의 안전사고 발생률은 다른 사고발생 장소에 비해 지속적으로 높게 나타나고 있다. 영유아기 자녀를 둔 양육자들이 가정에서부터 영유아가 안전생활을 습관화하여 자신을 보호할 수 있는 능력과 기술을 익히도록 하는 안전교육자 및 가정의 안전관리자로서 역할을 충실히 수행하지 못함을 보여준다.

가정 바깥에서 영유아는 아주 어린 시기부터 오랜 시간을 영유아교육기관에서 보내게 되었다. 영유아교육기관은 안전한 시설과 설비를 갖추고 영유아의 안전을 보장하며 안전사고로부터 영유아들을 철저히 보호해야 할 더 많은 책무를 안게 되었다.

영유아 교사에게 안전지도 능력은 보육 직무의 수행 과정에서 영유아의 발달 특성을 토대로 영유아의 생활안전을 지원하는 중요 능력단위로서 요구된다. 영유아교육 현장의 교사는 영유아의 안전 관련 전문지식을 바탕으로 정기적인 영유아 안전교육 실시, 기관의 실내 · 외 안전관리, 가정과 연계한 생활 속 안전행동 실천과 영유아의 안전사고 대처방법 숙지를 위해 노력해야 한다.

본서는 교사교육 차원에서 이와 관련한 중요 내용을 담고 있다. 한국보육진흥원에서 요구하는 아동안전관리 교과목의 성격, 즉 영유아기에 발생할 수 있는 다양한 안전사고의 특성, 예방 및 대처하는 방법을 익히는 데서 나아가 영유아의 안전사고에 대한 책임과 주의의무를 자각하고 안전한 보육서비스를 제공하는 교사로서의 자질을 기르는 교과목 성격에 맞게 강의가 가능하도록 준비되었다.

본서의 집필진은 각 대학에 재직하며 아동의 안전관리 관련 강의 및 연구 경력뿐만 아니라 실제적 현장 경험을 두루 갖춘 저자들로 구성되었다. 본서의 내용은 최근 개정된 교육과정과 안전교육 및 안전관리 관련 법규의 개정사항을 반영하고 최신 자료를 바탕으로 한 학기 강의계획에 맞춰 총 12장으로 구성하였다. 그리고 학부생 수준에서 영아와 유아를 위한 안전관리와 안전교육의 이론과 실제를 쉽게 이해하고 익힐 수 있도록 내용을 기술하였다.

영유아교육 관련 분야 즉 유아교육, 아동학, 보육학, 아동복지 분야의 예비 영유아교사는 물론 영유아교육기관의 교직원과 자녀의 안전에 관심이 있는 양육자들에게도 본서가 적절히 활용되기를 기대해 본다.

집필진은 본서의 부족한 부분에 대한 비판과 충고를 열린 마음으로 받아들이며 앞으로 보완해 나갈 것을 약속드린다.

마지막으로, 오래 전부터 영유아교육 관련 분야의 전문도서 출판에 지속적인 관심을 가지고 기꺼이 본 개정판의 출판을 맡아 수고해 주신 창지사의 노고에 진심으로 감사드린다.

2020년 8월

저자 일동

차 례

CHAPTER 1

영유아와 안전

영유아 안전사고는 우연하게 발생하는 것이 아니라 반드시 사고를 발생시킬 만한 원인이 있고 사고 발생의 예측이 가능하므로 영유아를 돌보는 영유아교육기관 교사들의 안전사고 예방 능력과 보호적 조치가 무엇보다 중요하다. 따라서 예비교사 및 현직 교사들이 영유아 안전사고의 위험성과 심각성에 대해 인식하고 영유아가 다칠 수 있는 위험을 사전에 제거하며 안전한 환경을 만들기 위해 노력할 수 있도록 본 장에서는 영유아 안전의 개념과 안전교육의 필요성, 영유아 안전사고의 실태, 영유아 안전사고 예방과 대비 등에 대해서 살펴본다.

1. 영유아 안전의 개념과 안전교육의 필요성

1) 영유아 안전의 개념

사고는 계획하지 않았거나 기대하지 않았는데도 불구하고 일어난 사건을 의미하며 비교적 단시간에 그리고 비의도적으로 작용하는 외적 에너지에 의해 상해가 초래되어(한국산업안전공단, 1995) 신체적, 정신적, 경제적 고통이나 불편을 야기하고 치료를 필요로 하는 것으로 정의된다. 사고의 종류와 형태는 다양하며 사고의 경중에 따라서 경상, 중상, 신체 장애 등과 최악의 경우 사망까지로 구분할 수 있으며 사고는 사망, 질환, 상해의 피할 수 없는 원인이 된다.

반면 안전은 뜻하지 않은 사고로부터 정신적, 신체적 상해의 위험 가능성이 없는 편안하고 안정된 상태를 말하며, 위험 가능성을 줄이도록 물리적 환경을 고쳐 사고를 감소시키는 것을 의미한다(Marotz, Cross, & Rush, 1997). 따라서 좁은 의미에서 영유아 안전이란 영유아가 신체적 상해가 없이 건강하게 보호되는 수준을 의미하며, 넓은 의미에서의 영유아 안전은 단순히 신체적 상해뿐만 아니라 정신적, 정서적인 문제로부터도 보호되는 상태를 의미하고 나아가 학대받거나 방치되지 않는 영유아 보호까지를 포함한다.

영유아는 성장하는 과정에서 그 어느 시기보다 크고 작은 사고로 장해를 입거나 사망으로 이어지기 쉬운 시기이다. 과거에는 사고를 단순히 운이 나빠서 일어난 것으로 치부하거나 아이들은 다치면서 성장한다고 생각하여 사고의 발생 원인에 대해서 간과하는 경향이 있었으나 최근에는 질병과 마찬가지로 사고도 원인이 있으며 사고의 원인을 제거하거나 개선하게 되면 사고 예방이 가능하다는 인식으로 바뀌고 있다.

즉, 사고란 예측할 수 없는 일이 아니라 예측 가능한 범위 안에서 발생하며 성인의 철저한 사전 대책이나 감독에 의해 관리될 수 있다는 것이다(Berman & Fromer, 1991). 따라서 영유아의 안전은 성인 보육자가 사고의 발생 원인을 제거하거나 개선하여 안전한 환경을 제공할 때 담보되는 것이며 영유아에게 주변의 위험에 대해 알려 주고 대처방법을 지도함으로써 가능하다.

2) 영유아 안전교육의 필요성

영유아에게 일어나는 우발적인 사고를 예방하기 위한 방법은 크게 두 가지로 나누어 생각해 볼 수 있다. 하나는 사고가 일어날 수 있는 환경적 요인을 변화시키는 것이고, 다른 하나는 사고를 유발할 수 있는 영유아의 행동을 교육을 통해 변화시키는 것이다. 환경적 요인을 변화시키는 것은 각 사고별로 환경 내 위험요인을 찾아내어 안전시설과 설비를 완비하는 일이다.

사고를 미연에 방지하는 데에는 물리적 환경의 안전 측면도 강조되어야 하지만 모든 위험요소를 제거하거나 개선하는 것은 불가능하므로 안전교육을 통해 사고를 예방하는 것이 무엇보다 중요하다. 안전교육은 사고에 대한 예방교육을 실시함으로써 사고가 일어날 수 있는 상황을 판단하여 미연에 방지하는 것이다. 안전교육이란 일반적으로 안전을 위협하는 여러 요소로부터 건강한 생활을 유지하기 위한 적극적인 방법으로서 사고의 위험을 사전에 방지하고 또한 사고에 대한 대책을 마련하여 그 피해를 줄이기 위한 방법을 주된 내용으로 하는 교육을 의미한다(이영환 · 임옥희 · 원은실, 2004). 또한 안전교육은 상해, 사망, 또는 재산의 피해를 일으키는 불의의 사고를 예방하는 것으로서 안전행동에 기여하는 습관, 기능, 태도 및 지식에 긍정적으로 영향을 미치는 총체로 정의할 수 있다.

영유아기 사고는 예후가 좋지 않고 영유아 스스로 위험을 감지하고 피하는 능력이 결여되어 있기에 영유아를 돌보는 성인들은 영유아가 위험한 상황에 놓이지 않도록 배려해야 하며 위험에 노출될 경우 자신을 스스로 보호할 수 있는 방어 능력을 신장시켜 주어야 한다. 안전교육을 통해 영유아는 위급한 상황에서 안전하게 자신을 지킬 수 있으며 타인의 안전도 배려할 수 있게 된다. 안전교육을 통해 습득된 개인의 안전 자각과 보호 기술은 영유아로 하여금 잠재적으로 위험한 상황을 인식하게 하고 위급상황에서 무엇을 어떻게 해야 할지 어떻게 도움을 받아야 할지를 결정하는 데 도움을 준다. 안전교육을 통해 얻어진 안전 지식과 안전 습관 형성은 단순한 지시나 감독에 의한 것보다 영구적인 효과를 갖는다.

영유아기는 모든 생활습관의 기초를 형성하는 시기이며 사회적 규칙이나 질서에 대한 태도를 확립하는 시기이므로 이 시기에 주변 환경이나 대상에 대해 안전하고 건강한 생활 태도와 습관을 형성할 수 있도록 지도해야 한다. 뿐만 아니라 영유아기는 자신의 행동을 조절하고 스스로 일을 해결하는 기술을 배우는 시기이므로 부모와 교사는 비형식적인 방법과 형식적인 방법 모두를 사용하여 안전교육을 시작해야 한다. 안전에 관해 영유아가 일찍 배우게 되면 보다 자연스럽게 안전 태도가 형성되고 안전한 행동이 습관화되어 사고 발생률이 줄어들게 될 것이다.

2. 영유아 안전의 실태

1) 영유아 안전사고 발생 현황

안전사고는 우리나라 영유아의 주요 사망 원인이다. 통계청의 2018년 사망원인통계에 따르면, 2018년도 0~19세 총 사망자 수는 1,549명이고, 이 중 안전사고로 인한 사망자 수는 300명으로 안전사고 사망 비율은 19.4%이었다. 연령별로는 0세가 사망자 931명 중 영아돌연사 74명으로 7.9%의 안전사고 사망 비율을 나타내었으며, 1~9세의 안전사고 사망 비율은 28.4%로 10~19세의 안전사고 사망 비율 24.1%보다 더 높았다(통계청, 2019).

〈표 1-1〉 2018년도 0~19세 안전사고 사망자 수 및 비중

(단위: 명, %)

구분	계	0세	1~9세	10~19세
사망자	1,549	931	257	636
안전사고 사망자	300	74	73	153
비중	19.4	7.9	28.4	24.1
비고		영아돌연사증후군 74	*운수사고 38 *추락사고 23 *익사사고 12	*운수사고 118 *익사사고 19 *추락사고 9 *화재사고 7

출처: 통계청(2019).

우리나라 아동(0~14세) 안전사고 사망률은 1990년대 이후 OECD(경제협력개발기구, Organization for Economic Cooperation and Development) 국가 중 가장 크게 감소하였다. 2015년 기준 OECD 32개국의 인구 10만 명당 아동 안전사고 사망률 평균은 3.1명이었으며, 우리나라는 2.8명으로 전체 순위는 12위였다. 2005년에는 OECD 평균(5.5명)보다 2.6명 더 높은 8.1명으로 OECD 26개국 중 5위이었다. 2015년 기준 OECD 국가의 아동 안전사고 유형별 사망률을 살펴보면, 우리나라는 OECD 평균보다 운수, 추락, 질식 사고 사망률이 높고, 익사, 화재, 중독 사고 사망률은 낮았다. 특히 추락사고 사망률은 OECD 32개국 중 4위, 질식사고 사망률은 8위라는 비교적 높게 나타났다.

〈표 1-2〉 OECD 국가 아동(0~14세) 사고유형별 사망률 및 순위(2015년)

(단위: 명, 인구 10만 명당)

	OECD 평균	1위	2위	3위	한국 평균 (순위)
전체사고	3.7	터키(9.8)	미국(9.2)	에스토니아(8.6)	3.9(9위)
비의도적 사고	3.1	터키(9.3)	에스토니아(7.1)	미국(7.1)	2.8(12위)
운수	1.1	터키(3.8)	라트비아(3.7)	미국(2.3)	1.2(12위)
추락	0.2	룩셈부르크(1.1)	터키(0.6)	라트비아(0.3)	0.3(4위)
익사	0.5	라트비아(1.3)	미국(1.0)	뉴질랜드(1.0)	0.4(15위)
질식	0.5	뉴질랜드(2.5)	미국(2.2)	에스토니아(1.4)	0.6(8위)
화재	0.2	아이슬란드 (1.5)	에스토니아(1.0)	터키(0.5)	0.1(19위)
중독	0.1	에스토니아(0.5)	헝가리(0.4)	슬로바키아(0.2)	0.0(14위)

출처: 통계청(2018).

주: 1) 전체사고는 의도적 사고(자·타살)+비의도적 사고(운수, 추락, 익사, 질식, 화재, 중독 사고)임.
2) 중독 사고는 한국 포함 19개국 사망률이 0.0임. 13개국만 0.1~0.5의 사망률을 보임.

2018년 사망원인통계(통계청, 2019)에 의하면, 우리나라 14세 이하 아동의 안전사고 사망자 수는 2013년부터 2018년까지 매년 평균 약 214명이지만 2016년부터는 연간 200명 이하로 감소하고 있다. 사망자 유형별로는 2013년부터 2018년까지 교통사고로 인한 사망이 매년 평균 약 87명으로 가장 많았고, 익사 29명, 추락사 28명, 화재 사망 8명, 중독사 약 2명 순으로 연간 평균 사망자 수를 기록했다.

〈표 1-3〉 연도별 아동 안전사고 사망자 유형별 현황(14세 이하)

(단위: 명)

구분	2013	2014	2015	2016	2017	2018	평균
교통사고	121	80	103	87	75	54	86.7
추락	37	31	28	19	26	28	28.2
익사	41	36	28	28	24	18	29.2
화재	15	5	10	5	7	8	8.3
중독	2	2	0	1	2	4	1.8
기타	71	61	56	56	62	51	59.5
계	287	215	225	196	196	163	213.7

출처: 통계청(2019).

주: 1) 교통사고는 도로에서 발생한 차량사고를 의미.
2) 추락은 미끄러지거나 넘어지는 사고를 포함.

2014~2016년도 우리나라 14세 이하 아동의 연령별 안전사고 사망원인 순위를 살펴보면, 전체적으로 운수사고가 42.5%로 가장 많았고, 질식사고(17.9%), 익사사고(14.5%), 추락사고(12.3%), 화재사고(3.1%) 순이었다. 0세아는 질식사고(61.8%), 운수사고(12.2%), 추락사고(8.4%), 익사사고(3.8%) 순으로 나타났으며, 1~4세는 운수사고(45.7%), 추락사고(19.1%), 익사사고(12.2%), 질식사고(10.6%), 화재사고(1.6%) 순으로 나타났다. 5~9세는 운수사고(56.1%), 익사사고(16.8%), 추락사고(10.4%), 질식사고(5.2%), 화재사고(4.6%) 순으로 나타났고, 10~14세는 운수사고(49.3%), 익사사고(24.3%), 추락사고(9.0%), 화재사고(6.3%), 질식사고92.8%) 순으로 나타났다. 즉, 0세아의 사망사고의 원인은 질식사고와 운수사고가 많고, 1~4세는 운수사고와 추락사고로 인한 사망사고가 많으며, 5~14세는 운수사고와 익사사고로 인해 사망하는 비율이 높게 나타났다(통계청, 2018). 이 같은 결과는 아동의 연령별로 안전사고 사망 원인이 다르다는 것을 보여주는 것으로, 안전사고 예방에 보다 더 주의를 기울여야 함을 시사한다.

〈표 1-4〉 2014~2016년도 우리나라 0~14세 아동 연령별 안전사고 사망원인 순위

(단위 : 명, %)

사망 원인	사망자 수					사망자 수 구성비				
	계	0세	1~4세	5~9세	10~14세	계	0세	1~4세	5~9세	10~14세
전체	636	131	188	173	144	100.0	100.0	100.0	100.0	100.0
운수사고	270	16	86	97	71	42.5	12.2	45.7	56.1	49.3
추락사고	78	11	36	18	13	12.3	8.4	19.1	10.4	9.0
익사사고	92	5	23	29	35	14.5	3.8	12.2	16.8	24.3
질식사고	114	81	20	9	4	17.9	61.8	10.6	5.2	2.8
화재사고	20	0	3	8	9	3.1	–	1.6	4.6	6.3
중독사고	3	0	1	2	0	0.5	–	0.5	1.2	–
기타 외인	59	18	19	10	12	9.3	13.7	10.1	5.8	8.3

출처: 통계청(2018).

영유아 안전사고가 자주 발생하는 시기나 상황은 무엇보다 부모나 보육자의 감독이 소홀해지는 경우에 발생한다. 특히 영유아교육기관에서 일어나는 사고는 다른 영유아가 다치거나 아파서 일과 진행이 중단된 경우, 교사가 아프거나 결석한 경우, 영유아가 활동에 참여하지 않고 배회하는 경우, 영유아가 너무 배가 고프거나 피곤한 경우, 견학이나 새로운 장소에 갔을 경우, 늦은 오전이나 늦은 오후 시간에 빈번하게 일어난다(Kendrick, Kaufmann, & Messenger, 1991).

한국소비자원(2019)의 아동 발달단계별 주요 위해유형 현황을 살펴보면, 추락, 미끄러짐·넘어짐, 부딪힘 사고는 모든 발달단계에서 상위권을 차지하였으나, 연령이 증가할수록 추락 비중은 점차 낮아지고 미끄러짐·넘어짐 사고 비중은 점차 증가하는 것으로 나타났다. 부딪힘 사고는 걸음이 서툰 걸음마기에 26.7%로 가장 높게 나타났고 이후 유아기와 학령기에 각각 24.6%, 18.1%로 비중이 점차 낮아졌다. 고온물질로 인한 위해는 연령이 증가할수록 고온물질의 위험성에 대해 학습함에 따라 점차 감소하는 것으로 나타났다.

〈표 1-5〉 아동 발달단계별 주요 위해유형(2014~2018년)

(단위 : 명, %)

순위	영아기	걸음마기	유아기	학령기
1	추락 (5,400건, 48.6%)	미끄러짐 · 넘어짐 (16,582건, 27.1%)	미끄러짐 · 넘어짐 (8,461건, 30.5%)	미끄러짐 · 넘어짐 (7,970건, 32.2%)
2	부딪힘 (1,451건, 13.1%)	부딪힘 (16,385건, 26.7%)	부딪힘 (6,821건, 24.6%)	부딪힘 (4,489건, 18.1%)
3	미끄러짐 · 넘어짐 (1,089건, 9.8%)	추락 (9,934건, 16.2%)	추락 (4,295건, 15.5%)	추락 (2,721건, 11.0%)
4	고온물질로 인한 위해 (766건, 6.9%)	눌림 · 끼임 (4,749건, 7.7%)	눌림 · 끼임 (2,260건, 8.2%)	베임 · 찔림 (1,881건, 7.6%)
5	이물질 삼킴/흡입 (569건, 5.1%)	이물질 삼킴/흡입 (4,730건, 7.7%)	이물질 삼킴/흡입 (1,759건, 6.3%)	식품섭취로 인한 위해 (1,775건, 7.2%)
6	식품섭취로 인한 위해 (526건, 4.7%)	베임 · 찔림 (2,590건, 4.2%)	베임 · 찔림 (1,357건, 4.9%)	눌림 · 끼임 (1,432건, 5.8%)
7	눌림 · 끼임 (495건, 4.5%)	고온물질로 인한 위해 (2,263건, 3.7%)	식품섭취로 인한 위해 (998건, 3.6%)	충돌추돌 등 물리적 충격 (1,331건, 5.4%)
8	베임 · 찔림 (354건, 3.2%)	식품섭취로 인한 위해 (1,531건, 2.5%)	충돌추돌 등 물리적 충격 (488건, 1.8%)	이물질 삼킴/흡입 (768건, 3.1%)
9	충돌추돌 등 물리적 충격 (132건, 1.2%)	충돌추돌 등 물리적 충격 (850건, 1.4%)	고온물질로 인한 위해 (413건, 1.5%)	동물에 의한 상해 (730건, 2.9%)
10	동물에 의한 상해 (84건, 0.8%)	동물에 의한 상해 (505건, 0.8%)	동물에 의한 상해 (337건, 1.2%)	파열 · 파손 · 꺽여짐 (414건, 1.7%)

출처: 한국소비자원(2019).

2) 영유아의 특성과 안전사고

대체로 모든 연령에서 남성이 여성보다 안전사고로 인한 상해율과 사망률이 더 높은데 취학 전 영유아의 안전사고 발생율도 남아가 여아보다 더 높다. 주요 원인은 남아가 여아보다 사고로 이끄는 놀이에 더 많이 노출되며 위험을 감수하고 거친 놀이를 하기 때문이다. 그리고 시골에 사는 영유아가 도시에 사는 영유아보다 안전사고와 관련된 사망의 위험이 더 높은데, 시골에 사는 영유아는 익사, 자동차사고, 화재사고와 같은 위험에 노출되기 쉽기 때문이다. 반면 도시에 사는 영유아는 시골에 사는 영유아보다 심각한 사고 위험은 더 높지만 병원이 가까이 있어서 사망률은 더 낮다. 한편 정서적·행동적 문제를 갖고 있는 영유아와 주의력이 부족하고 쉽게 산만해지는 영유아, 신체적·심리적으로 발달 장애를 갖고 있는 영유아 또한 안전사고로 인한 상해율 및 사망률이 더 높다(Marotz et al., 1997; Robertson, 1998).

안전사고로 인한 영유아의 상해 발생률은 0~2세에서 차츰 증가하여 2~4세에 절정에 이르고 이후 점차 감소한다(Mathney, 1988). 또한 영유아의 연령에 따라 다른 상해 기제가 나타난다. 스웨덴의 0~3세 영유아가 있는 가정을 대상으로 상해의 사회 인구학적 요인을 조사한 Hjern, Ringback-Weitoft와 Andersson(2001)에 의하면, 10~12개월은 이물질 흡입, 13~15개월은 화상, 16~18개월은 약물 이외의 것에 의한 중독, 24~30개월은 약물 중독 사고가 많았다. 연령별로 상해의 원인이 다르게 나타나는 것은 영유아가 성장하면서 어떤 상해 유형의 위험은 감소하는 반면, 다른 상해 유형의 위험은 증가할 수 있기 때문이다(Rivara, 1995; Sleet & Mercy, 2002).

일반적으로 영유아는 위험상황을 잘 인식하지 못하고 자신의 관점과 다른 사람의 관점을 구별하지 못하며 자기중심성이 강해서 안전사고가 발생하기 쉽다. 또한 영유아는 환상과 실제를 잘 구별하지 못하고 충동적으로 행동하며 균형을 유지하는 능력이나 운동 기능이 충분히 발달되어 있지 않아서 사고로 인한 피해를 크게 입는다(보건복지부, 1998). 이 같은 영유아의 발달적 특성에 대한 지식은 영유아들을 안전하게 보호할 수 있는 기초가 되므로 영유아의 발달적 특성에 따른 위험요인을 성인 보육자가 숙지하고 대처방법을 제공한다면 사고를 미리 예방할 수 있다.

영유아의 연령별 발달 특성과 자주 발생하는 안전사고 유형을 살펴보면 다음과 같다(박은혜 · 김혜금 · 남궁선혜, 2005).

(1) 1~4개월

발달 특성	자주 발생하는 사고 유형
• 하루 대부분 잠을 잔다. • 소리 나는 방향으로 얼굴을 돌린다. • 물건을 보려고 애쓴다. • 손에 닿는 것을 쥔다. • 눈으로 움직이는 것을 쫓는다. • 얼굴 표정이 드러난다. • 침을 흘리기 시작한다. • 낯익은 사람을 알아보고 웃는다. • 무릎 위에 세워 놓으면 뛴다. • 고개를 바로 할 수 있다. • 엎드려 놓으면 머리와 어깨를 움직인다. • 물건을 손으로 잡으려 한다. • 소리 내어 웃기 시작한다.	• 질식(이불이 아기의 얼굴을 덮거나, 수유 시 엄마의 유방이 아기의 코를 눌러서 숨이 막히게 되는 경우) • 젖을 빨 때 생기는 사고(엄마 젖이 너무 많이 흘러나오는 경우, 우유병의 젖꼭지 구멍이 너무 커서 생기는 사고)의 경우 – 사레들리거나, 한동안 숨이 막히거나, 젖을 토하는 부작용을 일으킴. • 토한 우유가 목에 걸리는 사고 • 안겨서 잘 때 엄마의 젖가슴이나 몸에 눌려 아기의 코와 입이 막히는 사고 • 영아돌연사(SIDS: Sudden Infant Death Syndrome)

(2) 5~8개월

발달 특성	자주 발생하는 사고 유형
• 혼자서 뒤집기를 한다. • 소리 내어 웃는다. • 단순한 의성어로 의사표시가 가능하다. • 도움을 받지 않고 혼자 앉는다. • 두 손으로 물건을 잘 쥔다. • 좋고 싫음이 분명해진다. • 몸을 뒤집고 기어 다니기 시작한다. • 지능이 발달하여 장난감을 빼앗으면 운다. • 숟가락을 가지고 혼자서 먹으려고 한다.	• 침대나 계단, 마루, 높은 의자 등에서 굴러 떨어지는 낙상 사고 • 앉아 있다가 옆이나 뒤로 넘어져 모서리에 머리를 부딪치는 사고 • 기어 다니면서 물체를 삼키거나 약품, 유독물질을 입에 넣는 이물질 흡입 및 중독사고 • 다리미, 밥솥, 난로 등을 만져 데이는 화상사고 • 늘어진 선이나 줄 또는 비닐봉지에 의한 질식사고

(3) 9~12개월

발달 특성	자주 발생하는 사고 유형
• 물건을 잡고 일어서기 시작한다. • 말을 알아듣는다. • 장난감을 감추면 찾기 시작한다. • 낯선 사람과 가족을 구별할 수 있다. • 엄마가 없어지면 불안해한다. • 잠자는 것 외에는 누워 있는 것을 좋아하지 않는다. • 물체를 쉽게 집어 올린다. • 물건을 붙잡고 걸음마를 시작한다. • 단순한 지시를 이해할 수 있다.	• 식탁보를 잡고 매달리거나 잡아당겨 음식물, 그릇 등이 영아에게 쏟아지는 사고 • 붙잡고 일어서다가 탁자 모서리에 머리를 부딪치는 사고 • 높은 창이나 베란다에서 떨어지는 낙상사고 • 욕조나 양변기 안으로 빠지는 익수사고

(4) 13~18개월

발달 특성	자주 발생하는 사고 유형
• 걷기도 하고 뛰기 시작하며 계단을 기어 올라 간다. • 서랍을 연다. • 의자나 계단에서 뛰어내린다. • 문이나 병마개 등을 열고 돌린다. • 흥미 있는 그림에 오랫동안 몰두한다. • 블록을 구멍에 맞게 넣는다. • 책을 2~3페이지씩 넘긴다. • 끊임없이 중얼거린다. • 신체 부위 등을 지적하고 따라한다. • 집안일 등을 흉내 낸다. • 내 물건에 대한 소유의식이 생긴다.	• 불완전한 보행으로 인해 넘어지거나 떨어지거나 부딪히는 사고 • 약품, 유독물질, 동전, 핀, 구슬 등을 삼켜서 생기는 중독 및 질식사고 • 커피포트의 끓는 물이나 뜨거운 음식에 데는 화상사고 • 파손된 장난감으로 인한 사고

(5) 19~36개월

발달 특성	자주 발생하는 사고 유형
• 달리고 높은 곳을 기어오른다. • 공간에 대한 판단력이 정확하지 않다. • 문을 열 수 있으며 옷장 속에 흥미를 가지고 탐색한다. • 공을 던진다. • 세발자전거를 탄다.	• 실내의 소파에서 놀다가 떨어져 책상모서리에 부딪히는 낙상사고 • 날카로운 물건에 베이거나 찰과상 등 출혈을 동반하는 사고 • 서랍장을 뒤지다가 서랍 사이에 손가락이 끼이는 사고 • 떡이나 젤리와 같은 음식물에 의한 질식사고 • 교통사고 • 놀이 중에 일어나는 사고

(6) 37~60개월

발달 특성	자주 발생하는 사고 유형
• 높은 곳에서 뛰어내리는 등의 모험적인 활동을 한다. • 대근육 활동을 즐긴다. • 모방 행동이 확장된다. • 집 이외에 동네나 이웃까지 활동 범위가 확대된다. • 집단놀이에 흥미를 갖는다.	• 운동 기능이 꽤 발달하게 되고, 위험에 대한 판단력도 생기기 때문에 잘못 삼키거나 질식과 같은 사고는 줄어든다. 그러나 사고를 냈을 때는 큰 사고를 일으키기 쉽다. • 넘어지고 떨어지는 사고가 골절, 탈구, 출혈과 같은 상해를 유발하고 생명의 위험에 이어지는 경우도 있다. • 계단의 높은 위치에서 뛰어내리는 것을 흉내 내다 발목을 삐는 낙상사고 • 놀이터사고

3. 안전사고 예방

안전사고는 예측할 수 없는 운에 의한 결과라고 여기는 것과 달리 다른 질병과 마찬가지로 고위험군과 위험인자가 있으며 이를 적절히 통제함으로써 예방이 가능하다. 특히 영유아는 위험에 대한 지식이나 대처능력이 부족하고 지각능력이 충분히 발달하지 못한 시기이므로 사고로 인한 사망률이 가장 높은 고위험군이며 사망에 이르지 않더라도 신체장애를 동반하기 때문에 적극적인 예방대책이 요구된다(임승지, 2003).

영유아 안전사고의 직접적인 예방방법은 위험요소의 점검, 위험요소의 제거방법 결정, 신속한 안전조치를 통한 위험요소 제거 등의 3단계 과정을 거치게 된다. 위험요소 점검 단계에서는 영유아의 입장에서 위험요소를 찾아보는데, 사고나 부상을 유발할 가능성이 조금이라도 있으면 위험요소로 간주한다. 즉, 화상, 중독, 질식, 감전, 익사, 베임, 미끄러짐, 걸려 넘어짐, 추락 등과 같이 영유아의 안전을 위협하는 모든 요인들을 찾아본다.

위험요소의 제거방법을 결정하는 단계에서는 위험요소를 제거하는 즉각적인 방법을 찾는 것이 우선이지만 제거가 어려우면 차선으로 위험요소를 감소시키는 보다 안전한 방법을 찾아본다. 차선의 방법으로는 영유아에게 위험요소를 인지시키고 안전 수칙을 지키도록 하거나 영유아가 다치지 않도록 관리 · 감독을 강화하는 것 등을 들 수 있다. 신속한 안전조치를 통한 위험요소 제거 단계에서는 위험요소를 점검하고 이에 따른 위험요소 제거 또는 감소방법이 결정되면 지체하지 않고 안전조치를 취하는 것이다. 위험요소는 방치하면 영유아가 다칠 수 있다. 특히 장기간 위험요소를 간과하면 영유아들이 위험요소에 무감각해지거나 소홀해지고 행동상으로도 주의가 결여되므로 위험하다.

영유아기 안전사고 예방을 위해 영유아에 대한 보호 · 감독, 안전교육, 시설 · 환경의 개선, 안전사고 대비, 지역사회 안전 네트워크 활용 측면에서 살펴보면 다음과 같다.

1) 영유아에 대한 보호·감독

영유아 보육자는 영유아의 연령별 위험요소를 잘 이해하고 안전사고가 발생하지 않도록 보호 · 감독을 철저히 해야 한다. 생후 1년이 되면 영아는 활동량의 범위가 점점 커지므로 늘 성인이 보는 안전한 장소에 있게 해야 하며, 2~3세 영유아는 끊임없이 움직이며 모방행동과 탐색행동을 즐겨하므로 혼자 있게 해서는 안 되고, 4~6세의 유아는 대근육 활동을 즐기므로 성인의 보호에서 벗어나기 쉬운데 사고의 위험을 미리 알려 주어야 한다(정인자 · 이재연, 1998).

영유아 안전사고가 가장 많이 일어나는 장소는 가장 안전하다고 믿고 있는 가정이며 영유아 안전사고의 60% 이상이 발생했다(한국소비자원; 2014, 2019). 부모가 함께 있거나 혹은 주변에 있음에도 불구하고 영유아 안전사고는 발생한다. 가정에서의 영유아 안전사고가 많은 이유는 가정 내에 존재하는 모든 환경적 요소들과 이용 가능한 물건들이 영유아에게는 사고를 유발하는 위험요인이기 때문이다. 따라서 부모를 비롯한 보육자가 가정 내에서 안전을 위협하는 요인들을 소홀히 생각하거나 영유아의 안전에 충분한 주의를 기울이지 못할 경우 사고의 발생 가능성은 더 높아지게 된다(김혜금, 2008b).

또한 부모가 부주의하거나 영유아에 대한 감독을 소홀히 하는 경우 가정 내 영유아 안전사고가 발생한다. 잠시라도 부모의 감독이 소홀한 경우 영유아는 상해를 입거나 사고사를 당할 수 있지만(Laden, Bauer, & Kohn, 2003), 부모가 상해의 위험요인에 주의를 기울이고 조심하면 가정 내에서 발생하는 영유아 안전사고의 90% 이상은 예방이 가능하다(Hall-Long, Schell, & Corrigan, 2001). 즉, 영유아의 안전은 예방적, 보호적 조치를 취하는 부모에 의해 증진될 수 있으며 영유아에 대한 적절한 감독은 부모의 중요한 책임이다. 영유아에 대한 보호 · 감독의 철저한 이행은 영유아의 안전을 확실히 하고 소송과 법적 문제의 어려움을 피할 수 있는 최선의 방법이다.

다음은 영유아의 연령별 위험요소와 사고 예방에 대한 내용이다(이기현 · 이은상 역, 2003).

(1) 1~4개월

위험 요소	예방 조치
화상	팔꿈치로 물의 온도를 점검(49℃ 미만)한다.
추락	영아에게서 등을 돌리고 있거나 테이블이나 침대에 있는 영아로부터 멀리 떨어져 있지 않는다.
장난감/질식	지름이 3.5cm 이상인 크기가 커서 삼킬 수 없고, 단단해서 부서지지 않으며 모난 곳이 없는 무독성 놀잇감을 선택한다.
날카로운 물체	핀이나 그 외 다른 날카로운 물체는 영아의 손이 미치지 않는 곳에 둔다.
질식	비닐봉지, 멜빵, 지퍼가 있는 가방, 푹신한 이불이나 베개로 숨 막히게 하거나 질식시킬 수 있으므로 사용하지 말고, 영아용 침대 매트리스는 단단하고 견고하여야 한다.

(2) 4~12개월

위험 요소	예방 조치
놀이 공간	성인 보육자가 영아 곁에서 노는 영아를 감독해야 한다.
목욕	팔꿈치로 물의 온도를 점검(49℃ 미만)하고 영아를 욕조에 혼자 두지 않는다.
놀잇감	지름이 3.5cm 이상인 크고 단단하며 모서리 진 부분이 없는 놀잇감이면서 부서지지 않아야 하며 부드러운 나무 재질이나 플라스틱 재질의 놀잇감이 좋다.
작은 물건들	단추, 구슬, 동전, 그 외의 다른 작은 물건들은 영아의 손이 닿지 않는 곳에 둔다.
중독	세제류, 약품류, 화장품 등은 영아의 손이 닿지 않는 곳에 둔다.
추락	영아가 높은 곳에 가지 않도록 감독하고 영아를 문간이나 계단 위에 앉혀 놓지 않는다.
화상	통풍장치와 난방기구 주변에 보호장치를 한다. 뜨거운 음료, 뜨거운 음식, 다리미의 전기코드, 커피포트 등은 영아의 손이 닿지 않는 곳에 둔다.

(3) 1~2세

위험 요소	예방 조치
현관문, 창문, 방문	문에 손 끼임 방지장치를 하고 창문에는 안전보호대를 설치한다.
놀이 공간	놀이 공간에 울타리를 하고, 작은 부품이 없고 부서지지 않는 재료로 된 단단한 놀잇감을 준다.
물	영아 혼자 욕조, 수영장 또는 주위가 개방되어 있거나 차가운 물가에 두지 않는다.
화학약품	모든 약, 독성제품, 화장품, 부식제 등 위험한 물건은 영아의 손이 닿지 않도록 한다.
화상	난방기 주변에 안전보호장치를 하고 주방에 들어가지 못하도록 하며 가스레인지에 보호대를 두르고 콘센트에 안전덮개를 부착한다.

(4) 2~3세

위험 요소	예방 조치
교통	교통 규칙에 대해 알려 주고 튼튼한 팔목 끈으로 영아가 차도에 가지 않도록 감독한다.
물	얕은 물가라도 영아 혼자 두어서는 안 되며 반드시 성인 보육자가 감독한다.
장난감	큰 장난감은 모서리가 둥글고 튼튼하면서 작은 부분으로 나누어 옮기기 쉬워야 한다.
화상	성냥이나 담배, 라이터는 영아들이 닿지 않는 곳에 보관하고 불의 위험을 가르친다.
위험한 물건	약, 가정용품, 정원용 독성제품, 위험한 도구와 공구, 부엌용품 등은 영아의 손이 닿지 않는 곳에 둔다.

(5) 3~6세

위험 요소	예방 조치
도구와 설비	유아의 손이 닿지 않는 안전한 곳에 두고 도구의 설비의 안전한 사용법을 가르친다.
화학약품과 화상	약품과 가정청소용 제품, 성냥 등 위험한 물건은 유아의 손이 닿지 않는 곳에 보관한다.
추락과 부상	낡은 냉장고, 깊은 구멍, 쓰레기 더미, 낡은 건물과 같은 위험 요소들이 있는지 놀이 공간을 점검한다.
익사	물의 위험성을 가르치고 수영하는 방법을 지도한다.
교통	교통 규칙과 위험성을 알려 주고, 교통 위험이 있는 곳에서는 보호자를 따르도록 지도한다.

2) 안전교육

사고 예방은 끊임없는 주의와 안전훈련의 실행만이 최선의 방법이다. 영유아의 안전은 예방적, 보호적 조치를 취하는 성인 보육자와 부모에 의해 증진될 수 있다. 그러나 상해 예방 노력을 하지 않고 상해가 우연히 일어나는 일이라고 생각하는 부모의 자녀에게서 안전사고가 많다. 부모가 자녀 스스로 위기 상황에 잘 대처할 수 있을 것이라고 과신하거나, 부모 자신이 영유아에게 위험한 상황이 무엇인지를 잘 모르는 경우 안전사고가 빈번하게 발생한다. 또는 부모가 자녀에게 나쁜 일이 생기지 않을 것이라고 단순하게 생각하거나 자녀 앞에서 위험한 행동을 아무렇지 않게 보여 주는 경우 영유아들은 위험에 노출된다(Hendricks & Reichert, 1996; Mickalide, 1994). 또한 반대로 부모가 지나치게 자녀를 보호하면서 영유아 스스로 위험에 대처할 능력을 증진시킬 기회를 주지 않는 경우에도 안전사고의 위험이 높다.

영유아들은 부모의 행동과 습관 등을 모방을 통해 자연스럽게 배우게 되므로 일상생활에서 부모가 안전벨트를 착용하거나, 횡단보도를 이용하는 등의 안전한 행동의 모범을 보이는 것은 바로 영유아를 위한 직접적인 안전교육이 될 수 있다(장영희 · 정미라 · 배소연, 1997). 따라서 영유아의 부모를 대상으로 영유아에 대한 적절한 감독과 안전한 행동의 모델링의 중요성을 알리는 안전교육이 이루어져야 한다. 이를 위해 영유아교육기관은 부모를 대상으로 하는 안전교육을 실시하여 부모들이 안전에 대한 지식을 가지고 안전한 태도를 형성하고, 안전한 행동을 실천할 수 있도록 해야 한다. 영유아교육기관과 연계한 안전교육은 가정 내 영유아 안전사고를 줄이고 영유아가 안전하고 건강하게 성장할 수 있도록 한다.

한편 영유아교육기관에서는 안전을 위한 일일 및 수시, 정기점검과 각종 비상사태에 대비한 계획과 교육 훈련을 실시해야 한다. 비상계획에는 비상사태 시 업무분담, 비상연락망(부모, 유관기관, 직원), 대피장소와 그곳에 이르는 통로 등이 포함되어야 한다. 그리고 영유아가 자신이 놓인 상황을 판단해서 재빨리 대처할 수 있는 능력을 길러 주기 위해 단순히 말로만 가르치는 것이 아니라 체험을 통해 배울 수 있도록 안전교육을 실시해야 한다.

영유아교육기관에서 영유아를 대상으로 의무적으로 실시해야 하는 안전교육의 기준은 「아동복지법」 제31조 제1항 및 동법 시행령 제28조 제1항에 제시되어 있는데, 교통 안전교육(2개월에 1회 이상, 연간 10시간 이상), 실종·유괴의 예방·방지 교육(3개월에 1회 이상, 연간 10시간 이상), 감염병 및 약물의 오용·남용 예방 등 보건위생관리교육(3개월에 1회 이상, 연간 10시간 이상), 재난대비 안전교육(6개월에 1회 이상, 연간 6시간 이상), 성폭력 및 아동학대 예방 교육(6개월에 1회 이상, 연간 8시간 이상)을 실시하도록 되어 있다. 또한 영유아교육기관에서는 매월 화재 안전교육을 실시하고 기타 동·식물 안전, 급식안전, 기계와 도구에 대한 안전, 물놀이 안전, 운동 안전 등 다양한 안전교육을 실시하여 영유아로 하여금 주변의 위험요인을 인식하고 스스로 안전한 생활을 할 수 있도록 해야 한다.

3) 시설·환경의 개선

시설·환경의 개선은 사용자가 항구적이고 지속적인 행동수정을 하지 않아도 되므로 단기간에 효과적으로 안전사고 발생률을 줄일 수 있다. 가정과 영유아교육기관에서는 영유아의 안전에 역점을 두고 사고 발생 원인과 가능성을 줄이기 위해 실내 · 외 환경을 항상 점검하여 위험이나 사고의 요소를 인식하고 가능한 빨리 그 요소를 제거해야 한다. 그리고 위험이나 사고의 요소를 제거할 수 없으면 항상 그것에 대해 주의 · 경계하고 또 다른 위험이나 사고의 요소를 첨가하지 않아야 한다.

위험이나 사고의 요소를 제거하기 위해서 가정과 영유아교육기관에서는 시설 · 설비와 비품, 영유아용품 등을 영유아의 특성에 맞도록 안전한 것으로 구입 · 설치해야 한다. 영유아 안전사고를 방지할 수 있는 안전용품으로는 잠금장치, 창문 및 출입문 손 끼임 방지장치, 전기안전용품, 모서리 충격흡수 보호대, 미끄럼 방지패드, 스위치커버, 안전문 등이 있다.

또한 영유아교육기관에서는 교사를 비롯한 모든 직원들이 문서화된 안전점검 목록표, 일지 등을 사용하여 실내 · 외 시설 · 설비와 비품, 놀잇감, 영유아용품 등이 안전한지 연간, 월간, 주간, 일일 단위로 점검 · 기록하고 위험요소가 발견되거나 파손된 곳이 있을 경우 즉시 수리 · 보완하여야 한다. 특히 영유아교육기관의 설립자는 「민법」 제758조 제1항의 규정에 따라 영유아교육기관 시설물 설치 · 관리상의 하자로 인하여 영유아가 사고를 당한 경우 당해 시설의 설치 · 경영자로서 손해배상 책임을 지게 되므로 정기적으로 시설물의 안전점검을 통해 영유아교육기관 내에서 발생 가능한 안전사고를 예방하도록 조치해야 한다.

영유아교육기관에서 안전점검 대상에 포함되어야 할 시설 · 설비는 다음과 같다(원중연, 2006). 첫째, 건물, 벽체 등의 시설의 노후 여부를 파악하고 개보수를 통해 안전하게 관리해야 하며, 둘째, 그네, 미끄럼틀, 시소, 목마, 정글짐 등 놀이시설물의 위험도를 점검하여 안전하게 관리하고, 셋째, 난방 및 취사시설, 예를 들어 보일러 시설, 난방 유류 및 가스, 전열기구, 가스레인지, 가전제품 등의 안전점검을 정기적으로 실시하고, 넷째, 화장실, 하수구, 정화조 등의 위생시설의 현황을 점검하고 관리해야 하며 기타 시설 · 설비로 담장 및 축대시설, 유원장(놀이터)의 돌멩이, 옥내 · 외 계단 등의 안전도를 관리해서 영유아에게 위험한 요인을 사전에 제거하고 안전한 환경이 되도록 해야 한다.

4) 안전사고 대비

가정과 영유아교육기관은 안전사고 발생 시 적절하게 대처하여 피해를 최소화할 수 있도록 사고 처리 절차나 대비책을 마련하여야 한다. 특히 영유아교육기관은 인근 소방서, 경찰서, 병원 등과 비상연락체계를 구축하고, 평소 교직원들이 영유아를 위한 응급처치법과 심폐소생술에 대해 관심을 가지고 반복적, 지속적으로 지식과 기술을 익혀서 위급한 상황에도 당황하지 않고 효과적으로 활용할 수 있도록 해야 한다. 그렇지 않으면 최소한 이러한 훈련을 받은 사람이나 기관과 긴밀한 관계를 유지하여야 한다.

(1) 안전사고 대응 및 처리 매뉴얼

안전사고가 발생되면 최단 시간 내 여러 조치들이 적절하게 이루어져야 하므로 체계적 대응 절차가 없을 경우 평소 충분히 할 수 있는데도 불구하고 제때제때 해야 할 조치를 간과하게 된다. 체계적인 대응 절차를 위해서는 응급 상황 발생 시 취할 조치가 잘 정리된 안전사고 대응 및 처리 매뉴얼을 영유아교육기관 사정에 맞게 구비하고 교직원 모두가 숙지하여 사고 발생 시 교직원이 '심각하고 긴급한 상황'인지 여부를 신속 · 정확하게 판단해서 전체 교직원들과 관련 기관에 조속히 알리고 적절한 조치가 적시에 이루어지도록 해야 한다. 이와 함께 응급 상황이 수습단계로 접어들면 사고 상황에 대한 일지를 작성하여야 한다. 상황일지는 대응과정에 대한 향후 검토 · 평가 자료가 될 수 있다(김혜금, 2016).

(2) 실전 모의훈련

안전교육 및 훈련의 기본원칙은 안전사고 대응 및 처리 매뉴얼을 평상시 교육과 다양한 상황을 가정한 모의훈련을 통해 숙지하고 실제 안전사고 발생 시 실천하는 것이다. 안전사고가 발생하면 영유아교육기관의 초기 위기대처 능력에 따라 피해 규모가 결정되므로 신속하고 효과적인 대처능력 확보를 위해서는 모의훈련도 정기적 · 지속적으로 실시되어야 한다. 모의훈련은 안전사고 상황별로 영유아교육기관과 안전관련 행정기관(소방서, 보건소, 병원 등)이 협업하고 영유아교육기관의 자발적 참여로 실시되어야 한다. 또한 안전교육과 모의훈련 과정에서는 응급처치 요령과 심폐소생술을 실습도구를 이용한 체험교육을 통해 숙지해야 한다(김혜금, 2016).

(3) 사고 발생 시 신속 · 정확한 보고

사고발생 시 신속 · 정확한 보고를 하면 보고한 교직원과 기관의 잘못이 드러나 학부모들의 신뢰가 추락하고 행정적 · 법률적 책임을 부인하기 어렵다는 생각에 신속 · 정확한 알림과 사실 보고가 급한 시간에 당황하고 망설이며 상황을 축소하고 책임을 회피하거나 전가하는 경우가 있다. 따라서 이런 부적절한 대처를 막기 위해서는 신속 · 정확한 알림과 상황 보고를 하는 것이 어떤 변명이나 회피보다 손해를 덜 입도록 지지되어야 한다.

(4) 보호 · 감독의무와 손해배상책임

영유아교육기관 교사들은 대리양육자로서 영유아를 보호 · 감독할 의무를 지니고 있으므로 안전사고의 법적 책임 한계를 잘 알고 있어야 한다(김혜금, 2008a). 영유아교육기관에서의 영유아의 안전에 대한 책임과 의무를 소홀히 한 경우, 이는 직무태만에 해당되며 직무태만은 안전교육과 안전관리를 소홀히 한 데서 비롯된다. 영유아교육기관 교사들이 안전사고에 대하여 지게 되는 책임은 「민법」 제755조에 의하여 부모를 대신하여 영유아를 관리하여야 할 책임이 있다는 데 그 근거를 둔다. 즉, 영유아교육기관의 안전사고는 영유아의 부주의나 영유아 간 다툼으로 인해 발생하는 경우가 많은데, 이 같은 경우처럼 교사의 고의 또는 과실에 의하지 아니하고 발생한 손해에 대해서도 교사의 배상책임이 인정된다. 「민법」 제755조에 의하면 책임무능력자가 그의 위법행위에 대한 배상책임을 부담하지 않는 경우에는 그 책임무능력자를 감독할 법정의무가 있는 자(친권자 등)와 감독의무자에 갈음하여 무능력자를 감독하는 자는 그 감독을 게을리하지 않았음을 입증하지 못하면 그 책임무능력자가 제3자에게 가한 손해를 배상할 책임이 있다고 명시하고 있다.

5) 지역사회 안전 네트워크 활용

영유아를 위한 안전한 환경을 마련하기 위해서는 각 가정과 개별 영유아교육기관에 의한 안전관리 노력과 함께 안전에 대한 사회·문화적 가치 정립, 영유아 안전사고를 예방하는 정책 수립, 지역사회의 안전 네트워크(network) 구축과 같은 환경적 요인도 중요시하여야 한다(Soubhi, Raina, & Kohen, 2004).

지역사회의 안전 네트워크란 영유아교육기관의 영유아 안전과 관련된 지역사회의 모든 자원, 즉 보건소, 병원, 소방서, 파출소, 가스·유류 등의 안전상태를 점검하는 유관기관, 안전교육기관, 행정관청, 학교, 시민단체, 기타 지역사회의 다양한 안전 관련 기관을 체계적으로 조직화하여 영유아교육기관에서 이들 자원을 효과적으로 활용할 수 있도록 하는 시스템을 말한다(김혜금, 2008c). 지역사회 안전 네트워크는 영유아교육기관과 지역사회를 연결하는 중간체계로서 영유아를 위한 안전문화를 만드는 데 중요한 요인이 되며(Mercy, Sleet, & Doll, 2003) 영유아의 안전사고 예방과 대처에 있어서 효율성을 높인다.

지역사회 안전 네트워크의 역할로는 영유아교육기관과 지역사회 간 안전관리와 사고 예방을 위한 가교적 역할 수행, 영유아교육기관의 안전을 도모하기 위한 각종 계몽, 선도, 교육, 지도, 자문 및 협력사업 수행, 영유아 안전사고 및 위험 발생 시 긴급협력 및 사후처리 등을 들 수 있다.

CHAPTER 2

2019 개정 누리과정과 제3차 어린이집 표준보육과정에서의 안전교육

2

영유아기는 발달 특성상 상해 위험이 높은 시기이므로 교사는 기본적으로 안전한 환경을 마련하는 한편, 발생할 수 있는 사고를 미리 예측·예방하여 영유아가 안전하게 생활하도록 할 필요가 있다. 아울러 영유아가 안전한 생활 습관을 길러 일상, 놀이, 활동, 교통과 재난 등의 상황에서 적절하게 대처하고 도움을 요청할 수 있도록 안전교육을 통해 필요한 지식과 행동 능력을 갖추고 습관을 기를 수 있도록 지원해야 한다.

본 장에서는 첫째, 영유아교육기관에서의 안전교육에 대한 법적 근거를 살펴보고 둘째, 2019개정 누리과정과 제3차 어린이집 표준보육과정에서의 안전교육에 대한 내용을 제시하였다.

1. 영유아기 안전사고와 안전교육에 대한 법적 근거

OECD 회원국 중에서 우리나라는 만 3~5세 유아 취원율이 2017년 기준 95%, 만 3세 미만 영아 취원율이 56%에 이르며, 이는 OECD 회원국 평균을 상당히 웃도는 수치이다(이정미, 2017). 이러한 변화는 누리과정 도입 등 취학 전 아동에 대한 무상교육과 보육 시행(2012년), 영유아가 자녀를 가진 어머니의 취업률 등 다양한 사회적 배경을 가지고 있다. 대다수의 영유아가 기관을 이용함에 따라 기관 내 안전사고에 대한 관심과 안전사고 예방을 위한 노력에 많은 자원이 투입될 뿐만 아니라, 안전한 환경 조성, 영유아의 안전한 습관 기르기 등 다양한 교육 주체의 노력이 요구되는 실정이다.

영유아기는 신체 · 운동, 인지 발달 특성으로 인해 위험 요소에 대한 인지와 판단이 부족하고, 위험 요소에 대응하는 신체조절 및 운동 능력이 숙달되지 못하는 특징을 갖고 있어 안전 사고의 위험이 가장 높은 발달 시기라고 할 수 있다(채영란 · 유승우, 2017). 발달 연령별로 살펴보면, 1~2세 영아는 질식과 낙상 등의 안전 사고 발생 가능성이 높으며, 만 2세 영아는 안전 사고 발생 시 손상 정도가 더 심하게 나타나는 특성을 보이며, 3~5세 유아는 교통, 놀이 시 안전사고 발생이 가장 높은 경향이 있다(성미영 · 민미희 · 정현심, 2013). 영유아가 유치원이나 어린이집에 머무는 시간이 길수록 영유아교육기관에서의 안전사고에 노출될 위험 또한 증가하고 있는 것이다.

이러한 안전사고는 영유아에게 영구적인 결함을 초래하거나 사망에 이르게 하는 중요 원인이 될 수 있다. 즉, 영유아기에 발달하게 되는 감각적 운동 기능이 성숙될 수 없으며, 지능의 발달이나 정서적 표현에 있어서 장애가 발생하게 되면서 생물학적인 측면에서 영유아의 신체적 기능이 불완전하게 되거나 생존에 필요한 여러 가지 활동을 수행하는 데 심한 제약을 받게 된다. 안전사고가 발생하면 활동과 학습에 참여하는 일이 일시적으로 중단되며, 심각한 경우 신체적, 정신적 장애를 수반하게 된다(경상재, 2005). 안전사고의 결과가 치명적이지 않더라도 시간과 에너지뿐만 아니라 사고로 인해 생기는 사소한 상처도 영유아의 건강 및 생활에 큰 타격을 줄 수 있다.

2018년 어린이 안전사고 동향 분석(한국소비자원, 2019)에 따르면 어린이 안전사고 발생 장소는 '주택'으로 전체의 67.8%이며, 이어 교육시설이 6.1%로 나타났으며, 어린이 발달 단계 중에서 걸음마기가 48.5%, 유아기가 23.2%로 나타나 총 71.7%로 영유아기에 안전사고가 집중되는 양상이 나타났다.

〈표 2-1〉 발달단계별 안전 사고 동향

구분		2014년	2015년	2016년	2017년	2018년
취학전	영아기 (0세)	2,322 (8.5)	2,237 (8.9)	2,219 (9.8)	2,340 (9.1)	1,986 (8.2)
	걸음마기 (1~3세)	13,804 (50.4)	12,534 (49.8)	11,081 (49.2)	12,186 (47.4)	11,678 (48.5)
	유아기 (4~6세)	5,839 (21.3)	5,482 (21.8)	4,924 (21.8)	5,907 (23.0)	5,586 (23.2)
	소계	21,965 (80.2)	20,253 (80.5)	18,224 (80.8)	20,433 (79.5)	19,250 (79.9)
학령기 (7~14세)		5,416 (19.8)	4,899 (19.5)	4,321 (19.2)	5,266 (20.5)	4,847 (20.1)
합계		27,381 (100.0)	25,152 (100.0	22,545 (100.0)	25,699 (100.0)	24,097 (100.0)

출처: 한국소비자원(2019).

2019년 국정감사 자료에 기초한 보도 자료에 따르면 최근 5년(2014~2019년)간 어린이집에서 하루 평균 20건 이상의 안전사고가 발생하였을 뿐만 아니라 한 해 평균 약 7,373건, 하루 평균 20.5건이 발생하였다(https://www.ibabynews.com/news/articleView.html?idxno=78617). 실제로 유치원이나 어린이집 관련 영유아 안전사고는 2014년에 비해 2018년에 1.3배 증가하여 개선되기 보다는 유지 · 증가하고 있는 양상이다.

2007년 9월 1일자로 제정 · 시행된 「학교 안전사고 예방 및 보상에 관한 법률」에 의하면, 학교 안전사고를 '교육활동 중에 발생하는 사고로서 학생·교직원 또는 교육활동 참여자의 생명 또는 신체에 피해를 주는 모든 사고 및 학교 급식 등 학교장의 관리·감독에 속하는 업무가 직접 원인이 되어 이들에게 발생하는 질병'으로 규정하고 있다. "교육활동"에 해당하는 바는 2가지로 ① 학교의 교육과정 또는 학교의 장이 정하는 교육계획 및 교육방침에 따라 학교의 안팎에서 학교장의 관리·감독 하에 행하여지는 수업, 특별활동, 재량활동, 과외활동, 수련활동 또는 체육대회 등의 활동과 ② 등 · 하교 및 학교장이 인정하는 각종 행사 또는 대회 등에 참가하여 행하는 활동을 의미한다.

2014년 교육부는 교육 분야 안전 종합 대책을 발표하여 체험 위주의 체계적 안전교육 시행, 교원을 안전교육 준전문가로 육성, 안전하고 건강한 교육활동 및 시설 여건 조성, 교육 분야 안전 인프라 구축의 정책과제를 수립하였다(교육부, 2014). 2015년 유 · 초 · 중 · 고 학생의 발달단계를 고려하여 재난, 생활, 교통, 폭력/신변, 약물, 유해, 사이버/직업/응급처치의 안전교육 7대 표준안을 마련하였다. 2017년 학교 안전교육 실시 기준 등에 관한 고시 개정안을 통해 안전교육과 관련한 법 체계를 강화하였다.

1) 영유아교육기관에서의 영유아 안전교육의 법적 근거

유아교육과 관련된 법은 「유아교육법」, 「교육기본법」, 「초 · 중등교육법」, 「영유아보육법」이며 영유아교육기관에서의 안전교육과 관련된 법은 「초 · 중등교육법」 제 30조의 8(학생의 안전대책 등)에서 관련 내용을 찾아볼 수 있다(이덕난 2015). 학교 안전 및 안전교육에 관한 사항은 이 외 법에서 「학교안전사고 예방 및 보상에 관한 법률」, 「학교보건법」, 「아동복지법」, 「아동복지법 시행령」에서 법적 근거를 찾아 볼 수 있다. 「학교안전사고 예방 및 보상에 관한 법률」을 포함한 관련 법과 시행규칙의 내용은 다음과 같다.

(1) 학교안전사고 예방 및 보상에 관한 법률

• 교육부 고시 제2017-121호

제1조(목적)

이 고시는 「학교안전사고 예방 및 보상에 관한 법률 시행규칙」(이하 "규칙"이라 한다) 제2조 제1항에서 교육부장관에게 위임한 학교안전교육의 실시 기준 등에 관한 사항을 규정함을 목적으로 한다.

제2조(적용범위)

이 고시는 「학교안전사고 예방 및 보상에 관한 법률」(이하 "법"이라 한다) 제2조 제1호에서 "학교"로 정의하고 있는 다음 각 호의 기관 또는 시설에 적용한다.

1. 「유아교육법」 제2조 제2호의 규정에 따른 유치원
2. 「초 · 중등교육법」 제2조의 규정에 따른 학교
3. 「평생교육법」 제31조 제2항의 규정에 따라 고등학교 졸업 이하의 학력이 인정되는 평생교육시설
4. 「재외국민의 교육지원 등에 관한 법률」 제2조 제3호에 따른 재외 한국학교

제3조(학생 안전교육)

① 학교의 장은 규칙 제2조 제1항에서 규정하고 있는 학교안전교육 7대 영역에 해당하는 안전교육을 【별표1】과 【별표2】에 따라 계획을 수립·시행하여야 한다. 이 경우 학교의 장은 「아동복지법」, 「학교폭력예방 및 대책에 관한 법률」, 「성폭력방지 및 피해자보호 등에 관한 법률」, 「성매매방지 및 피해자보호 등에 관한 법률」 등 관련 법령에서 규정하는 안전 관련 교육 및 학교 교육과정과 연계 · 통합 실시할 수 있다.

② 안전교육은 이론과 실습교육으로 병행하되 다음 각 호 중 어느 하나에 해당하는 자가 실시하는 것으로 하여야 한다.

1. 「유아교육법」 제20조 제1항, 「초·중등교육법」 제19조 제1항, 「평생교육법」제31조 제3항, 「재외국민의 교육지원 등에 관한 법률」 제23조 제1항 및 제2항에 따른 교원
2. 규칙 제2조 제5항 각호에 의하여 안전교육을 위탁할 수 있는 전문교육기관 · 단체 소속 직원
3. 의사, 간호사, 응급구조사 등 해당 안전 영역과 관련된 자격증을 보유한 자

4. 그 밖에 교육감이 영역별 전문 지식을 갖춘 것으로 인정하는 기준에 부합하는 자

제4조(교직원 등 안전교육)

① 법 제2조 제3호에 따른 교직원은 안전교육을 3년마다 15시간 이상을 이수하여야 한다.

② 3년 미만의 계약을 체결하여 종사하는 자는 매 학기 2시간 이상을 이수하여야 한다.

③ 법 제2조 제5호에 따른 교육활동 참여자는 매 학년도 1회 이상의 안전교육을 이수하여야 하며, 학교의 장은 교육활동 참여자의 안전교육을 위한 계획을 수립 · 실시하여야 한다.

④ 제1항에서 제3항까지에도 불구하고 학교안전 관련 국가자격이 신설되어 국가자격을 취득 · 유지할 경우에는 안전교육을 이수한 것으로 본다.

제4조의1(재난대비훈련)

학교의 장은 매 학년도 2종류 이상의 각종 재난 대비 훈련을 실시하여야 한다.

제5조(실적보고)

① 법 제8조 제1항에 따라 학교는 학기별 안전교육 실시결과를 〈서식 1-1〉과 〈서식 1-2〉, 〈서식 1-3〉을 활용하여 매년 8월과 12월에 교육감에게 보고하여야 한다. 다만, 국립학교와 재외한국학교는 교육부장관에게 보고하여야 한다.

제6조(재검토기한)

① 「훈령 · 예규 등의 발령 및 관리에 관한 규정」에 따라 이 고시 발령 후의 법령이나 현실 여건의 변화 등을 검토하여 이 고시의 폐지, 개정 등의 조치를 하여야 하는 기한은 2020년 2월 28일까지로 한다.

〈부칙〉 이 고시는 발령한 날부터 시행한다. 다만, 제4조의 교직원 및 교육활동

참여자의 안전교육은 2014년 11월부터 적용한 것으로 본다.

〈표 2-2〉 안전교육 7대 표준안에 따른 안전교육 기준: 시간 및 횟수

구분		생활 안전 교육	교통 안전 교육	폭력 예방 및 신변 보호교육	약물 및 사이버 중독 예방 교육	재난 안전 교육	직업 안전 교육	응급 처치 교육
교육시간	유치원	13	10	8	10	6	2	2
	초등학교	12	11	8	10	6	2	2
	중학교	10	10	10	10	6	3	2
	고등학교	10	10	10	10	6	3	2
횟수		학기당 2회 이상	학기당 3회 이상	학기당 2회 이상	학기당 2회 이상	학기당 2회 이상	학기당 1회 이상	학기당 1회 이상

※ 참고

1. 학력이 인정되는 평생교육시설 및 「재외국민의 교육지원 등에 관한 법률」 제2조 제3호에 따른 재외 한국학교와 「초·중등교육법」 제2조 제4호에 따른 특수학교의 경우는 인정되는 학력에 해당하는 학교급에 맞추어 실시한다.
2. 학교안전교육 실시 시간의 단위는 유치원은 교육과정 고시에 따른 단위활동이며, 초·중등학교는 교육과정 고시에 따른 차시이다.
3. 학교급별 제시하는 안전교육 시간은 학년별(유치원은 연령별) 실시해야 할 시간을 말하며, 횟수는 영역별 안전교육 시간을 학기당 제시된 횟수 이상으로 분산·실시해야 함을 말한다.
4. 학교(유치원 포함) 운영 성격 및 지역적 특성에 따라 총 이수 시간의 범위 내에서 안전영역별 이수 시간을 자율적으로 조정·운영(20% 범위 내, 소수점은 올림처리)할 수 있다.
5. 재난안전교육은 재난 대비 훈련을 포함하여 실시하여야 하며, 각종 재난 유형별 대비 훈련을 달리하여 매 학년도 2종류 이상을 포함하여 운영하여야 한다.
6. 1단위 활동 및 1시간(차시)의 수업 시간은 교육과정을 따르되, 기후 및 계절, 학생의 발달 정도, 학습 내용의 성격, 학교 실정 등을 고려하여 탄력적으로 편성·운영할 수 있다.

출처: 교육부 학교안전정보센터(schoolsafe.kr)

〈표 2-3〉 안전교육 7대 표준안에 따른 유치원 안전교육 내용 및 방법

생활안전 교육	교통 안전 교육	폭력 예방 및 신변보호 교육	약물 및 사이버 중독 예방 교육	재난안전 교육	직업안전 교육	응급처치 교육
교실, 가정, 등하굣길에서 안전하게 생활하기	표지판 및 신호등의 의미 등 교통 안전 규칙 알고 지키기	내몸의 소중함과 정확한 명칭 알기	올바른 약물 사용법 알기	화재의 원인과 예방법 알기	1. 일터 안전의 중요성 및 안전을 위해 지켜야 할 일 알기	응급상황 알기 및 도움 요청하기
안전한 장소를 알고 안전하게 놀이하기	안전한 도로 횡단법 알기	좋은 느낌과 싫은 느낌 알기	생활주변의 해로운 약물 · 화학 제품 만지거나 먹지 않기	화재 발생 시 유의사항 및 대처법 알기	2. 일터 안전 시설 현장 체험하기	119신고와 주변에 알리기
놀이기구나 놀잇감, 도구의 바른 사용법을 알고 안전하게 사용하기	어른과 손잡고 걷기	성폭력 예방 및 대처방법 알기	TV, 인터넷, 통신기기(스마트폰 등) 등의 중독 위해성을 알고 바르게 사용하기	각종 자연 재난 및 사고 적절하게 대처하는 방법 알기		손씻기와 소득하기 등 청결 유지하기
실종, 유괴, 미아 상황 알고 도움 요청하기	교통수단(자전거, 통학버스 등) 안전하게 이용하기	나와 내 주변사람(가족, 친구 등)의 소중함을 알고 사이좋게 지내기		4. 각종 재난 유형별 대비 훈련 실시(추가)		상황별 응급처치 방법 알기
몸에 좋은 음식, 나쁜 음식 알기		아동학대 신고 및 대처 방법 알기				

출처: 교육부 학교안전정보센터(schoolsafe.kr).

(2) 학교보건법

• 제12조(학생의 안전관리)

학교의 장은 학생의 안전사고를 예방하기 위하여 학교의 시설 · 장비의 점검

및 개선, 학생에 대한 안전교육, 그 밖에 필요한 조치를 하여야 한다〈전문개정 2007. 12. 14〉.

(3) 아동복지법

• 제31조(아동의 안전에 대한 교육)

제1항 아동복지시설의 장, 「영유아보육법」에 따른 어린이집의 원장, 「유아교육법」에 따른 유치원의 원장 및 「초 · 중등교육법」에 따른 학교의 장은 교육 대상 아동의 연령을 고려하여 대통령령으로 정하는 바에 따라 매년 다음 각 호의 사항에 관한 교육계획을 수립하여 교육을 실시하여야 한다.

1. 성폭력 및 아동학대 예방
2. 실종 · 유괴의 예방과 방지
3. 약물의 오남용 예방
4. 재난대비 안전
5. 교통 안전

제2항 아동복지시설의 장, 「영유아보육법」에 따른 어린이집의 원장은 제1항에 따른 교육계획 및 교육실시 결과를 관할 시장, 군수, 구청장에게 매년 1회 보고하여야 한다.

제3항 「유아교육법」에 따른 유치원의 원장 및 「초·중등교육법」에 따른 학교의 장은 제1항에 따른 교육계획 및 교육실시 결과를 대통령령으로 정하는 바에 따라 관할 교육감에게 매년 1회 보고하여야 한다〈전부개정 2012. 8. 3〉.

(4) 아동복지법 시행령

[시행 2013. 3. 23] [대통령령 제24454호, 2013. 3. 23, 타법개정]

• 제28조(아동의 안전에 대한 교육)

제1항 아동복지시설의 장, 「영유아보육법」에 따른 어린이집의 원장, 「유아교육

법」에 따른 유치원의 원장 및 「초 · 중등교육법」에 따른 학교의 장은 법 제31조 제1항에 따라 교육계획을 수립하여 교육을 실시할 때에는 별표3의 교육기준에 따라야 한다.

제2항 「유아교육법」에 따른 유치원의 장 및 「초 · 중등교육법」에 따른 학교의 장은 법 제31조 제3항에 따라 제1항에 따른 교육계획 및 교육실시 결과를 매년 3월 말까지 관할 교육감에게 보고하여야 한다.

제3항 아동복지시설의 장은 그 아동복지시설에 입소한 아동 중 「영유아보육법」에 따른 어린이집, 「유아교육법」에 따른 유치원 또는 「초 · 중등교육법」에 따른 학교에서 실시하는 법 제31조 제1항 각 호의 사항에 관한 교육을 받은 아동에 대해서는 법 제31조 제1항에 따른 교육을 실시하지 아니할 수 있다.

[별표3] 〈전부개정 2012. 8. 3〉

(5) 학교 안전사고 예방 및 보상에 관한 법률

• 제8조(학교 안전교육의 실시)

제1항 학교장은 학교 안전사고를 예방하기 위하여 교육부령이 정하는 바에 따라 학생 및 교직원에게 학교 안전사고 예방 등에 관한 교육(이하 "안전교육"이라 한다)을 실시하여야 한다〈개정 2008. 2. 29, 2013. 3. 23〉.

제2항 학교장은 필요하다고 인정하는 경우에는 교육활동참여자에게 안전교육을 실시할 수 있다.

제3항 교육장관 및 교육감은 안전교육에 필요한 교재를 개발하고 학교장의 요청이 있는 경우 안전교육을 담당할 강사를 알선하는 등 안전교육에 필요한 지원을 하여야 한다〈개정 2008. 2. 29, 2013. 3. 23〉.

제4항 학교장은 소속 교원 또는 교육활동 참여자로 하여금 안전교육을 담당하게 할 수 있다〈개정 2012. 1. 26〉.

2) 영유아교육기관의 안전사고 사례와 관련 법

한국산업안전공단은 2003년 교육시설 내에서 일어날 수 있는 안전사고의 원인을 밝히고 이에 대한 대책을 마련함으로써 같은 유형의 사고가 더 이상 발생하지 않고 안전사고를 미연에 방지할 수 있도록 학교 안전사고 사례집을 출간하였다. 본 절에서는 유치원과 어린이집에서 일어난 안전사고들의 대표적인 유형을 추출하여 소개하고자 한다(한국산업안전공단, 2003). 다음과 같은 사고들은 항상 영유아교육기관에서 일어날 수 있으므로 영유아교육기관의 원장, 교직원 및 관계자들은 영유아들의 올바른 안전교육은 물론 안전사고 발생의 원인과 대처방안에 주의와 관심을 기울여야 할 것이다.

(1) 실내 활동 사고 사례

① 등·하원 시 사고

[사고 사례 1] 계단에서 뛰어 내려오다 넘어져 발가락 부상

사고내용	하루 일과가 끝난 후 어린이를 귀가시키기 위해 차량에 태우던 중이었다. 늦게 나온 민선이가 2층에서 1층으로 급히 뛰어 내려오다 목재계단에 걸려 넘어지면서 엄지발가락에 금이 가는 사고가 발생했다.
사고 발생원인	경사가 있는 계단에서 뛰어 내려오던 아이의 부주의로 인해 일어난 사고
사고 시 조치사항	병원 이송 후 치료
사고 방지를 위한 추후대책	계단 이용 시 손잡이를 잡고 이동하도록 교육(원내에서의 안전 수칙 교육)
유치원의 안전관리 의무	교육감 및 유치원장은 다음의 유치원 시설과 장소에 대한 안전 여부, 정리정돈 및 청결 상태를 점검해야 합니다(규제 「학교안전사고 예방 및 보상에 관한 법률 시행령」 제9조 제1항). 유치원의 원장은 원아의 안전사고를 예방하기 위해 유치원의 시설 · 장비의 점검 및 개선, 원아에 대한 안전교육, 그 밖에 필요한 조치를 해야 합니다(「학교보건법」 제12조).

② 자유선택활동시간 사고

[사고 사례 1] 콘센트 감전사고

사고내용	개원 준비로 실내 장식을 하고 있었다. 한 어머니가 아이를 데리고 원을 방문하셨다. 어머니와 한참 대화를 하던 중, 갑자기 아이가 "아앙~" 하며 울고 왔다. 알고 보니 콘센트 옆에 있던 쇠붙이를 넣어 감전되었던 것이다. 다행히 심하게 감전된 건 아니었지만, 개원도 하기 전 일이라 크게 놀랐었다.
사고 발생원인	콘센트에 안전커버를 씌우지 않았던 교사의 부주의
사고 시 조치사항	놀란 아이를 진정시킴.
사고 방지를 위한 추후대책	모든 콘센트에 안전커버를 씌웠음.
유치원의 안전관리 의무	교육감 및 유치원장은 다음의 유치원 시설과 장소에 대한 안전 여부, 정리정돈 및 청결 상태를 점검해야 합니다(규제 「학교안전사고 예방 및 보상에 관한 법률 시행령」 제9조 제1항). 유치원의 원장은 원아의 안전사고를 예방하기 위해 유치원의 시설 · 장비의 점검 및 개선, 원아에 대한 안전교육, 그 밖에 필요한 조치를 해야 합니다(「학교보건법」 제12조).

[사고 사례 2] 손가락이 문에 끼임

사고내용	자유놀이 시간이었다. 아이들이 이 방 저 방 옮겨 다니며 놀 곳을 찾아다녔다. 지혜(4세)가 다른 방으로 들어가기 위해 문틈에 손을 대고 있는 사이에 사원(5세)이가 나가면서 문을 닫아 지혜의 새끼손가락이 문에 끼었다. 손이 심하게 부어오르고 지혜는 숨이 멎을 듯 울고 있었다.
사고 발생원인	위험한 상황에 대한 아이의 인식 부족으로 인해 일어난 사고
사고 시 조치사항	손이 많이 부어 있어 차가운 물수건으로 냉찜질해 줌, 병원 이송 후 치료
사고 방지를 위한 추후대책	아이들에게 문을 열고 닫을 때 안전 수칙 교육, 문틈에 안전시설 설치함.
유치원의 안전관리 의무	'안전사고'란 교육활동 중에 발생한 사고로서, 영유아의 생명 또는 신체에 피해를 주는 모든 사고 및 유치원급식 등 유치원장의 관리 · 감독에 속하는 업무가 직접 원인이 되어 원아에게 발생하는 질병으로, 다음의 어느 하나에 해당하는 질병을 말합니다(「학교안전사고 예방 및 보상에 관한 법률」 제2조 제6호 및 「학교안전사고 예방 및 보상에 관한 법률 시행령」 제3조). 유치원의 원장은 원아의 안전사고를 예방하기 위해 유치원의 시설 · 장비의 점검 및 개선, 원아에 대한 안전교육, 그 밖에 필요한 조치를 해야 합니다(「학교보건법」 제12조).

③ 교육활동 중 사고

[사고 사례 1] 콧속에 콩을 넣고 장난하다 콩이 빠지지 않음

사고내용	4세반 프로그램 중에 씨를 심어 싹트는 과정을 관찰하는 시간이 있었다. 그 시간 교구로 사용하였던 콩을 지민(4세)이가 호기심에 콧속에 넣었다가 빠지지 않은 사고가 났다. 아이들이 지민이의 콧구멍에 콩이 들어가 있다고 해 아이에게 다른 쪽 구멍을 막고 코를 풀어 보도록 했지만, 콩은 나오질 않았다. 다른 교사와 함께 어떻게든 빼보려고 했지만 더 들어가는 것만 같아 병원으로 옮겨 콩을 빼내었다.
사고 발생원인	호기심 많은 아이의 행동을 주시하지 못한 교사의 부주의
사고 시 조치사항	병원 이송 후 처치
사고 방지를 위한 추후대책	콩을 다른 용도로 사용하지 못하도록 교육시킴.
유치원의 안전관리 의무	'안전사고'란 교육활동 중에 발생한 사고로서 영유아의 생명 또는 신체에 피해를 주는 모든 사고 및 유치원 급식 등 유치원장의 관리 · 감독에 속하는 업무가 직접 원인이 되어 원아에게 발생하는 질병으로 다음의 어느 하나에 해당하는 질병을 말합니다(「학교안전사고 예방 및 보상에 관한 법률」 제2조 제6호 및 「학교안전사고 예방 및 보상에 관한 법률 시행령」 제3조).

[사고 사례 2] 조형활동 중 가위로 친구의 입을 자름

사고내용	7세반 아이들과 N. I. E.(News In Education) 활동을 하고 있었다. 아이들이 잡지, 신문 등에서 오려낸 것들로 몽타주 활동 중이었다. 아이들에게 그동안 가위의 사용법이라든가(안전하게 사용하는 방법), 위험성 등을 교육을 통해 충분히 알려 줬던 터라 특별한 염려는 없었다. 아이들이나 교사나 한참 활동에 열중하고 있었고 교사는 손놀림이 미숙한 아이들을 돕고 있었다. 그런데 갑자기 "선생님~세용이가 가위로 규민이 입을 잘랐어요"라는 말이 들려왔다. 놀라 규민이를 돌아보았을 때 규민이는 놀라서 울지도 못하고 있는 상황이었다. 서둘러 다가가 살펴보니 아랫입술 왼쪽 부분이 세로로 2cm 가량 베이고 울컥울컥 피가 솟아나고 있었다. 거즈로 상처를 지혈되도록 잡고 병원으로 갔다. 다행히 상처가 예상보다 깊지 않았다. 입술 안쪽으로는 상처가 나지 않고 입술 바깥쪽으로만 베어 꿰매지 않고 압출 테이프로만 마무리될 수 있는 정도에서 그쳤다. 일단 상황이 수습된 후 어떻게 된 일인지 세용이에게 물었다. 그날 규민이는 짧은 옆머리를 가늘게 땋아 작은 색 고무줄로 묶고 왔었다. 세용이가 규민이의 더듬이처럼 달랑거리는 그 머리를 자르겠다고 장난을 하자 규민이가 머리를 세게 흔들며 피하다가 생긴 사고였다.
사고 발생원인	위험성이 있는 교구를 들고 위험한 장난
사고 시 조치사항	비치된 구급상자에서 거즈를 꺼내 상처가 벌어지지 않도록 입을 다물게 하고 지혈, 성형외과로 옮겨 치료
사고 방지를 위한 추후대책	활동 전 가위 등의 안전한 사용법에 대한 지도 강화를 위하여 추후 대책 마련 및 평소 장난이 심한 아이들을 주의 깊게 살피고 가능한 한 교사 가까이에서 활동할 수 있도록 함.

유치원의 안전관리 의무	'안전사고'란 교육활동 중에 발생한 사고로서 영유아의 생명 또는 신체에 피해를 주는 모든 사고 및 유치원급식 등 유치원장의 관리 · 감독에 속하는 업무가 직접 원인이 되어 원아에게 발생하는 질병으로 다음의 어느 하나에 해당하는 질병을 말합니다(「학교안전사고 예방 및 보상에 관한 법률」 제2조 제6호 및 「학교안전사고 예방 및 보상에 관한 법률 시행령」 제3조). 유치원의 원장은 원아의 안전사고를 예방하기 위해 유치원의 시설 · 장비의 점검 및 개선, 원아에 대한 안전교육, 그 밖에 필요한 조치를 해야 합니다(「학교보건법」 제12조). 유치원의 원장은 학교안전사고로 인해 생명 · 신체에 피해를 입은 학생 · 교직원 및 교육활동참여자에 대해 보상을 하기 위해 학교안전공제회에 가입해야 하는 의무를 부담합니다(「학교안전사고 예방 및 보상에 관한 법률」 제11조 및 제12조).

④ 점심시간 사고

[사고 사례 1] 국 국물이 쏟아져 상체에 입은 화상사고

사고내용	점심식사 배식을 하려고 준비하고 있었다. 교사가 펄펄 끓고 있는 국물을 1층 조리실에서 2층 교실로 이동 중이었다. 2층 교실에서 갑자기 튀어나온 아동과 충돌하여 국솥에 담겨 있던 국물이 아동 상체에 쏟아져 2도 화상을 입은 사고가 났다.
사고 발생원인	뜨거운 국물을 들고 이동하던 교사의 안전 부주의와 교실을 뛰어다니던 아동의 부주의한 행동으로 인해 일어난 사고
사고 시 조치사항	상의를 벗기다 옷에 붙은 피부가 벗겨짐(흉터가 더 커짐), 병원 이송 후 치료
사고 방지를 위한 추후대책	조리실과 인접하여 식당 설치(국물을 40℃ 이하로 식힌 후 운반도구를 사용하여 이동) 점심식사 준비시간에는 아이들 이동금지(응급조치 방법 교육)
유치원의 안전관리 의무	'안전사고'란 교육활동 중에 발생한 사고로서 영유아의 생명 또는 신체에 피해를 주는 모든 사고 및 유치원 급식 등 유치원장의 관리 · 감독에 속하는 업무가 직접 원인이 되어 원아에게 발생하는 질병으로 다음의 어느 하나에 해당하는 질병을 말합니다(「학교안전사고 예방 및 보상에 관한 법률」 제2조 제6호 및 「학교안전사고 예방 및 보상에 관한 법률 시행령」 제3조). 교육감 및 유치원장은 다음의 유치원 시설과 장소에 대한 안전 여부, 정리정돈 및 청결상태를 점검해야 합니다(규제「학교안전사고 예방 및 보상에 관한 법률 시행령」 제9조 제1항). 유치원의 원장은 학교안전사고로 인해 생명 · 신체에 피해를 입은 학생 · 교직원 및 교육활동 참여자에 대해 보상을 하기 위해 학교안전공제회에 가입해야 하는 의무를 부담합니다(「학교안전사고 예방 및 보상에 관한 법률」 제11조 및 제12조).

(2) 바깥놀이 활동 사고

[사고 사례 1] 그네 앞을 지나다 부딪쳐 다침

사고내용	실외놀이터에서 아이들이 바깥놀이를 하고 있었다. 윤아(5세)가 그네를 타고 있던 선민(5세)이의 앞을 지나가다 선민이의 앞발에 눈썹 밑을 차였다. 다행이 조금 스쳤을 뿐이지만 눈이 다쳤을까 봐 가슴이 철렁 내려앉았었다.
사고 발생원인	그네를 타고 있는 아이 앞으로 지나가다 다침.
사고 시 조치사항	유아의 상태를 확인하고, 바로 병원으로 이송
사고 방지를 위한 추후대책	위험한 상황에 대한 대처방안 교육, 교사의 안전교육 실시
유치원의 안전관리 의무	'안전사고'란 교육활동 중에 발생한 사고로서 영유아의 생명 또는 신체에 피해를 주는 모든 사고 및 유치원급식 등 유치원장의 관리 · 감독에 속하는 업무가 직접 원인이 되어 원아에게 발생하는 질병으로 다음의 어느 하나에 해당하는 질병을 말합니다(「학교안전사고 예방 및 보상에 관한 법률」 제2조 제6호 및 「학교안전사고 예방 및 보상에 관한 법률 시행령」 제3조). 교육감 및 유치원장은 다음의 유치원 시설과 장소에 대한 안전 여부, 정리정돈 및 청결 상태를 점검해야 합니다(규제 「학교안전사고 예방 및 보상에 관한 법률 시행령」 제9조 제1항). 유치원의 원장은 학교안전사고로 인해 생명 · 신체에 피해를 입은 학생 · 교직원 및 교육활동 참여자에 대해 보상을 하기 위해 학교안전공제회에 가입해야 하는 의무를 부담합니다(「학교안전사고 예방 및 보상에 관한 법률」 제11조 및 제12조).

[사고 사례 2] 미끄럼틀에서 역주행하다 넘어지면서 턱밑이 찢어짐

사고내용	점심식사를 마치고 바깥놀이를 하고 있었다. 미끄럼틀을 타던 아이들 사이에서 울음소리가 들렸다. 달려가 보니 울고 있던 명훈(6세)이의 턱 부위에서 피가 흐르고 있었다. 밑에서 위로 올라가던 명훈이가 미끄럼틀을 타 턱밑을 부딪쳤고 내려오던 승준(6세)이를 피해 급하게 내려가다 넘어져 미끄럼틀에 턱밑이 3cm 가량 찢어졌던 것이다.
사고 발생원인	미끄럼틀에서 역주행하다 내려오던 아이와 부딪혀 다침
사고 시 조치사항	상처 부위 지혈, 병원 이송 후 처치
사고 방지를 위한 추후대책	놀이기구 이용 시 안전 수칙 교육

유치원의 안전관리 의무	'안전사고'란 교육활동 중에 발생한 사고로서 영유아의 생명 또는 신체에 피해를 주는 모든 사고 및 유치원 급식 등 유치원장의 관리 · 감독에 속하는 업무가 직접 원인이 되어 원아에게 발생하는 질병으로 다음의 어느 하나에 해당하는 질병을 말합니다(「학교안전사고 예방 및 보상에 관한 법률」 제2조 제6호 및 「학교안전사고 예방 및 보상에 관한 법률 시행령」 제3조). 교육감 및 유치원장은 다음의 유치원 시설과 장소에 대한 안전 여부, 정리정돈 및 청결상태를 점검해야 합니다(규제 「학교안전사고 예방 및 보상에 관한 법률 시행령」 제9조 제1항).
유치원의 안전관리 의무	유치원의 원장은 원아의 안전사고를 예방하기 위해 유치원의 시설 · 장비의 점검 및 개선, 원아에 대한 안전교육, 그 밖에 필요한 조치를 해야 합니다(「학교보건법」 제12조). 유치원의 원장은 학교안전사고로 인해 생명 · 신체에 피해를 입은 학생 · 교직원 및 교육활동 참여자에 대해 보상을 하기 위해 학교안전공제회에 가입해야 하는 의무를 부담합니다(「학교안전사고 예방 및 보상에 관한 법률」 제11조 및 제12조).

(3) 통학버스 관련 사고

[사고 사례 1] 급정거로 인해 모서리에 부딪쳐 원아가 다침

사고내용	차량운행 중 신호가 바뀌면서 앞차가 급정거하면서 일어난 일이다. 지나갈 것 같던 앞차가 급정거하면서 우리 어린이집 차도 급정거를 했다. 그때 안전벨트를 매고 있던 민경(5세)이가 벨트에서 튕겨져 나왔고 민경이는 의자 모서리에 부딪혀 상처를 입었다.
사고 발생원인	차량운전기사의 안전거리 미확보, 안전벨트의 허술함.
사고 시 조치사항	상처 부위 지혈, 병원 이송 후 치료
사고 방지를 위한 추후대책	신호등 앞에서의 서행과 정지신호 준수, 유아용 안전벨트 착용
유치원의 안전관리 의무	'안전사고'란 교육활동 중에 발생한 사고로서 영유아의 생명 또는 신체에 피해를 주는 모든 사고 및 유치원급식 등 유치원장의 관리 · 감독에 속하는 업무가 직접 원인이 되어 원아에게 발생하는 질병으로 다음의 어느 하나에 해당하는 질병을 말합니다(「학교안전사고 예방 및 보상에 관한 법률」 제2조 제6호 및 「학교안전사고 예방 및 보상에 관한 법률 시행령」 제3조). 유치원의 원장은 학교안전사고로 인해 생명 · 신체에 피해를 입은 학생 · 교직원 및 교육활동 참여자에 대해 보상을 하기 위해 학교안전공제회에 가입해야 하는 의무를 부담합니다(「학교안전사고 예방 및 보상에 관한 법률」 제11조 및 제12조).

3) 영유아교육기관 종사자의 안전 관련 직무 및 책임

보건복지부는 2018년 종합대책을 발표, 슬리핑차일드체크 도입, 원장과 지자체 관리책임 강화, 교사의 안전교육 이수 등 영유아 안전사고 예방을 위한 여건을 마련하였다. 다음은 영유아교육기관 종사자의 안전 관련 직무와 책임에 대한 내용이다.

(1) 원장의 직무 및 책임

- 유치원의 원장은 원아의 안전사고를 예방하기 위해 유치원의 시설 · 장비의 점검 및 개선, 원아에 대한 안전교육, 그 밖에 필요한 조치를 해야 한다(「학교보건법」 제12조).
- 유치원 원장은 유치원의 안전사고를 예방하고 유치원 시설을 안전하게 관리 · 유지하기 위해 노력해야 한다(「학교안전사고 예방 및 보상에 관한 법률」 제5조 제1항).
- 교육감 및 유치원장은 연 2회 이상 유치원 시설에 대한 안전점검을 실시해야 한다(규제 「학교안전사고 예방 및 보상에 관한 법률」 제6조 제1항 전단).
- 교육감 및 유치원장은 안전점검을 실시한 결과 시설물의 재해 및 재난예방과 안전성 확보 등을 위해 필요하다고 인정하는 경우 시설물 안전점검 전문기관에 위탁해 정밀안전진단을 실시해야 한다(규제 「학교안전사고 예방 및 보상에 관한 법률」 제6조 제1항 후단).
- 교육감 및 유치원장은 유치원 시설과 장소(소방시설 및 화재대피시설, 비상탈출구, 운동장, 놀이시설, 실험 · 실습시설, 체육시설, 교실(출입문 포함), 복도, 난간, 계단, 현관, 교문, 그 밖에 안전점검을 위해 필요하다고 인정하는 시설)에 대한 안전 여부, 정리정돈 및 청결 상태를 점검해야 한다(규제 「학교안전사고 예방 및 보상에 관한 법률 시행령」 제9조 제1항).
- 영유아 스스로가 자신의 안전을 보호할 수 있는 능력과 기술을 가지도록 교육해야 하며, 안전사고의 예방교육을 주기적으로 실시하여야 한다.

- 유치원이나 어린이집 시설물의 안전관리와 정기적인 안전점검을 실시한다.
- 유치원이나 어린이집의 장은 소방계획을 작성하고 매월 소방(비상대피)훈련을 실시하여야 한다.
- 어린이집의 장은 영유아의 건강 · 위생과 관련된 내용을 포함하여 부모와 충분히 협의 · 고지해야 하며 안전교육에 부모가 참여할 수 있도록 해야 한다.
- 유치원과 어린이집의 장은 유아교육 및 보육대상 아동의 연령을 고려하여 아동복지법령의 안전교육 기준에 따라 매년 안전교육계획을 수립하여 교육을 실시하고, 계획 및 교육 실시 결과를 관할 교육청 및 시장, 군수, 구청장에게 매년 1회 보고하여야 한다.
- 직무상 아동학대를 알게 된 때에는 아동보호전문기관 또는 수사기관에 신고하여야 한다(「아동복지법」 제25조).

(2) 교사의 직무와 책임

- 일상생활, 놀이, 활동 중 예상되는 각종 위험요인에 대한 안전교육을 영유아들에게 실시한다.
- 영유아 스스로가 자신의 안전을 보호할 수 있는 능력과 기술을 가지도록 교육해야 하며, 영유아의 안전사고에 대한 예방교육을 주기적으로 실시한다.
- 현장 체험학습 · 특기적성교육 등의 교육계획 수립 · 시행 시는 안전 수칙을 준수한다.
- 교육활동 중에는 가급적 교육활동이 이루어지는 장소에서 떠나서는 안 되며, 불가피한 경우 학급 전체를 상대로 명확하게 지시하도록 한다.
- 유치원 교사나 어린이집 교직원은 안전교육지침 등을 숙지하여야 하며, 시 · 도 및 시 · 군 · 구 등에서 안전 관련 교육을 시행할 때 적극 참여해야 한다.
- 화재 등 긴급사태에 대비한 계획 수립 및 정기적인 점검 · 훈련을 실시하여야 한다.
- 유치원이나 어린이집 시설물의 안전관리와 정기적인 안전점검을 실시한다.
- 직무상 아동학대를 알게 된 때에는 아동보호전문기관 또는 수사기관에 신고

하여야 한다(「아동복지법」 제25조).

2. 영유아교육기관에서의 안전교육

최근 유아기의 신체에 대한 위해와 교통 및 환경문제로 인해 안전사고에 대한 관심이 증가하고 있어 영유아교육기관에서의 보다 다양하고 체계적인 교육이 요구되고 있다. 영유아에게 일어나는 안전사고를 예방하기 위해서는 안전한 환경을 조성하고 지속적인 교육을 통해 사고를 일으키는 영유아의 행동을 변화시켜야 한다. 이를 위해서는 영유아교육기관에서의 안전교육이 무엇보다도 중요하다. 우선 영유아교육기관에서의 안전교육에 대한 필요성의 근거를 법적 차원에서 살펴보고 2019 개정 누리과정과 제3차 어린이집 표준보육과정에서의 안전교육에 대한 내용을 알아보고자 한다.

1) 2019 개정 누리과정(3~5세)과 안전교육

유치원과 어린이집의 3~5세 유아들에게 가르쳐야 하는 구체적인 안전에 대한 내용은 2019 개정 누리과정에서 그 근거를 찾아볼 수 있다. 우리나라 유아를 위한 교육과정을 살펴보면, 안전교육의 내용에 관한 강조의 정도는 다소 차이가 있으나 제1차 유치원 교육과정 및 어린이집 표준보육과정에서 2012년 만 5세 누리과정과 2013년 3~5세 연령별 누리과정, 2019 개정 누리과정에 이르기까지 일관성 있게 그 중요성이 강조되고 있다. 안전에 대한 내용은 개정 누리과정의 5개 영역 중 신체운동 · 건강영역에 포함되어 있다.

신체운동 · 건강영역은 실내 · 외에서 신체활동을 즐기고, 건강하고 안전한 생활을 한다는 목표와 1) 신체활동에 즐겁게 참여한다, 2) 건강한 생활습관을 기른다, 3) 안전한 생활습관을 기른다의 3가지 하위목표를 추구하도록 명시되어 있다. 유아가 건강하고 안전한 생활 습관을 형성하고 신체활동에 즐겁게 참여함으로써 유아기에 필요한 기본 운동 능력과 기초체력을 기르고 건강하고 안전한 생활을 실천하는 능력과 태도를 기르기 위한 영역이다. 이 영역은 '신체활동 즐기기', '건강하게 생활하기', '안전하게 생활하기'의 3가지 내용범주로 구성되어 있다. 안전에 관한 내용은 '안전하게 생활하기'의 내용범주에 포함되어 하위 내용으로 '일상에서 안전하게 놀이하고 생활한다.', 'TV, 컴퓨터, 스마트폰 등을 바르게 사용한다.', '교통 안전 규칙을 지킨다.', '안전사고, 화재, 재난, 학대, 유괴 등에 대처하는 방법을 경험한다.'로 구성되어 있다.

2019 개정 누리과정에서 제시하고 있는 안전에 대한 교육내용을 소개하면 다음과 같다(교육부 · 보건복지부, 2019).

■ 안전하게 생활하기 목표: 안전한 생활습관을 기른다.

(1) 목표와 내용범주 이해

안전하게 생활하기의 목표는 '안전한 생활습관을 기른다.'이며, 일상생활과 놀이 상황에서 안전하게 생활하는 방법을 배우고 실천하는 내용으로 구성된다. 자주 접하는 TV, 스마트폰의 바른 사용, 교통 안전 규칙을 지켜 안전하게 다니기, 안전사고, 화재, 재난, 학대, 유괴 등 위험 일이 발생했을 경우 도움 요청이나 대처 방법을 경험하도록 하였다.

(2) 내용 이해

2019 개정 누리과정에 따른 안전하게 생활하기 내용은 〈표 2-4〉와 같다.

〈표 2-4〉 2019 개정 누리과정 안전교육내용

영역	내용범주	내용
신체운동 건강	안전하게 생활하기	일상에서 안전하게 놀이하고 생활한다.
		TV, 컴퓨터, 스마트폰 등을 바르게 사용한다.
		교통 안전 규칙을 지킨다.
		안전사고, 화재, 재난, 학대, 유괴 등에 대처하는 방법을 경험한다.

① 일상에서 안전하게 놀이하고 생활한다.

유아가 일상에서 위험한 장소, 상황, 도구 등을 알고 안전한 놀이 방법과 놀이 규칙을 지키며 놀이하고 생활하는 내용이다.

- 유아 실내 · 외 놀이기구나 놀잇감, 도구의 안전한 사용법 및 규칙 등을 알려 주어 안전하게 놀이할 수 있도록 하는 내용이다. 실외놀이터에서 놀 경우 모자나 끈 달린 옷을 입지 않거나 신발을 바로 신는 등 안전을 위해 갖추어야 할 복장도 포함된다. 교사는 만 3, 4세 유아에게 놀잇감이나 도구를 사용하기 전에 안전에 필요한 사항을 미리 알려 주고 안전하게 사용할 수 있도록 지도한다.
- '놀이기구나 놀잇감, 도구의 바른 사용법을 알고 안전하게 사용한다'는 유아에게 놀이기구나 놀잇감, 도구의 안전한 사용법을 알려 주는 것뿐만 아니라 생활 속에서 실천할 수 있게 하는 것이다. 만 5세 유아가 실내 · 외 놀이기구나 놀잇감, 도구를 어떻게 사용해야 안전한지, 왜 그렇게 사용해야 하는지 등을 알고 실천할 수 있게 한다. 유아는 발달 특성상 주변의 사물이나 환경에 대한 호기심이나 탐구하려는 충동은 강한 반면, 아직 신체 기능의 미성숙으로 운동 기능이 충분히 발달되어 있지 않으므로 항상 사고의 위험에 노출되어 있다. 따라서 교사는 유아에게 놀이기구나 놀잇감, 도구의 바른 사용법을 알려 줄 뿐만 아니라 유아가 스스로 안전한 사용 규칙을 의논하고 약속으로 정하여 이를 지켜서 놀이하도록 지도한다.
- '안전한 놀이 장소를 안다'는 유아가 실내 · 외 놀이 장소에서 안전하게 놀이할 수 있도록 안전한 놀이 장소를 알고 안전하지 못한 곳과 구분할 수 있게 하는 내용이다. 만 3세 유아가 안전하게 놀이하도록 하기 위해서는 안전사고 위험요인들이 미리 제거된 안전한 놀이 공간과 시설을 제공하는 것이 중요하다. 또한 유아에게 찻길이나 도로변과 같은 위험한 장소를 알려 주어 일상생활에서 위험에 노출되지 않도록 지도한다. 이와 함께 안전한 놀이 장소를 알려 주어 유아가 안전한 장소에서 놀이할 수 있도록 한다.
- '안전한 놀이 장소를 알고 안전하게 놀이한다'는 유아에게 안전한 놀이 장소

를 알려 주고 놀이하도록 하는 것에서 발전하여, 유아와 함께 실내 · 외에서 안전하고 위험한 장소를 알고 구분하며, 질서를 지키는 등 안전하게 놀이할 수 있게 지도하는 내용이다. 만 4, 5세 유아에게 위험한 장소 및 그 이유에 대해 알아보고, 안전하게 놀이할 수 있는 규칙을 정하고 스스로 지키면서 놀이하도록 한다.

② TV, 컴퓨터, 스마트폰 등을 바르게 사용한다.

- 유아가 일상에서 자주 접하는 기기를 필요한 상황에서 적절하게 사용하며, 바른 자세로 이용하는 내용이다.
- 유아가 올바른 전자 미디어 사용법을 알고 사용하도록 하는 내용이다. 유아에게는 정해진 시간을 바른 자세로 앉아 사용하는 등 전자 미디어의 바른 사용법을 알고 생활 속에서 지킬 수 있도록 한다. 이때 교사는 적정 시간을 지켜 전자 미디어를 사용할 수 있도록 지도한다.
- 유아가 필요한 상황에서 자기 조절능력을 가지고 올바르게 전자 미디어를 사용하도록 하는 내용이다. 다양한 상황에서 문제해결을 위한 방법으로 전자 미디어를 사용하도록 한다. 전자 미디어 안전교육은 반드시 가정과 연계되어 이루어질 수 있도록 한다.

③ 교통 안전 규칙을 지킨다.

- '교통 안전 규칙 지키기'는 유아가 교통 안전 규칙의 중요성과 자동차 사고의 위험을 알고 사고의 위험으로부터 자신을 보호하기 위해 필요한 지식, 기능, 태도를 형성하는 내용이다.
- '교통 안전 규칙을 안다'는 유아에게 안전보행이나 도로횡단 등의 각종 교통 안전 규칙을 알려 주어 안전하게 생활할 수 있도록 하는 내용이다. 만 3세 유아에게는 등 · 하원 길의 안전과 골목길에서의 안전 보행에 대해 알려 주고 신호들이 있는 횡단보도, 신호등이 없는 횡단보도, 횡단보도가 없는 도로에서의 안전 횡단에 대하여 지속적으로 알려 주고 실천해 보도록 한다.
- '교통 안전 규칙을 알고 지킨다'는 교통 규칙을 알려 주고 경험하도록 하는

것에서 나아가, 교통 안전 규칙을 왜 지켜야 하는지, 지키지 않을 경우 어떤 일이 생기는지 등에 대해 알고 지키도록 하는 내용이다. 유아에게 교통 안전 규칙에 대해 알아보고 실천하면서 평가해 볼 수 있는 경험을 제공하도록 한다. 또한 기본적인 교통 표지판에 대해 알아보고 그 의미를 알고 지키도록 한다.

- '교통수단을 안전하게 이용한다'는 유아가 기본적인 교통수단의 안전한 이용 방법에 대해 인식하고 실천하는 내용이다. 유아가 승용차, 버스, 지하철 등 실생활에서 경험할 수 있는 교통수단을 승차해 보는 경험을 제공하고, 그에 따른 안전 수칙에 대해 알고 안전하게 이용하도록 한다. 유아가 일상생활에서 많이 이용하는 유치원이나 어린이집 통학버스를 안전하게 이용하는 방법을 경험하는 것에서부터 시작할 수 있다. 이후 점차 대중교통수단을 안전하게 이용할 수 있는 방법을 의논하고 문제점을 찾아봄으로써 유아가 자율적으로 교통수단을 안전하게 이용하도록 발전시켜 나간다.

④ 안전사고, 화재, 재난, 학대, 유괴 등에 대처하는 방법을 경험한다.

안전사고, 화재, 재난, 학대, 성폭력, 유괴 등의 비상 상황을 알고 적절하게 대처함으로써 자신을 보호하는 데 필요한 지식, 기능, 태도를 형성하는 내용이다.

- '학대, 성폭력, 실종, 유괴상황을 알고 도움을 요청한다'는 유아에게 학대, 성폭력, 실종, 유괴상황의 가능성을 알려 주고, 만약의 경우에 도움을 요청하도록 알려 주는 내용이다. 만 3세 유아는 위험에 처해 있을 때 적절히 대처하는 방법을 알지 못하므로 교사나 주변의 믿을 만한 성인에게 도움을 요청하는 방법을 알려 준다. 이때 단순한 지식 전달이 되지 않도록 상황극을 통해 연습함으로써 유아가 실제 상황에서 도움을 요청할 수 있도록 지도한다. 특히 「아동복지법」에 성교육은 연간 8시간 이상 확보해야 함이 명시되어 있으므로 교사는 성교육 시간을 준수하여 지도한다.
- '학대, 성폭력, 실종, 유괴상황 시 도움을 요청하는 방법을 알고 행동한다.'는 유아가 학대, 성폭력, 실종, 유괴 발생 상황을 인식하고 적절한 대처방법

을 알아서 실천하도록 하는 내용이다. 만 4, 5세 유아에게는 영상물 홍보자료, 방송이나 신문기사, 그림자료, 동화 등을 통해 유아와 함께 왜 이런 상황이 생기는지, 이런 상황에서 어떻게 대처해야 하는지에 대해 의논하고, 의논한 대로 실천해 보도록 한다.

- '재난 및 사고 등 비상시 적절하게 대처하는 방법을 안다'는 유아에게 태풍, 홍수, 지진(해일), 화재, 폭염, 폭설, 한파, 방사능증에 대비한 재난 대피방법 및 사고가 발생할 수 있는 위험한 상황을 알려 주어 자신을 보호하도록 하는 내용이다. 이를 위해서는 비상시를 대비하여 정기적으로 훈련을 실시해야 한다. 만 3세 유아에게는 대피방법을 구체적으로 알려 주고 교사의 안내대로 따라 하도록 한다. 이때 유아가 놀라거나 당황하지 않도록 미리 수업시간에 대피훈련을 연수해 보도록 한다. 또한 유아가 생활 주변에서 발생할 수 있는 위험한 상황(추락, 전기, 약물 등)을 알려 주고 위험한 상황에서 자신을 보호하도록 한다.
- '재난 및 사고 등 비상시 적절하게 대처하는 방법을 알고 행동한다.'는 유아가 지속적이고 반복적인 대피훈련을 통해 위급한 상황에 처했을 때 당황하지 않고 적절히 대처하도록 하는 내용이다. 만 4, 5세 유아에게는 실제 생활 속에서 발생하는 다양한 재난 및 사고 발생의 원인과 예방 방법을 알아보고, 적절히 행동하는 방법을 익힐 수 있게 지도한다.

2) 제3차 어린이집 표준보육과정(0~2세)과 안전교육

어린이집에서 0~2세 영유아들에게 가르쳐야 하는 구체적인 안전에 대한 내용은 「영유아보육법」 제29조 제2항, 「영유아보육법 시행규칙」 제30조 [별표8의4]에 의거한 표준보육과정에 제시되어 있다. 어린이집 표준보육과정은 어린이집의 만 0~5세 영유아들에게 국가수준에서 제공하는 보편적이고 공통적인 보육의 목표와 내용을 제시한 것으로 0~1세 보육과정, 2세 보육과정, 3~5세 보육과정(누리과정 포함)으로 구성되어 있다. 0~2세 영아들에게 표준보육과정은 기본생활, 신체운동, 사회관계, 의사소통, 자연탐구, 예술경험의 6개 영역으로 구성되어 있으며 안전에 대해 다루고 있는 영역은 기본생활영역이다.

기본생활영역은 '건강하게 생활하기'와 '안전하게 생활하기'의 두 가지 내용범주로 구성되어 있는데 이 중 '안전하게 생활하기'에서 안전교육내용이 다루어지고 있다. 표준보육과정에서 제시하고 있는 안전에 대한 교육내용을 추출하여 소개하면 다음과 같다(보건복지부, 2020).

■ 안전하게 생활하기

(1) 성격

영아가 건강하고 안전한 일상생활을 경험하도록 기본생활습관의 기초를 마련하도록 하며, 더 나아가 안전하게 놀이하고, 교통 안전에 대해 경험해 봄으로써 안전한 생활습관의 기초를 마련하도록 한다.

(2) 목표와 내용

안전하게 생활하기의 목표는 0~2세 보육과정에서 일상생활과 놀이 상황에서의 안전을 강조하고 있으며, 교통 안전에 대한 내용을 공통적으로 담고 있다. 또한 위험한 상황에 대한 초기 인식과 주의를 기초로 대처방법 경험까지 연령에 따라 수준을 조절하여 제시하고 있다. 제4차 표준보육과정에서 제시한 0~1세 보육과정과 2세 보육과정의 안전하게 생활하기의 목표와 내용은 다음과 같다.

① 0~1세

• 목표: 안전한 일상생활을 경험한다.

내용범주	내용
안전하게 생활하기	안전한 상황에서 놀이하고 생활한다.
	안전한 상황에서 교통수단을 이용해본다.
	위험하다는 말에 주의한다.

0~1세 보육과정의 기본생활영역의 안전하게 생활하기의 내용은 '안전한 상황에서 놀이하고 생활한다.', '안전한 상황에서 교통수단을 이용해 본다.', '위험하다는 말에 주의한다.'로 구성된다. 영유아가 안전한 상황에서 놀이와 활동, 등·하원 등의 일상생활을 영위할 수 있도록 하는 내용이 포함되어 있으며, 위험에 대한 기본적인 인식과 주의를 기르도록 제시되어 있다.

② 2세

• 목표: 안전한 생활습관의 기초를 형성한다.

내용범주	내용
안전하게 생활하기	일상에서 안전하게 놀이하고 생활한다.
	교통수단을 안전하게 이용해 본다.
	위험한 상황에 대처하는 방법을 경험한다.

2세 보육과정의 기본생활영역의 안전하게 생활하기의 내용은 '일상에서 안전하게 놀이하고 생활한다.', '교통수단을 안전하게 이용해본다.', '위험한 상황에 대처하는 방법을 경험한다.'로 구성된다. 영유아가 놀이와 활동, 등하원 등의 일상생활에서 주의를 기울이고 안전한 생활습관의 기초를 다지는 경험으로 구성되며 위험에 대한 기본적인 인식과 주의를 넘어 대처하는 방법을 경험하고 익히도록 제시되어 있다.

3) 영유아교육기관에서의 안전교육계획

유치원이나 어린이집에서는 연간 안전교육계획을 수립하여 교육을 실시하여야 한다. 이를 위해서 연간 안전교육계획을 수립하여 계획에 따라 교육을 실시하고, 계획 및 교육실시 결과를 관할 교육청, 시장, 군수 구청에게 매년 1회 보고하여야 한다.

유치원이나 어린이집에서의 유아 안전교육을 위한 연간 안전교육계획안은 2019 개정 누리과정과 제4차 표준보육과정의 목표와 내용에 따라서 구성하되 7대 안전표준안의 내용, 방법, 시간 및 횟수를 함께 고려하여 연간으로 작성해야 한다.

(1) 경기도 안전교육과정(경기도교육청, 2020)

경기도 안전교육과정은 7대 안전영역과 이수시간, 생활주제와의 연계, 개정 누리과정 관련요소, 안전에 대한 목표 달성 여부를 평가할 수 있는 유아평가로 구성되어 있다. '생활안전', '교통 안전', '폭력 및 신변안전', '약물 및 사이버 중독예방', '재난안전', '직업안전', '응급처치'의 7대 안전교육영역 및 안전과 관련된 '생명존중 교육', '청렴 교육'으로 총 9개 영역으로 구성되어 있다. 다음은 경기도교육청에서 개발한 유치원 경기도안전교육과정의 일부이다(경기도교육청, 2020).

<table>
<tr><th>영역</th><th>중분류</th><th>소분류</th><th>생활주제</th><th>활동명</th><th>활동유형</th><th>활동내용</th><th>교수 · 학습자료</th></tr>
<tr><td rowspan="4">재난안전</td><td rowspan="4">화재</td><td rowspan="4">화재 발생 시 안전수칙</td><td rowspan="4">건강과 안전</td><td>연기를 피해요</td><td>이야기 나누기</td><td>• 화재 연기를 피해 빠르게 대피하기
–연기의 위험성과 화재 연기를 피해 대피하는 요령 알아보기</td><td>• '연기를 피해요' 애니메이션</td></tr>
<tr><td>불조심! 우리 주변부터 살펴요</td><td>이야기 나누기</td><td>• 위험한 불에 대해 알아보기
–불이 날 수 있는 상황을 알아보고, 안전하게 불을 사용하기</td><td>• '불조심! 우리 주변부터 살펴요' 애니메이션</td></tr>
<tr><td>멈춰요, 엎드려요, 뒹굴어요.</td><td>게임</td><td>• 옷에 불이 붙었을 때 대처하는 방법 알기
–옷에 불이 붙었을 때 대처하는 방법에 대해 알아보고 체험해 보기</td><td>• (유치원) 학교안전교육 7대 표준안 수정본(재난안전 '멈춰요, 엎드려요, 뒹굴어요')</td></tr>
<tr><td>화재 대피도를 만들어요</td><td>미술 활동</td><td>• 화재 대피도 만들기
–불이 난 장소에 따라 대피 할 통로가 달라져야 함을 알아보기
–유치원 평면도를 이용하여 대피 경로를 그림으로 표현한 후 벽면에 게시하기
• 대피 경로 살펴보고, 대피해 보기</td><td>• (유아용) 재난안전 체험형 안전교육 교수 학습자료 (p. 103)</td></tr>
</table>

(2) 유치원 연간 안전교육계획안(아이코리아 부속 새세대유치원, 2009)

① 만 5세 안전 지도 계획

월	생활주제	안전 지도 내용
3	유치원과 친구	• 인도로 걸어 다닌다(주머니에 손을 넣지 않는다). • 건널목으로 건넌다. • 신호등이 바뀐 후 좌우 살피며 건넌다. • 낯선 사람을 따라가지 않는다. • 보호자를 잃어버렸을 때의 대처법을 안다.
4	봄	• 찻길(골목길)에서 놀지 않는다. • 골목길(커브길)에서 조심한다. • 큰길에서 자전거를 타지 않는다.
5	나와 가족	• 자동차의 뒤(아래, 옆)에서 놀지 않는다. • 주차장에서 놀지 않는다. • 교통 표지판을 익힌다. • 차는 인도에서 기다린다. • 내 몸이 소중함을 안다. • 타인으로부터 자신의 몸을 보호하는 방법을 안다.
6	우리 동네	• 차 안에서 지켜야 할 점을 안다. –의자에 바르게 앉는다. –안전벨트를 한다. –창밖으로 고개, 손 내밀지 않는다. –조용히 한다(장난하지 않는다). –전철이나 버스에서 뛰거나 옮겨 다니지 않는다.
7 8	여 름/ 즐거웠던 여름방학 (환경)	• 비올 때의 주의점을 안다. –우산은 위로 높이 든다. –밝은 옷으로 입는다. –손에 짐을 들지 않는다. • 홍수 시 유의점을 안다. –가급적 밖에 나가지 않는다. –방송 등을 통해 외부의 소식을 듣는다. • 지진이 났을 때의 유의점을 안다. –방석 등으로 머리 보호하기 –큰 물건 밑으로 피하기 • 해충의 피해를 알고, 대처법을 안다. • 높은 곳에서 장난하지 않는다.

월	생활주제	안전 지도 내용
9	우리나라와 건강	• 신호등을 보고 건넌다. • 교통 표지판을 안다. • 항상 안전한 길로 다닌다. • 위험상황을 알고 예방한다. • 약물 오 · 남용의 사례를 인식한다. –약이 무조건 올바른 것이 아님을 안다. –흡연의 단점을 안다.
10	세계 여러 나라	• 교통 규칙을 지킨다. –교통 규칙의 중요성을 안다. • 킥보드, 인라인스케이트를 조심해서 탄다. • 숟가락, 젓가락을 입에 물지 않는다.
11	가을	• 건조한 날씨에 불조심한다. • 화재 시 대피방법을 안다. • 다양한 교통기관의 안전한 이용법을 안다.
12	겨울	• 보행규칙을 지킨다. –인도로 걷는다. –건널목 건널 때 손 들고 좌우를 살핀다. –육교, 지하도로를 건넌다.
2	즐거웠던 겨울방학/ 초등학교에 가려면	• 찻길에서 놀지 않는다. • 차도로 뛰어 들지 않는다. • 자전거 타고 큰길로 나가지 않는다.

② 만 4세 안전 지도 계획

월	생활주제	안전 지도 내용
3	유치원과 친구	• 인도로 걸어 다닌다. • 횡단보도로 건널 때 –녹색불일 때 좌, 우 그리고 다시 좌측을 살피고 차가 멈추었을 때 건넌다. –손을 들고 오른쪽으로 건넌다. • 장난감을 던지지 않는다. • 낯선 사람을 따라가지 않는다. • 보호자를 잃어버렸을 때의 대처법을 안다.
4	봄	• 찻길(골목길)에서 놀지 않는다. • 골목길(커브길)에서 조심한다. • 자전거 타고 큰길로 나가지 않는다. • 자동차의 뒤(아래, 옆)에서 놀지 않는다. • 주차장에서 놀지 않는다.

월	생활주제	안전 지도 내용
5	나와 가족	• 차 안에서 지켜야 할 점을 안다. –의자에 바르게 앉아, 안전벨트를 맨다. –창밖으로 고개나 손을 내밀지 않는다. –조용히 한다. –전철이나 버스에서 뛰거나 옮겨 다니지 않는다. • 내 몸이 소중함을 안다. • 타인이 내 몸을 함부로 만지지 않아야 함을 안다.
6	동물과 자연	• 높은 곳에서 놀지 않는다. • 비 올 때의 주의점을 안다. –우산은 위로 높이 든다. –밝은 옷으로 입는다. –손에 짐을 들지 않는다. • 위험한 동물에 대해 안다.
7 8	여름 / 환경	• 높은 곳에서 장난하지 않는다. • 홍수 시 유의점을 안다. –가급적 밖에 나가지 않는다. –어른들의 말씀을 잘 듣는다. • 벌이나 벌레를 함부로 만지지 않는다. • 차는 차례차례 내리고 탄다. • 항상 안전한 길로 다닌다. • 큰길에서 횡단보도로 건넌다. • 약물 오 · 남용의 사례를 인식한다. –흡연의 단점을 안다.
9	우리나라	• 킥보드, 인라인스케이트를 정해진 장소에서 안전장비를 착용하고, 조심해서 탄다. • 보도 통행 시 주의점을 안다. –차도와 보도가 구분된 길에서 보도로 다닌다. –어른과 함께 갈 때 어른이 차도 쪽에 간다. –좁은 보도에서 질서 있게 줄지어 간다.
10	운동경기/ 교통기관	• 화재 신고가 119임을 안다. • 차 안에서 지켜야 할 점을 안다. –창밖으로 손과 머리를 내밀지 않는다. • 차 안에서 밖으로 쓰레기를 버리지 않는다. • 차를 타고 내릴 때 주의한다.
11	가을	• 화재 신고가 119임을 안다. • 차 안에서 지켜야 할 점을 안다. –창밖으로 손과 머리를 내밀지 않는다. • 차 안에서 밖으로 쓰레기를 버리지 않는다. • 차를 타고 내릴 때 주의한다.

월	생활주제	안전 지도 내용
12	겨울	• 보행규칙을 지킨다. –인도로 걷는다. –왼쪽으로 건넌다. –건널목을 건널 때 좌우 살피고 손 들고 건넌다.
2	즐거웠던 겨울방학/ 형님반이 되려면	• 찻길에서 놀지 않는다. • 차도로 뛰어들지 않는다. • 자전거를 타고 큰길로 나가지 않는다.

③ 만 3세 안전 지도 계획

월	생활주제	안전 지도 내용
3	유치원과 친구	• 실내에서 걸어서 다닌다. • 물건을 두 손으로 받고 든다. • 버스를 안전하게 타고 내린다. • 계단을 안전하게 오르내린다. • 낯선 사람을 따라가지 않는다. • 보호자의 연락처를 기억한다.
4	봄	• 횡단보도에서는 녹색등이 켜졌을 때 건너야 함을 안다. • 안전한 곳에서 놀이한다(찻길과 주차장에서 놀이하지 않기).
5	건강한 나/ 가족	• 버스, 전철을 바르게 타고 내린다. • 대중교통 이용 시 지켜야 할 예절을 지킨다. –의자를 밟고 올라가지 않기–장난치거나 큰 소리로 떠들지 않기 • 나의 몸이 소중함을 안다. • 나의 몸에는 중요한 부분이 있음을 안다. • 타인이 자신의 몸을 함부로 만질 수 없음을 안다.
6	동물	• 사나운 동물을 대할 때는 자기 몸을 안전하게 보호해야 한다. • 위험한 상황을 스스로 알고 보호한다. • 높은 곳에서 장난치지 않는다.
7 8	여름/ 즐거웠던 여름방학	• 지진이나 홍수 등의 재난 시 주의점을 안다. –어른들의 말에 귀 기울이기 –혼자 나가 놀이하지 않기 • 수영하기 전 준비운동을 한다. • 벌이나 벌레를 손으로 만지지 않는다. • 안전한 장소에서 놀이한다. • 흡연의 단점을 안다.
9	우리나라	• 바른 보도 통행에 대해 안다. –차도와 보도가 구분된 길에서 보도로 다니기 –어른과 함께 갈 때 어른이 차도 쪽에 가기 –좁은 보도에서 질서 있게 줄지어 가기

월	생활주제	안전 지도 내용
10	건강과 운동/ 교통기관	• 안전에 필요한 정보를 안다. • 위험한 상황에서 적절히 대처할 수 있다. • 교통기관을 안전하게 이용하는 방법을 안다.
11	가을	• 자전거, 씽씽카를 안전한 장소에서 탄다. • 자전거를 탈 때 안전장비를 이용한다. • 화재 시 대피방법을 안다. –어른들의 말에 귀 기울이고 행동하기 –자세를 낮추고, 입을 가리고 밖으로 이동하기
12	겨울	• 엄마와 함께 귀가한다. • 낯선 사람을 따라가지 않는다.
2	즐거웠던 겨울방학	• 안전하게 겨울철 놀이를 한다. • 눈길이나 빙판길을 조심한다.

(3) 어린이집 연간 안전교육계획안(모난 어린이집, 2009)

안전 대책 연간교육계획

월	교육명	교육내용	교육방법
3	교통 안전교육	• 신호등 있는 곳에서의 횡단보도 건너기 • 신호등 없는 곳에서의 횡단보도 건너기	현장견학: 어린이 교통 안전공원
	소방훈련	• 비상시 대피요령 알기 • 소화기 사용법 알기	이야기 나누기
4	소방훈련	• 화재 시 대피행동 알기	실제 상황 훈련
	성폭력 예방교육	• 내 몸의 소중함을 알기 • 좋은 느낌과 싫은 느낌을 알기 • 내 몸을 보호하기	시청각 교육
5	교통 안전교육	• 어린이집 버스를 탈 때 유의점 알기 • 안전하게 타고 내리는 방법	어린이집 버스를 이용한 실제 교육
	소방훈련	• 대피장소 익히기	실제 상황 훈련
	약물 오 · 남용교육	• 약물의 종류와 이름 알기 • 약을 함부로 먹지 않기	시청각 교육
6	소방훈련	• 화상을 입었을 때 대처법 알기	실제 상황 훈련
7	교통 안전교육	• 비오는 날 안전하게 다니기 • 바른 우산 사용법	비오는 날을 이용한 실제 교육
	소방훈련	• 물 분사 소화기 사용해 보기	소화기 사용해 보기

월	교육명	교육내용	교육방법
8	소방훈련	• 대피훈련	실제 상황 훈련
	약물 오 · 남용교육	• 약물중독 시 일반적인 처치법	시청각 교육
	재난대비교육	• 위험물을 보았을 때 대처법 • 재난 시 안전하게 행동하기	이야기 나누기 실습 교육
9	교통 안전교육	• 횡단보도 바르게 건너기	실제 상황 훈련
	소방훈련	• 투척용 소화기 소개 및 사용법 알기	이야기 나누기
	성폭력예방교육	• 낯선 사람을 만났을 때 대처하기 • 위험한 상황에 대처하기	강사 초빙 교육
10	소방훈련	• 대피훈련	실제 상황 훈련
11	교통 안전교육	• 겨울철 안전을 위한 장비와 복장 알기	이야기 나누기
	소방훈련	• 대피훈련	현장학습–시민 안전 체험관
	약물 오 · 남용교육	• 가정에서의 응급상황 시 대처법	이야기 나누기, (부모교육자료–안내문 발송)
12	소방훈련	• 소방서에서 하는 일 알기 • 소화전 사용법 알기	소방서 견학
1	교통 안전교육	• 겨울철 길 안전하게 걷기	시청각 교육
	소방훈련	• 대피훈련	실제 상황 훈련
	성폭력 예방교육	• 집에 혼자 있을 때 대처하기 • 성폭력 예방법 알기	이야기 나누기
2	소방훈련	• 대피훈련	실제 상황 훈련
	약물 오 · 남용교육	• 약은 정량만큼만 먹기 • 혼자 아플 때 대처법 알기	이야기 나누기, (부모교육자료–안내문 발송)
	재난대비교육	• 각종 재난예방 및 안전 수칙 알기	시청각 교육, 실습 교육

(4) 유아를 위한 연간 안전교육계획(소방방재청, 2006)

연간 안전교육계획안

월	주제	교육내용
3	유치원/ 어린이집 안전	• 실내에서의 안전규칙 • 복도 및 계단, 화장실의 안전 • 교구, 놀잇감, 각종 자료의 안전한 사용법 • 실외놀이시설의 안전한 사용법과 행동

월	주제	교육내용
4	교통 안전	• 어른과 손잡고 걷기 • 차도와 보도, 신호등 의미 알기 • 안전한 도로횡단법 • 안전한 통학버스의 이용법 • 날씨와 보행안전 • 안전벨트와 카시트 • 자동차, 버스, 지하철에서의 안전한 행동
5	놀이 안전 바퀴달린 탈것 이용안전	• 집 근처의 안전한 놀이 장소 • 어른이 보고 있는 곳에서 놀기 • 놀이기구를 안전하게 이용하는 방법 • 안전한 옷차림 • 바퀴달린 탈 것 안전하게 이용하기: 안전한 장소, 타는 방법, 옷차림
6	성폭력 안전	• 내 몸의 소중함 • 내 몸의 정확한 명칭 • 좋은 느낌과 싫은 느낌 • 성폭력의 예방법과 대처방법
7	물놀이 안전	• 안전한 물놀이 • 물놀이를 안전하게 하는 방법 • 도움을 요청하는 방법
8	길을 잃었을 때의 안전	• 미아 예방방법: 외출 시 주의할 점 • 도움을 요청하는 방법 • 길을 잃었을 때의 대처방법
9	재난안전	• 자연재난의 의미와 위험성 • 자연재난이 발생했을 때 일어날 수 있는 상황 • 안전하게 대피하는 안전 수칙
10	낯선 사람에 대한 안전	• 낯선 사람에 대한 개념 • 유인행동 알아차리기 • 낯선 사람을 만났을 때 대처하는 방법 • 위험한 상황 대처법 • 집에 혼자 있을 때 위험상황 인식
11	도구 및 시설 이용안전	• 엘리베이터, 에스컬레이터의 안전한 이용방법 • 회전문, 자동문의 안전한 이용방법 • 위험한 상황 대처방법
12	화재 안전	• 화상예방 및 대처방법 • 화재의 원인과 예방방법 • 불이 났을 때 대처행동: 신고방법 • 불이 났을 때 대피방법: 연기 마시지 않기, 안전한 대피로 찾기 • 옷에 불이 붙었을 때의 대처행동
1/2	가정안전/ 약물안전	• 집 안에서의 안전한 행동과 위험한 행동 • 집 안에서의 안전한 장소와 위험한 장소 • 집 안 도구의 위험성과 안전한 사용법 • 약이 우리에게 주는 고마움 • 약, 함부로 먹지 않기 • 가정용 화학제품 만지거나 먹지 않기

CHAPTER 3

3 영유아교육기관에서의 실내·외 안전관리

성인들은 영유아기 아동이 교육기관에서 안전하고 건강하게 성장할 수 있도록 안전한 환경을 제공할 책임이 있다. 교사들은 실내 · 외 제반시설 및 환경을 미리 점검하여 사고의 원인을 제거하고, 지속적으로 관리하여 안전한 환경을 마련해야 한다. 본 장에서는 영유아교육기관에서 실내 · 외 시설 및 설비에 대한 안전관리를 어떻게 해야 하는가에 대한 내용과 방법, 그리고 안전관리와 관련된 법령들에 대해 다룰 것이다.

1. 시설·설비 안전관리 필요성

1) 영유아교육기관 내 안전관리의 필요성

안전한 유치원 환경이란 시설과 설비 및 교구와 그 사용에 있어서 위험요소가 나타나지 않는 것을 말한다. 2019년 한국소비자원에서는 소비자위해감시시스템(CISS)을 통해 최근 3년간 가정 · 교육시설에서 접수된 어린이 안전사고건수를 살펴보면, 총 24,971건으로 전체 안전사고 건수의 34.2%를 차지하며, 전년도(24,097건)보다 3.6% 소폭 증가하였다. 특히 최근 5년간 어린이 안전사고 비율은 매년 30% 이상으로 우리나라 총 인구 대비 어린이 인구 비중(12.5%)1)에 비해 매우 높아 안전사고에 취약한 계층이다. 특히 2019년 현황을 살펴보면, 어린이 발달단계 중 '걸음마기(1~3세)'가 11,495건으로 46.0%를 차지해 가장 많았고, '유아기(4~6세)'는 5,669건(22.7%), '학령기(7~14세)'는 5,640건(22.6%), '영아기(0~1세)' 2,167건(8.7%) 순으로 나타났으며, 이는 최근 5년간 매년 비슷한 양상을 보이고 있다. 특히 '걸음마기'에 해당하는 유아는 활동범위가 넓어지는 시기이나 균형 감각 및 신체민첩성이 완전하지 못해 안전사고에 가장 취약한 것으로 분석된다. 또한 어린이 안전사고가 주로 발생한 장소는 '주택'으로 16,749건(67.1%)이며, 이어 '교육시설' 1,602건(6.4%), '여가 문화 및 놀이시설' 1,500건(6.0%),' 도로 및 인도' 1,147건(4.6%) 순으로 나타나고 있으며, 교육시설에서의 안전사고도 매해 지속적으로 늘어나고 있다. 예를 들어, 2015년 교육시설에서는 1,433건(5.7%)이 발생했으나, 2019년 교육시설에서는 1,602건 (6.4%)이 발생했다. 이 보고서에서는 어린이의 위해원인별 현황을 살펴보면, '미끄러짐 · 넘어짐'이 6,258건(25.1%), '추락' 5,312건(21.3%), '부딪힘'은 4,634건(18.6%) 순으로 많았으며, '추락'이 최근 5년간 2순위였던 '부딪힘'을 역전하였다. 그 다음으로는 '눌림 끼임' 1,841건(7.4%), '식품 섭취에 의한 위해' 1,325건(5.3%), '충돌 추돌 등 물리적 충격' 1,016건(4.1%) 순이었다(한국 소비자원, 2020).[1)]

1) 2020년 한국 소비자원에서 사용한 '어린이'는 통계청 유소년 인구 기준에 맞추어 0세부터 14세의 유소년 인구를 의미함.

발달단계 별 안전사고의 특성들을 살펴보면, 연령이 증가함에 따라 '주택'에서의 사고 비율은 감소하지만, '교육시설', '여가 · 문화 및 놀이시설', '도로 및 인도' 등 실외장소의 비율은 점차 증가 추세를 보이고 있다. 특히 '걸음마기'와 '유아기'에는 '바닥재'로 인한 안전사고가 각각 14.9%, 10.8%로 가장 많았고, 어린이들의 '추락', '미끄러짐 넘어짐', '부딪힘' 사고는 모든 발달단계에서 상위권을 차지하였다. 이 중 '추락'은 연령이 증가할수록 점차 비중이 낮아졌으며, '미끄러짐 · 넘어짐' 사고는 점차 증가하는 경향이 있다. 특히 '부딪힘' 사고는 걸음이 서툰 '걸음마기'에 26.5%로 가장 높았고 이후 '유아기'와 '학령기'에 각각 24.4%, 17.5%로 비중이 점차 감소하고 있다(한국 소비자원, 2020).

이처럼 우리 주변에서 발생하는 다양한 사고는 예측할 수 없는 우연한 사건으로 생각하는 경우가 많지만, 실제 사고의 원인이나 내용을 분석해 보면, 대부분의 사고는 우발적인 것이 아니라 환경과의 상호작용을 통한 역동적인 개념으로 충분히 예방할 수 있는 것이다. 안전관리는 영유아들의 크고 작은 사고를 예방하는 최소한의 행동이다. 특히 걸음마기나 유아기에 해당하는 어린이가 주로 다니는 영유아교육기관에서는 이들의 안전에 더 많은 관심을 갖고, 이들이 안전하게 생활할 수 있도록 환경을 제공할 책임이 있다. 이를 예방하기 위해서는 영유아교육기관의 실내 · 외 제반시설 및 환경을 미리 점검하여 사고의 원인을 제거하고, 지속적으로 관리하여 안전한 환경을 마련해야 한다. 영유아에게 안전한 시설 및 설비를 제공하기 위해 첫째, 시설 및 설비를 계획할 때 이들의 발달 특징과 안전기준을 고려하여 설치하는 것이 필요하다. 영유아들의 연령, 발달 수준, 신체 크기, 능력 등에 맞는 편리함뿐만 아니라 안전을 고려해 시설 · 설비를 계획해야 한다. 예를 들어, 실내 교육기관은 영유아들이 오랜 시간을 보내는 장소로, 여러 명의 영유아들이 함께 충분하고 안전하게 놀이할 수 있도록 가구 등의 설비가 배치되어야 한다.

둘째, 근본적으로 안전사고방지를 위해서는 실외놀이의 고정시설 자체의 구조와 배치, 고장 가능성이 있는 놀이시설의 수리 및 교체 등 위험한 시설에 대한 정기적인 안전점검이 요구된다. 뿐만 아니라 영유아교육기관에서의 사고는 시설 ·

설비의 환경적인 불안전함, 시설을 이용하는 영유아의 부주의, 규칙을 지키지 않는 것 등에 의해 발생하므로 이를 위한 대책 또한 요구된다.

2. 영유아교육기관의 시설·설비 안전관리

안전한 환경을 결정하는 중요한 요인으로 영유아교육기관의 입지 여건에 대한 법규는 여러 곳에 규정되어 있다. 영유아교육기관인 유치원 및 어린이집 건물 및 주변 환경에 관련된 법규, 실내 및 실외 환경의 안전관리 내용과 관련된 법규 등을 살펴보면 다음과 같다.

1) 영유아교육기관의 건물 및 주변 환경

영유아교육기관의 토지를 선택 시, 토지의 형태는 불규칙한 형태보다 직사각형이나 정사각형을 제안하였다. 실외시설을 배치할 때, 공간과 통로 · 건물 등을 고려해서 영유아들을 감독하기 쉽도록 하고, 영유아가 숨을 수 있는 후미진 곳이 없도록 배치한다. 이는 영유아를 살피기 쉬우므로 안전사고를 미연에 방지할 수 있기 때문이다. 또한 그 주위가 습기에 차지 않는 견고한 지반을 선택하고, 주위보다 적당히 높은 지대를 택함으로써 자연적 배수가 잘되고, 건물의 붕괴를 막을 수 있도록 한다. 햇빛이 잘 들어오고 태풍, 돌풍, 강설, 폭우 등 자연재해의 위험성이 적은 곳으로 선택한다. 영유아교육기관의 주위에 교통이 빈번한 도로나 철도, 또는 위험한 강, 바다, 연못, 호수가 없어야 하며, 영유아교육기관 주변이 소란하거나 풍기가 문란하지 않은 지역을 선정해야 한다. 예를 들어, 절대정화구역인 50m 이내에는 유흥주점, 음식점, 가스충전소, 페인트판매점 등 화재발생 위험시설이 없어야 하며 안전, 방음, 환기, 채광, 배수 등이 부지선정 시에 고려되어야 한다. 또한 주택 건설기준 등에 관한 규정에 의해 위험시설로부터 수평거리 50m 이상 떨어진 곳에 위치해야 한다.

(1) 유치원 건물 및 주변 환경

「학교보건법」 제6조(학교환경 위생 정화구역에서의 금지 행위 등), 「주택건설기준 등에 관한 규정」 제9조의 2(소음 등으로부터의 보호), 「고등학교 이하 각급 학교 설립. 운영 규정」 제6조(교지)에 관한 사항을 규정하고 있다.

유치원 설치 기준 관련된 법규

「학교보건법」 제6조(학교환경위생 정화구역에서의 금지행위 등)

- 학교환경위생 정화구역 안에서의 금지시설
  - 총포화약류(銃砲火藥類)의 제조장 및 저장소, 고압가스 · 천연가스 · 액화석유가스 제조소 및 저장소

주택건설기준 등에 관한 규정 제9조의2(소음 등으로부터의 보호)

- 「건축법 시행령」 별표1의 규정에 의한 위험물저장 및 처리시설
  - 주유소(기계식 세차설비를 포함한다) 및 석유 판매소, 액화석유가스 충전소 · 판매소 · 저장소 (기계식 세차설비를 포함한다), 위험물 제조소 · 저장소 · 취급소, 액화가스 취급소 · 판매소, 유독물 보관 · 저장 · 판매시설, 고압가스 충전소 · 판매소 · 저장소, 도료류 판매소, 도시가스 제조시설, 화약류 저장소

고등학교 이하 각급 학교 설립 · 운영 규정 제6조(교지)

- 각급 학교의 교지는 교사용 대지와 체육장의 면적을 합한 용지로서 교사의 안전, 방음, 환기, 채광, 소방, 배수 및 학생의 통학에 지장이 없는 곳에 위치하여야 함.

출처: 교육부(2015).

이러한 건물 및 주변 환경에 대한 사항에 대해 점검은 다음과 같다(교육부, 2015).

① 유치원의 입지 여건

	점검사항	그렇다	아니다	비고
1	유치원은 지상으로 직접 나갈 수 있는 지상층(피난층 포함)에 설치되어 있거나 지상층(피난층 포함)을 포함하여 2개층 이하로 설치되어 있다. ※ 피난층이라 함은 1층 또는 1층이 아니라하더라도 지상으로 직접 나갈 수 있는 출입구가 설치된 층을 의미함.			
2	유치원이 입주해 있는 건물 또는 바로 인접한 건물에 공장, 음식점, 페인트판매점, 가스충전소 등 화재발생 위험시설이 없다.			
3	인접 건물과 최소한 2m 이상 이격되어 화재의 확대 또는 연기 유입의 위험이 없다.			
4	유치원의 지상층에는 도로, 인도 등 외부 공간과 직면하는 형태로 설치된 창문이 없다(창문이 설치된 경우 유해물 투척 및 침입을 효과적으로 차단할 수 있는 방지시설이 되어 있음). ※ 외부 공간과 직면하는 창문이 설치되면 외부인에 의한 침입, 유해물 투척 등의 안전사고가 발생할 수 있으며, 소음문제도 발생하게 됨.			
5	유치원 내에서 주출입구 등으로 나올 때 출입구 전면에 도로와의 완충공간(일정 간격 이격)이 확보되어 있다.			

② 소방차 접근 등 활동 여건 및 기타 환경

	점검사항	그렇다	아니다	비고
1	유치원 건물의 최소한 1면 이상은 소방차의 원활한 진입이 가능하도록 4.0m 이상의 폭을 갖는 도로와 접해있거나 이러한 도로와 10m 이하로 이격되어 있는가? 건물 주변 도로면이 급경사(10% 이상)로 되어 있지 않다.			
2	건물 주변 및 유치원 내에 설치된 가로등, 전봇대 등은 감전 등에 대한 안전조치가 되어 있다.			
3	유치원이 입주한 건물 위 또는 건물 입구 부근을 지나가는 고압전선이 없다.			

(2) 어린이집 건물 및 주변 환경

「영유아보육법 및 영유아보육법 시행령」에는 어린이집 설치 기준이 제시되어 있다. 「영유아보육법」 제15조에는 어린이집을 설치하고, 운영하기 위해서는 보건복지부령으로 정하는 설치기준을 갖추어야 한다〈개정 2008. 2. 29., 2010. 1. 18., 2011. 6. 7., 2011. 12. 31., 2015. 5. 18.〉

어린이집 설치 기준 (법 제15조, 시행규칙 제9조[별표1])

가. 어린이집의 입지조건

- 지방자치단체의장은 "어린이집은 보육수요, 보건, 위생, 급수, 안전, 교통, 환경및 교통편의 등을 충분히 고려하여 쾌적한 환경의 부지를 선정"해야 하므로, 영유아의 신체적, 사회적 안전에 위험하다고 판단되는 시설(폐기물처리시설, 유흥업소, 전염병원 등) 인근에 어린이집이 입지하지 않도록 인가를 제한할 수 있으며, 위험시설 또한 어린이집 인근에 입지하지 않도록 노력해야 함
- 어린이집은 「주택건설기준 등에 관한 규정」 제9조의2 제1항에서 규정하고 있는 위험시설로부터 외곽경계선이 되는 담 또는 벽(담 또는 벽이 없는 경우 부지경계선)을 기준으로 수평거리 50m 이상 떨어진 곳에 배치
  - 어린이집의 범위는 건물뿐만 아니라 전용 부수공간(놀이터 · 주차장)을 포함하며, 위험시설의 범위는 그 충전 · 저장설비 등의 시설물만이 아닌 이들 시설이 설치되어 있는 장소를 포함함
  - 따라서 위험시설과 어린이집 간의 이격거리 산정은 각각의 장소적 경계가 되는 양 건물의 부지경계선을 기준으로 하는 것을 원칙으로 함
    ※ 어린이집에 전용 부수공간이 없는 경우, 어린이집이 입지한 건물외벽을 기준으로 최단거리를 측정함
    ※ 버스터미널 등 특정목적의 부지 안에 주유소 등 위험시설이 설치되어 있는 경우, 버스터미널 부지경계선이 아닌 주유소 부지 또는 방화벽으로부터 산정
  - 부지경계선에 담(또는 벽)을 설치한 경우, 부지경계선과 담(또는 벽) 중 최단거리를 기준으로 함
    ※ 위험시설 중 관계법령에 의하여 설치된 벽(예: 주유소 방화벽)이 있는 경우, 어린이집의 부지경계선과 위험시설의 벽을 기준으로 산정 가능
  - 공동주택에 설치한 가정어린이집의 경우, 어린이집이 위치한 동 전체 건물이 아닌 해당 호실의 외벽을 이격거리 산정의 기준으로 함
- 지방자치단체의 장은 보육부서와 건축 및 기타 부서 간 긴밀한 협조체계를 구축하여, 어린이집의 인가 또는 위험시설의 신축을 위한 건축 허가 시 어린이집의 입지조건을 충분히 고려하도록 조치해야 함

출처: 보건복지부(2020).

3. 영유아교육기관의 실내 시설·설비

실내는 영유아들이 영유아교육기관에서 가장 많은 시간을 보내는 중요한 공간으로, 안전하게 구성하고 잠재적 위험성 여부를 수시로 점검하여 영유아에게 안전한 환경을 제공해야 한다.

1) 현관

현관은 날마다 부모와 영유아가 만나고 헤어지는 공간이며, 영유아가 등 · 하원 하면서 이용하는 장소이고, 많은 사람이 드나드는 장소이다. 현관에서 사고를 미연에 방지하기 위해 다음과 같은 것을 고려해야 한다.

- 현관에서 일정한 인원이 신을 신고 벗을 수 있도록 하는 공간을 제공해야 한다.
- 하원 시 한꺼번에 귀가 지도를 하기보다는 현관의 크기에 맞는 적정한 인원이 귀가할 수 있도록 지도해야 한다.
- 현관의 문은 성인과 영유아가 모두 손쉽게 사용할 수 있도록 하며 손가락이 끼이지 않도록 고무로 처리한다.
- 현관의 문은 앞뒤로 움직이는 것보다는 한쪽 방향으로 여닫는 문이 안전하다. 앞뒤로 움직일 때는 될 수 있으면 실외를 향해 열리는 것이 현관의 공간 활용에 도움이 된다.
- 현관문의 재질은 두꺼운 안전유리로 사용하되, 2/3 이상이 투명하거나 또는 투시가 가능하도록 제작하는 것이 좋다.
- 현관에 문지방을 만들지 않는 것이 좋고, 만약 실내 · 외의 바닥높이에 큰 차이가 있을 경우 계단보다는 경사로를 설치하는 것이 안전하다.
- 현관의 바닥면은 미끄럼 방지 매트를 깔아 미끄러지는 것을 방지하는 것이 좋다.

들어가는 문

현관

2) 복도 및 교실문

복도와 통로는 영유아들이 현관에서 각 교실로 가거나 교실에서 실내 · 외 놀이 공간으로 갈 수 있도록 연결해 주는 공간이다. 이러한 복도나 통로에서 사고가 나는 것을 방지하기 위해서는 다음과 같은 것을 고려해야 한다.

- 복도의 바닥에서 1.3m 높이까지는 파손 시에도 위험하지 않은 재료를 사용한다.
- 복도에 노출되는 벽모서리나 기둥모서리는 코너가드 등을 사용하거나 둥글게 마감을 처리한다.
- 복도에는 충분한 조명 또는 창문이 설치되어 어둡지 않도록 한다.
- 교실과 복도 사이에 설치된 문 등 영유아교육기관 내 설치되어 있는 문에는 문턱이 없도록 한다.
- 교실의 문이 복도 방향으로 열리는 여닫이문인 경우 문을 열었을 때 복도 폭의 1/2 이상을 넘어서지 않는다.
- 영유아교육기관 내 모든 여닫이문은 서서히 닫히게 하는 도어클로저(door-closer) 등 안전장치를 설치한다.

교실문

3) 계단 및 난간

영유아교육기관이 2층 이상의 건물인 경우 계단을 통해 영유아들이 각 교실이나 교실에서 실내 · 외 놀이공간으로 이동하게 된다. 이러한 계단이나 난간에서 사고가 나는 것을 방지하기 위해서는 다음과 같은 것을 고려해야 한다.

계단 및 난간

- 영유아의 신체는 성인보다 작기 때문에 계단에서 안정적인 보행을 위해서는 계단의 높이와 너비가 영유아의 신체치수에 맞게 설치되어야 사고를 방지할 수 있다. 예를 들어, 계단의 단 높이는 16cm 이하, 단 너비는 26cm 이상으로 일정하게 단 높이와 단 너비가 구성되어 있어야 한다.
- 계단의 경사도는 너무 급하지 않고 완만하게 구성되어야 한다.
- 계단에는 미끄럼 방지처리가 되어 있으며, 견고하게 부착되어 있어야 한다.
- 충분한 조명 또는 창문을 설치하여 어둡지 않도록 한다.
- 바닥재는 충격을 흡수할 수 있는 재료를 사용하며, 계단의 끝선을 명확히 구분할 수 있도록 다른 색으로 채색하는 것이 좋다.
- 안정적인 보행과 추락사고 방지를 위해 난간이 설치되어야 한다. 이때, 난간의 높이, 난간살의 간격 등은 영유아들의 신체치수에 맞게 설치되어야 한다. 난간살의 간격은 10cm 이하로 하며, 난간 손잡이의 높이(약 80cm 내외)와 직경(지름 3.5cm 내외)을 고려한다.

4) 화장실

화장실은 영유아들이 건강과 청결 등 기본생활습관을 배울 수 있는 곳이다. 교실 또는 보육실과 동일한 층의 인접한 공간에 설치하며, 층간 설치는 지양한다. 또한 목욕실은 건물 내부에 설치해야 하며, 보육실과 인접한 공간에 설치해야 한다(보건복지부, 2013). 우리나라의 시설 기준령에는 학급당 대변기 1개 이상, 소변기는 필요한 수만큼 설치하드록 규정하고 있다. 양변기의 높이는 바닥으로부터 30cm로 영유아의 신체크기에 맞아야 안전하며, 변기는 영유아 5~7명당 하나가 필요하다. 화장실의 면적은 최소한 영유아당 0.45m^2(약 0.14평) 정도가 필요하며 영유아 8~15명까지는 적어도 2개 이상 준비되어 있어야 한다. 화장실에서의 사고를 미연에 방지하기 위해 다음과 같은 것을 고려해야 한다.

화장실

- 화장실 문의 손잡이는 영유아가 사용하기 적절한 높이에 설치해서 영유아가 혼자 열고 닫을 수 있도록 한다. 화장실 문에 손이 끼이는 것을 방지하도록 설계되어야 한다.
- 화장실 문고리는 없게 하여 영유아가 화장실에 갇히는 일이 없도록 한다.
- 용변을 볼 때 영유아들이 불안해하지 않고 교사도 쉽게 감독할 수 있을 정도의 높이로 문을 안전하게 설치한다.
- 화장실 바닥은 미끄럼 방지 매트를 깔아야 하며 물기가 생길 경우 즉시 제거하고 화장실에서 영유아들끼리 물을 끼얹거나 밀치는 장난을 하지 않도록 한다.
- 세면대는 영유아가 화장실을 사용할 때만이 아니라 간식, 식사 전후, 그리고 놀이 활동과 관련지어 수시로 사용하는 곳이므로 화장실의 출입구 근처 편리한 곳에 설치하는 것이 좋다.
- 세면대 높이는 바닥에서 50cm 정도가 적당하며, 영유아 한 명이 사용하는 세면대의 폭은 60cm 이상이 필요하다.

- 영유아의 손이 닿을 수 있는 범위에 온수와 냉수가 섞여 나오는 수도꼭지가 있어 화상을 입는 일이 없도록 한다. 수돗물의 온도는 49°C 이하여야 한다.

5) 사무실 및 양호실

사무실은 주로 사무직원이나 원장이 있는 곳으로 영유아의 출입을 지켜볼 수 있는 장소에 위치하면 영유아들의 안전관리를 용이하게 할 수 있다. 전면에 큰 창문을 설치하면 영유아들의 실외 활동도 쉽게 돌볼 수 있어 좋다. 양호실은 몸이 아픈 영유아가 잠깐 쉬거나 보호자가 올 때까지 지내는 곳으로 편안한 느낌을 줄 수 있는 공간이면 좋다. 이때, 영유아들이 쉬면서 놀이를 할 수 있는 몇 가지 놀잇감이 있는 것이 좋다. 양호실의 크기는 30명당 4.6m^2(1.4평)이 적당하며, 영유아 25명당 1개의 침대가 들어갈 공간이 필요하고, 종일반의 경우에는 영유아 10명당 1개의 침대가 들어갈 공간이 있어야 한다. 양호실에는 응급처치를 할 수 있는 구급약품이나 용품을 넣어 둘 수 있는 장이 있어야 하며, 화장실이 옆에 있으면 더욱 바람직하다. 양호실을 별도로 마련해 줄 수 없을 때는 교사실이나 원장실에 침대를 마련할 수도 있다. 안전한 사무실이나 양호실을 만들기 위해서는 다음과 같은 것을 고려해야 한다.

- 구급약품 보관함은 교사들의 사용에는 용이하나 영유아들의 손이 닿지 않는 곳에 두어야 한다. 특히 위험한 약품이나 소독약 등은 잠금장치가 되어 있는 장에 보관을 한다.
- 교무실이나 양호실에는 영유아의 손이 닿는 곳에 뜨거운 커피포트나 종이를 자르는 작두, 코팅기계 등 위험한 기구들을 놓지 않는다.
- 난로나 선풍기가 있을 경우 주위에 안전망을 설치하며, 출입구 쪽에 놓지 않는다.
- 간이침대는 출입구를 막지 않도록 배치한다.

6) 주방

영유아들의 영양관리를 위해 반드시 있어야 하는 곳이 바로 주방이다. 영유아들의 간식과 점심을 준비하는 곳으로 위생적인 시설 및 설비들을 갖추어야 한다. 청결하고 안전한 주방을 만들기 위해서는 다음과 같은 것을 고려해야 한다.

- 주방의 출입구는 영유아들이 함부로 드나들 수 없도록 차단 문을 설치한다.
- 칼 등의 위험한 도구들이나 전자제품의 전선 등을 관리해서 영유아의 손이 닿지 않는 곳에 보관하도록 한다.
- 락스, 중성세제 등 주방용품 등은 영유아들의 손이 닿지 않는 곳에 보관한다.
- 그릇은 항상 깨끗이 씻어 보관하며 깨지기 쉬운 그릇은 별도로 보관한다.
- 주방의 바닥은 미끄럼 방지용 자재를 사용하여 청소가 용이하고 위생적이어야 한다.
- 가스레인지 설치 시 중간 밸브와 가스누설 자동 차단장치를 반드시 설치하여야 한다.
- 비상용 소화기를 설치한다.
- 음식을 다루는 사람은 위생복을 입고 청결하게 요리할 수 있어야 한다.
- 음식재료와 남은 음식은 상하지 않도록 냉장고에 보관한다.
- 뚜껑이 있는 쓰레기통을 사용하며, 쓰레기는 분리수거한다.
- 살충제를 뿌릴 경우에는 교사가 지켜보는 가운데 자격증을 가진 전문요원이 담당한다.

7) 실내 활동실의 바닥 및 채광

실내 활동실은 영유아들이 가장 오랫동안 생활하는 공간이다. 안전하게 영유아들이 실내에서 놀이를 할 수 있도록 활동실의 바닥, 천장, 창문 등을 설치할 때 다음과 같은 것을 고려해야 한다.

- 각 영역에서 발생하는 영유아들의 행동적인 특성에 따라 바닥 재료를 다르게 제공하는 것이 효과적이다. 각각 다른 자재를 사용하여야 냉기를 제거하면서도 탄력성이 있어 넘어질 경우에도 충격을 최소화할 수 있다.
- 소리도 적게 나고 물기가 있어도 미끄럽지 않고 쉽게 청소할 수 있는 바닥을 용도에 맞도록 설치해야 한다.
- 천장의 높이는 3~3.4m가 적당하다. 천정이 너무 낮으면 교사들의 키가 크게 보여 영유아들에게 위압감을 주고, 너무 높으면 허전하고 서늘한 느낌을 주게 된다.
- 천장에는 화재 시 자동으로 작동되는 화재경보장치나 스프링클러 등을 설치하여야 한다.
- 천장은 영유아들이 공 같은 물건을 던져도 유해한 물질이 떨어지지 않는 재질로 처리하도록 한다.
- 낮에는 가능한 자연채광만으로 활동실을 밝게 하는 것이 좋다. 벽면의 색채를 조절함으로써 자연채광의 효율을 높이며, 조명시설을 설치할 때는 조명등에 보호막을 씌우거나 천장 안쪽으로 조명등을 설치하는 것이 좋다.
- 활동실 내의 모든 창문의 전체 면적은 활동실 바닥 면적의 15~20% 정도로 설치하는 것이 바람직하다.
- 환기와 안전을 위해서는 창문의 윗부분을 열 수 있게 하는 것이 좋다. 또한 창문은 영유아가 바닥에 서서 밖을 내다볼 수 있는 높이로 설치하여 영유아가 실외의 현상을 관찰할 수 있도록 한다.
- 너무 낮게 창문이 설치된 경우 외부세계에 지나치게 노출되거나 창문이 열려 있는 상태에서 영유아가 넘나들 수도 있어 위험하다. 보호장치나 난간을 설치하여 외부로부터 영유아들을 보호하고, 추락사고의 위험으로부터 영유아들을 보호해야 한다. 또한 창문이 너무 낮게 설치된 경우나 너무 투명한 창문일 경우 영유아의 활동과정에서 파손되는 위험이 있다.
- 영유아교육기관의 창문 높이는 바닥으로부터 50~70cm 정도가 적절하다.
- 창문 가까이에 교구진열대나 식물재배영역을 마련하는 것이 안전하며 투명한 유리창에는 스티커 등을 붙여 유리창이 있음을 쉽게 식별하게 한다.

고등학교 이하 각급 학교 설립 · 운영 규정
(시행 2020. 3. 3. 대통령령제 30509호, 2020. 3. 3. 타법 개정)

• 제3조(교사)
각급 학교의 교사는 교수 · 학습에 적합하여야 하고, 그 내부 환경은 「학교보건법」 제4조의 규정에 의한 환경위생 및 식품위생의 유지 · 관리에 관한 기준에 적합하여야 한다.

• 제5조(체육장)
각급학교의 체육장(옥외체육장)은 배수가 잘 되거나 배수시설을 갖춘 곳에 위치하여야 한다.

• 제10조(급수 · 온수공급시설)
① 각급 학교에는 급수시설을 두어야 하되, 수질검사결과 위생상 무해하다고 판명된 것이어야 한다.
② 학교에는 온수를 공급할 수 있는 시설을 갖추어야 한다.

학교보건법 시행규칙(별표2)

〈별표2: 환기, 채광, 조명, 온습도의 조절기준과 환기설비의 구조 및 설치기준〉

1. 환기의 조절기준: 환기용 창 등을 수시로 개방하거나 기계환기설비를 수시로 가동하여 1인당 환기량이 시간당 21.6m^3 이상이 되도록 할 것

2. 채광(자연조명)
가. 직사광선을 포함하지 아니하는 천공광에 의한 옥외 수평조도와 실내 조도와의 비가 평균 5퍼센트 이상으로 하되, 최소 2퍼센트 미만이 되지 아니하도록 할 것
나. 최대조도와 최소조도의 비율이 10대 1을 넘지 아니하도록 할 것
다. 교실 바깥의 반사물로부터 눈부심이 발생되지 아니하도록 할 것

3. 조도(인공조명)
가. 교실의 조명도는 책상면을 기준으로 300럭스 이상이 되도록 할 것
나. 최대조도와 최소조도의 비율이 3대 1을 넘지 아니하도록 할 것
다. 인공조명에 의한 눈부심이 발생되지 아니하도록 할 것

4. 실내온도 및 습도
가. 실내온도는 섭씨 18도 이상 28도 이하로 하되, 난방온도는 섭씨 18도 이상 20도 이하, 냉방온도는 섭씨 26도 이상 28도 이하로 할 것
나. 비교습도는 30퍼센트 이상 80퍼센트 이하로 할 것

〈별표3: 상하수도 · 화장실의 설치 및 관리기준〉

1. 상 · 하수도의 설치 및 관리기준: 「수도법 및 하수도법의 관련 규정」에 의하여 설치 · 관리할 것

2. 화장실의 설치 및 관리기준

가. 화장실의 설치기준
(1) 화장실은 남자용과 여자용으로 구분하여 설치하되, 학생 및 교직원이 쉽고 편리하게 이용할 수 있도록 필요한 면적과 변기 수를 확보할 것
(2) 대변기 및 소변기는 수세식으로 할 것(상 · 하수도 시설의 미비 또는 수질 오염 등의 이유로 인하여 수세식 화장실을 설치하기 어려운 경우에는 제외한다.)
(3) 출입구는 남자용과 여자용이 구분되도록 따로 설치할 것
(4) 대변기의 칸막이 안에는 소지품을 두거나 옷을 걸 수 있는 설비를 할 것
(5) 화장실 안에는 손 씻는 시설과 소독시설 등을 갖출 것

나. 화장실의 유지 · 관리기준
(1) 항상 청결이 유지되도록 청소하고 위생적으로 관리할 것
(2) 악취의 발산과 쥐 및 파리, 모기 등 해로운 벌레의 발생 · 번식을 방지하도록 화장실의 내부 및 외부를 4월부터 9월까지는 주 3회 이상, 10월부터 다음해 3월까지는 주 1회 이상 소독을 실시할 것

〈별표4: 폐기물 및 소음의 예방 및 처리기준〉

1. 폐기물의 예방 및 처리기준
가. 교지 및 교사는 청결히 유지하여야 하며, 폐기물의 재활용 조치 등 폐기물의 발생을 예방하거나 감량화에 노력할 것
나. 학교 내에는 「폐기물법 시행규칙」 제20조의2의 규정에 의한 폐기물소각 시설을 설치 · 운영하지 아니하도록 할 것
다. 폐기물을 배출할 때에는 그 종류 및 성상에 따라 분리하여 배출할 것

2. 소음의 기준교사 내의 소음은 55dB(A) 이하로 할 것

〈별표4의2: 교사 안에서의 공기의 질에 대한 유지 · 관리기준〉

1. 유지기준

오염물질 항목	기준	적용시설	비고
미세먼지($\mu g/m^3$)	100	모든 교실	10마이크로미터 이하
이산화탄소(ppm)	1,000	모든 교실	기계환기시설은 1,500ppm
폼알데하이드($\mu g/m^3$)	100	모든 교실	
총부유세균(CFU/m^3)	800	모든 교실	
낙하세균(CFU/실당)	10	보건실 · 식당	
일산화탄소(ppm)	10	개별난방 및 도로변교실	직접연소에 의한 난방의 경우
이산화질소(ppm)	0.05	개별난방 및 도로변교실	직접연소에 의한 난방의 경우
라돈(pCi/L)	4.0	지하교실	

오염물질 항목	기준	적용시설	비고
총휘발성 유기화합물 ($\mu g/m^3$)	400	건축한 때로부터 3년이 경과되지 아니한 학교	증축 및 개축 포함
석면(개/cc)	0.01	석면을 사용하는 학교	단열재로 석면을 사용한 학교의 경우
오존(ppm)	0.06	교무실 및 행정실	오존을 발생시키는 사무기기(복사기 등)가 있는 경우
진드기(마리/m^2)	100	보건실	

2. 관리기준

대상시설	중점관리기준
신축학교	• 「다중이용시설 등의 실내공기질관리법」 제11조의 규정에 의한 오염물질방출 건축자재의 사용을 제한할 것 • 교사 안에서의 원활한 환기를 위하여 환기시설을 설치할 것 • 책상 · 의자 · 컴퓨터 등 학교의 비품은 폼알데하이드 방출량이 작은 것을 사용할 것 • 교사 안에서의 폼알데하이드 및 휘발성유기화합물이 유지기준에 적합하도록 필요한 조치를 강구하고 사용할 것
개교 후 3년 이내의 학교	• 폼알데하이드 및 휘발성 유기화합물 등이 유지기준에 적합하도록 중점적으로 관리할 것
노후화된 학교 (10년 이상 된 학교)	• 미세먼지 및 부유세균이 유지기준에 적합하도록 중점 관리할 것 • 기존시설을 개수 및 보수를 하는 때에는 친환경 건축자재를 사용할 것 • 책상 · 의자 · 컴퓨터 등 학교의 비품은 폼알데하이드 방출량이 작은 것을 사용할 것
도로변 학교 등	• 차량의 통행이 많은 도로변의 학교와 겨울철에 개별난방(직접연소에 의한 난방의 경우에 한한다)을 하는 교실은 일산화탄소 및 이산화질소가 유지기준에 적합하도록 중점적으로 관리할 것 • 식당 및 보건실 등은 낙하세균과 진드기(보건실에 한한다)가 유지기준에 적합하도록 중점적으로 관리할 것 • 석면을 단열재로 사용한 학교는 석면이 유지기준에 적합하도록 중점적으로 관리할 것

〈별표5: 식기 · 식품 및 먹는 물의 관리 등 식품위생에 관한 사항(제3조 제1항 제4호 관련)〉

2. 먹는 물의 관리기준

가. 급수시설 설치

(1) 상수도 또는 마을 상수도에 의하여 먹는 물을 공급하는 경우에는 저수조를 경유하지 아니하고 직접 수도꼭지에 연결하여 공급하여야 한다. 다만, 직접 수도꼭지에 연결하기가 곤란한 경우에는 제외한다. (2) 지하수 등을 먹는 물로 사용하는 경우에는 원수의 수질 안정성 확보를 위하여 필요시 정수 또는 소독 등의 조치를 하여야 한다.

나. 급수시설관리

(1) 급수시설 · 설비는 항상 위생적으로 관리하여야 하며, 급수시설에서 사용중인 저수조는 「수도법 시행규칙」 제22조의3에 따른 청소 및 위생상태 점검을 실시하고, 외부인이 출입할 수 없도록 잠금장치 등의 조치를 하여야 한다.

(2) 지하수 등을 먹는 물로 사용하는 경우에는 원수의 수질 안정성 확보를 위하여 필요시 정수 또는 소독 등의 조치를 하여야 한다.

(3) 급수설비 및 급수관은 「수도법」 제33조 제2항 및 제3항에 따라 소독 등 위생조치, 수질검사 및 세척 등 조치를 실시하여야 한다.

다. 먹는 물의 공급 등

학생 및 교직원에게 공급하는 먹는 물은 「먹는 물관리법」 제5조에 따른 수질 기준에 적합한 물을 제공하여야 한다.

라. 수질검사

상수도 또는 간이상수도 외에 지하수 등에 의하여 공급하는 먹는 물에 대하여는 「먹는 물관리법」 제35조의 규정에 의한 먹는 물수질검사기관의 수질검사를 「먹는 물 수질기준 및 검사 등에 관한 규칙」 제4조 제2항의 규정에 준하여 실시할 것

(1) 저수조를 사용하는 학교의 경우 「수도법 시행규칙」 제22조의3 제4항에 따라 수질검사를 실시하여야 한다.

(2) 지하수는 「먹는 물 수질기준 및 검사 등에 관한 규칙」 제4조 제2항에 따라 수질검사를 실시하여야 한다.

마. 먹는 물의 공급 등나목 및 라목에도 불구하고, 학교의 장은 학교의 규모 및 급수시설의 노후도 등을 고려하여 급수시설의 청소 및 위생상태 점검주기와 수질검사(수질검사 대상이 아닌 학교에서 실시하는 수질검사를 포함한다) 주기를 단축할 수 있다.

출처: 교육부(2015).

유아교육법 시행규칙 (별표1)

〈별표1: 급식시설 · 설비기준〉

1. 조리실

가. 조리실은 교실과 떨어지거나 차단되어 유아의 학습에 지장을 주지 않도록 하되, 식품의 운반과 배식이 편리한 곳에 두어야 한다.

나. 조리실은 작업과정에서 교차오염(交叉汚染)이 발생하지 않도록 벽과 문을 설치하여 전처리실(前處理室), 조리실 및 식기구 세척실로 구획한다. 다만, 100명 이상에게 급식을 제공 하는 경우로서, 이러한 구획이 불가능한 경우와 100명 이하에게 급식을 제공하는 경우에는 교차오염을 방지할 수 있는 다른 조치를 하여야 한다.

다. 조리실의 내부벽, 바닥 및 천장은 내화성(耐火性), 내수성(耐水性) 및 내구성(耐久性)이 있는 재질로 하여, 청소와 소독이 쉽고 화재를 예방할 수 있도록 하여야 한다.

라. 출입구와 창문에는 해충 및 쥐의 침입을 막을 수 있는 방충망 등 적절한 설비를 갖추어야 한다.

마. 조리실 내의 증기와 불쾌한 냄새 등을 빨리 배출할 수 있도록 환기시설을 설치하여야 한다.

바. 조리실의 조명은 220럭스(lx) 이상이 되도록 하여야 한다.

사. 조리실에는 필요한 곳에 손 세척시설이나 손 소독시설을 설치하여 손에 의한 오염을 막아야 한다. 다만, 100명 이상에게 급식을 제공하는 경우에는 손 세척시설과 손 소독시설을 모두 설치하여야 한다.

아. 조리실에는 온도 및 습도 관리를 위하여 적정 용량의 급배기(給排氣)시설 또는 냉 · 난방시설 등 적절한 시설을 갖추거나 적절한 조치를 하여야 한다

2020년 보육사업안내

[어린이집 인가신청]

가. 인가 신청 절차

신규(변경) 인가를 위해 먼저 신청인은 설치 전 상담을 한 후, 신청서를 작성해야 한다. 치리 기관은 신청인의 상담에 협조를 하며, 신청인이 신청서를 접수하면, 이를 검토 및 현장을 확인하여, 결재를 하여 인가증을 작성한다.

나. 유의 사항

• 2005. 1. 29 이전 설치 어린이집

– 5년 이내(2010. 1. 29.까지) 현행 시행규칙 [별표1]에 의한 설치기준 중「어린이집의 구조 및 설비기준」을 갖추어야 함

※ 단, 2005년 1월 29일 이전에 인가받은 어린이집의 경우 도서 · 벽지 등 지역의 여건상 놀이터를 설치하기 곤란한 경우로서 보육상 지장이 없다고 인정하는 경우에는 놀이터를 설치하지 아니하거나 놀이터 설치 기준을 완화하여 변경인가할 수 있음(법 제15조의2)

– 다만, 면적기준은 종전 규정(어린이집 면적은 영유아 1인당 3.63㎡, 보육실 면적은 3세 미만 2.64㎡, 3세 이상 1.98㎡)을 적용

– 또한, 2층 또는 3층에 보육실이 설치되어 있는 어린이집에 대하여는 1층에 보육실을 설치하도록 한 부분을 적용하지 아니함

※ 단, 지하층(사실상의 1층 아래에 있는 층) 또는 4층 이상에 설치된 어린이집(보육실)은 2010. 1. 30.부터 운영 불가

– 유의사항 ① 시설을 증 · 개축하거나, ② 대표자, 종류, 소재지 또는 정원(증원에 한함)의 변경 인가를 신청할 경우 종전기준이 아닌 현행「영유아보육법령」의 기준(설치기준, 보육교직원 배치기준 등)을 적용하며, ③ 500세대 이상의 공동주택단지에 의무적으로 설치된 어린이집으로서, 2층, 3층 또는 2층과 3층에 설치된 어린이집의 대표자 변경인가 시 기존 층수에서 운영 가능(단, 어린이집이 설치된 건물 1층에 어린이집을 설치할 공간이 없는 경우에 한정)

- 2009. 7. 3. 이전 설치 어린이집
  - 2009년 7월 3일 이전에 이미 인가받은 어린이집이 비상재해 대비에 지장이 없다고 판단할 경우 종전 인가당시 기준을 적용할 수 있음(법 제15조의3)

[어린이집의 정원 책정 방법]

- 어린이집 정원은 ① 어린이집 전용으로 사용하는 시설(실내) 면적, ② 보육실 면적, ② 옥외놀이터 또는 대체놀이터(정원 50인 이상) 면적을 기준으로 책정산정한 후 각 면적산정 인원 중 가장 적은 수 이하로 정함(소수점 이하는 절사)

<table>
<tr><th>면적기준
시설규모</th><th>어린이집
전용 면적</th><th>보육실 면적</th><th>놀이터 면적</th><th>산정기준</th></tr>
<tr><td>50인 미만 시설</td><td rowspan="2">영유아 1인당
4.29m²</td><td rowspan="2">영유아 1인당
2.64m²</td><td></td><td rowspan="2">각 면적 산정
인원 중
가장 적은 수를
정원으로 함</td></tr>
<tr><td>50인 이상 시설</td><td>영유아 1인당
3.5m²</td></tr>
</table>

※ 보육실은 반별 최대정원을 고려하여 설치하도록 설치 전 상담 시 지도

※ 놀이터 면적은 보육시설 규모별로 별도 면적기준 제시(놀이터 설치기준 참조)

[어린이집의 전용 면적 산정방법]

- 아동보육과 직간접 관련이 있다고 인정되는 실내공간을 기준으로 산정
- 산정 대상: 기본시설(보육실, 조리실, 목욕실, 화장실), 기타시설(거실, 포복실, 유희실, 사무실, 양호실, 식당, 자료실, 상담실, 강당 등), 정원 50인 미만 시설의 옥내놀이터, 어린이집만의 공간으로 사용하는 부분(건물 현관, 복도, 계단 등)
  ※ 보육실은 거실, <u>공동놀이실</u> 포함
  ※ 교사실은 '18. 6. 13. 이후 신규인가 또는 변경인가(정원 감원은 제외) 시설부터 적용
- 산정 제외: 기본시설(조리실을 설치할 수 없는 지하층, 지하층 중 조리실로 인정받은 면적을 제외한 나머지 면적), 기타시설(보육교직원 휴게실, 농어촌 등에 설치하는 기숙시설), 정원 50인 이상 시설의 옥외 및 옥내놀이터, 타 시설과 공동으로 사용하는 부분(건물 현관, 복도, 계단 등)
  ※ 인근놀이터는 당연 제외

[보육실 면적 산정방법]

- 보육실은 영유아가 주로 생활하는 실내 공간을 기준으로 산정
- 산정 대상: 보육실, 거실, 포복실, 유희실
- 산정 제외: 어린이집에서 보육실, 거실, 포복실, 유희실을 제외한 나머지 시설
  ※ 가정어린이집의 거실 면적: 거실이 주방, 식당과 구분이 곤란한 경우에도 적정하게 구분하여 산정

가. 어린이집의 구조 및 일반기준

- 어린이집(보육실)은 1층 또는 건물 전체(5층 이하)에 설치해야 함
- 어린이집의 건물구조 및 보육실 · 화장실 · 놀이기구 등이 영유아의 안전과 이용에 편리하도록 설계 · 시공되어 있는지 확인
  ※ 기본시설(시행규칙 별표1): 보육실, 조리실, 목욕실, 화장실, 옥외놀이터(정원 50인 이상 시설), 급배수 시설, 비상재해대비시설, 교사실*
    * '18. 6. 13. 이후 신규인가 또는 변경인가(정원 감원은 제외) 시설부터 적용
- 어린이집은 하나의 건물에 설치해야 함
  - 다만, 담 또는 울타리로 둘러싸인 동일 대지 안에 여러 개의 건물(모두 5층 이하여야 함)이 있는 경우 모든 건물의 전체가 어린이집으로 사용되고 옥외놀이터가 설치된 경우에는 예외적으로 여러 동 건물에 어린이집 설치 허용
- 보육실은 건축물의 1층에 설치하며, 당해 어린이집이 1층에 해당하는지 여부는 건축법상의 층수와 관계없이 실제상의 층수를 기준으로 함
  ※ 보육실이 위치한 해당층의 4면의 100분의 80 이상 지상에 노출되어 있고, 어린이집의 주 출입구의 하단이 지표면으로부터 위 또는 아래 방향으로 1미터 이내인 경우에 실제상의 1층으로 봄. 따라서 건축물대장에 1층으로 기재되어 있어도 실제상 2층인 경우에는 1층으로 인정할 수 없음. 다만, 보육실이 위치한 해당 층 4면의 100분의 50 이상 100분의 80 미만이 지상에 노출되고, 해당층 주 출입구의 하단이 지표면으로부터 1미터 이내이며, 지방보육정책심의위원회 심의를 거쳐 채광, 환기, 습도, 침수 등 영유아의 건강과 안전에 문제가 없는 것으로 확인된 해당 층에 어린이집을 설치하는 경우 예외적 인정
  - 건물 전체가 어린이집인 경우 및 사업주가 직장어린이집을 설치하는 경우, 1층부터 5층까지 보육실을 설치할 수 있음
    ※ 건물 전체를 어린이집으로 사용하는 경우도 영아반 보육실은 1층에 우선 배치
  - 건물 전체를 어린이집으로 사용하는 경우, 건물 전체(지하층 포함)가 건축법상 노유자시설(어린이집)로 용도가 지정되어 어린이집으로 전용되어야 함
    ※ 「건축법시행령」 제2조 제13호의 "부속용도"에 해당하는 곳에 직장어린이집을 설치하는 경우에는 반드시 노유자시설로 지정하지 아니하여도 가능함
  - 300세대 이상의 아파트 전체가 「건축법 시행령」 제119조 제1항제3호 다목에 따른 필로티나 그 밖에 이와 비슷한 구조의 경우 그 위층에 설치가 가능하나, 비상시 양방향 대피가 가능하도록 반드시 비상계단 등을 설치(시행규칙 별표1 3.가.3).가).②.(ⅳ))
  - 2005. 1. 29. 이전에 「주택건설기준 등에 관한 규정」 제55조의2 제3항에 따라, 500세대 이상의 공동주택단지 2층, 3층 또는 2층과 3층에 설치된 어린이집이 대표자 변경으로 변경인가 하는 경우 기존 층수에서 운영 가능(여성부령 제14호, 2005. 1. 29., 부칙 제2조)
    ※ 단, 어린이집이 설치된 건물의 1층에 어린이집을 설치할 공간이 없는 경우에 한정
  - 「주택법」 제2조 제3호에 따른 공동주택에 '주택건설기준 등에 관한 규정' 제55조의2에 따라 설치해야 하는 주민공동시설 건물의 1층 이상 2층 이하에 국공립어린이집 설치

가능

- 지방보육정책위원회의 심의를 거쳐 장애인 등을 위한 편의시설의 설치 등 1층에 어린이집을 설치할 수 없는 불가피한 사유가 있다고 시장, 군수, 구청장이 인정하는 경우로서 「건축법 시행령」 별표1 제14호가목에 따른 공공업무시설 건물의 1층 이상 5층 이하에 국공립어린이집 설치 가능

• 조리실은 1층 이상[시행규칙 별표1 제3호가목3)가)② 중 (ⅰ)의 경우 해당 층 포함]에 설치하는 것을 원칙으로 하되 아래와 같은 경우 지하 1층에도 설치를 허용하나, 영유아들의 식사를 위한 테이블 등 식당시설을 설치할 수 없음

- 「식품위생법」에 의하여 집단급식소로 신고한 경우
- 아래와 같이 조리실 면적 이상의 선큰(Sunken)이 설치되어 있는 경우

1. 선큰의 면적은 조경면적을 포함하며, 안목치수로 산출된 것으로 한다.
2. 조리실이 설치되는 지하층에는 선큰으로 직접 나갈 수 있는 출입구가 설치되어 있어야 하며, 그 출입구의 유효폭은 최소 0.9m 이상이어야 한다.
3. 선큰에는 지상으로 바로 연결되는 계단이 설치되어 있어야 한다.

*선큰(Sunken): 바닥면이 지표면 이하에 있는 정원

*안목치수: 눈으로 보이는 외벽 안쪽을 기준으로 계산하는 치수

※ 기타 조리실을 설치할 수 없는 지하층(사실상의 1층 아래층)은 물품 창고 등으로 사용하도록 지도

• 유치원과 같은 건물에 설치된 어린이집은 유치원의 조리실을 함께 사용할 수 있음

• 사업주가 직장어린이집을 설치한 경우로서 직장어린이집이 설치된 건물에 집단급식소를 운영하는 경우에는 조리실을 별도로 설치하지 아니할 수 있음. 이 경우 영유아를 위한 음식의 조리공간은 분리(별도의 방을 분리함에 있어 벽이나 층 등으로 구분하는 경우를 말한다) 또는 구획(칸막이 · 커튼 등으로 구분하는 경우를 말한다)되어 있어야 함

※ 전담영양사 및 전담조리원이 배치될 수 있도록 행정지도 및 밀폐 가능한 냉온조절 운반차 등을 사용할 수 있도록 행정 · 지도하여 조리된 음식물의 오염 방지

• 화장실은 보육실과 동일한 층의 인접한 공간에 설치하며(층간 설치 지양), 목욕실은 보육실과 인접한 공간에 설치(건물외부 설치 불가)

※ 영유아용 수세식 변기는 가능한 한 10~15인당 1개 이상을 설치하는 것이 바람직함. 다만, 가정어린이집의 경우 성인용 변기에 디딤판 및 탈부착식 유아용 변기를 설치하고 이동식 어린이용 변기를 갖춘 경우 유아용 변기를 설치하지 아니할 수 있음

• 시설규모에 따라 사무실, 양호실, 식당, 자료실, 상담실, 강당, 놀이터 등 설치 가능

※ 어린이집 원장 사무실은 보육실과 동일 층 설치가 바람직

• 보육정원이 21명 이상인 어린이집은 교사가 교육활동을 계획 · 준비하고 자료 제작 등을 할 수 있도록 구획된 교사실을 설치해야 함

※ 2018. 6. 13. 신규 및 변경인가(정원 감원은 제외) 시설부터 적용

- 교사실에는 교육활동 준비와 행정사무, 휴식 등에 필요한 설비를 갖추어야 함

※ 교사실 설치는 '18. 6. 13. 이후 다음 어린이집 유형별*로 신규인가 또는 변경인가(정원

감원은 제외) 시설부터 적용
- 국공립어린이집: 어린이집을 설치하거나 소재지 또는 보육정원을 변경하는 경우
- 직장어린이집 및 협동어린이집: 어린이집의 설치인가를 신청하거나 어린이집의 설치인가를 신청하거나 어린이집의 종류 · 소재지 또는 보육정원을 변경하기 위하여 변경인가를 신청하는 경우
- 그 외의 경우: 어린이집의 설치인가를 신청하거나 어린이집의 대표자, 종류, 소재지 또는 보육정원을 변경하기 위하여 변경인가를 신청하는 경우

• 어린이집 내에 사적 용도를 위한 시설 등 영유아의 보육 목적에 부합하지 않는 시설은 설치 불가(시행규칙 별표1 제3호가목1)

※ 대표자 등 주거시설 또는 영리를 목적으로 한 시설 등 설치 불가

- 다만 관할 특별자치도지사, 시장, 군수, 구청장이 지역적 특수성을 고려하여 필요하다고 인정하는 경우에는 보육교직원 기숙시설 설치 가능

※ 보육교직원 기숙시설에 보육교직원이 가족과 함께 거주하는 것은 불가

나. 비상재해대비시설 설치 기준

• <u>신규인가 시설 및 법령상 비상재해대비시설을 새로 설치하거나 재설치 해야 하는 시설(변경인가, 시설 증개축 사유 등)</u>에 적용함
• 어린이집 설치 전 상담 시, 동 기준을 충족하는 건축물에 어린이집을 설치하도록 반드시 고지

1) 어린이집이 1층인 경우

• 비상시 양방향 대피가 가능해야 함
- 양방향 대피를 위하여 주출입구 외에 안전한 지상과 바로 연결되는 비상구 또는 출구(이하 출구)를 설치해야 함
- 출구는 비상구 또는 유사시 사람의 출입이 가능한 창 등의 개구부로서 규격은 유효폭 0.75m 이상, 유효높이 1.75m 이상으로 설치해야 함(강화통유리 설치 시 비상구 규격에 맞고, 옆에 비상망치 구비 시 출구로 인정)
- 출구의 하단은 안전한 외부 지표면으로부터 1.2m 이하여야 하며, 건물 외부의 도로 또는 대지 등에 안전하게 직접 연결되어야 함
- 출구는 어린이집 주출입구의 반대방향 또는 당해 층 장변길이의 1/2 이상 이격해야 함)
- 출구까지의 경로 상에는 주방 등 화기시설을 설치할 수 없으며, 출구 접근 및 개방에 방해되는 장애물을 적치할 수 없음
- 「화재예방, 소방시설 설치 · 유지 및 안전관리에 관한 법률 시행령」 별표6에 따라 면제되는 경우를 제외하고는 「화재예방, 소방시설 설치 · 유지 및 안전관리에 관한 법률」 제9조 제1항에 따라 소방청장이 정하여 고시하는 단독경보형 감지기의 화재 안전기준에 따른 단독경보형 감지기를 설치할 것(2018. 6. 13.부터 시행)
- '09. 7. 3.이전에 1층에 설치된 어린이집의 경우, 종전의 규정에 따름(「영유아보육법시행규칙」 부칙 124호 제3조 제2항, 2009. 7. 3.)

2) 어린이집이 2층과 3층인 경우

- 비상시 각 층별로 양방향 대피가 가능해야 함
  - 양방향 대피를 위하여 주 계단 외에 각 층별로 건물내부를 경유하지 않고 직접 지상으로 바로 연결되는 비상계단 또는 미끄럼대를 당해 건물의 외부에 설치해야 하며, 「화재예방, 소방시설 설치 · 유지 및 안전관리에 관한 법률 시행령」 별표6에 따라 면제되는 경우를 제외하고는 「화재예방, 소방시설 설치 · 유지 및 안전관리에 관한 법률」 제9조 제1항에 따라 소방청장이 정하여 고시하는 단독경보형 감지기의 화재 안전기준에 따른 단독경보형 감지기를 설치해야 함(2018. 6. 13.부터 시행)
  - 다만, 건물전체를 어린이집으로 사용하는 건물에서 내부 직통계단을 2개 이상 설치하거나, 주 계단 외에 피난층 또는 지상으로 통하는 직통계단을 설치한 경우 비상계단을 설치한 것으로 인정
    ※ 「건축법시행령」 제34조 제2항: 노유자시설 중 3층 이상의 층으로서 그 층의 해당용도에 쓰이는 거실의 바닥면적의 합계가 200㎡ 이상인 경우
    ※ 내부 직통계단: 건물의 어떤 층에서 피난층 또는 지상까지 이르는 경로가 계단과 계단참만을 통하여 오르내릴 수 있는 건물 내부에 설치된 계단
    ※ 피난층: 직접 지상으로 통하는 출입구가 있는 층
  - 또한 2층, 3층의 경우 「소방시설설치유지 및 안전관리에 관한 법률 시행령」에서 규정하는 스프링클러(간이형 스프링클러 포함)가 건물전체에 걸쳐 유효하게 설치되고, 피난기구의 화재 안전기준(NFSC)에서 정한 피난기구를 설치한 경우, 비상계단 및 미끄럼대를 설치하지 않을 수 있음
    ※ '14. 3. 12. 이후 설치인가 또는 변경인가(정원 감원 제외)부터 수직구조대(나선형, 협착형), 피난 트랩 등 불인정
    ※ 2 · 3층에 설치할 수 있는 피난기구 중 구조대는 하강식 경사구조대만 인정, 인가 시 구조대 각도를 확인하여 안전에 이상이 없는 경우에만 인정

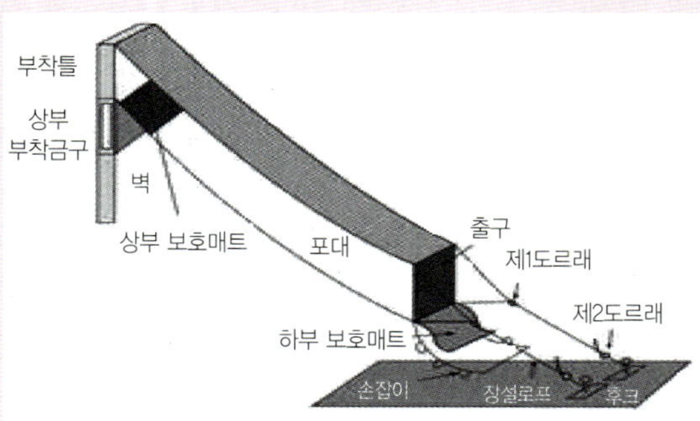

하강식 경사구조대 구조

하강식 경사구조대

– 비상계단, 미끄럼대 설치 공통기준(이하 비상계단 등)

① 비상계단 등은 주출입구 반대방향 또는 일정한 거리(출구가 당해 층 장변길이의 1/2 이상 이격)를 두고 설치해야 하며(앞 그림 참조), 보육실로부터의 비상계단 등에 이르는 보행거리는 30m 이내가 되도록 설치하는 것을 원칙으로 함

※ '17. 3. 1. 이후 신규 · 변경인가를 받는 경우부터 해당기준 적용

② 비상계단 등은 그 기점은 대피를 필요로 하는 층에, 그 종점은 어린이집 외부의 안전한 지상에 고정적으로 설치해야 함(고정식 원칙)

③ 비상계단 등은 사용자의 하중을 고려하여 튼튼한 기초 위에 기둥과 지지대를 설치해야 하며, 필요시 보조기둥을 설치해야 함

④ 비상계단 등으로 통하는 출구와 비상계단 등까지의 사이에 단차가 있는 경우, 안전하게 접근할 수 있는 구조여야 함

⑤ 비상계단 등에 진입하는 출구가 건물 출입문(비상구)인 경우, 출입문은 대피방향으로 열리도록 함

⑥ 비상계단 등에 진입하기 위한 출구가 창문 등의 개구부인 경우

- 출구는 건물 바닥으로부터 1m 이내여야 함. 출구와 건물 바닥과의 높이 차가 50cm 이상인 경우 유효하게 밟고 올라갈 수 있는 디딤판을 설치함. 디딤판은 계단과 같은 형태로, 단의 유효너비는 20cm 이상, 유효높이 16cm 이하를 원칙으로 함

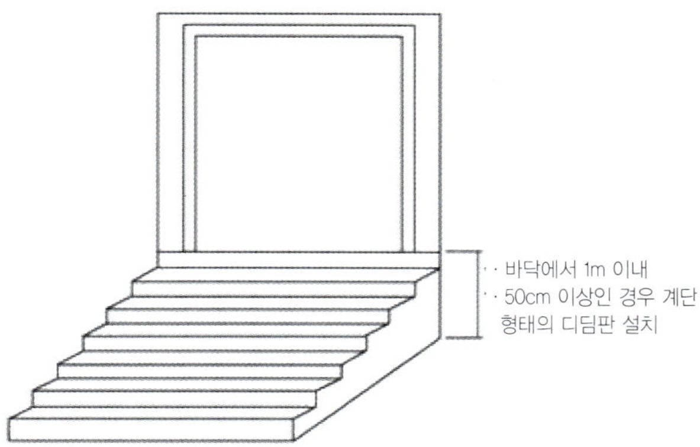

- 비상계단 등의 기점보다 아래쪽에 설치된 창문 등과 2m 이상 이격되도록 설치하거나, 화재 시 개구부에서 분출되는 화염 또는 열기류에 직접 영향을 받지 않도록 차단막이 설치되어야 함

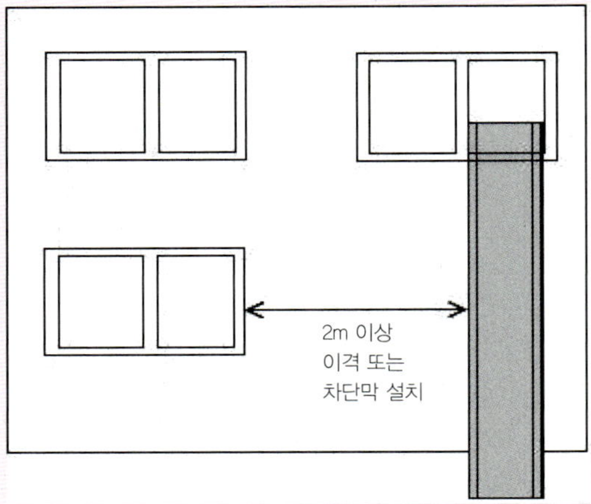

⑦ 비상계단 등으로 진입하기 위한 출구(출입문 또는 창문)는 유효높이 1.5m 이상, 유효폭 0.75m 이상으로 설치함

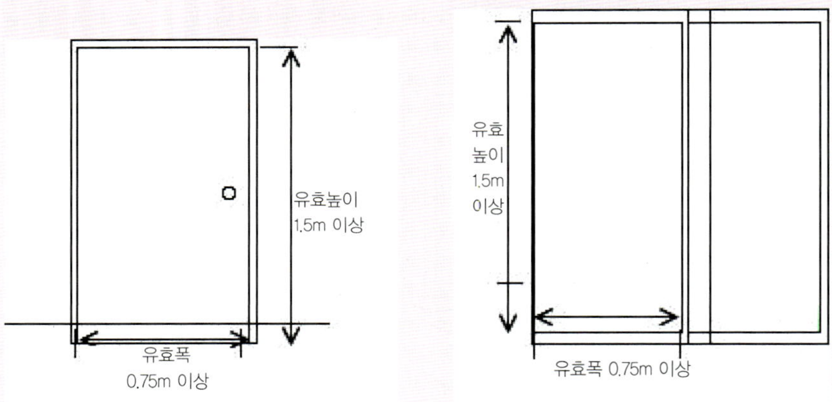

⑧ 비상계단 등은 쉽게 접근할 수 있고, 유사시 이용이 가능하도록 설치함

⑨ 비상계단 및 미끄럼대의 세부기준

- 비상계단의 세부기준: 위 공통기준 외의 아래 기준에 따라 설치

① 비상계단은 철재 등 불연재로 설치함

② 비상계단의 유효폭은 50㎝ 이상으로 함(단, 5층일 경우 90cm 이상으로 함)

※ '17. 3. 1. 이후 신규 · 변경인가를 받는 경우부터 해당기준 적용

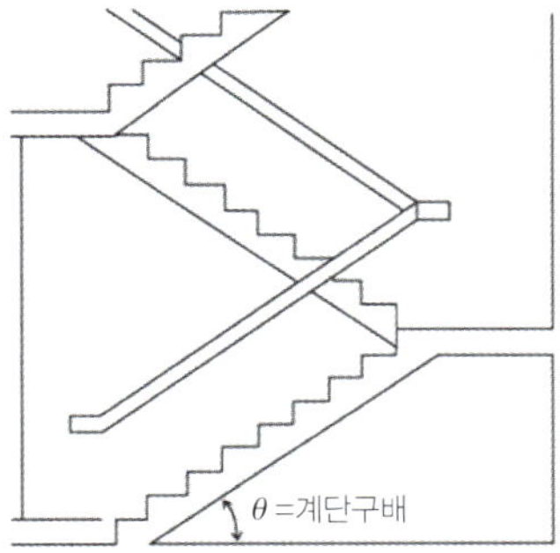

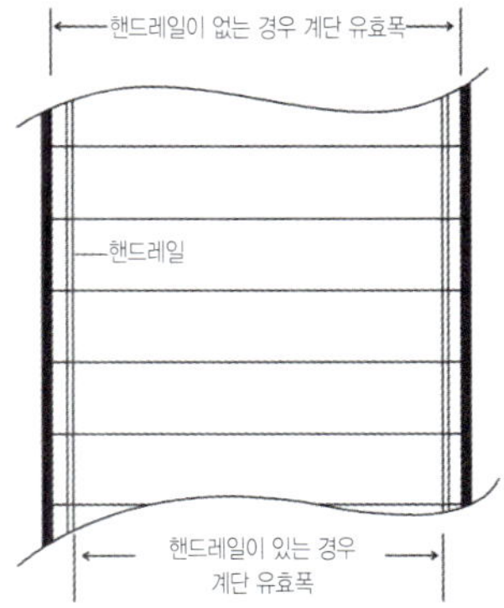

③ 비상계단의 단의 유효너비는 26cm 이상으로 함

※유효너비란?
그림과 같이 계단 DOWN 시 보행자의 발로 딛을 수 있는 부분을 의미함

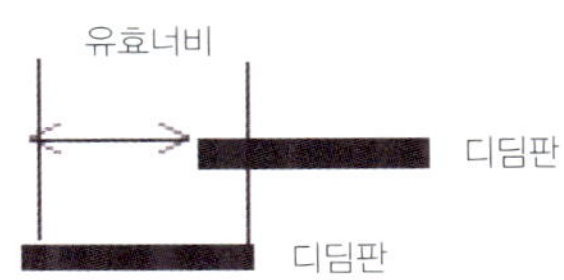

④ 비상계단의 단의 유효높이는 16cm 이하로 함

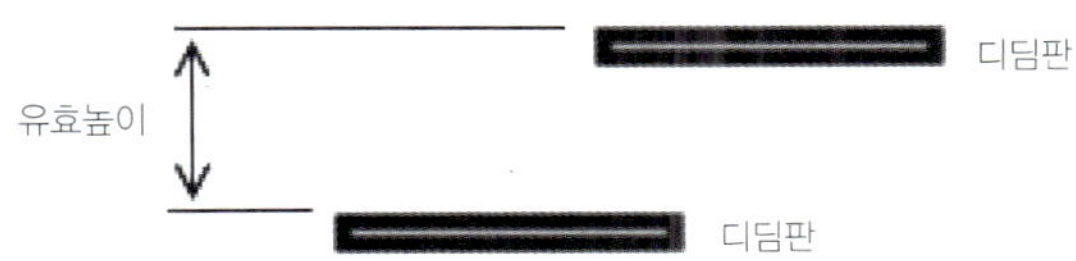

⑤ 비상계단은 돌음 계단으로 설치할 수 없음

- 대피용 미끄럼대(이하 미끄럼대) 세부기준
  ① 대피용 미끄럼대는 지붕이 개방된 구조의 직선형 미끄럼대 또는 반원통형의 나선형 미끄럼대를 의미함(신규인가의 경우 원통형 미끄럼대는 불가)
  ② 기존(2009. 7. 3. 이전)에 설치된 원통형 미끄럼대의 경우 불량 또는 위험한 경우 직선

형, 반원통형 등 현행 기준으로 재설치

※ 직선형 미끄럼대: 미끄럼면이 직선으로 구성된 것을 말함

※ 나선형 미끄럼대: 미끄럼면이 나선으로 구성된 미끄럼대

※ 반원통형 미끄럼대: 미끄럼대의 형상이 반원통으로 둘러싸인 미끄럼대

③ 어린이집의 2층과 3층에 설치하며, 층별로 각각 설치하는 것을 원칙으로 함(4층 이상에는 설치 불가)

④ (직선형 미끄럼대)

- 미끄럼대 양쪽 난간은 60cm 이상의 높이로 설치해야 함
- 미끄럼대의 미끄럼면은 균일되게 시공되어 용접 이음부에 의한 충격이 발생되지 아니하도록 해야 함
- 미끄럼대의 유효폭은 50~60cm 범위로 함
- 미끄럼대의 활주판의 평균경사도는 25° 이상~35° 이하로 설치하며, 활주판의 평균경사도가 35°를 초과하고 40° 이하인 경우, 수직높이 3m 이내 마다 계단참(중간참)을 두어야 함(40°초과 불가)

※ 나선형미끄럼대의 활주판의 평균경사도: 25° 이상~35° 이하로 설치(35° 초과 불가)

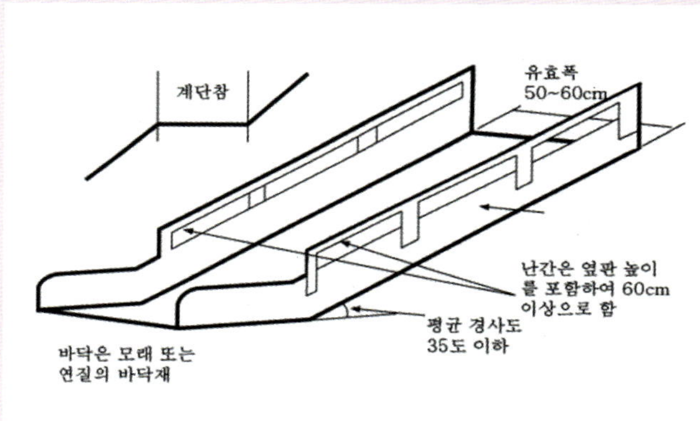

⑤ (나선형 미끄럼대) 미끄럼대의 기점에서 지상에 도달하기까지 전체 회전 각도의 합이 360° 이상이 되지 않도록 하며, 일정 지점에서 120° 이하의 급격한 회전 각도를 갖지 않도록 함

⑥ 미끄럼대는 불연재 또는 내열성이 있는 금속 · 합성수지재로 설치
⑦ 미끄럼대의 최하단부는 지상에서 약 10cm 이격되도록 하여 충격을 방지해야 하며, 그 바닥은 모래 또는 연질의 바닥재를 사용해야 함
⑧ 기타사항은 KFI(한국소방산업기술원)의 미끄럼대 인정기준을 적용함

3) 어린이집이 4층과 5층인 경우
- 아래의 기준을 모두 준수해야 함
  - 「소방시설 설치유지 및 안전관리에 관한 법률 시행령」에 따른 스프링클러 설비 및 자동화재탐지설비를 건물 전체에 설치해야 함
  - 건물 내 양방향 대피가 가능한 2개소 이상의 직통계단을 설치해야 함
    ※ 2개 이상의 직통계단 설치가 곤란한 경우 직통계단 1개소는 건물 외부에 비상계단 설치 가능(단, 「건축법 시행령」 제119조 제1항에 따라 2011. 4. 6. 이전에 설치된 어린이집이 비상계단을 설치함으로써 건폐율 및 용적률 기준에 적합하지 않게 된 경우는 비상계단 면적을 건축면적 및 바닥 면적에서 산입하지 않음)
  - 보육실의 주 출입구는 직통계단 또는 비상계단까지의 보행거리가 30m 이내가 되도록 설치해야 함
  - 건물의 천장 · 바닥과 벽체 등의 내부마감재는 불연재로 설치해야 하고, 벽체 등에는 가연성 장식물을 부착하지 아니해야 함
  - 조리실은 내화 구조로 된 바닥, 벽 및 「건축법 시행령」 제64조에 따른 방화문으로 외부와 구획되어야 함
  - 「소방시설 설치유지 및 안전관리에 관한 법률 시행규칙」 제7조에 따른 연소 우려가 있는 건물의 구조가 아니어야 함
  - 2급 이상의 소방안전관리자를 고용(직원 중 방화관리자 자격증을 가진 자가 있을 경우에는 제외)하여 방화관리를 해야 함

출처: 보건복지부(2020).

4. 영유아교육기관의 실외 시설·설비

실외환경은 영유아들에게 무한한 상상놀이와 탐험의 기회를 제공하는 흥미로운 환경을 제공하지만, 추락이나 충돌과 같은 안전사고가 많이 일어나고 머리, 다리, 팔, 가슴 등을 많이 다치는 것으로 보고된다. 따라서 영유아를 위한 놀이터는 상해가 발생하지 않고 갈등이 일어나지 않도록 장애물이 없는 넓은 놀이터에서 영유

아가 자유롭게 탐색하고 이동할 수 있도록 안전하게 설계, 관리되어야 한다.

1) 공간의 크기

실외놀이공간은 그곳에서 놀이하는 영유아의 수에 따라 적절한 면적이 확보되어야 안전하다. 학자에 따라 영유아 1인당 필요한 이상적인 실외놀이 공간의 면적에 대한 의견이 다르지만, 영유아의 수, 토양의 형태, 자연환경의 특성, 필요한 건물구조의 유형 등에 따라 정할 수 있다. 안전하게 영유아들이 실외에서 놀이를 할 수 있도록 공간을 마련하기 위해 다음과 같은 것을 고려해야 한다.

- 보통 4~8세의 경우 유아 1인당 필요한 이상적인 면적은 4.5~9m^2이다. 만약 기관의 사정으로 충분히 필요한 실외 공간의 면적을 확보하지 못했을 경우에는 진흙 언덕을 만들거나 터널을 설치하는 방법 등으로 유아 1인당 실외 공간면적을 증가시킬 수 있다.
- 전체 영유아의 수에 비해 실외 공간면적이 좁을 때는 모든 학급의 영유아가 실외에서 동시에 활동하는 것보다는 학급별로 의논하여 몇 개의 집단으로 나누어 실외 공간의 이용시간을 다르게 계획함으로써 문제를 해결할 수 있다.
- 인근의 공원이나 학교 또는 그 밖의 놀이 공간을 이용하여 영유아에게 실외놀이 공간을 넓혀 줄 수도 있으나, 이 경우에는 영유아들이 그곳으로 왕래할 때 발생할 수 있는 영유아의 안전사고에 특히 유의해야 한다.

2) 통로

통로란 사람이 한 장소에서 다른 장소로 이동할 때 통과하는 바닥이나 땅 위의 빈 공간을 의미하는 것으로 전체 놀이 공간을 서로 연결해 준다. 통로를 설치할 때 다음과 같은 것을 고려해야 한다.

- 영유아가 놀이를 안전하게 하기 위해서는 놀이하는 영유아뿐만 아니라 그 옆을 지나는 다른 영유아의 통로까지 배려한 충분한 공간이 확보되어야 한다.
- 놀이기구 사이의 통로는 1.5~2.5m 정도의 폭이 적당하며 직선보다는 곡선 형태가 영유아의 뛰는 속도를 조절할 수 있으므로 안전하다.
- 통로를 이용하는 영유아와 놀이기구를 사용하는 영유아 간에 충돌의 위험이 있는 곳에는 통로와 놀이영역 사이에 경계가 낮은 나무를 심을 수 있다.
- 통로는 실외놀이 공간 어디에서든지 잘 보일 수 있게 구성되어야 안전사고를 예방할 수 있다.

3) 바닥

실외놀이 공간의 바닥은 실내놀이터를 제외하고, 놀이터의 바닥은 모래 밭, 천연 및 인공 잔디, 고무 매트, 폐타이어 블록으로 설치하여야 하며(보육사업안내, 2013), 배수시설이 잘 되도록 한다. 안전하게 놀이를 할 수 있도록 하기 위해 다음과 같은 것을 고려해야 한다.

- 놀이터 면적은 정원에 따라 다르게 산출한다. 예를 들어, 50~99명인 경우 정원의 45%를 기준으로 1인당 3.5m^2 이상으로 놀이터를 설치하지만, 250인 이상인 경우 87명을 기준으로 면적을 산출한다. 그러나 12개월 미만의 영아만을 보육하는 시설을 제외한다.
- 놀이터의 실외놀이 공간 전 면적의 1/3~1/2 정도는 잔디밭으로 구성하는 것이 바람직하다.
- 대근육 놀이기구의 주변 바닥이 잔디나 흙, 콘크리트 등으로 되어 있는 경우 영유아가 추락하면 중상의 위험이 있으므로 모래나 톱밥 등의 부드러운 재질의 자재를 깔고 철저하게 관리하여야 한다.
- 나무나 시멘트, 아스팔트로 포장된 딱딱한 바닥은 통로 또는 바퀴달린 장난감을 이용하는 놀이영역에 적합하다. 자전거, 영유아용 손수레 등 바퀴달린

장난감 두 대가 함께 다닐 수 있을 정도의 넓이를 확보하고, 한 방향으로 다니도록 설계해야 충돌사고를 방지할 수 있다.

- 바닥표면의 경계부분은 높이가 같아 영유아들이 걸려 넘어지지 않도록 해야 하며, 놀이영역에 따라 경사가 생길 경우에는 경사를 완만히 처리하여 넘어지지 않도록 해야 한다.
- 모든 놀이 공간의 바닥에는 뾰족한 돌멩이나, 유리조각, 깡통 등이 없도록 한다.
- 물놀이영역은 배수가 잘되고 물기가 빨리 마르는 곳이어야 한다.
- 하수도는 건물 근처에 설치하여 놀이영역으로 물이 가지 않도록 해야 하며, 건물 쪽의 지대가 낮아 건물 쪽으로 물이 흐르면 배수 타일을 깔거나 흙을 돋우어 물의 방향을 바꾸어 주도록 한다.
- 비가 왔을 때 건물의 출입구 쪽은 미끄럼 방지를 위해 빨리 마를 수 있도록 배수시설이 되어야 한다.

4) 울타리 및 담장

울타리나 담장은 영유아들이 안전하고 자유롭게 놀이하는 공간을 구별해 주고, 교사에게는 용이하게 영유아들의 놀이를 감독하도록 도와주는 역할을 한다. 이러한 울타리나 담장을 안전하게 하기 위해 다음과 같은 것을 고려해야 한다.

- 담장은 영유아들이 오를 수 없는 재료를 사용하여 돌출부나 계단이 없도록 하여 120cm 이상의 높이로 쌓아야 한다.

담장

- 실외놀이 공간이 안전지역에 접해 있다면 자동차 타이어를 이용하거나 관목 같은 것으로 담장을 대신하는 것이 영유아들의 시선을 가리지 않아 좋다.
- 실외놀이 공간이 주차장이나 길, 연못 같은 위험지역과 접해 있을 경우 담을 쌓는 것이 좋다.

- 실외 문에는 자물쇠가 부착되어 잠글 수 있어야 하며 그 열쇠는 교사가 보관하도록 한다. 만일 방과 후 유아들이 실외에서 놀이하는 것을 허용할 경우에는 유아의 놀이를 감독할 안전요원에 대한 문제를 미리 해결해야 한다.

5) 창고

창고는 실외놀이기구를 안전하게 보관하고, 시기에 따라 사용하지 않는 놀이도구를 보관할 수 있는 장소이다. 안전하게 창고를 이용할 수 있는 방법을 살펴보면 다음과 같다.

- 창고의 재질은 나무, 알루미늄 등을 사용한다.
- 반드시 교사용 창고와 영유아용 창고를 구분하여 설치하여야 한다.
- 영유아용은 영유아들이 쉽게 쓸 수 있는 장소에 두어 정리정돈을 용이하게 한다. 이때, 영유아가 사용하는 창고는 놀잇감이 떨어지는 것을 방지하기 위해 놀잇감의 형태에 따라 정리하기 쉽도록 적절한 장치를 해둔다. 예를 들어, 공 같은 것을 위해서는 선반에 구멍을 뚫거나 틀을 만들고, 밧줄, 굴렁쇠 등을 걸 수 있는 고리를 부착해 둘 수 있다.
- 교사용 창고는 후미진 곳에 둔다. 창고 내부의 선반은 자주 사용하는 물건과 1년에 한두 번 이용하는 물건을 분류하여 보관할 수 있도록 하며, 항상 교사가 점검하고 영유아가 쉽게 출입할 수 없도록 잠가 두도록 한다.

창고

6) 놀이기구

실외놀이기구는 영아용과 유아용 또는 대상 연령별로 설치해야 한다. 또한 놀이터에 대근육 활동 놀이기구 1종 이상을 포함하여, 최소 3종 이상의 놀이기구를 설치한 경우에 인가를 해 주는 원칙을 갖고 있다. 놀이기구의 종류는 고정된 시설과 이동 가능한 시설로 구분할 수 있다(보육사업안내, 2013).

실외놀이기구를 설치할 때는 영유아의 성장과 발달에 적합하도록 영유아들의 발달수준, 흥미, 요구, 영유아의 수를 고려하여 안전한 장소에 설치하여야 한다. 이상적인 실외놀이기구 설치면적은 영유아당 18.2m^2(5.5평)이며, 최소의 절대공간은 8.3m^2(2.5평)이다. 고정된 놀이기구를 설치할 때 놀이기구를 땅바닥 깊숙이 단단하게 고정하고 건물에서 최소한 4.5m^2, 울타리에서 1.8m 떨어지도록 설치한다. 시설물 간의 거리를 일정 간격으로 유지하여 영유아들의 충돌을 피하도록 한다. 이때, 개방된 공간이 너무 좁으면 영유아들끼리 부딪치는 사고가 발생할 수 있기 때문에, 공간의 1/3~1/2 정도는 시설물을 설치하지 않고 비워 놀 수 있도록 해야 한다. 구조상 견고하고, 내구성 있는 재질과 부품을 사용하고, 안전하게 설비를 한다. 놀이시설 표면을 처리할 때 유해하지 않은 재질을 사용한다. 예를 들어, 납 성분이 함유된 페인트는 사용하지 않는다. 또한 쇠로 만든 구조물은 녹슬지 않도록 항상 점검하고 갈라진 페인트는 즉시 벗기고 다시 칠한다. 나무 구조물은 갈라진 틈이 없어야 하며 썩었을 경우에는 즉시 교체한다. 놀이기구의 주변 바닥은 20~30cm 깊이의 모래 · 톱밥 등의 충격 흡수용 재질이나 고무판을 깔아 준다. 또한 놀이기구를 연결하는 부분의 볼트나 못은 부실 방지와 영유아의 안전을 위해 반드시 덮개를 씌워야 하며 쉽게 열리거나 풀리지 않는 것을 사용한다. 시설물에는 영유아가 상처를 입거나 옷이 걸릴 수 있는 날카로운 모서리나 돌출부분이 없어야 한다. 다음은 각 실외놀이기구를 설치할 때 지켜야 할 안전수칙이다.

(1) 미끄럼틀

- 8세 이하 영유아에게 안전한 미끄럼틀의 높이는 1.8m 이하이다.
- 미끄럼틀은 그늘에 설치하는 것이 좋으며 금속제일 경우 녹스는 것에 유의한다.
- 미끄럼틀은 폭이 너무 좁지 않아야 하며, 경사가 31~33°인 것이 내려오는 속도로 인한 낙상의 위험이 적어 안전하다.

- 추락사고를 방지하기 위해서는 올라가는 계단, 내려오는 미끄럼판, 올라가서 기다리는 발판면의 설계를 안전하게 하여야 한다.
- 꼭대기에는 기다리는 영유아들을 위해 충분한 공간이 있어야 하며 추락을 방지하기 위한 보호벽이 있어야 한다.
- 올라가는 계단에는 손잡이가 있는 난간이 있어야 한다.
- 미끄러지는 면의 양 옆에는 8~15cm 높이의 난간이 있어야 영유아가 옆으로 떨어지는 것을 막을 수 있으며 내려오는 속도를 줄이기 위해 끝부분의 밑판은 40cm 정도 평평하도록 설치한다.
- 착지지점 밑부분 바닥에는 25cm 이상의 깊이로 톱밥이나 모래를 깐다.
- 미끄럼틀 판이 스테인리스인 경우, 여름철에는 복사열로 인해 뜨거워질 수 있으므로 교사는 영유아들이 미끄럼틀을 타기 전에 온도를 확인하고 필요하면 물을 뿌려 온도를 조절해 준다.
- 미끄럼틀이 나무로 제작된 경우에는 나무가 일어난 곳, 갈라진 부분 등을 정기적으로 점검하고 수시로 왁스나 기름칠을 하여 항상 매끄럽게 유지하며, 절대로 비누나 물로 닦지 않는다.

영유아들과 함께 미끄럼틀 이용규칙을 만들어 안전한 놀이습관을 익히도록 한다.

(2) 그네

- 5세 이하의 영유아에게는 앉아서 타는 그네가 안전하다.
- 그네는 벽으로부터 최소한 1.8m 떨어져야 하고, 양쪽 받침대에서 최소한 70cm 간격을 두고 매달며, 두 그네 사이의 간격도 70cm 정도 띄워 놓는다. 땅바닥에서 그네 밑면까지의 높이는 40cm 정도가 되도록 한다.
- 그네 받침대에는 2개 이상의 그네를 매달지 않는다.
- 그네의 앉은 부분은 가죽이나 고무타이어 등의 부드러운 재료로 만든다.
- 그넷줄은 위쪽 받침대에 단단히 매어 있는지 수시로 점검하고, S자 후크는 절대로 사용하지 않는다. 그넷줄의 고리는 영유아의 손가락이 끼이지 않을

만큼 8mm 이하로 작게 하고, 구멍이 클 경우 밑에서 120cm 높이까지 튜브로 싸서 손가락이 끼이는 것을 방지한다.

- 타이어 그네일 경우에는 타이어 밑쪽에 15cm 간격으로 구멍을 뚫어 물이 빠지도록 한다. 이때, 타이어 속에 흰색 페인트칠을 하여 모기가 서식하지 않도록 하며 타이어 그네는 2개의 줄로 균형을 잡아 안전하게 맨다.
- 그네의 주변은 그네를 타고 내리는 데 필요한 2개의 출입구를 제외하고 낮은 나무를 심어 보호벽을 만들어 준다.
- 그네를 타다가 생긴 파인 바닥은 즉시 부드러운 재질로 메워 주며, 그네 밑에는 발이 끼일만한 공간이 없도록 해 준다.

(3) 오르기 시설

- 오르기 기구의 높이는 바닥에서 2.5m 이상이 되지 않게 한다. 땅에서 80cm 이상 높이의 오르기 기구에는 60cm 높이의 난간을 세운다. 난간 사이의 간격은 11cm 미만으로 해야 영유아가 수직대 사이로 빠져 떨어지거나 머리가 끼이는 사고를 예방할 수 있다.
- 영유아가 난간 위로 올라가는 것을 막기 위하여 난간 중간에는 수평대를 설치하지 않는다.
- 가로대는 너무 굵지 않아야 하며, 영유아가 그 둘레의 2/3 혹은 1/2 이상을 손으로 쥘 수 있도록 지름이 4cm를 넘지 않는 것이 안전하다.
- 바닥은 통판으로 견고하게 설치하여 갈라진 틈으로 빠지는 일이 없도록 하며 아래에서 놀이하는 영유아들 위로 모래가 떨어지지 않도록 한다.
- 난간은 영유아가 위험한 곳에 기어 올라가는 것을 막기 위해 통판이나 수직대를 세운다.

(4) 시소

- 12세 미만의 영유아들만 사용하는 것이 안전하다. 그 이상의 연령의 유아는 시소로 위험한 놀이를 하기 때문이다.

- 시소는 무게의 균형이 정확하게 잡히고 흔들거림이 없도록 안전하게 설치한다.
- 시소가 땅에 닿는 부분은 폐타이어를 묻어 시소를 탈 때 영유아의 뇌나 척추에 충격이 가지 않도록 한다.
- 손잡이를 반드시 부착하여 영유아가 손잡이를 붙잡고 안전하게 탈 수 있도록 한다.
- 나무 재질의 시소에는 갈라진 부분이 없어야 하며 썩은 부분이 있는 경우에는 즉시 교체한다.
- 쇠로 된 시소는 녹슬지 않도록 주의하고, 페인트가 일어나면 즉시 벗겨내고 다시 칠한다.

(5) 물놀이시설

- 물놀이용 간이 수영장을 설치할 경우에는 높이가 70cm를 넘지 않아야 안전하다.
- 물놀이영역은 콘크리트와 같이 물기가 빨리 마르는 단단한 바닥이 좋다. 간이 수영장 바닥에는 머리가 바닥에 부딪힐 경우에도 안전하도록 푹신한 재질의 매트(스티로폼 등)를 깔아 주며, 물놀이 통 주변에는 미끄럼 방지를 위한 고무매트를 까는 것이 안전하다.
- 물놀이영역은 반드시 배수가 용이한 곳에 설치한다.
- 햇빛이 강한 장소에 물놀이영역을 설치할 경우 영유아들이 쉴 수 있는 그늘을 근처에 마련하여 휴식을 취할 수 있도록 한다.
- 물놀이용품 중 공기를 주입하여 사용하는 튜브 종류는 안전검사를 거친 규격품을 구입한다.
- 폐품을 이용하여 제작되는 물놀이용품은 가장자리 등을 안전하게 끝처리하여 준비한다.
- 물놀이는 가능한 한 오전 10~12시, 오후 3~5시에 하여 강한 태양광선을 피하도록 한다.
- 눈병이나 수인성 전염병이 돌 때에는 물놀이를 중단한다.

(6) 모래놀이시설

- 모래놀이시설은 곰팡이 등의 세균 번식을 막기 위해 양지바른 쪽에 설치하는 것이 좋으며, 더운 날씨의 강한 햇빛을 막아 주기 위해서는 그늘 시설을 만들어 주는 것이 좋다.
- 모래놀이시설에는 적당하게 물을 뿌려 모래가 날리지 않도록 한다.
- 모래에 이물질이 들어가는 것을 막기 위해 뚜껑으로 덮어 주는 것이 좋다.
- 모래는 수시로 체로 쳐서 유리조각이나 돌멩이 등의 위험물질을 골라내야 한다.
- 비가 온 후에도 배수가 잘 되도록 모래놀이시설의 맨 아래 바닥에는 자갈과 벽돌을 깔고 그 위에 모래를 넣어 준다.
- 모래가 부족해지면 첨가해 주어야 하며 한 학기에 한 번 정도는 모래를 깨끗이 세척해 주어야 한다. 세척하는 방법은 다음과 같다.

모래 세척 방법

- 모래밭 $10m^2$를 세척할 경우 표백 용액 22ml와 물 18L를 준비한다.
- 먼저 9L 물에 11ml의 표백 용액을 잘 섞어서 모래밭에 골고루 뿌린다.
- 조금 후에 나머지 9L 물에 11ml 표백 용액을 섞어서 모래밭에 뿌린다.
- 모래밭 전면에 용액을 골고루 뿌렸으면 속에 있는 모래와 골고루 뒤섞어 준다.
- 수도에 호스를 연결해서 모래밭에 물을 뿌려 용액이 밑으로 다 흘러가게 한다.
- 모래를 다시 섞은 뒤 다시 한 번 물을 뿌려 용액이 완전히 제거되도록 한다.
- 모래놀이 도구를 정리할 수 있는 정리함을 마련한다.
- 삽 등의 모래놀이용품은 플라스틱 제품으로 모서리가 둥근 것이 안전하다.
- 모래놀이 도구는 수시로 점검하여 깨진 용구는 즉시 교체한다.

(7) 목공놀이시설

- 목공놀이는 위험성이 따르므로 안전한 놀이를 위하여 별도의 공간이 필요하며, 작업할 수 있는 적정 인원수를 제한하고 반드시 성인의 감독 하에 놀이한다.
- 목공놀이 작업대는 다른 놀이 장소와 조금 떨어진 곳에 설치하지만, 너무 격리되었을 경우, 교사가 감독하기 어려울 수 있으며, 영유아들도 목공놀이를

하는 동안 다른 친구들과 격리되었다는 느낌을 갖게 될 수 있다.

- 목공놀이 작업대는 영유아의 키에 적당한 높이로 한다.
- 목공놀이 연장은 실제 사용이 가능한 것으로 안전하고 튼튼한 것을 준비한다. 이때, 좋은 연장을 제공해서 영유아의 의도대로 사용할 수 있도록 한다. 그렇지 못할 경우 사고 날 위험이 크다. 또한 연장은 수시로 점검을 해야 하며, 필요시에는 수리하거나 교체한다.
- 연장은 벽의 낮은 곳에 합판을 붙이며, 못을 박아 연장의 윤곽을 그려 정리하면 사용하기도 편리하고 안전하게 보관할 수 있다.
- 연장은 수시로 점검하여 필요시 수리하거나 교체한다.
- 약 310~370g 정도의 무게가 나가는 망치가 적당하며, 손잡이는 나무로 되어 있고, 영유아들이 손으로 잡기에 적절한 길이와 굵기의 망치를 제공한다. 머리가 둥글고 넓적한 못이 안전하다.
- 못을 박을 때 손으로 못을 잡는 것보다 펜치로 잡는 것이 안전하므로 함께 준비한다.
- 못질을 할 때는 못이 나무 밖으로 나오지 않게 해야 하는데 일반적으로 나무 두께의 2/3 이내에 박히는 길이의 못을 준비해 준다.
- 나무를 자를 때 사용되는 톱의 길이는 약 40~50cm가 안전하다.
- 드릴은 나무에 구멍을 뚫을 때 사용하는 도구로 크기, 무게가 유아에게 적절한 것으로 준비해 준다.
- 톱질이나 망치질을 할 때 나무토막을 고정시키기 위하여 시-크램프(C-cramp) 또는 바이스를 반드시 설치해 준다.
- 보안경은 못을 박거나 톱질을 할 때 반드시 착용하도록 한다(보안경 구입이 어려울 때는 물안경이나 스키용 안경으로 대치할 수 있다).
- 가죽으로 된 영유아용 안전장갑을 끼도록 한다.
- 처음 목공놀이를 할 때 연장의 올바른 사용법에 대해 반드시 이야기 나눈다.

아동복지법

제9조 아동의 건강 및 안전

② 국가는 대통령령이 정하는 바에 따라 아동복지시설과 아동용품에 대한 안전기준을 정하고 아동용품을 제작, 설치, 관리하는 자에게 이를 준수하도록 하여야 한다.

제17조 아동전용시설의 설치

① 국가와 지방자치단체는 아동이 항상 이용할 수 있는 아동전용시설을 설치하도록 노력하여야 한다.

② 아동이 이용할 수 있는 문화 · 오락시설 · 교통 기타 서비스시설 등을 설치 · 운영하는 자는 대통령령이 정하는 바에 의하여 아동의 이용편의를 고려한 편익설비를 갖추고 아동에 대한 입장료와 이용료 등을 감면할 수 있다.

③ 아동전용시설의 설치기준 등에 관하여 필요한 사항은 보건복지부령으로 한다.

◆ 아동복지법 시행령

제3조 아동복지시설 및 아동용품의 안전기준법 제9조 제2항의 규정에 의한 아동복지시설의 안전기준은 별표1과 같고, 아동용품의 안전기준은 별표2와 같다.

〈별표2: 아동용품의 안전기준〉

1. 놀이시설물의 어떠한 부분에도 아동의 살을 베거나 찌를 수 있는 날카로운 부분, 모서리, 뾰족한 부분이 없도록 한다.
2. 놀이시설물의 돌출부분인 볼트와 너트는 위로 튀어나오지 않도록 하여야 하며, 볼트와 너트가 위를 향하고 있는 때는 그 높이가 3.2밀리미터를 넘지 아니하도록 하여야 한다.
3. 아동이 추락할 가능성이 있는 놀이시설물 아래와 주변의 공간(안전지대)은 충격을 흡수할 수 있도록 하여야 하며, 아동이 걸려 넘어지거나 부딪칠 수 있는 방해물이 없도록 하여야 한다.
4. 움직이는 부분들이 서로 맞물리는 놀이시설물의 경우 아동의 신체 일부분이 끼지 아니하도록 그 맞물림의 형태 및 그 힘을 점검하여야 한다.
5. 놀이시설물에 구멍이나 틈이 있는 경우 주의 깊게 디자인하여 아동의 몸이 빠지거나 끼는 사고가 없도록 한다.
6. 놀이시설물 사이에 연결되거나 바닥, 놀이시설물에 45° 이내로 연결된 줄은 아동이 많이 다니는 곳에 설치하지 말아야 한다.
7. 놀이시설물은 안전하게 설치하여야 하며, 제조업자의 취급 설명서에 따라 설치하여야 한다.
8. 안전사고 예방을 위하여 관리인은 각 놀이시설물에 대한 적절한 점검일정을 세우고 이를 지켜야 하며, 안전관리를 위하여 취한 모든 행위는 기록으로 보관하여야 한다.

출처: 교육부(2013).

놀이터 설치 기준

☞ 정원 50인 이상 어린이집은 옥외놀이터를 원칙적으로 설치해야 함
☞ 업무용시설 밀집 지역등과 같이 지역특수성이 인정되는 경우에 한하여 대체놀이터 인가
☞ 영아용 놀이기구를 구비하지 아니한 인근놀이터는 인가하지 아니함

가. 놀이터 설치의 기본 원칙

- 정원 50인 이상의 어린이집은 영유아 1인당 3.5㎡ 이상 규모의 옥외놀이터 설치를 원칙으로 하되, 정원규모별 면적기준은 달리 적용할 수 있음〈놀이터 면적기준 참조〉
  ① 어린이집 자체부지가 있는 경우, 옥외놀이터를 설치해야 함
  ② 신축, 증 · 개축, 소재지변경으로 면적 확보가 가능한 경우, 옥외놀이터를 확보해야 함
  ③ 어린이집의 지하층(1층 아래에 있는 층)에는 놀이터 설치 불가(시행규칙 별표1)
  ※ 시행규칙 별표1 제3호가목3)가)② 중 (ⅰ)의 경우 해당 층은 제외
- 놀이터는 「영유아보육법」, 「어린이놀이시설 안전관리법」, 「환경보건법」 등에서 정한 기준을 준수하여 설치함
- 놀이기구의 종류 및 설치기준: "마) 놀이기구 설치기준" 참조
- 어린이집의 2층 이상에 놀이터를 설치하는 경우, 「영유아보육법령」에서 정하는 비상 재해대비시설 설치: 세부기준 참조
- 직장어린이집은 옥외 · 대체놀이터(옥내 · 인근놀이터) 중 자유롭게 설치 가능

※ 대체놀이터 활용 시 주 3회, 매회 30분 이상 실외 활동을 실시할 수 있도록 행정지도

나. 놀이터 면적 및 바닥 설치 기준

- 실내놀이터를 제외하고, 놀이터의 바닥은 모래밭, 천연 및 인공 잔디, 고무매트, 폐타이어 블록으로 설치해야 함
- 놀이터의 면적은 '가. 놀이터 설치의 기본원칙'에 따라 설치한 바닥 면적에 한하여 인정하며, 고정식 놀이기구가 설치된 부분에 대하여는 「어린이놀이 시설 안전관리법」의 설치검사로 인정받은 면적을 인정함
- 놀이터 면적 기준(산출 면적의 소수점 이하는 절사)

정 원	면적 산정 기준	비 고
50~99인	정원×45%×3.5m²	각 정원의 45%를 기준으로 1인당 3.5m² 이상으로 놀이터를 설치함
100~129인	100명×45%×3.5m²	45명 기준
130~159인	130명×40%×3.5m²	52명 기준
160~199인	160명×40%×3.5m²	64명 기준
200~249인	200명×35%×3.5m²	70명 기준
250~300인	250명×35%×3.5m²	87명 기준

※ 12개월 미만의 영아만을 보육하는 시설은 제외

다. 놀이터 종류

- 옥외놀이터: 어린이집의 자체부지에 부속하여 설치한 실외놀이터
- 옥내놀이터: 어린이집 건물 내부의 실내 · 외 공간에 설치한 놀이터
  ① 실내놀이터: 어린이집 내부의 방(이에 준하는 공간)에 설치한 놀이터
  ② 옥내중간놀이터: 어린이집의 중간층의 실외공간을 활용한 놀이터
  ※ 건물 내부 공간 중 외기와 직접 접하는 공간(중간 옥상, 베란다 등)
  ③ 옥상놀이터: 어린이집의 최상층 바닥면 공간에 설치하는 놀이터
- 인근놀이터: 어린이집과 인접하여 설치한 실외놀이터

[옥내 중간 놀이터 유형: 예시]

※ TYPE-A: 옥상에 실(거실)이 일부 있고 놀이터가 있는 유형
※ TYPE-B · C: 건물의 중간층 일부에 놀이터가 있는 유형

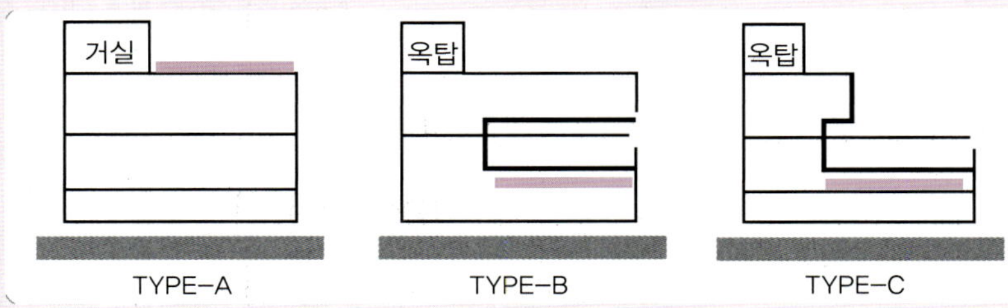

[옥상 놀이터 유형: 예시]

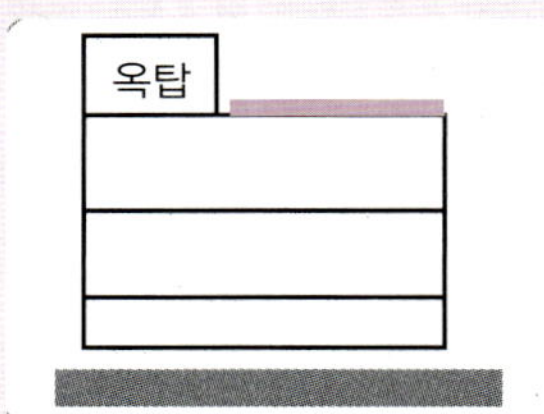

라. 대체놀이터 설치기준

- 대체놀이터 인정기준
  - 업무용시설 밀집지역 등 일정 지역전체가 옥외놀이터 부지 확보가 어려운 특수성이 인정되는 경우에 한하여 제한적 허용
    ① 놀이터 부지가 있는 경우 및 건물을 신축, 증 · 개축하는 경우, 반드시 옥외놀이터 또는 대체놀이터로 옥내놀이터 설치(부지가 있음에도 대체놀이터 사용은 법 취지상 불허)
    ② 지역적 특수성이 인정되는 경우에 한하여 인근놀이터 인정
    ③ 대체놀이터 종류: 옥내놀이터 및 인근놀이터
  - 인가경합 지역 또는 정원 증원의 경우, 옥외놀이터(전부 또는 일부) 및 옥내놀이터를 설치

한 시설에 대하여 우선 인가

- 옥외놀이터 부지가 부족한 경우, 대체놀이터의 면적을 합산하여 인가
  ① 옥외놀이터 부지가 놀이터 면적기준을 충족하지 못한 경우, 부족한 면적은 옥내놀이터 또는 인근놀이터의 면적을 합산하여 인가
  ② 합산되는 놀이터는 최소 1개 반 이상이 동시에 이용할 수 있는 면적을 확보하고, 1종 이상의 놀이기구를 1개 반 이상이 동시에 사용하도록 설치함
  ③ 옥외놀이터에 대체하여 설치하는 옥내놀이터의 면적은 영유아 1인당 4.29m^2를 기준으로 산정하는 어린이집 면적에서 제외함

• 옥내놀이터(실내 · 옥내중간 · 옥상놀이터)의 설치기준

- 공통 기준
  ① 놀이터로 사용하는 공간 및 놀이터 주변에는 소음, 분진, 폭발, 화재 등의 위험시설을 설치하거나 방치할 수 없음
  ② 건물 내부를 엘리베이터로 이동하지 아니하는 경우(건물 최상층 바닥면에 설치하는 놀이터 포함), 보육실로부터 5층 이내로 설치
  예) 5층 건물은 옥상놀이터 설치 가능, 6층 건물은 옥상놀이터 설치 불가
  ※ 엘리베이터가 정상작동(정기점검 대상)하고, 「영유아보육법령」에서 규정한 비상재해대비시설을 설치한 건물의 경우, 층수 제한 없이 놀이터 설치 가능. 다만, 비상재해 시 영유아의 안전한 대피를 위해 5층 이하로 설치 유도
  ③ 옥내놀이터까지 계단으로 이동하는 경우, 아동용 손잡이 레일을 영유아가 잡거나 짚고 올라갈 수 없는 구조로 설치하고, 기타 안전에 필요한 장비를 설치
  ※ 손잡이 레일의 간격은 10cm 이내, 계단의 유효 높이는 15cm 이내를 권장함
- 실내놀이터 세부기준
  ① 실내놀이터는 놀이터 전용공간으로 확보해야 하며, 조명, 채광, 환기, 온습도가 적정해야 함
  ② 어린이집 2층 이상의 실내에 놀이터를 설치하는 경우, 「영유아보육법령」에서 정하는 비상재해대비시설 설치기준에 의거 설치
  ※ 동일 층에 실내놀이터 입구로부터 비상재해대비시설까지 보행거리가 50m 이내에 비상재해대비 시설이 있는 경우
- 옥내중간놀이터 세부기준
  ① 영유아의 안전을 위하여 보호난간(이하 난간) 및 기타 안전에 필요한 장비를 설치해야 함
  ② 난간은 영유아가 잡거나 짚고 올라갈 수 없는 구조(가로구조 금지)로, 최소 1.5m 이상의 높이로, 부식, 파손 등의 위험이 없는 재질로 설치해야 하며, 난간의 안치수는 80mm 이하로 설치
  ※ 방부목 처리 목재난간, 10mm 이상의 강화유리, 금속제인 경우에는 부식되지 아니하는 것 또는 도금이나 녹막이 등 부식방지처리 한 것 등
  ③ 실내놀이터와 동일한 비상재해대비시설을 설치하는 것을 원칙으로 함

④ 어린이집으로 사용하는 건물이 내화구조이고, 건물의 벽 또는 벽에 해당하는 4면의 1/2 이상이 외기와 직접 접하며, 놀이터의 출입문을 방화문으로 설치하고, 소방차의 접근이 용이하고, 구조 가능한 창문이 있을 경우에 한하여, 비상재해대비시설을 설치하지 아니할 수 있음

– 옥상놀이터 세부기준

① 어린이집으로 사용하는 건물의 최상층의 바닥면에 놀이터를 설치하는 경우, 영유아의 안전을 위하여 보호난간 및 기타 안전에 필요한 장비를 설치해야 함

② 보호난간은 최소 1.5m 이상의 높이로 설치하되, 바닥면 최하단으로부터 1.2m까지는 콘크리트 · 조적(벽돌 등) 또는 강화유리 등으로 설치해야 하며, 기타 사항은 옥내중간 놀이터 설치기준 적용

③ 실내놀이터와 동일한 비상재해대비시설을 설치하는 것을 원칙으로 함

④ 어린이집으로 사용하는 건물이 내화구조이고, 놀이터의 출입문을 방화문으로 설치하고, 소방차의 접근 및 구조가 용이한 경우에 한하여 비상재해대비시설을 설치하지 아니할 수 있음

⑤ 빗물 등의 배수, 위생관리가 잘되도록 설치하며, 그늘막 설치를 권장함

- 인근놀이터 인정기준

– 당해 어린이집의 대표자 명의의 소유 또는 임차한 토지에 설치한 옥외 놀이터 또는 「어린이놀이시설 안전관리법」의 관리대상인 공용놀이터에 한함

※ 어린이집이 아닌 외부건물에 설치한 인근놀이터는 인정하지 아니함

※ 대표자 명의의 소유 또는 임차한 인근놀이터의 경우도 놀이터 설치검사 대상임

– 영유아용 놀이기구가 모두 설치된 경우에 대체놀이터로 인가

– 따라서 인근놀이터가 일정연령 이상의 아동이 이용 가능한 놀이기구를 설치하였다면, 영아용으로 적합한 놀이기구를 구비한 옥내놀이터를 확보해야 함

※ 초등학교의 경우, 놀이기구가 영유아의 연령에 맞지 아니하며, 수업시간 시설물 사용은 사실상 어려우므로 인근놀이터로 인가 불가

– 인근놀이터 이용계획서 및 인근놀이터 관리주체의 사용승낙서를 제출 받아 동일시간대의 놀이터 이용 아동수를 확인 후 인가

※ 하나의 인근놀이터를 다수시설이 사용하여 동일시간대 이용 아동수가 과다한 경우 인근놀이터로 인가 제한

– 지자체에서 관리하는 공용놀이터의 경우, 사용승낙서 또는 사용 승낙여부를 확인할 수 있는 증빙자료를 확인 후 인가

※ 조례에서 공공시설에 대한 사용허가 기준을 정하는 경우, 해당시설 관리주체로부터 사용허가서 또는 허가 공문을 제출받아 확인 후 인가

※ 조례에 사용 허가에 대한 규정이 없거나 놀이터 관리주체가 사용허가 대상이 아니라고 주장하는 경우, '허가대상이 아니라는 공문' 등의 '명시적 의사표시'를 확인 후 인가

– 인근놀이터는 자체 옥외놀이터에 준하여 사용하므로, 어린이집부터 보행 거리 100m 이내에 위치해야 하는 것을 원칙으로 함

- 인근놀이터는 이동 간 교통사고의 위험이 없고, 도로가 있는 경우 왕복 2차선(편도 1차선) 이내로 횡단보도를 건너 이용 가능한 곳에 위치해야 함
  ※「도로교통법」 제2조 제4호에 의한 차도: 연석선(차도와 보도를 구분하는 돌 등으로 이어진 선), 안전표지나 그와 비슷한 공작물로써 경계를 표시하여 모든 차의 교통에 사용하도록 된 도로
- 다만, 어린이집에 비해 보육수요가 많은 등 지역적 특수성에 따라 기준을 달리 적용할 필요가 있는 시 · 군 · 구는 지방보육정책위원회의 심의를 거쳐 자체적으로 별도기준을 정할 수 있음
  ※ 예) 보행거리→직선거리, 100m→200m

마. 놀이기구 설치기준

• 놀이기구 설치의 기본 원칙
- 어린이집의 놀이기구 및 어린이용품은「영유아보육법」 및「어린이놀이시설 안전관리법」, 「환경보건법」에서 정한 기준에 적합한 놀이기구를 설치해야 함
- 놀이기구는 영아용과 유아용 또는 대상 연령별로 설치해야 함
- 놀이터에 대근육활동놀이기구(고정식) 1종 이상 포함하여 최소 3종 이상의 놀이기구를 설치한 경우 인가함. 다만, 고정식 대근육활동 놀이기구의 경우 옥외놀이터는 반드시 1종 이상 설치(옥내놀이터의 경우는 설치 여건에 따라 제외 가능)

• 놀이기구 종류
- (고정식) 대근육활동놀이기구
  ① 영유아의 대근육 발달을 위한 놀이기구
  ② 그네, 미끄럼틀, 정글짐, 회전놀이기구, 공중놀이기구, 흔들놀이기구, 오르는 기구, 건너는기구, 또는 이를 2가지 이상 결합한 조합놀이대, 고정식 수영장 등
  ③ 2종 이상의 대근육활동 놀이기구를 결합한 조합놀이대는 2종 이상 설치로 간주하며, 아동 안전을 위하여 영아용과 유아용으로 각각 구분하여 설치하는 것을 원칙으로 함
  예) 미끄럼틀 · 건너는 기구를 결합한 조합놀이대는 2종 설치로 인정
  ④ 기타 고정식 대근육활동 놀이기구로 인정할 만한 놀이기구
- (이동식) 대근육활동놀이기구
  ① 영유아의 대근육 발달을 위한 놀이기구 중 이동 가능하거나 실내용으로 제작한 놀이기구
  ② 놀이집, 널빤지와 안전 사다리, 삼각대, 뜀틀, 평균대, 점핑 바운서, 구르기용 매트, 헌 타이어, 대형 블록류, 이동식 농구대, 이동식 수영장 등
  ③ 기타 이동식 대근육활동놀이기구로 인정할 만한 놀이기구
- 모래놀이기구
  ① 영유아의 감각 및 정서발달 등을 위한 모래놀이기구
  ② 모래밭과 모래놀이대 등이 포함됨
  ※ 물놀이 도구, 게임놀이, 공놀이, 사회극적 놀이도구(자동차 등 탈것, 소꿉놀이) 등 놀이 도구는 놀이기구에 해당하지 않음

바. 「어린이놀이시설 안전관리법」에 의한 설치검사
- 놀이터를 새로 설치하거나 인가요건이 변경되는 경우에는 아래 기준을 적용함
  ※ 「어린이놀이시설 안전관리법」: 행정안전부장관이 고시하는 어린이놀이기구의 시설기준 및 기술기준에 따라 설치하고, 행정안전부장관이 지정하는 안전검사기관(행정안전부 어린이놀이시설 안전관리 시스템 홈페이지 참조)으로부터 받아야 하는 설치검사를 말함
  – 어린이집 신규인가 또는 변경인가(소재지, 정원 증원, 대표자) 시설에서 어린이집 시설과 인접한 곳에 대표자 명의의 소유 또는 임차한 토지에 놀이터를 새로 설치하거나 놀이기구를 증설하는 경우, '설치검사를 통과'한 시설에 한하여 인가
    ※ 다만, 어린이집의 대표자만을 변경인가하는 경우는 '설치검사 또는 정기검사' 후 2년 미경과 시 검사 제외 가능(단, 검사합격증 확인)
    ※ 설치검사 결과 놀이기구 사용중지 · 개선 또는 철거명령을 받은 경우, 놀이기구 이용을 중지하도록 행정조치하고, 반드시 재설치 기간을 부여한 후 인가

출처: 보건복지부(2020).

5. 영유아교육기관 시설 안전관리 계획 수립 및 시행

1) 유치원 시설 안전관리

(1) 유치원 시설 안전관리 계획

안전점검을 연간계획에 함께 제시함과 동시에 업무분담과 책임이행에 대한 안전점검 조직을 구성하고 시설관리지침을 마련하여 명문화해 놓아야 한다. 내용에 따라 매일, 매월, 분기별, 연간을 정하도록 한다. 유치원 안전 점검에 포함되어야 할 내용과 시기는 다음 〈표 3-1〉과 같다.

〈표 3-1〉 안전점검 계획에 포함되어야 할 내용과 점검시기

관리내용	점검시기	관련기관
실내외 시설 및 설비 점검	매월 4일/6개월	자체점검/안전보건공단
전기 및 가스 점검	1년	전기안전공사/가스안전공사
재해대비시설	분기별	소방서
냉 · 난방용품	수시 점검	해당제조업체
통학버스	수시/정기 점검	자체점검/정비기관 점검
어린이놀이터	수시/2년, 정기점검, 안전교육	자체점검/안전검사기관 어린이 놀이시설 안전관리지원기관
정기방역	매월	구청(보건소) 및 전문방역업체
응급처치	수시 점검	소방서 안전관리 인적조직 구성 수시 점검 자체점검
관련 보험 가입	원아 입학 시 수시 등록	학교안전공제회, 교육시설재난공제회, 해당 보험사
안전교육 실시(유아/ 학부모/교직원)	수시 교육	안전교육기관

(2) 유치원 시설 안전관리 실행

유치원 시설 안전관리 점검은 일회성이 아닌 수시(상시)점검과 정기점검으로 구분할 수 있다. 위험한 곳에 대해서는 수시로 확인하여야 한다. 실내 환경과 시설 · 설비 및 비품 · 교구에 대해서는 매일 점검하고 기록 · 관리해야 하며, 연간 안전점검 계획에 따라 자체적으로 정기 또는 수시 안전점검을 실시한다. 수시로 이루어져야 할 안전점검은 〈표 3-2〉와 같다.

〈표 3-2〉 수시 안전 점검 리스트

	점검사항	그렇다	아니다	비고
일반 사항	안전관리를 위한 명문화된 지침이 눈에 띄는 곳에 비치되어 있는가?			
	파손된 용품이나 시설물은 없는가?			
	계단과 통로에 불필요한 시설물이나 피난에 방해가 되는 적치물이 없는가?			
	적절한 환기를 하고 있는가?			
	안전장치(안전덮개, 모서리보호대, 손끼임 방지장치 등)은 잘 부착되어 있는가?			
교실	실내온도는 18도 이상 28도 이하를 유지하고 있는가?			
	창문 주변에는 딛고 올라설 만한 물건이 비치되어 있는가?			
비품 및 놀잇감	날카로운 물건(칼, 송곳, 가위 등)은 잠금장치가 있는 곳에 보관하고 있는가?			
	모든 비품은 날카롭거나 부서진 곳은 없는가?			
	모든 놀잇감에는 날카로운 부분이나 모서리, 가시, 갈라진 곳, 삼킬 우려가 있는 작은 부속품이 없는가?			
	비품 및 놀잇감은 유아가 꺼내고 수납하기 알맞은 높이에 있으며 크거나 무거운 비품 및 놀잇감은 교구장 아래에 위치해 있는가?			
가구	책상, 정리장 등 가구들은 바닥과 벽에 안전하게 배치되어 있는가?			
	가구의 볼트, 너트, 못 등이 튼튼하게 고정되어 있는가?			
현관 및 계단	방문한 사람의 신원을 확인한 후 출입시키고 있는가?			
	바닥은 미끄럽지 않고 미끄럼 방지장치가 파손된 곳은 없는가?			
	계단에 부착된 게시물은 잘 고정되어 있는가?			
	계단에 부착된 논슬립은 잘 고정되어 있는가?			

출처: 부록 2 안전점검(수시) 체크리스트

〈표 3-3〉 안전 점검 리스트

■ 교실

	점검사항	그렇다	아니다	비고
1	교실은 1층에 배치되어 있다. ※ 층간 공간에 있어 만 3세반은 1층에 배치하도록 함.			
2	교실 내에 세면대가 설치되어 있어 수시로 사용할 수 있다. 적정 온도의 온수가 나오고 있다. ※ 온수의 온도는 너무 높지 않게(40도 이하)설정.			
3	교실에 환기를 위한 시설(기계환기설비)이 있다.			
4	교실에 환기를 위한 창문의 크기가 적정하다. ※ 자연적 환기란 창문을 열었을 때 교실 전체가 충분히 환기가 될 정도의 크기			
5	난방은 복사난방을 하고 있다. ※ 직접적으로 난방을 가하는 형태를 피해야 함.			
6	실내온도는 18도 이상 28도 이하, 실내습도는 30% 이상 80% 이하를 유지하고 있다			
7	실내 조명시설이 잘 갖추어져 있다. 단, 인공 조명에 의한 눈부심이 발생되지 않는다. ※ 책상면을 기준으로 300럭스 이상			
8	교실은 햇빛이 잘 들어온다. 단, 교실 바깥의 반사물로부터 눈부심이 발생되지 않는다. ※ 자연채광 상태 확인			
9	창문 주변에는 딛고 올라설 만한 물건이 비치되어 있지 않다. ※ 창문의 높이는 유아의 신체상황을 고려하여 유아반의 경우는 50~60cm, 유치반은 60~70cm			
10	2층 이상에 위치한 교실 창문에는 추락사고 예방을 위한 보호 안전망을 갖추고 있다. ※ 단, 비상탈출을 막아서는 안 됨(예: 방충망) ※ 비고란에 방충망이 있으면 안전망 형태를 기록			
11	교실은 교사의 시선이 미치지 않는 구석이 없다. ※ 교실이 한눈에 들어오는지를 확인할 것			
12	창문에 커튼이나 블라인드가 설치된 경우, 커튼이나 블라인드 줄이 짧게 정리되어 있다. ※ 커튼 또는 블라인드의 끈은 유아의 질식사고를 유발할 수 있으므로 유아의 손이 닿지 않는 위치에 짧게 정리되어 있어야 함.			

■ 비품

	점검사항	그렇다	아니다	비고
1	날카로운 물건(칼, 송곳, 가위 등)은 잠금 장치가 있는 곳에 보관하고 있다.			
2	미술도구는 안전성이 검증된 것을 사용하고 있다. ※ "k" 마크가 있는 제품을 구입하여 사용함. ※ 실내공기를 오염시키는 화학물질이 발생하지 않는 재료를 사용해야 함.			
3	모든 카펫이나 커튼, 벽지는 방염 처리 된것을 사용하고 있다.			
4	교구장, 수납장 등에는 아래 부분에 무거운 비품을 보관하고 있다.			

■ 놀잇감

	점검사항	그렇다	아니다	비고
1	모든 놀잇감에는 날카로운 부분이나 모서리, 가시, 갈라진 곳, 삼킬 우려가 있는 작은 부속품이 없다. ※ 삼킬 수 없는 안전한 크기(3.2cm 이상)의 놀잇감을 제공함.			
2	장난감 상자에는 상자 안에 유아가 갇힐 우려가 있는 빗장 등의 장금장치가 없다			
3	놀잇감은 유아가 꺼내고 수납하기 알맞은 높이에 있으며 크거나 무거운 놀잇감은 교구장 아래에 위치해 있다.			
4	놀잇감을 구입할 때 안전성이 검증된 것인지 확인한 후 구입하고 있다. ※ "k" 마크가 있는 제품을 구입하여 사용함.			

■ 기구

	점검사항	그렇다	아니다	비고
1	의자와 책상의 높이는 유아의 신체 발달에 맞는 크기이다. ※ 의자: 25.4~30.4cm, 책상40.6~50.8cm			
2	책상, 정리장 등 가구들은 바닥과 벽에 안전하게 배치되어 있다. 가구의 볼트, 너트, 못 등이 튼튼하게 고정되어 있다.			
3	책상, 의자 및 교구장 등 모든 가구에는 돌출된 부분이 없고 모서리가 둥글고 표면이 매끄럽게 처리되어 있다.			

■ 복도 및 문

	점검사항	그렇다	아니다	비고
1	복도 바닥에서 1.3m 높이까지는 벽체 파손 시에도 위험하지 않은 재료로 되어 있다.			
2	복도에 노출되는 벽모서리나 기둥모서리는 코너가드 등을 사용하거나 모따기하여 둥글게 되어 있다.			
3	복도에는 충분한 조명 또는 창문이 설치되어 어둡지 않다. ※ 1m^2 이상의 유효면적을 갖는 창문이 설치되어 있음.			
4	계단에는 미끄럼 방지처리가 되어 있으며, 견고하게 부착되어 있다. ※ 청동제 철제 논슬립은 설치하면 안 됨.			
5	교실과 복도 사이에 설치된 문 등 유치원 내 설치되어 있는 문에는 문턱이 없다.			
6	복도의 넓이는 성인 두 사람이 부딪치지 않고 다닐 수 있다. ※ 복도는 90cm 이상의 충분한 유효폭으로 설치되어 원활한 보행이 가능하여야 함. ※ 여닫이 문의 개방 시 안전사고를 예방할 수 있어야 함.			
7	유치원 내 모든 문의 가장자리에는 유아의 손이 끼지 않도록 손끼임방지장치나 완충장치가 설치되어 있다(여닫이문의 경우 도어클로저 설치).			

■ 계단

	점검사항	그렇다	아니다	비고
1	계단의 단 높이는 16cm 이하이며, 단 높이가 일정하게 구성되어 있다. 계단의 단 너비는 26cm 이상이며, 단 너비가 일정하게 구성되어 있다. ※ 단높이: 16cm 이하, 단너비: 26cm 이상, 계단너비 : 150cm 이상			
2	계단의 경사도는 너무 급하지 않고 완만하게 구성되어 있다. ※ 경사도의 판단 기준은 계단을 내려올 때 옆의 난간 등을 잡지 않아도 앞으로 넘어지려는 느낌 없이 안정된 자세로 내려올 수 있는가로 판단해야 함.			
3	계단에는 미끄럼 방지처리가 되어 있으며, 견고하게 부착되어 있다. ※ 청동제 철제 논슬립은 설치하면 안 됨.			
4	계단에는 충분한 조명 또는 창문이 설치되어 어둡지 않다.			
5	바닥재는 충격을 흡수할 수 있는 재료를 사용하고 있으며, 계단의 끝선을 명확히 구분할 수 있도록 다른 색으로 채색되어 있다. ※ 바닥재가 콘크리트, 대리석 등으로 되어 있고, 쿠션이 전혀 없는 딱딱한 상태면 안 됨.			

■ 난간

	점검사항	그렇다	아니다	비고
1	난간 손잡이의 높이(약 80cm 내외)와 직경(지름 3.5cm 내외)은 유아들의 신체치수에 맞게 설치되어 있다. 난간살의 간격은 10cm 이하로 되어 있다.			

■ 화장실

	점검사항	그렇다	아니다	비고
1	화장실 바닥표면은 물에 젖어도 미끄러지 지 않도록 안전조치가 되어 있다.			
2	화장실은 배수가 잘되는 구조로 되어 있으며 바닥이 항상 건조한 상태로 유지되어 있다.			
3	세면대는 유아의 신체에 맞도록 설치되어있다. ※ 세면대의 높이는 55.8~60.9cm 높이가 적당함.			
4	유아용 변기를 갖추고 있어 유아가 사용하기에 적절하다. ※ 유아 8~10명당 1개가 설치되어 있는지 확인하도록 함. ※ 변기의 높이는 바닥에서 25~28cm, 소변기의 높이는 30cm 이하의 높이가 적당함.			
5	냉 · 온수가 공급되고, 더운물의 온도는 40℃ 이하를 유지할 수 있도록 온도 조절 장치나 온수 밸브 잠금 장치, 온도계가 비치되어 있다.			
6	락스, 세제 및 변기를 청소하는 솔 등은 유아의 손이 닿지 않는 곳에 뚜껑을 잠그어 따로 관리하고 있다. ※ 어린이보호포장용기라고 함은 유아가 약병을 쉽게 열지 못하게 여는 쪽으로 돌려도 겉도는 것과 같이 유아의 힘으로 포장용기를 쉽게 열지 못하게 만든 보호장치임.			
7	화장실 문에는 잠금장치가 설치되어 있지 않다.			
8	돌출형 라디에이터가 사용될 경우 유아의 손이 닿지 않도록 안정된 보호망을 갖추고 있다			

■ 조리실

	점검사항	그렇다	아니다	비고
1	조리실은 유아의 출입을 차단할 수 있는 장치가 되어 있다.			

■ 현관

	점검사항	그렇다	아니다	비고
1	현관 또는 출입구에는 보안을 위한 잠금 장치와 인터폰 등이 설치되어 있다.			
2	현관문에는 도어클로저 등 손 끼임 방지 장치가 설치되어 있다.			
3	방문한 사람의 신원을 확인 후 유치원에 출입시키고 있다.			

■ 놀이시설

	점검사항	그렇다	아니다	비고
1	모든 놀이기구 및 시설은 낙후 되거나 휘어진 곳이 없다. ※ 식수대나 쓰레기 처리대가 파손되지 않고 청결하게 유지되는지 확인해야 함.			
2	실외놀이시설물은 안전검사를 필한 제품을 사용하고 있다. ※ 2004년 12월 9일 이후 설치되는 모든 놀이 기구는 안전검사를 필한 제품을 설치하여 사용해야 함. ※ 해당되는 놀이시설물에 대해서는 안전검사 필증을 확인함.			
3	놀실외놀이 시설물은 설치검사를 받아 안전하게 고정 및 설치되어 있다. ※ 어린이놀이시설안전관리법에 의해 2015년 1월 26일까지 모든 실외놀이터는 설치검사를 받아 안전성이 입증되어야 함.			
4	기둥의 고정 및 조임장치의 조임상태가 양호하다.			
5	기구의 베어링의 윤활유 주입이 잘 되고 있다. ※ 베어링 부분(그네 회동구, 회전놀이기구의 회전축)을 움직여 보아 원활하게 움직이는지 확인해야 함.			
6	유아의 몸이 빠지거나 낄만한 틈새가 없다. ※ 손가락 끼임: 8mm 이하 또는 25mm 이상 ※ 몸: 90mm 이하 또는 230mm 이상 ※ 발: 30mm 이하			
7	녹슬거나 금이 가거나 페인트칠이 벗겨진 곳이 없다.			
8	부서진 부분이나 부패, 돌출부, 거친면이 없다.			
9	연결된 부분에 볼트나 나사가 풀려져 있지 않다. ※ 돌출부: 8mm 이하, 곡선 최소반경: 3mm ※ 돌출부와 인접사이 거리: 25mm 이하 ※ 볼트의 나사선: 영구히 덮여질 것 ※ 볼트와 나사가 풀려져 있지 않는지 확인해야 함.			
10	실외 놀이시설이 옥상에 설치되어 있는 경우에 추락방지를 위한 견고한 안전망이 설치되어 있다. ※ 부득이하게 놀이시설을 설치하는 경우에는 1.5m 이상의 높이(난간과 안전망 높이의 합)로 견고한 안전망이 설치되어야 함. ※ 옥상 난간과 놀이기구는 최소한 1.5m 이상 거리를 두고 설치되어야 함.			
11	실외 환경과 놀이시설에 대한 일일안전점검을 실시하고 기록 · 관리한다.			
12	놀이시설물은 정기시설검사를 받고 있다. ※ 설치검사 후 2년에 1회 정기시설검사를 받아야 함.			
13	정기적으로 안전교육을 받고 있다. ※ 2년마다 4시간씩 어린이 놀이시설 안전관리지원기관에서 받아야 함.			

■ 바닥

	점검사항	그렇다	아니다	비고
1	유아가 추락할 가능성이 있는 놀이시설물 아래와 주변의 공간(안전지대)은 충격을 흡수할 수 있도록 되어 있다. (30cm 이상의 모래, 우레탄, 고무매트, 나무조각 등) ※ 놀이터 바닥은 최소 30cm 이상의 충격흡 수재(모래 등)가 설치되어야 함.			
2	놀이터는 배수가 잘 되고, 바닥에 쓰레기가 없다.			
3	모래가 유실되거나 딱딱하게 굳어있지 않다. ※ 모래는 쉽게 유실될 수 있으므로 유실된 모래는 주기적으로 채워 넣어주고, 최소 3년에 한 번은 모래를 교체해 주도록 함. ※ 모래관리 시 정기적으로 아래쪽에 있는 모래가 위쪽으로 올 수 있도록 뒤집어 주거나 세척하도록 함.			

■ 실외놀이터 환경

	점검사항	그렇다	아니다	비고
1	실외놀이터는 위험지역으로부터 보호할 수 있는 울타리나 담이 설치되어 있다. ※ 울타리나 담은 유아가 넘지 못하는 구조와 높이로 되어야 바람직함. ※ 생울타리로 하는 경우에는 유지관리와 주변에 대한 영향을 충분히 검토하고 적절한 수종을 선택하여 배열하는 것이 중요함.			
2	실외놀이터에는 차량이 접근할 수 없다.			
3	움직임이 많은 영역에 밧줄이나 전선이 늘어져 있지 않다.			
4	놀이터 안에는 전기, 고압선, 유독물질, 유리조각, 돌부리 등의 위험물질이 존재하지 않는다.			
5	울타리, 의자는 고장나거나 파손된 곳이 없다.			
6	놀이터 표지판은 파손되거나 내용물이 지워진 곳이 없다. * 놀이터에는 표지판이 설치되어 있고 안전 수칙과 관리주체의 연락처 등이 명시되어 있어야 함.			

(3) 유치원 시설 안전관리 기록

안전 담당자는 안전점검 결과를 기록하여 비치하여야 한다. 정기점검 또는 특별 점검을 위하여 기기를 사용한 경우에는 측정기기, 측정조건, 측정결과 사항을 자세하게 기록하도록 한다.

(4) 사후관리

안전점검을 실시 후 개선된 사항은 즉시 수정 기록 한다. 안전점검은 특히 유치원 리모델링을 하기 전 반드시 실시하여, 사고를 예방할 수 있도록 한다. 매년 실시된 안전점검 사항을 정리하여 유치원 내 자체평가를 실시하여 향후 유치원 시설 개보수 및 안전점검 계획에 개선사항을 반영하도록 한다.

(5) 사고보고서 작성 및 활용방안

사고보고서에는 기관명, 전화번호, 기관주소, 상해 원아 인적사항(원아명, 성별, 연령), 사고일자, 사고시간, 목격자명, 부모에게 연락한 사항, 연락시간, 119 신고 여부(신고여부, 신고시간), 사고발생 장소, 사고 당시 활동내용, 사고원인, 사고유형, 상해를 입은 시설설비, 사고부위, 응급처치, 진료 여부, 원아 보호를 위한 추후 계획, 재발방지에 필요한 교정활동, 교사서명, 부모서명 등이 포함되어야 한다. 유치원에서는 사고발생 24시간 이내에 사고보고서를 작성하여 부모에게 전달하며 작성된 사고보고서를 토대로 위험물 제거 및 교정활동 계획을 수립한다.

2) 어린이집 안전관리

(1) 안전관리 원칙

2020년 보육사업 안내서에서는 다음과 같은 안전관리 원칙을 강조하고 있다(보건복지부, 2020).

- 원장 등 보육교직원은 업무를 수행함에 있어 영유아의 생명 · 안전보호 및 위험방지를 위하여 주의 의무를 다해야 한다.
- 어린이집 원장은 보육교직원 및 부모와 함께 영유아의 안전사고예방을 위해 성실하게 노력하고 안전교육을 실시해야 한다.
- 어린이집은 인근 소방서, 경찰서 및 가스, 유류 등의 안전상태를 점검하는

유관기관에 의해 정기점검을 실시하고 비상연락체계를 구축해야 하며, 자체적으로 정기적인 시설안전점검을 실시하고 기록 · 관리해야 한다.

- 어린이집 보육교직원은 영유아의 실내 · 외 활동 시 안전을 위해 영유아를 보호 · 감독해야 하며 원장은 영유아에 대한 물리적 환경과 인적 환경에 대한 안전확보를 위해 시설 및 환경을 조성하고 관리해야 한다.
- 어린이집 내 'CCTV 등' 설치 운영과 관련된 사항은 〈부록 5〉의 어린이집 영상정보처리기기 설치운영 가이드라인에 따라야 한다.

(2) 어린이집 시설 안전관리 계획

어린이집의 시설장은 안전사고에 대응하기 위하여 인근 소방서, 경찰서 및 가스, 유류 등의 안전상태를 점검하는 유관기관 등과 비상연락체계를 구축해야 한다. 특히 어린이집은 안전관리를 위해 안전관리책임관 제도를 운영한다. 안전관리책임관제도란 어린이집 안전관리에 관한 총괄적 관리감독 및 사고 발생 시 효과적인 대응을 위해 안전관리책임관을 지정하며, 시설장이 안전관리책임관 역할 수행을 하는 것이다. 시설장의 주된 업무는 어린이집이 직면할 수 있는 재난, 재해에 대해 비상대응계획 수립(연 1회), 어린이집 비상대응 훈련 계획 수립 및 실시 총괄(월 1회), 어린이집의 비상연락망 수립 및 관내 안전관리 기관과의 연락체계 수립, 어린이집 내 안전관리 시설 유지관리 담당을 한다. 또한 비상상황 및 재해 발생 시 인명과 재산 피해 최소화를 위한 대응활동 전개 및 어린이집의 비상대응계획 가동 및 운영하고, 재해발생 전 상황으로 어린이집 운영이 되돌아 갈 수 있도록 복구 절차 총괄한다.

어린이집 보육교직원은 안전교육지침 등을 숙지해야 하며, 시 · 도 및 시 · 군 · 구 등에서 안전관련 교육을 시행할 때 적극 참여 및 이수해야 한다. 보육교직원 보수교육 대상자는 화재 등 긴급사태에 대비한 계획수립 및 정기적인 점검 · 훈련을 실시해야 하고, 아동학대예방 · 안전관리교육은 보수교육 연계해서 이루어지고 있다. 그러나 육아종합지원센터와 어린이집 안전공제회가 주관하는 아동학대예방 및 안전관리교육을 수료한 경우, 동일연도 내 보수교육 건강 · 안전

영역 중 해당 과목을 이수한 것으로 인정하여 면제해 준다.

(3) 어린이집 시설 안전관리 실행

어린이집의 장은 자체안전점검 계획을 수립하여 매월 4일에 안전점검 실시해야 한다. 또한 '어린이집 통합안전점검표'에 따라 매일, 매월 실시하여 화재 · 상해 등 위험발생요인을 사전에 제거해야 한다. 보건복지부의 2020년 보육사업안내 자료의 부록에 실린 어린이집 안전점검체크리스트 중 일별체크리스트와 월별체크리스트, 그리고 체크리스트 항목별 점검 시 참고할 사항에 대해 살펴보면 다음과 같다(보건복지부, 2020).

① 일별체크리스트

가. 급식 분야

(점검상태 : 양호○, 보통△, 불량×)

구분	점 검 항 목	점검결과						조치사항
		/ 월	/ 화	/ 수	/ 목	/ 금	/ 토	
위생관리 및 식재료 관리	– 작업 전 건강상태를 확인한다. (감기, 설사, 손 상처자 등 조리 금지)							
	– 위생복, 위생화, 앞치마, 위생모를 착용하고, 배식시에는 배식 전용기구, 마스크, 위생장갑을 사용하고 있다.							
	– 유통기간 확인 및 선입선출을 준수하고 있다.							
	– 식재료 보관실은 항상 청결을 유지하고 있다.							
	– 보존식 보존 및 관리기준을 준수하고 있다(배식 직전 소독된 전용용기에 100g 이상 채취하여 144시간 냉동 보관)**							
	– 어류 · 육류 · 채소류를 취급하는 칼 · 도마는 각각 구분하여 사용하고 있다.							
	– 식기류 및 조리기구의 세척, 소독을 철저히 하고 있다.							
	– 세제, 소독제, 살충제에 라벨을 부착하고 분리보관하고 방충, 방서 등을 위한 정기적인 방역 소독필증을 보관하고 있다.							
	– 식재료의 입고날짜를 기록한 라벨을 부착하여 관리하고 있다.							
	– 식재료 검수일지를 작성하고 보관하고 있다.**							

구분	점 검 항 목	점검결과 / 월	/ 화	/ 수	/ 목	/ 금	/ 토	조치사항
작업관리	– 조리 후 2시간 이내 배식하고 있다.							
	– 영양사가 작성한 식단을 사용하고 있다.							
	– 농수산물 및 그 가공품(쇠고기 등 16종)을 조리하여 제공하는 경우 식단표에 그 원산지를 기재하여 공개하고 있다.**							
	– 영양사나 교사는 검식 후 검식일지 작성 및 배식 점검을 하고 있다.							
시설설비관리	– 조리장 바닥과 배수로에 물고임 및 냄새역류가 없도록 관리하고 있다.							
	– 후드, 환풍기를 청결하게 관리하고 있다.							

※ '**'가 표시된 점검사항은 집단급식소 미신고 대상시설에서 반드시 준수할 사항은 아님.

나. 안전 분야

(점검상태 : 양호○, 보통△, 불량×)

구분	점 검 항 목	점검결과 / 월	/ 화	/ 수	/ 목	/ 금	/ 토	조치사항
실외환경	– 어린이집 보호벽 및 주변의 관리 상태는 양호한가?							
	– 실외놀이 공간 주변의 돌, 유리조각, 요철, 녹이 슨 부분, 벗겨진 페인트, 돌출된 모서리가 방치되어 있지는 않은가?							
	– 놀이터 바닥에 오물, 방치된 물 웅덩이가 없는가?							
실내환경	– 문과 창문 등의 추락 위험은 없는가?							
	– 바닥에는 다칠 수 있거나 미끄러운 곳이 없는가?							
	– 복도, 계단, 비상계단, 미끄럼대 등에 방치된 물건이 없어 피난계단, 미끄럼대 등을 사용하기에 양호한가?							
	– 보육용품이나 비품 유리창 등에 날카로운 모서리 등이 없는가?							
놀잇감 및 놀이기구	– 망가져 날카롭고 위험한 것 또는 부품이 빠지거나 작은 볼트 등이 빠진 것은 없는가?							
	– 유해 색소가 칠해진 놀잇감은 없는가?							
	– 영유아가 삼킬 만한 작은 놀잇감이나 부품은 없는가?							
	– 놀잇감 및 놀이기구의 수납 상태가 양호한가?							

구분	점 검 항 목	점검결과						조치사항
		/	/	/	/	/	/	
		월	화	수	목	금	토	
화장실 · 세면대	– 화장실내 세제나 락스 등 위험한 물건이 영유아들의 손이 닿는 곳에 방치되어 있지 않는가?							
전기 · 화기 · 위험물	– 콘센트는 안전덮개로 보호되어 있는가?							
	– 화기에 의한 안전사고 위험은 없는가?							
	– 위험물에 의한 안전사고 위험은 없는가?							
	– 가스 밸브와 가스 중간 밸브 잠금은 양호한가?							

다. 차량 분야

(점검상태 : 양호○, 보통△, 불량×)

구분	점 검 항 목	점검결과						조치사항
		/	/	/	/	/	/	
		월	화	수	목	금	토	
운행 전 점검	– 차량 외부의 이상 유,무를 확인한다.							
	– 차량 내 소화기 · 비상약품이 비치여부 및 비치상태가 양호한지 확인한다.							
	– 차량 시동 후 엔진 및 각종계기판 이상 유 · 무를 확인한다.							
	– 엔진 및 차체의 잡음은 없는가?							
	– 차량 출발 전 탑승자의 안전벨트 및 문단속을 확인하고 전 · 후방 사각지대에 영유아 또는 장애물이 있는지 확인한다.							
운행 중 점검	– 차량에 영유아를 보호할 수 있는 사람(보육교사 등)이 탑승하는가?							
	– 창문 밖으로 머리, 손을 내미는 영유아가 있는가?							
	– 안전운행을 위하여 교통 안전규칙을 철저히 지킨다.							
	– 정차는 후방의 차량에 최대한 방해되지 않는 곳에 한다.							
	– 운행 중에는 휴대폰, 이어폰 등을 사용하지 않는다.							
운행 후 점검	– 타이어 압력 및 트랙은 양호한가							
	– 주차 브레이크는 정상인가?							
	– 차량 내 영유아가 전원 하차 하였는지 확인한다.							

② 월별 점검표

(점검상태 : 양호○, 보통△, 불량×)

구분	점 검 항 목	점검결과 월	조치 시항
안전관리	– 안전관리의 책임 및 위기관리 체계가 적합한가?		
	– 일별 안전점검 체크리스트에 의해 관리되고 있는가?		
	– 응급전화번호 및 비상연락망 등이 잘 관리되고 있는가?		
실외 환경	– 어린이집 주변에 감전 위험은 없는가?		
	– 위험한 적치물, 축대 붕괴, 맨홀 등에 대한 위험은 없는가?		
실내 환경	– 모든 설비는 움직이거나 떨어지지 않도록 바닥과 벽면에 단단히 고정되어 있는가?		
	– 창문, 방충망의 상태는 안전한가?		
현관 · 통로 · 계단 · 비상구	– 출입문, 현관문 등의 안전장치는 정상 작동하는가?		
	– 계단, 통로부분에 미끄럼 방지처리가 되어 있는가?		
	– 계단의 안전 상태는 양호한가?		
화장실 · 세면대	– 화장실 내 전기 콘센트 등 전기용품은 안전한가?		
	– 세면대의 고정 상태는 안전한가?		
실내 · 외 놀이 기구 및 공간	– 모든 놀이기구가 바닥에 안전하게 고정되어 있는가?		
	– 놀이 시설물의 상태(틈새나 간격)가 영유아의 몸에 끼이지 않는 넓이인가?		
	– 기초대, 지지대 등 매설부분이 노출되지 않았는가?		
	– 모든 놀이기구 아래와 주위(안전지대)의 충격흡수재 성능은 양호한가?		
	– 보수가 필요한 놀잇감 및 놀이 기구가 방치되어 있는가?		
	– 놀이기구의 높이가 영유아에게 적합한가?		
	–「어린이제품안전특별법」,「품질경영 및 공산품 안전관리법」등에 의한 안전검사(KC 인증 등)를 필한 제품인가?		
전기 · 가스 · 위험물 안전관리	– 전선, 콘센트, 플러그 등 손상된 부분은 없는가?		
	– 한 개의 콘센트에 용량을 초과해 사용하고 있지 않은가?		
	– 분배전반 및 각종 전기기구의 노후 및 파손된 것은 없는가?		
	– 가스경보기의 설치 상태가 양호한가?		

소방시설 관리	– 대피를 위한 대피도가 잘 관리되어 있는가?		
	– 소화기, 스프링클러 등 소화장비의 작동 및 관리상태는 양호한가?		
	– 자동 화재 탐지 설비의 설치 상태가 양호한가?		
	– 옥내소화전의 관리 및 작동이 양호한가?		
비상대피 시설관리	– 비상계단 및 미끄럼대 등이 화재 등 유사시 사용이 가능한가?		
	– 피난유도 등 유도표지 등이 잘 갖추어져 있고 정상 작동하는가?		
	– 건물 내 대피경로에 장애가 되는 요소는 없는가?		

출처: 보건복지부(2020).

체크리스트 항목별 점검 시 참고사항

[안전분야 일별점검체크리스트 참고사항]

1) 실외환경

– 어린이집 보호벽 및 어린이집 주변의 관리 상태는 양호한가?

(조치사항) 담, 울타리, 창살, 가스 혹은 난방기 등의 계량기, 보일러 설비, 퓨즈박스, 비상미끄럼틀, 외부 차양 등 설비의 안전 상태를 확인하여 위험요소를 즉시 안전하게 제거 · 수리 및 관리한다.

– 놀이터 바닥에 오물, 방치된 물 웅덩이가 없는가?

(조치사항) 오물 및 물 웅덩이는 전염성 질환을 야기시키는 해충의 서식지가 될 수 있으므로 발견 즉시 제거하고, 물 웅덩이는 물 제거 후 웅덩이를 관리하여 영유아가 넘어질 수 있음을 방지한다.

2) 실내환경

– 문과 창문 등의 추락 위험은 없는가?

(조치사항) 문과 창문의 안전상태 확인 및 창문 등의 가까이에 오를 수 있는 물품이 있어 추락 위험이 있는지 확인하고 즉시 제거한다.

– 바닥에는 다칠 수 있거나 미끄러운 곳이 없는가?

(조치사항) 화장실, 계단, 실내 보육실 등에 미끄러운 곳, 물이 고인 곳을 확인한다. 미끄럼방지 시트 또는 타일을 부착하거나 물기가 많으면 물기를 제거한다. 또한, 바닥의 단차가 있는 경우 영유아들이 넘어지는 사고가 많이 발생하므로 바닥에는 단의 차이가 없도록 한다.

– 복도, 계단, 비상계단, 미끄럼대 등에 방치된 물건이 없어 피난계단, 미끄럼대 등을 사용하기에 양호한가?

(조치사항) 유사시 대피에 장애가 되는 물건이 방치되었는지를 확인하고 방치된 물건은 안전한 곳으로 즉시 이동한다.

3) 놀잇감 및 놀이기구

- 영유아가 삼킬 만한 작은 놀잇감이나 부품은 없는가?
  (조치사항) 놀잇감의 크기가 영유아의 입, 코, 귀 등에 들어가지 않도록 3.5cm 이상의 놀잇감을 준비한다.
- 놀잇감 및 놀이기구의 수납 상태가 양호한가?
  (조치사항) 놀잇감이 영유아가 수납하기에 적당한지, 무거운 놀잇감이 높은 곳에 있지 않은지 확인한다. 유아의 신체특성을 고려하여 수납 위치를 바꾸고, 무겁거나 추락 위험이 있는 놀잇감은 즉시 안전한 위치로 이동한다. 방치된 놀잇감은 영유아들이 올라가 추락하는 위험도 발생할 수 있으므로 안전하게 보관한다.

4) 전기, 화기, 위험물

- 화기에 의한 안전사고 위험은 없는가?
  (조치사항) 라디에이터, 난로, 히터 등의 보호덮개, 라이터, 성냥, 양초, 폭죽 등이 방치된 것이 있는지, 가스 중간밸브 잠김, 화기시설 주변의 가연물 등을 확인하여 위험물품은 즉시 제거한다. 보호덮개가 필요한 경우 전문업체에 의뢰한다.
- 위험물에 의한 안전사고 위험은 없는가?
  (조치사항) 화학용품 및 약품, 살충제, 세제, 기타 위험한 약품 등이 방치되었다면, 즉시 안전한 곳으로 이동한다. 특히 약품의 경우 보육실 영유아용 책상 위에 놓여져 영유아들이 만지거나 먹을 수 있기에 주의를 더 요한다. 필요시 전문기관에 의뢰하여 처리한다.
  ※ 관련법:「영유아보육법 시행규칙」 별표1,「위험물 안전관리법」 제14조
- 가스밸브와 가스중간밸브 잠금은 양호한가?
  (조치사항) 가스와 가스중간밸브 잠금 상태, 가스누설 탐지기의 상태·위치 등을 확인하여 가스누출을 예방한다. 가스를 사용하는 모든 설비에는 중간밸브를 설치해야 한다. 가스밸브 주위의 누출 여부를 점검하고, 가스누설탐지기의 위치(LNG: 천장에서 30cm, LPG: 바닥에서 30cm 이내)를 점검하고 손상 여부, 전원이 연결 상태 등을 점검한다. 이상이 있을시 전문업체에 점검 및 수리를 의뢰한다.
  ※「도시가스사업법」 제7조에 따라 정기검사대상자로 선정되면 연1회 한국가스 안전공사에 의한 점검을 받는다. 단, 지자체에 따라 차이가 있을 수 있다(이 외는 도시가스회사에서 검사).

[월별점검체크리스트 참고사항]

1) 안전관리

- 안전관리의 책임 및 위기관리 체계가 적합한가?
  (조치사항) 원장의 안전관리 책임성, 화재 등 비상사태 발생 시 대응체계의 적절성을 확인한다. 원장이 안전관리에 관한 책임, 전문성(방화관리자 자격 등)을 확보하도록 하고, 교사가 안전관련 교육에 적극적으로 참여하도록 한다. 비상사태에 대비한 대응체계가 수립되도록 한다.

- 응급전화번호 및 비상연락망 등이 잘 관리되고 있는가?
  (조치사항) 비상시 소방서, 병원, 경찰소 등의 응급전화번호 및 비상연락망 등 이 전화기 옆에서 잘 관리되고 있는지 확인한다. 지속적으로 소방서, 병원의 응급전화번호 및 비상 연락망의 전화번호 변경 여부를 확인하여 관리한다.

2) 실외 환경
- 어린이집 주변에 감전위험은 없는가?
  (조치사항) 어린이집 50m 이내에 고압선, 전선, 가로등 등 감전위험을 확인한다. 확인물 발견 시 관련기관 및 지방자치단체에 통보하고 안전조치를 요청한다.
- 위험한 적치물, 축대 붕괴, 맨홀 등에 대한 위험은 없는가?
  (조치사항) 어린이집 주변 50m 이내에 위험한 물건 · 물품(방치된 자동차 생활쓰레기 적치, 붕괴위험이 있는 축대, 맨홀, 파인 곳, 공사장 등)이 확인되면 지방자치단체(주민자치센터 포함)에 통보하고 안전조치를 요청한다.

3) 실내환경
- 모든 설비는 움직이거나 떨어지지 않도록 바닥과 벽면에 단단히 고정되어 있는가?
  (조치사항) 건축설비의 전기, 난방, 조명, 급배수 등의 설비물의 고정 상태와 벽 천장 등에 고정된 물품과 장식물 등이 안전하게 고정되어 있는지 확인하여 수리 필요시 전문업체 의뢰한다.
- 창문, 방충망의 상태는 안전한가?
  (조치사항) 창문의 깨짐, 창문 테두리의 실리콘 상태, 방충망의 노화상태를 정기적으로 확인하여 즉시 조치한다.

4) 현관, 통로, 계단, 비상구
- 출입문, 현관문의 안전장치는 정상 작동하는가?
  (조치사항) 보안을 위한 잠김 문이나 인터폰 · 초인종이 정상작동 여부 확인 후 응급조치와 필요시 전문업체에 의뢰한다. 또한, 출입문과 현관문의 손끼임 방지를 위한 안전 고무 바, 도어클로저 등을 설치한다.
- 계단의 안전 상태는 양호한가?
  (조치사항) 안전손잡이, 적치물, 난간의 간격 고정 상태를 확인한다. 응급조치 후 필요시 전문업체에 의뢰한다.
  ※ 계단의 단 높이는 16cm 이하이며 단의 높이가 일정해야 하며, 단 너비는 26cm 이상이어야 하며 일정하게 구성되어야 한다, 난간의 높이는 110cm 이상, 난간살의 간격은 10cm 이하로 설치한다.
  ※ 출처: 중앙보육정보센터(2008).

5) 화장실, 세면대
- 화장실 내 전기 콘센트 등 전기용품은 안전한가?
  (조치사항) 방수용 콘센트 및 물에 의한 전기 위험 여부를 확인한다. 콘센트는 방수용으로 교체하고, 물에 젖거나 고인 물(욕조 등)에 추락이 가능한 물품은 안전한 곳으로 이동 또는 제거한다.

- 세면대의 고정 상태는 안전한가?
  (조치사항) 고정상태 확인 시 나사 풀림상태 등을 정기적으로 확인하여 필요시 수리하거나 교체한다.

6) 실내외 놀이기구와 공간

- 모든 놀이기구가 안전하게 고정되어 있는가?
  (조치사항) 놀이기구의 고정상태, 매설된 지지대의 노출, 윤활유 보충 등을 확인하고 즉각적인 안전조치 후 필요시 관련업체에 의뢰한다.
- 놀이시설물의 상태(틈새나 간격)가 영유아의 몸에 끼이지 않는 넓이인가?
  (조치사항) 집합놀이기구 등의 틈새나 간격의 너비 확인 및 노후로 인한 영유아 신체의 빠짐 및 끼임 등을 확인한다(손가락: 8mm 이하~25mm 이상, 발: 30mm 이하, 머리: 9cm 이하~23cm 이상). 안전관리 필요시에는 1차 안전조치로 접근금지 표시 및 전문업체 수리 의뢰한다.
- 모든 놀이기구의 아래와 주위(안전지대)에 충격흡수재의 성능은 양호한가?
  (조치사항) 영유아가 추락할 가능성이 있는 놀이 시설물 아래와 주변의 공간(안전지대)은 충격을 흡수할 수 있도록 설치되어야 한다(25~30cm 이상의 모래, 우레탄 바닥, 매트 등). 충격흡수재 사용 시 마모되어 구멍이 나거나 끝 부분이 말림으로 인해 영유아들이 걸려 넘어질 수 있다. 따라서 즉각적인 안전조치 후 전문업체에 의뢰한다.
- 놀이기구의 높이가 영유아에게 적합한가?
  (조치사항) 놀이기구의 구입 시 연령에 따른 영유아의 신체 등에 적합한지 확인한다. 참고로 놀이 기구의 높이는 2.5m 이하로 설치한다.
  ※ 출처: 소방방재청(2005).

7) 전기, 가스, 위험물 안전관리

- 전선, 콘센트, 플러그 등이 손상된 부분은 없는가?
  (조치사항) 실내 전선의 노후, 피복손상, 파손된 콘센트 및 플러그 등을 확인한다. 벗겨진 전선은 절연 테이프로 감싸고, 파손된 콘센트 플러그 등은 즉시 교체한다. 필요시 전문업체에 수리 · 점검을 의뢰한다.
- 분배전반 및 각종 전기기구의 노후 및 파손된 것은 없는가?
  (조치사항) 노후하거나 파손된 분배전반 및 각종 전기기구는 전기전문업체에 의뢰하여 수리 · 교체하도록 한다. 또한, 「전기사업법」이 정하는 바에 따라 인가 시 전기 안전점검과 정기점검이 실시될 수 있도록 한다.
  ※ 관련법: 「전기사업법」 제65조~제66조의2 및 동법시행규칙 제35조~제35조의4 등
- 가스경보기의 설치상태가 양호한가?
  (조치사항) LNG 또는 LPG에 따른 가스경보기의 위치, 설치 상태, 정상작동 여부 및 관련법에 의해 점검을 받았는지 확인한다. 필요시 가스경보기를 전문업체에 의뢰하여 이동설치, 수리, 교체하도록 한다.
  ※ 관련법: 「소방시설의 설치 및 유지관리에 관한 법률 시행령」 제15조

8) 소방시설 관리

- 소화기, 스프링클러 등 소화장비의 관리 상태는 적합한가?

(조치사항) 소화기의 비치 위치, 압력 등의 적합한 관리상태 확인한다. 소화기는 연면적 $33m^2$ 이상에 1대 이상을 비치한다. 또한, 공간의 제약성 등을 확인 후 필요시 추가로 비치한다. 소화기는 눈에 잘 띄는 곳에 위치하고 있는지를 확인하되 영유아 보행시 충돌 방지를 감안하여 적절한 위치에 놓는다, 소화기는 압력 상태를 월 1회 이상 점검한다. 이상이 있는 것은 새것으로 교체하거나 소방전문업체에 점검을 의뢰한다. 스프링클러설비의 정상적인 작동 여부를 확인하고 필요시 소방전문업체에 수리 · 점검을 받도록 한다.

- 자동화재 탐지설비의 설치상태가 양호한가?

(조치사항) 자동화재 탐지설비가 있는 경우에 한하는 것으로 자동화재 탐지설비의 정상적인 작동여부를 확인하고 필요시 소방전문업체에 수리 · 점검을 받도록 한다.

- 옥내소화전의 관리 및 작동 상태가 양호한가?

(조치사항) 옥외소화전설비가 있는 경우에 한하는 것으로 소화전 함의 내용물을 확인(관창 1, 호스 2), 방수 시 수평거리 17m 도달 시 정상이다. 옥내소화전 설비의 정상적인 작동여부를 확인하고 필요시 소방전문업체에 수리 · 점검을 받도록 한다.

※ 소방시설의 설치 · 유지 및 안전관리에 관한 법률 제9조 등에 의거소방시설을 유지 · 관리

9) 비상대피 시설관리

- 비상계단 및 미끄럼대 등이 화재 등 유사시 사용이 가능한가?

(조치사항) 설치기준에 적합한 상태, 평상시 영유가 개폐할 수 없는 상태, 유사시 용이한 개방 가능 등의 정상적인 작동 여부를 확인하고 필요시 전문업체에 수리 · 점검을 받도록 한다.

※ 관련법: 「영유아보육법 시행규칙」 제9조(별표1)

- 피난유도등 유도표지 등이 잘 갖추어져 있고 정상 작동하는가?

(조치사항) 유도등 유도표지의 위치, 유도등의 상태 · 점등 등을 확인한다. 피난구 유도등의 경우 30m 거리에서 문자 및 색채 식별이 가능해야 한다. 설치기준에 적합성 및 위치 · 작동 여부를 확인하고 필요시 전문업체에 수리 · 점검을 받도록 한다.

- 건물 내 대피경로에 장애가 되는 요소는 없는가?

(조치사항) 계단, 통로, 출입문 등 피난경로에 적치물 방치, 피난에 필요한 유효너비 확보, 비상출구의 잠금장치 설치 여부를 확인한다. 계단, 통로, 출입문 등 피난에 장애가 되는 물건 등은 즉시 이동조치 한다. 계단, 통로, 출입구의 유효너비, 출입문의 개폐방향, 비상구의 잠금장치 등을 확인하고 시정조치 하도록 한다.

※ 관련법: 소방시설의 설치 및 유지관리에 관한 법률 시행령 제15조

출처: 보건복지부(2020).

(4) 어린이집 시설 안전관리 기록

안전관리 책임관으로서 어린이집 시설장의 주된 업무 중 하나는 어린이집 내 안전관리 시설 유지관리 담당하는 것이다. 특히 「아동복지법」 제32조에 따라 유괴 등 범죄의 위험으로부터 아동을 보호하기 위하여 필요하다고 인정하는 때에는 어린이집의 아동을 보호하기 위하여 어린이집의 주변구역을 아동보호구역으로 지정하여 폐쇄회로 텔레비전을 설치하거나 그 밖의 필요한 조치를 할 수 있다. 어린이집 내 안전관리 시설에 대한 안전점검 결과를 기록하여 비치하여야 한다.

(5) 사후관리

안전점검을 실시 후 개선된 사항은 즉시 수정 · 기록한다. 안전점검은 특히 유치원 리모델링을 하기 전 반드시 실시하여, 사고를 예방할 수 있도록 한다. 매년 실시된 안전점검 사항을 정리하여 유치원 내 자체평가를 실시하여 향후 유치원 시설 개보수 및 안전점검 계획에 개선사항을 반영하도록 한다.

(6) 사고보고서 작성 및 활용방안

사고보고서에는 기관명, 전화번호, 기관 주소, 상해 원아 인적 사항(원아명, 성별, 연령), 사고 일자, 사고 시간, 목격자명, 부모에게 연락한 사항, 연락시간, 119신고 여부(신고 여부, 신고 시간), 사고 발생 장소, 사고 당시 활동내용, 사고 원인, 사고 유형, 상해를 입은 시설 설비, 사고 부위, 응급처치, 진료 여부, 원아 보호를 위한 추후 계획, 재발 방지에 필요한 교정활동, 교사서명, 부모서명 등이 포함되어야 한다. 유치원에서는 사고 발생 24시간 이내에 사고보고서를 작성하여 부모에게 전달하며 작성된 사고보고서를 토대로 위험물 제거 및 교정활동 계획을 수립한다

CHAPTER 4

가정에서의 안전지도

영유아에게 있어 가장 편안하고 안전해야 할 가정환경이 가족구성원의 작은 부주의와 무관심으로 인해 안전의 사각지대가 될 수도 있다.
본 장에서는 영유아들이 가장 많은 시간을 보내고 있는 가정에서 안전지도가 왜 필요한지를 살펴보고 가정 내 안전사고의 원인과 유형을 살펴보고자 한다. 더불어 안전사고가 나기 쉬운 영유아의 발달적 특성과 부모의 양육태도의 특징을 면밀히 주목하면서, 안전한 환경조성을 위한 지침을 제안하고자 한다.

1. 가정에서의 안전지도의 필요성

가정은 사회의 기초 단위이면서 동시에 영유아 양육에 대한 1차적 책임이 있는 가장 중요한 기관이다. 가정의 공간 안에서 영유아는 기본적인 욕구인 의식주를 제공받을 뿐만 아니라 안전과 소속감을 충족함으로써 건강한 전인발달을 이루어 간다. 현재 코로나19 바이러스 감염증 확산으로 언택트 시대가 시작되어 그 어느 때보다 개인의 위생과 건강의 중요성이 대두되면서 앞으로는 가정에서 보내는 시간이 점점 더 많아질 것으로 예상되기 때문에 가정 내에서 영유아의 안전한 생활의 중요성이 더욱 부각된다.

가정은 어린이 안전사고와 관련하여 볼 때 경우에 따라 그 어떤 공간보다도 위해한 장소가 되기도 한다. 그 이유로는 가정이 성인 위주의 구조와 물품으로 되어 있어 영유아가 위험에 노출되기 쉽기 때문이다. 또한 영유아들이 가정에서 가장 많은 시간을 보내고 있어 우발적인 사고에 노출되는 시간이 많음에서 기인한다. 실제로 14세 이하 어린이 사고 발생 장소의 통계수치를 살펴보면, 최근 5년('15~'19년)간 한국소비자원에 접수된 위해정보 중 가정(주택)에서 발생한 안전사고 발생률이 가장 높은 것으로 나타났다(한국소비자원, 2020). 2019년 통계 자료를 좀 더 자세히 살펴보면 가정(주택) 내에서 안전사고가 가장 많이 발생(67.1%)하는 것으로 나타났는데 이는 타 장소, 즉 교육시설(6.4%)이나 여가문화 및 놀이시설(6.0%), 도로 및 인도(4.6%)보다 월등히 높은 비중을 차지하고 있으며 가장 높은 수치를 나타내고 있다. 이와 같은 결과를 볼 때 영유아 안전사고의 많은 부분이 가장 안전한 장소로 생각되는 가정에서 발생한다는 것을 알 수 있다. 최근 5년('15~'19년)간 위해 발생 장소별 현황과 그 중에서 2019년도 현황을 살펴보면 다음과 같다.

〈표 4-1〉 위해 발생 장소별 현황(14세 이하 어린이, 상위 5개)

장소(대분류)	2015년	2016년	2017년	2018년	2019년
주택	17,763 (70.6)	15,836 (70.2)	17,605 (68.5)	16,343 (67.8)	16,749 (67.1)
교육시설	1,433 (5.7)	1,157 (5.1)	1,492 (5.8)	1,474 (6.1)	1,602 (6.4)
여가문화 및 놀이시설	1,479 (5.9)	1,177 (5.2)	1,395 (5.4)	1,309 (5.4)	1,500 (6.0)
도로 및 인도	1,146 (4.6)	868 (3.9)	1,132 (4.4)	789 (3.3)	1,147 (4.6)
숙박 및 음식점	558 (2.2)	530 (2.4)	812 (3.2)	827 (3.4)	725 (2.9)

출처: 한국소비자원(2020).

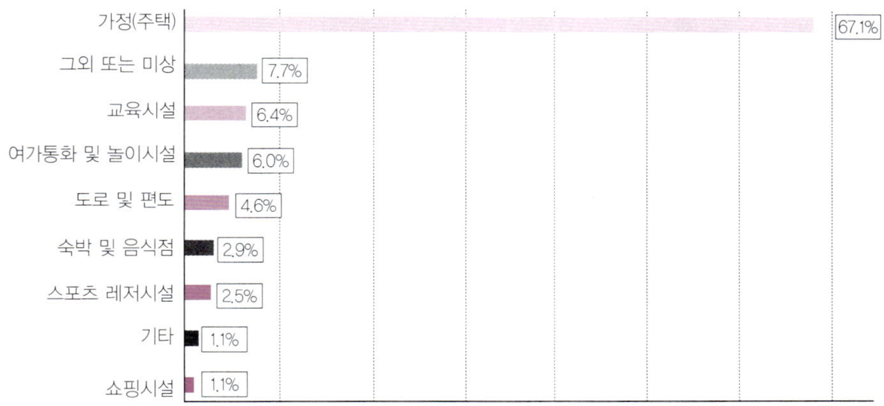

출처: 한국소비자원(2020).

[그림 4-1] 2019년도 위해 발생 장소별 현황

이와 같은 결과는 집안이 어린이 안전사고의 사각지대일 수 있으며 쾌적하고 안락한 일상생활의 장이 되어야 할 가정환경이 부주의로 인해 영유아에게 신체적 부상이나 때때로 전생애에 걸친 신체적 · 심리적 결함을 갖게 되는 장소가 될 수 있음을 재인식시켜 준다. 또한 가정에서 발생할 수 있는 안전사고의 유형을 인지하고 예방법이나 대처법에 대한 정기적인 안전교육을 할 필요가 있으며 가정 안에서의 안전사고에 대한 대책이 매우 시급하다는 것을 알게 한다.

가정에서의 안전사고와 관련하여 한 가지 더 주목할 점이 있다면 가족구성원 간의 심리적 안정과 일상 생활태도와 매우 깊은 관련을 보이고 있다(한국산업안전공단, 2003)는 것이다. 예를 들어, 부모의 심한 스트레스와 불안은 한 가지 일에 집중하지 못하게 하므로 영유아를 돌보거나 안전과 관련된 사소한 일에 부주의를 일으킨다. 또한 '이 정도는 괜찮겠지'라고 생각하는 안일하고 무관심한 생활태도는 자녀의 건강과 연관되어 큰 대가를 치르게 만든다. 엎질러진 물, 화장실 욕조의 미끄러운 바닥, 높은 물건을 꺼낼 때 불안전한 발판, 자고 있는 영아를 잠깐 혼자 두고 바깥일 처리하기 등 아주 사소한 일들로 인한 가정의 안전사고가 그 일례이다.

가정 내의 안전사고는 불시에 예고 없이 찾아오기 때문에 가족구성원을 당황스럽게 만들고 많은 후회를 남긴다. 대다수의 사례가 보호자의 안전에 대한 부주의, 무관심이나 무지에서 기인된 인재(人災)라는 점에서 더더욱 그러하다. 이런 사실을 감안할 때 우리는 비록 우발사고를 정확히 예측할 수는 없지만 철저한 사전 대책이나 감독에 의해 피해를 최소화할 수 있다는 점에 주목해야 한다.

가정 내 안전교육은 안전사고에 대한 예방의 효율성을 높이기 위해 첫째, 영유아의 1차적인 양육자인 부모들을 교육함으로써 가정의 안전을 위협하는 요소를 알리고 항상 안전에 대한 주의를 환기시키고 관심을 기울이도록 한다. 그리고 만약의 경우에 대비하여 사고에 대처하는 실천적인 기술을 익힌다. 둘째, 영유아의 발달 눈높이에 맞추어 주변의 위험한 요소를 인식할 수 있도록 안전에 대한 지식, 기술, 태도를 배우고 안전의식을 내면화하여 건강하고 안전한 생활습관을 생활습관을 길러 주는 것이 필요하다(박은혜 · 조혜선 · 이성희 · 황보영, 2016).

2. 가정에서의 안전사고 유형 및 실태

가정 내 안전사고에 대비하는 교육을 위해서 먼저 가정 안에서 이루어지고 있는 안전사고의 유형과 실태를 살펴보고자 한다.

2019년 한국소비자보호원(www.kca.go.kr)이 소비자위해감시시스템(CISS, Consumer Injury Surveillance System: 병원과 소방서 등 위해정보 제출기관과 소비자상담센터 등을 통해 위해정보를 수집하고 분석 · 평가하는 시스템)을 통해 접수된 14세 이하 어린이 안전사고를 집계한 결과 어린이 안전사고 건수는 24,971건으로 전체 안전사고 건수의 34.2%를 차지하였다(한국소비자원, 2020). 최근 5년('15~'19년)간 어린이 안전사고 비율은 매년 30% 이상으로 우리나라 총인구 대비하여 매우 높아 안전사고에 취약한 계층임을 알 수 있다.

1) 가정에서의 안전사고 발생 장소

한국소비자원 조사 결과에 따르면 어린이 안전사고가 주로 발생한 장소는 가정(주택)으로 조사된 전체 16곳 중 67.1%를 차지하였다(한국소비자원, 2020). 가정 내에서 안전사고 발생 장소는 다음 〈표 4-2〉와 같다.

〈표 4-2〉 가정 내 안전사고 발생 가능 장소(10세 미만)

(단위: 건 ,%)

장소	침실/방	거실	주방	화장실/욕실
(%)	6,107(38.6)	4,789(30.2)	1,703(10.8)	1,138(7.2)

출처: 한국소비자원 위해정보국 위해예방팀(2020a).

〈표 4-2〉에서 알 수 있듯이 10세 미만 어린이들의 가정 내 안전사고가 '침실, 방'(38.6%), '거실'(30.2%), 주방(10.8%)의 순으로 나타났다(한국소비자원 위해정보국 위해예방팀, 2020a). 여기서 알 수 있는 것은 침실, 방, 거실은 어린이들이 가장 많은 시간을 보내고 있는 주된 활동 공간이며, 또한 보호자의 입장에서 보면 너무나 친밀한 공간이기 때문에 안전과 관련하여 쉽게 지나쳐 버릴 수 있는 영역이기도 하다는 점이다. 주방에서의 안전사고가 상대적으로 적게 나타난 것은 주방에는 어린이들의 안전사고를 유발하는 위해요소들이 많다는 것을 보호자가

인식하고 주의를 환기시키며 어린 영유아들이 사용하는 빈도가 적기 때문이다.

사례

- 2019년 12월 만 2세 남아는 거실 비닐바닥재에서 미끄러지며 테이블에 부딪혀 깨진 유리에 베여 이마에 열상을 입음.
- 2019년 4월 만 3세 남아는 소파 철제 다리에 부딪혀 잇몸의 열상과 치아의 탈구로 치료받음

출처: 한국소비자원(2020).

2) 가정에서의 안전사고 위험 유발 요인

다양한 연령으로 구성된 가족들이 일상생활을 영위하는 가정 내에는 영유아가 사용하기에는 적합하지 않은 물품과 안전을 위협하는 구조, 설비 및 시설물로 되어 있어 사고를 유발하는 요인이 되고 있다. 가정에서의 안전사고 위험 유발 요인을 살펴보면 다음과 같다.

〈표 4-3〉 가정 내 안전사고의 위험 유발 요인 (상위 10개)

(단위: %)

순위	만 0세	만 1~3세	만 4~6세
1	침실가구(37.3)	바닥재(14.3)	바닥재(11.0)
2	유아용가구(9.6)	침실가구(10.0)	놀이장비 및 액세서리(7.8)
3	거실가구(6.7)	완구(7.1)	완구(7.4)
4	바닥재(5.7)	거실가구(6.9)	침실가구(6.5)
5	주방가구(3.4)	문(6.0)	문(5.6)
6	주방가전(3.4)	주방가구(4.7)	거실가구(4.1)
7	문(3.3)	유아용가구(4.3)	학생용 및 서재용 가구(3.1)
8	완구(2.4)	학생용 및 서재용 가구(3.6)	주방가구(2.1)
9	유가공품(2.4)	주방가전(2.7)	유아용가구(2.1)
10	기타가구 및 가구부품(1.5)	기타가구 및 가구부품(1.8)	위생도기 및 욕실기구(1.7)

출처: 한국소비자원(2020).

〈표 4-3〉에 나타난 바와 같이 가정 내 안전사고의 위험을 유발하는 요인으로서 가장 높은 비율을 차지하고 있는 것은 침실가구나 바닥재이었다. 연령별 신체적 발달과 연관성을 보았을 때 걷기와 대근육 활동이 발달하는 만 1세 이후에는 가정 내에서도 이동이 많기 때문에 바닥재와 바닥의 상태에 따라 안전사고를 유발될 수 있다.

3) 가정에서의 안전사고 원인 및 유형

가정 내에서 발생하는 안전사고를 예방하기 위해서는 가정에서 안전사고의 위해 원인 및 유형을 살펴보는 것이 중요하다. 어린이 안전사고 원인 및 유형은 다음 〈표 4-4〉와 같다.

〈표 4-4〉 어린이 안전사고 위해 원인 및 유형(상위 5개)

(단위: 건, %)

구분	2015년	2016년	2017년	2018년	2019년
미끄러짐 · 넘어짐	6,877(27.3)	5,629(25.0)	6,859(26.7)	6,487(26.9)	6,258(25.1)
추락	4,464(17.7)	3,746(16.6)	4,550(17.7)	4,182(17.4)	5,312(21.3)
부딪힘	6,142(24.4)	5,722(25.4)	6,021(23.4)	5,562(23.1)	4,634(18.6)
눌림 · 끼임	1,840(7.3)	1,836(8.1)	1,804(7.0)	1,613(6.7)	1,841(7.4)
식품 섭취에 의한 위해	558(2.2)	844(3.7)	1,315(5.1)	1,479(6.1)	1,325(5.3)

출처: 한국소비자원(2020).

〈표 4-4〉에서 볼 때 최근 5년('15~'19년)간 미끄러짐 · 넘어짐에 의한 안전사고가 가장 많은 것으로 나타났다(한국소비자원, 2020). 2019년 기준으로 가정에서 미끄러짐 · 넘어짐에 의한 어린이 사고는 전체 사고의 25.1%이며 그 다음으로 추락, 부딪힘, 눌림 · 끼임, 식품 섭취에 의한 위한 순으로 드러났다. 좀 더 구체적으로 가정에서의 안전사고 유형 및 특성을 살펴보면 다음과 같다(한국소비자

원, 2020).

(1) 미끄러짐·넘어짐

영유아들의 주 생활 공간인 가정 내의 침실, 방, 거실, 주방, 화장실 등의 바닥 소재가 미끄럽거나 물기가 있는 경우 또는 가구나 운동기구 같은 물건, 혹은 다른 사람의 신체에 걸려 넘어지는 경우 안전에 위해요인이 될 수 있다.

(2) 낙상(추락)사고

영유아의 경우 가정 내에 있는 가구나 난간, 계단 등에서의 추락사고가 빈번하게 발생하는데, 특히 침대, 책상, 의자 등의 가구 위에 올라가다 떨어지는 경우나 미끄럼틀, 그네 등 대형 완구에서 떨어지는 경우가 발생 되어 찰과상이나 골절 등의 주요 원인이 된다. 간혹 베란다 난간에 기대거나 올라서다 추락하는 경우도 있어 주의를 요한다.

사 례

2019년 12월 만 3세 남아는 어린이용 침대에서 떨어지며 장난감 상자에 부딪혀 눈썹의 타박상을 입고 치료받음

출처: 한국소비자원(2020).

(3) 부딪힘

영유아는 가정 내에서 일상생활이나 놀이 중에 몰입을 하다 보면 주변 상황에 대해 부주의하여 가구나 놀이감의 모서리 등에 부딪히는 사고가 빈번하게 발생한다.

(4) 눌림·끼임

영유아들의 신체 일부가 방문, 창문, 서랍, 책장, 싱크대, 현관문 등에 눌리거나 끼어서 절단 또는 압궤 손상 등을 일으킨다. 만 6세 이하 미취학 어린이의 경

우 옷장 끼임이나 문짝 경첩에 손가락이 골절되거나 찢어지는 부상을 당하는 사례가 끊이지 않고 있다. 경첩이 옷장, 이불장, 싱크대 등 거의 모든 가구류의 문짝에 사용되기 때문에 사용이 불가피하다면 어린 아이가 있는 가정에서는 가능한 넓은 각도의 틈이 많이 벌어지는 옷장 구입을 삼가고 안전 덮개로 사전에 주의를 기울이는 것이 중요하다.

(5) 식품 섭취에 의한 위해(중독 및 삼킴사고)

영유아들이 좋아하는 사탕, 젤리, 떡 같은 음식을 섭취할 때 각별한 주의가 필요한데, 이 같은 음식들을 섭취할 때 부주위하다 보면 기도를 막아 숨을 쉬지 못하는 질식 사고가 발생하기 때문이다. 식품 외에도 삼킴사고를 유발하는 구슬, 바둑알, 레고 등 작은 조각으로 이루어진 완구류나 동전, 스티커, 단추형 전지, 자석 등 사무용품, 비닐 등 생활 용품 등을 사용하거나 보관할 때에도 주의가 필요하다. 삼켰을 때 중독을 야기하는 의약품이나 화장품, 손세정제, 세제, 살충제, 표백제, 순간접착제 등은 영유아의 손에 쉽게 닿는 곳에 놓아두게 되면 심각한 손상을 일으키는 위해 요인이 될 수 있다. 영유아는 위해물품과 아닌 것을 구분하는 것이 어렵고 호기심으로 인해 삼킴사고를 유발하기 때문에 각별한 주의가 필요하다. 특히 최근에 식품 · 장난감을 모방한 제품(마카롱 모방 향초, 사탕 모방 입욕제, 치킨 모방 비누 등)이 여과 없이 유통되어 영유아 안전사고의 우려가 높은 상황이다. 특히 생활화학제품(향초, 방향제 등) 및 화장품 관련 영유아 안전사고는 만 3세 이하 영유아 안전사고(77.6%)가 대부분을 차지한다(한국소비자원 안전감시국 제품안전팀, 2018). 이러한 삼킴사고는 자신의 상황을 표현하는 데 미숙한 영유아가 삼킨 물질이나 음식물에 대해 정확하게 언어로 설명하는 것이 어려워 대처나 치료가 어렵기때문에 더욱 주의를 요한다.

〈표 4-5〉 어린이 삼킴사고 상위 10개 품목 및 주요 부작용

(단위: 건, %)

순위	품목		건(%)	주요 부작용
1		완구류	487(17.3)	질식
2	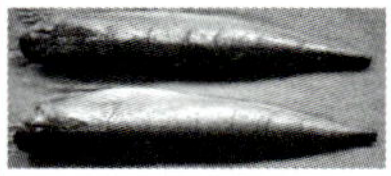	생선가시	363(12.9)	인후부의 손상
3	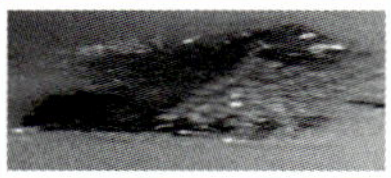	구슬	253(9.0)	질식
4		동전	161(5.7)	질식
5		사무용품	141(5.0)	질식
6		콩류	118(4.2)	비강의 손상
7	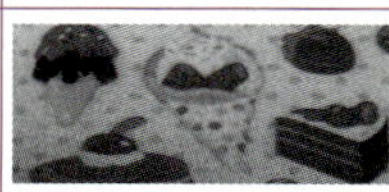	스티커	89(3.2)	질식
8	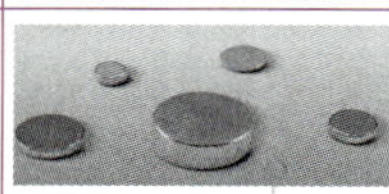	자석	64(2.3)	질식 · 내부장기 손상
9		단추형 전지	58(2.1)	질식 · 내부장기 화상
10		사탕	44(1.6)	질식
			1,778(63.3)	

출처: 한국소비자원 소비자안전국 식의약안전팀(2012).

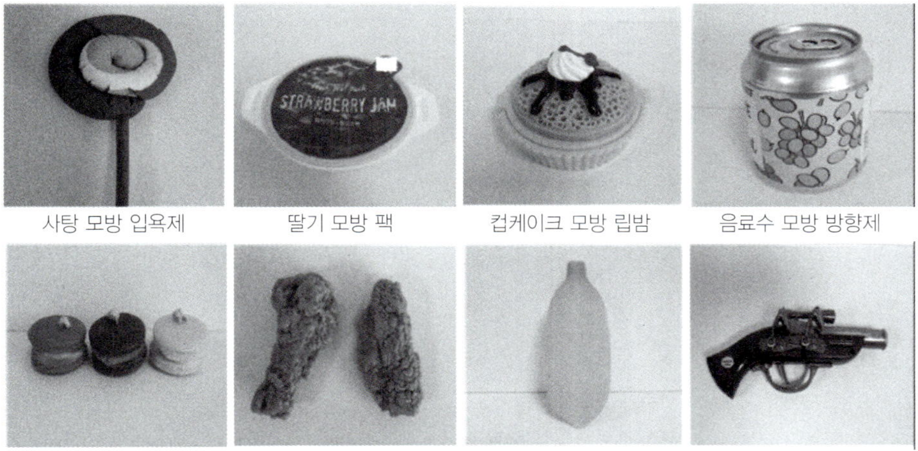

사탕 모방 입욕제 / 딸기 모방 팩 / 컵케이크 모방 립밤 / 음료수 모방 방향제

마카롱 모방 향초 / 치킨 모방 비누 / 바나나 모방 전자담배 / 장난감 모방 라이터

출처: 한국소비자원 안전감시국 제품안전팀(2018).

[그림 4-2] 식품·장난감 모방 사례

사 례

- 2019년 2월 만 4세 여아는 어린이용 퍼즐 쇠구슬을 가지고 놀다 삼켜 소화계통의 이물로 치료받음
- 2019년 2월 만 2세 여아는 콧구멍에 부러진 색연필 조각이 들어가 코의 이물로 치료받음

출처: 한국소비자원(2020).

(6) 질식으로 인한 사고

질식의 원인에는 여러 가지가 있으나 최근 블라인드 설치 및 사용 빈도가 많아지면서 이로 인한 영유아 질식 사고도 증가하고 있다. 블라인드 줄을 목이나 팔 등 신체의 일부에 걸고 노는 상황이 있어 위험에 노출되어 있으며 목에 줄이 걸려 위험에 처해도 신속하게 대처할 수 있는 능력이 부족하기 때문에 보호자들의 각별한 주의가 필요하다.

(7) 화상사고

영유아들은 위험한 상황에 대한 판단이 미숙하고 위험한 화상 상황에서 대피할 위험 대처 능력이 부족하기 때문에 화상 사고가 발생할 경우 상대적으로 그 피해가 더 크다. 화상사고는 주로 정수기와 전기(압력)밥솥, 커피포트 등 주방용가전제품과 다리미, 전기고데기 등 고온의 전열제품에 접촉하여 사고가 발생한 것으로 나타났다(한국소비자원 소비자안전국 위해정보팀, 2014b).

최근에는 0~1세 미만 영아들이 가정용 전기고데기와 모발건조기 등에 화상을 입는 안전사고가 꾸준히 증가하고 있는 추세이다. 연령별 위해 현황은 〈표 4-6〉와 같이 나타났는데 호기심은 많은 반면 다른 연령에 비해 반응 속도가 느리고 위험요인을 인지하기 어려운 영아에게 가장 많이 발생하는 것으로 나타났다(한국소비자원 위해정보국 위해관리팀, 2019). 영유아가 데워진 전기 고데기를 밟거나 가열된 모발건조기를 손으로 쥐어 화상을 입은 사례가 발생되기도 하는데 어린이의 피부 두께가 얇아 같은 온도에서도 더 깊게 손상을 입게되므로 다른 연령에 비해 상대적으로 치료기간이 더 길다. 따라서 영유아의 손이 닿지 않는 곳에서 사용하고 보관하는 주의가 필요하다.

〈표 4-6〉 전기고데기 위해 현황

(단위: 건, %)

구분	전기고데기 화상 사고 발생 현황	
	건수	%
0~1세	174	64.9
2~3세	59	22.0
4~5세	16	5.97
6~7세	16	5.97
8~9세	3	1.11
합계	268	100

출처: 한국소비자원 위해정보국 위해관리팀(2019).

사 례

- 2019년 8월 만 2세 남아는 전기포트 뜨거운 물에 데어 얼굴과 흉부, 어깨, 다리의 2도 화상을 입고 치료 받음
- 2019년 7월 6개월 여아는 거실에서 열을 식히던 다리미에 데어 손과 손목의 화상을 입고 치료받음

출처: 한국소비자원(2020).

(8) 익사사고

익사사고의 70% 이상은 바다나 강 등에서 발생하지만 5% 정도는 가정 내에서 발생하고 있다. 특히 가정 내 익사사고는 1세 이하의 영아에게서 많이 발생하고 있다. 생후 12개월 이하 영유아 익사사고의 절반은 욕조에서 목욕 도중 발생하며, 심지어 얕은 물이나 화장실 변기에서도 발생한다. 예를 들어, 기어 다닐 수 있는 7~15개월 된 영아는 마루를 닦거나 집안일을 위해 쓸 물이 담긴 물통에서도 익사할 수 있는데 가라앉은 지 2분이면 아이는 이미 의식을 잃게 되고 뇌손상은 4~6분 후에 발생하며, 10분이 지난 후 발견하면 거의 사망에 이르게 되므로 주의가 필요하다.

(9) 반려견 관련 사고

가정 내에서 반려견을 가족 구성의 일부분으로 생각하고 함께 생활하는 가정의 수가 증가하면서 이와 관련된 사고도 매년 증가하는 추세에 있다. 2011년 1월부터 2014년 12월까지 소비자위해감시시스템(CISS)에 접수된 애완견 물림 사고(총 2,097건)는 2011년 245건, 2012년 560건, 2013년 616건으로 해마다 증가한 것으로 나타났다(한국소비자원, 2015). 2016년에서 2018년까지 최근 3년간의 개물림 사고 관련 자료를 살펴보면, 2016년 1,019건, 2017년 1,046건, 2018년 1,962건으로 '11년~14년' 시기에 비해 크게 증가한 것으로 나타났다(아시아경제, 2019. 7. 15). 한국소비자원의 애완견 물림 사고 관련 위해사례 동향 분석(2014a)에 따르면, 사고 발생 장소는 '가정'이 1,509건(72.0%)으로 가장 많았고 연령대 별로는

'10세 미만' 어린이들의 사고가 404건(19.3%)으로 가장 많았다. 특히, 신장이 작은 '10세 미만'의 어린이들은 상해 정도가 클 수 있는 머리/얼굴 부위를 물린 경우가 119건(29.5%)으로 가장 많이 발생한 것으로 나타났다. 반려견에 물려 발생한 상해 유형은 열상(피부가 찢어진 상처) 1,232건(58.8%)이 가장 많았는데 열상의 경우 개의 구강 내에 있는 여러 가지 세균에 감염되어 2차 피해를 입을 가능성이 높은 만큼 특히 주의해야 한다. 한국소비자원(2014a)은 애완견 물림 사고가 가족, 외부인 구분 없이 발생하고 있으므로 적절한 훈련을 통해 애완견의 돌발 행동을 통제할 필요가 있으며 애완견 물림 사고의 위험성에 대한 사회적 인식을 강화할 필요가 있다고 지적했다. 따라서 가정 내에서 키우고 있는 반려견인 경우에도 물림이나 감염과 관련한 각별한 주의를 요하며 가정 내 환경에서 키울 수 있는 적절한 훈련을 받도록 하는 것이 중요하다.

3. 가정에서의 안전지도

1) 지도상 유의점

(1) 영유아의 발달특징과 안전지도

① 성별과 연령

2019년 어린이 안전사고 동향 분석 보고서(한국소비자원, 2020)에 따르면, 2019년 남아의 안전사고 발생률은 61.1%, 여아의 안전사고 발생률은 38.7%로 남아와 여아의 비율이 6:4로 비슷한 양상을 보였다.

연령별 발달단계별 안전사고 빈도를 살펴보면, 만 1~3세의 연령대가 46.0%로 가장 높아 부모의 집중적인 보호관리가 필요했다. 이 시기의 영유아인 경우 급격한 신체적 발달과 이동성이 증가됨에 따라 활동의 반경이 넓어졌으나 신체적 균형 감각이 떨어져서 끊임없이 넘어지고 이에 따라 사소한 실수나 부딪힘이 사고로 이어지는 경우가 빈번하다(홍명희 · 정영숙 · 장혜자, 2004). 즉, 왕성한 호기심과 충동에 의한 활동이 증가하여 서슴없이 물건을 딛고 기어오르고 뛰는 행동이 나타나는 반면, 위험에 대한 상황파악과 인식능력이 부족하거나 미숙한 운동발달 등에서 기인한다.

〈표 4-7〉 연령별 안전사고 발생비율

(단위: 건, %)

구분	2015년	2016년	2017년	2018년	2019년
0세	2,237(8.9)	2,219(9.8)	2,340(9.1)	1,986(8.2)	2,167(8.7)
1~3세	12,534(49.8)	11,081(49.2)	12,186(47.4)	11,678(48.5)	11,495(46.0)
4~6세	5,482(21.8)	4,924(21.8)	5,907(23.0)	5,586(23.2)	5,669(22.7)
7~14세	4,899(19.5)	4,321(19.2)	5,266(20.5)	4,847(20.1)	5,640(22.6)
합계	25,152(100.0)	22,545(100.0)	25,699(100.0)	24,097(100.0)	24,971(100.0)

출처: 한국소비자원(2020).

연령별 위해 내용 현황을 살펴보면, 만 0세인 경우 추락과 낙상으로 인한 사고가 5,384건(49.2%)으로 가장 높았는데, 그 원인은 침대, 소파, 유모차인 것으로 나타났다. 다음으로 '부딪힘' 사고가 1,356건(12.4%), 미끄러짐 · 넘어짐 사고가 973건(8.9%) 순으로 나타났다. 만 1~3세의 경우 '부딪힘' 사고가 15,632건(26.5%)으로 가장 높았는데, 이는 영유아가 자신의 주변을 탐색하고 활동범위가 점차 넓어지는 것에 반해, 위험상황에 대한 인식과 위기 대처능력이 부족하여 안전사고가 발생할 가능성이 높은 것으로 보인다. 만 4~6세의 경우 바닥재, 킥보드, 계단 등으로 인한 '미끄러짐 · 넘어짐' 사고가 8,277건(30.0%)으로 가장 많이 나타났다.

구체적인 영유아의 월령 연령에 따른 가정 내 안전사고 유형과 예방법은 〈표 4-8〉과 같다.

〈표 4-8〉 영유아 연령에 따른 가정 내 사고유형과 예방법

연령	구분	내용
0~3개월	사고 유형	• 부모가 아이를 안고 있다가 부주의로 인해 떨어뜨릴 수 있다. • 취침이나 수유시 이불과 엄마의 유방이 영아의 코를 누르면 숨이 막힐 수 있다. • 먹은 젖을 토할 때 토사물이 목에 걸리면 질식 할 수 있다. • 영아의 고개가 푹신한 이불 안으로 파묻히면 질식할 수 있다. • 누워 있는 영아 위로 다른 형제가 엎어져서 사고가 일어나기도 한다.
	예방법	• 영아의 이불은 두껍고 푹식한 것보다 약간 단단한 것을 선택한다. • 영아 침대나 이불 주위에는 떨어지기 쉬운 물건을 놓지 않는다. • 수유를 하고 난 후에는 반드시 트림을 시키고 일정 시간 동안 안아 준다. • 수유나 취침 시 영아의 호흡 상태를 확인한다.
4~6개월	사고 유형	• 침대나 높은 의자, 계단 등에서 굴러 떨어진다. • 모든 물건을 집어서 입으로 가져간다. • 전기난로나 다리미, 전기밥솥 등을 만져 화상을 입기도 한다. • 선풍기기나 콘센트 등 위험 물건을 인식하지 못하고 만진다. • 비닐봉지를 뒤집어 써서 질식한다.
	예방법	• 영아가 기어 다니며 집어먹을 만한 물건은 치운다. • 영아의 손이 닿는 곳에 델 염려가 있는 물건을 두지 않는다. • 계단 양쪽에 난간을 만들어 주고 계단 밑에는 떨어지더라도 충격을 줄여 줄 수 있는 것을 깔아 놓는다. • 영아의 목에 걸리기 쉬운 물건은 손이 닿지 않는 곳에 높이 올려둔다. • 선풍기는 손을 다치기 쉬우므로 망을 씌워 놓는다.
7~12개월	사고 유형	• 식탁보를 붙잡고 매달리거나 잡아당겨서 식탁 위에 있는 음식이나 그릇 등 위험한 물건이 영아에게 쏟아질 수 있다. • 높은 창이나 베란다에서 떨어지기도 한다. • 붙잡고 일어서다 테이블 모서리에 머리를 부딪치는 사고가 생기기도 한다. • 유모차나 쇼핑 카트에서 일어서다 굴러떨어지는 사고가 생기기도 한다. • 욕조 안을 들여다보다 욕조 속으로 고꾸라지기도 한다.
	예방법	• 물에 빠지거나 높은 곳에서 떨어질 염려가 있으므로 욕조나 세탁기 주위, 베란다 등에 아기가 딛고 설 만한 발판을 두지 않도록 한다. • 식탁보를 잡아당기지 못하도록 자락이 길게 늘어지지 않게 한다.

연령	구분	내용
1~3세	사고 유형	• 영아의 불완전한 보행이 원인이 되어 넘어지기, 떨어지기, 부딪히기 등의 사고가 두드러지며, 그 발생 장소에 따라서 화상을 입거나 물에 빠지기도 한다. • 입에 넣어도 좋을 것과 넣어서는 안 될 것의 구별이 되지 않는다. 무엇이든 손에 잡히면 일단 입으로 가져가서 확인하려고 하기 때문에 질식의 원인이 된다. 방충제, 방습제, 주방세제, 목욕용품, 소독액 등의 유독물을 먹는 사고가 생긴다. • 서랍장을 뒤지다가 서랍 사이에 손가락이 끼기도 한다. • 손잡이가 긴 냄비를 가스레인지 위에 올려놓았거나 뜨거운 내용물이 들어 있을 때 쏟아서 화상을 입기도 한다. • 위험에 대한 판단력이 미흡하여 날카로운 물건에 베이거나, 찰과상 등 출혈을 동반하는 큰 사고를 당하기도 한다.
	예방법	• 영아에게서 잠시도 눈을 떼지 말아야 한다. 사고가 일어나는 가장 큰 원인은 양육자나 보호자의 부주의 때문인 경우가 많다. • 놀이터의 놀이기구는 사용하는 방법을 미리 알려 주어, 영아가 직접 몸에 익히게 해 준다. • 거실이나 집안의 미끄러질 위험이 있는 곳에 카펫이나 매트를 깔아 넘어졌을 때 충격을 줄일 수 있다. • 양말은 미끄러지기 쉽기 때문에 끈끈이가 부착된 것을 신겨 주고, 집에서는 가능하면 맨발로 다니게 하는 것이 좋다. • 무거운 문에는 천천히 문이 닫히는 장치를 해 둔다. • 울고 있을 때나 걷거나 달리고 있을 때는 음식을 주지 않는 것이 좋다. 4세 이전에는 특히 땅콩, 팝콘, 사탕 등 딱딱한 것을 주는 일은 삼가야 한다.
3~5세	사고 유형	• 운동 기능이 이전 시기보다 발달하게 되고, 위험 요소에 대한 판단력도 생기기 때문에 잘못 삼켜서 질식과 같은 사고는 줄어든다. 그러나 운동기능에 자신감이 생기고 대근육 활동을 즐기면서 큰 사고가 일어나기도 한다. • 넘어지고 떨어지는 사고가 골절, 탈구, 출혈과 같은 사태를 유발하고 생명의 위협으로 이어지는 수도 있다.
	예방법	• 집안의 모든 가구와 물건이 유아의 사고를 조장할 수 있기 때문에 유아를 집 안에 혼자 내버려 두어서는 안 된다. • 도구를 사용하는 단계이므로 위험한 도구는 잠금 장치가 되어 있는 보관함에 보관하고, 가위, 칼 등을 안전하게 사용할 수 있는 방법을 가르친다. • 자전거를 즐겨 타고 기어오르거나 뛰어 오르는 등 대근육 활동을 즐기는 행동 특성으로 보호자의 보호를 쉽게 벗어나기 때문에 사고 발생 가능성이 그 어느 때보다 높다.

이러한 영유아의 특징을 살펴보았을 때 가정에서의 안전지도는 자녀의 발달단계나 연령에 따라 다르게 적절한 지도가 요구되며 위험한 물건이나 상황에 대해서 사전에 영유아에게 위험성을 알려 줄 필요가 있다. 3세 이후의 언어로 교육이 가능한 시기에도 구체적인 실물 제시와 함께 충동적인 행동에 나타나는 원인과

결과를 가르쳐주는 것이 효과적이다.

② 영유아의 심리적 특징

영유아기는 특별한 심리적 특징이 있다. 영유아기는 '호기심'이 왕성한 시기로 이러한 호기심과 모험심 또는 예상치 못한 행동은 안전사고를 유발할 수 있다. 경우에 따라 남아들은 친구들에게 자신의 능력과 영웅심을 증명받고 싶어 하는 경향이 강하여 이로 인해 아이가 위험을 인지하지 못한 채 무리한 활동을 자초하여 사고를 가져오기도 한다. 영유아들은 '경험 부족'으로 인해 상황에 대한 인식이 부족하므로 성인의 보호와 관심이 필요하다. 이러한 시기를 둔 부모는 안전지도를 위해 이러한 속성을 이해하고 호기심이 많은 시기는 뜻밖의 생각과 행동을 많이 하므로 이것을 전제로 한 지도가 이루어져야 한다.

(2) 부모의 양육태도와 안전지도

영유아의 안전을 책임지고 보호해야 하는 양육자는 그 어느 곳에서보다 영유아가 가정에서 안전한 생활을 하기를 원한다. 그러나 영유아 안전사고가 일어나는 곳이 대부분 집안이라는 점을 감안할 때 부모가 가정 내의 위험 요인에 대해 알고 환경을 개선하고 위험상황에 대해 대처하는 방법을 숙지하는 것이 필요하다. 또한 부모는 영유아가 위험을 인지하고 자신의 행동을 조절하여 안전에 관한 바람직한 습관과 태도를 형성하도록 지도 해야 한다. 그러나 대다수의 부모들은 안전사고에 대한 예방 전략이나 위험상황에 대한 대처방법을 정확하게 알지 못한다(김혜금, 2006). 따라서 부모는 자신의 양육태도와 안전에 대한 습관을 살펴보고 자신의 인식과 태도를 개선하고 안전에 대한 지도 방법을 숙지하여 영유아의 안전을 도모해야 한다.

① 과보호적인 양육유형 부모와 안전지도

자녀에 대한 지나친 염려와 걱정으로 인해 자녀가 스스로 자립할 수 있는 기회 자체를 제공하지 않는 경우이다. 자녀가 스스로 위험에 대한 인식과 대처 기술을 터득해 보는 경험을 갖지 못하는 경우는 안전에 대한 불감증 못지않게 안전에 대한 무기력증에 빠질 수 있다. 자녀가 자랄수록 부모와 함께하는 시간보다 또래와의 상호작용이 많아지고 가정 외에서 생활하는 영역이 확대되는 만큼, 부모는 가정에서부터 자녀에게 스스로 조심성을 갖출 수 있도록 경험을 나누고 훈육하는 것이 바람직하다.

② 방임적인 양육유형 부모와 안전지도

일부 부모들은 '애들은 다치면서 크는 거야' 또는 '우리 아이에게 설마 나쁜 일이 생기지는 않겠지' 하는 생각에서 안전에 대한 관심을 기울이지 않는 부모가 있다. 다른 부모의 경우, '이 정도는 우리 아이가 알고 있겠지' 하는 자녀의 발달 상태와 능력에 맞지 않는 지나친 기대나 과신을 갖는 부모가 있다. 위 사례들을 살펴볼 때 부모가 간과하는 것은 생활 환경의 그 어떤 곳도 안심할 만한 안전한 공간이 되지 못하며 성인의 관리가 소홀할 때 안전사고가 언제든지 일어날 수 있다는 점이다. 게다가 안전사고는 영유아의 발달 수준별과 연령에 따라 다양하게 일어날 수 있다. 따라서 안전에 대한 방관 혹은 방임적인 부모의 태도야말로 영유아의 안전에 영향을 미칠 수밖에 없다(김혜금, 2003). 때때로 안전에 대한 무관심과 방임적인 부모의 태도는 영유아에게 좋지 않은 모델을 제공하게 되어 평상시 부모의 안전에 대한 좋지 못한 생활태도를 그대로 모방할 수도 있다. 따라서 부모는 안전에 대한 민감성을 기르고 좋은 습관을 형성할 수 있도록 모델링을 보여야 한다.

부모 안전교육 관련 사이트

- 한국소비자원 소비자위해감시시스템(https://www.ciss.go.kr/www/index.do#n)
  - 영유와 관련 위해정보 신고
  - 위해정보 동향 파악
  - 안전자료 탑재

- 한국소비자원 어린이안전넷(https://www.isafe.go.kr/children/index.do)
  - 어린이 안전정보 제공: 어린이 안전 뉴스, 어린이 안전통계, 어린이 안전보고서 등
  - 어린이 안전배움터 운영: 어린이 교실(안전교육), 선생님/부모님 교실(안전 관련 보고서 및 보도자료 탑재, 어린이 안전교육 자료 제시)
  - 어린이 안전사고 예방 가이드 제공: 부모교육용 안전사고 예방 가이드로 사용 가능

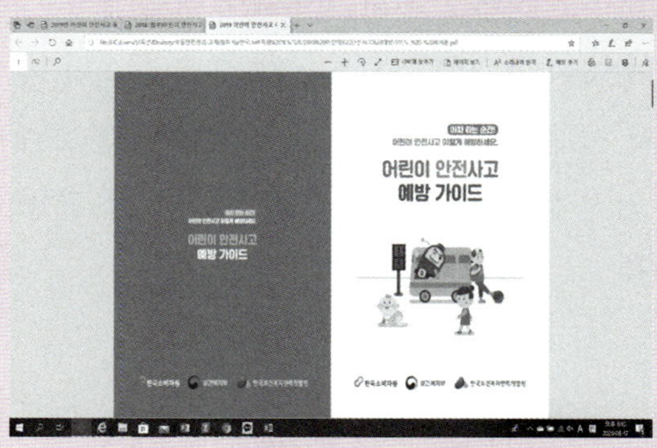

2) 안전한 가정환경 조성

영유아들의 안전사고를 예방하기 위해서는 안전한 가정환경을 조성하는 일이 무엇보다 중요하다. 가정 내의 각 장소별로 발생하는 사고에 대해 다음과 같은

사항을 유의하여야 한다.

(1) 방

- 영유아 방의 벽지나 침대보, 잠옷 등은 방염처리가 된 것을 사용한다.
- 영유아가 혼자 있을 때나 자고 있을 때는 에어컨, 히터, 선풍기를 켜두지 않는다.
- 창에 안전 잠금장치를 하고 5cm 이상 열리지 않도록 조절한다. 특히 2층 창문에는 난간이나 안전망을 반드시 설치한다(방충망은 낙상을 예방해 주지 못함).
- 가구는 낮아야 하고 날카로운 모서리에는 안전 캡을 씌워 준다.
- 키가 크고 무거운 책장은 벽에 고정하여 붙여 두고 아이의 호기심을 끌 만한 물건을 올려놓지 않는다.
- 벽에 무거운 액자나 물건을 걸어 두지 않는다. 특히 아이의 손에 닿는 곳은 피한다.
- 어린이방 가구를 구입할 경우에는 유리제품류를 피한다.
- 2층 침대는 되도록 사용하지 않는 것이 바람직하며, 침대의 높이는 혼자서 오르내릴 수 있는 높이가 적당하다.
- 장난감 보관 상자는 뚜껑을 분리할 수 있는 것을 사용하거나 뚜껑이 세게 닫히지 않는 것을 사용한다(손가락이 끼어 다칠 위험 있음).
- 영아들이 사용하는 침대나 요람은 창에서 떨어진 곳에 놓아야 한다. 침대나 요람 위의 모빌이나 매달려 있는 것들은 최소 20cm 이상 떨어진 곳에 둔다.
- 블라인드는 가능한 금속이나 나무 재질로 된 것을 사용한다(플라스틱 블라인드 중에는 납을 함유하고 있는 것도 있음).
- 바닥에 미끄러운 물건이나 과일껍질, 바퀴 달린 장난감, 물 등으로 인해 미끄러지지 않도록 치워 두어야 한다.
- 보행기를 태울 때 문턱에 걸려 넘어지거나 계단으로 굴러떨어지지 않을 만한 안전한 곳에서 태워야 한다(보행기는 아이의 낙상사고를 유발하기 쉽기 때문에 일부 선진국에서는 사용을 금지하고 있음).

(2) 거실

- 책장이나 텔레비전과 같은 무거운 가구들이 떨어지지 않게 잘 고정되어 있어야 한다.
- 콘센트를 사용하지 않을 경우 반드시 안전덮개로 덮어 둔다.
- 전깃줄이 바닥에 끌려 발이 걸리는 것을 피하기 위해 벽에 붙여 두고 바닥에 걸려 넘어질 만한 물건은 항상 치워 둔다.
- 난로와 같은 전열기구는 아이의 손이 닿지 않게 보호막이 있어야 한다.
- 가구는 재질이 부드럽고 모서리가 둥글게 라운딩 처리된 것을 고르고 가구의 모서리가 뾰족할 경우 안전보호대를 씌워 둔다.
- 구급상자를 어린이의 손이 닿지 않는 곳에 준비해 두고 있으며 심폐소생술을 사전에 알고 있어야 한다.
- 화재발생 시 작동하는 감지기 · 소화기가 있으며 제대로 작동하는지 매달 점검한다.
- 창이나 베란다에 아이의 호기심을 자극하는 장난감이나 물건을 두지 않는다.
- 창문에 낙상 방지용 안전 창살이 설치되어 있어야 한다.

(3) 주방

- 양육자가 주방에서 일할 때 영유아가 주방과 떨어진 곳에서 놀이하도록 하되 양육자가 일을 하면서 아이를 살펴볼 수 있는 장소를 선택한다.
- 뜨거운 국이나 물이 담겨 있는 냄비를 만지지 않도록 한다.
- 뜨거운 물이 나오는 싱크대의 수전이나 정수기의 온수 사용 시 주의하고 영유아가 온수버튼을 누렀을 때 작동되지 않도록 잠금잠치 하도록 한다.
- 전기밥솥은 아이가 손을 댈 수 없는 곳에 두고 특히 취사 중일 때 증기로 인한 화상사고가 발생하지 않도록 각별히 주의한다.
- 영유아가 가스레인지를 만지지 않도록 하고 항상 중간 밸브를 잠그고 가스누설 자동 차단장치를 반드시 설치한다.
- 요리를 할 때에는 가스레인지의 안쪽 화구를 사용하고 냄비 손잡이는 반대쪽

을 향하게 한다.

- 냉장고, 싱크대, 서랍을 사용하지 않을 때에는 항상 잘 닫아두며 특히 오븐이나 전자레인지 등에는 개폐잠금장치가 되어 있어야 한다.
- 냉장고에서 음료나 음식물을 꺼낼 때 냉장고 안에 있는 다른 물건들이 떨어지지 않도록 주의한다.
- 칼이나 포크, 가위 채칼, 열려 있는 깡통 등 날카로운 물건은 서랍 안 등 어린이들의 손이 닿지 않는 곳에 보관하고 위험한 물건임을 아이들에게 알려주어 만지지 않도록 한다.
- 호일과 플라스틱 랩은 아이들의 손이 닿지 않는 곳에 보관한다. 날카로운 가장 자리로 인해 베일 위험이 있기 때문이다.
- 식탁보는 아이가 잡아당길 수 있으므로 늘어지지 않도록 한다.
- 유독물질을 음료수 병에 담거나 냉장고에 넣어 두지 않는다.
- 각종 세제와 살충제, 가구 광택제 등은 아이가 더 자랄 때까지 안전한 곳에 보관하고 문을 잠근다.
- 주방 바닥은 미끄럽지 않은 재질로 되어 있어야 하며 물기가 있을 때는 즉시 닦는다.
- 전기코드는 아이 손에 닿지 않는 곳에 배치하고 전깃줄은 길게 늘어놓지 않게 하고 평상시 플러그는 빼 둔다.
- 주방의 가전기구(커피포트, 그릴, 주전자, 토스터기, 믹서기 등)의 코드는 짧게 위로 올려 두고 가능하면 각 기구의 플러그를 높은 곳에 꽂아 둔다.
- 부엌에는 비상용 소화기를 설치한다.
- 가전기구 주변에 영유아들이 올라설 수 있는 높은 의자는 두지 않는다.
- 영유아가 언어를 알아 듣고 이해할 정도가 되면, 주방에는 위험한 가전과 주방 도구가 많아서 위험한 장소임을 알려주고 주방을 사용할 때는 항상 양육자와 함께하도록 지도한다.

(4) 계단

- 영유아들의 추락사고가 계단에서 빈번하게 일어난다는 것을 유념하여 계단 사용 시 항상 주의하도록 지도한다.
- 계단에는 충분한 높이(110cm 이상)의 튼튼한 난간을 양쪽에 끝나는 지점까지 설치하고 날카로운 부분 등 위험이 없는지 수시로 점검한다.
- 계단은 항상 밝게 조명되어야 하며 불필요한 물체나 물기가 없어야 하며 영유아가 계단을 올라갈 때 보호자는 반드시 아래쪽에서 걸어간다.
- 난간 막대 사이의 간격을 11cm 이상을 초과하지 않게 함으로써 아이의 머리가 난간 막대 사이를 빠져 나가지 않게 한다. 머리가 빠져나가면 몸도 자연히 빠져 나갈 수 있다.
- 자기 발보다 큰 신발을 신거나 신발이 끈을 매지 않은 채 계단을 오르내리지 않도록 한다.
- 계단에서는 뛰어다니거나 장난을 하지 않도록 하고 계단을 내려올 때에는 주머니에 손을 넣지 않게 한다.
- 각 층을 잇는 계단에는 상하부에 문을 설치하고 필요하지 않을 때에는 문을 닫아 둠으로써 영유아가 계단에서 떨어지는 것을 방지한다.
- 지붕이나 옥상과 통하는 문은 항상 잠근다.

(5) 욕실과 화장실

- 욕실 앞 깔개와 욕실 슬리퍼는 뒷면에 미끄럼 방지 처리가 된 것을 선택하고 욕실 바닥에 고무매트나 안전발판 같은 미끄럼 방지 도구를 깔아 둔다.
- 욕실의 벽이나 욕조 바로 옆에 손잡이 봉을 부착하여 미끄러질 때 잡을 수 있도록 한다.
- 영유아가 욕실 바닥에 물건을 늘어놓고 장난을 하지 않도록 주의시킨다.
- 세면대에 매달리거나 변기 뚜껑을 밟고 위에 올라가지 않도록 지도하고 세면대 혹은 변기의 윗부분에 유리컵이나 화장품 등을 얹어 놓지 않도록 한다.
- 세면대가 영유아의 키에 맞지 않는 경우에는 받침대를 줄 수 있으나, 받침대

가 미끄러질 위험이 있으므로 세숫대야에 물을 받아 바닥에서 사용하도록 한다.

- 영유아가 비누나 샴푸 등에 미끄러지기 쉬우므로 사용 후 제자리에 두고 아이의 손이 닿지 않는 곳에 보관한다.
- 화장실 세제나 변기를 청소하는 솔 등은 변기 위에 놓지 말고 장 속에 넣어 잠금장치를 해 둔다.
- 모든 전기제품은 욕실 밖에 두는 것이 가장 안전한 예방책이나 욕실 안에서 사용해야 하는 경우에는 욕조나 변기, 세면기 등에 떨어지지 않도록 잘 보관한다. 반드시 물기가 마른 상태에서 사용해야 하며, 사용하지 않을 때에는 전원 플러그를 뽑아 놓는다.
- 영유아들이 성인의 전기면도기나 모발건조기 등을 욕실에서 젖은 손으로 만지고 장난치지 못하도록 한다.
- 영유아가 목욕할 때는 항상 물의 온도를 확인하고 수도꼭지에 머리를 부딪치지 않도록 조심하며 뜨거운 수도꼭지를 아이가 만지지 못하도록 주의한다.
- 만 3세 미만의 아이는 욕조에서 익사할 우려가 있으므로 혼자 욕실에 두지 않도록 한다.

(6) 베란다

- 베란다나 창문에는 난간이 반드시 설치되어야 한다. 난간의 높이는 난간이 시작되는 바닥으로부터 최소한 120cm 이상으로 몸의 중심보다 난간이 높아야 한다.
- 난간 세로대의 간격은 10cm 이하로 한다. 머리가 빠져나가면 몸통도 빠질 수 있으므로 난간대의 간격이 머리의 크기보다 좁아야 한다.
- 베란다나 창문 주변에 받침대가 될 만한 가구나 물건을 두지 않고 베란다나 창문 위에는 아무것도 올려 두지 않는다.
- 베란다 문이나 창문에 잠금장치를 하여 아이가 혼자 문을 열 수 없도록 한다.

안전한 가정환경을 조성하기 위해 각 장소별 유의사항을 숙지하고 안전사항을 점검하기 위해서는 정기적이고 지속적으로 확인하는 일이 중요한데, 다음과 같은 체크리스트를 통해 점검할 수 있다.

〈표 4-9〉 가정 내 안전점검 체크리스트

연번	점검내용	점검결과 (O, X)
1	술, 서제류, 화장품, 약, 휘발유, 페인트, 유독성 물질 등은 본래 용기에 담아 영유아의 손에 닿지 않는 것에 보관되어 있다.	
2	영유아를 재울 때 천장을 향하게 눕힌다.	
3	영유아를 혼자 보호대가 없는 성인침대에 두지 않는다.	
4	영유아의 옷에 달린 끈들은 떼어내고, 목걸이나 반지 등을 채우지 않는다.	
5	사용하지 않는 콘센트에는 안전덮개를 끼워 둔다.	
6	욕실에는 전기콘센트 안전덮개가 설치되어 있다.	
7	닳아 해진 전기콘센트와 기구는 즉시 교체한다.	
8	전기제품은 사용 전 · 후에 영유아의 손이 닿지 않는 곳에 보관한다.	
9	벽지, 침대보, 잠옷 등은 방염처리가 된 것을 사용한다.	
10	눈에 잘 보이는 곳에 소화기를 비치하고 사용방법을 익힌다.	
11	화재대피 계획이 세워져 있으며 가족들이 잘 숙지하고 있다.	
12	전열기구를 사용한 후에는 플러그를 콘센트에서 빼놓는다.	
13	가스렌니지 가까이에 커튼, 종이 등 탈 수 있는 물건을 두지 않는다.	
14	가스누설 탐지기와 화재경보기를 설치하고 매달 점검한다.	
15	위험물질을 식품과 분리해 보관한다.	
16	모든 계단과 현관, 베란다에는 난간과 조명이 설치되어 있다.	
17	현관문에 도어체크(문이 천천히 닫히는 장치)가 설치되어 있다.	
18	현관 바닥은 미끄럽지 않은 재질로 되어 있다.	
19	창가나 베란다에는 영유아가 밟고 올라설 만한 물건을 두지 않는다.	
20	손 끼임, 모서리 충격 방지용 장치를 설치했다.	
21	화장실에는 미끄럼 방지용 바닥재가 깔려 있다.	
22	온수 온도를 40℃ 이하로 설정해 둔다.	

연번	점검내용	점검결과 (O, X)
23	바퀴 달린 놀이기구를 탈 때 안전보호 장구를 챙겨준다.	
24	승용차에 자녀를 위한 영유아 보호용 장구를 설치했다.	
25	차를 타고 갈 동안 영유아를 절대로 무릎 위에 앉히지 않는다.	
26	자녀의 자전거를 수시로 점검한다.	
27	애완동물의 건강 체크(예방접종 등)를 정기적으로 하고 있다.	
28	영유아가 햇빛을 쪼일 때는 자외선 차단제를 발라준다.	
29	심폐소생술(CPR)과 응급처치 방법을 알고 있다.	

출처: 박은혜·조혜선·이성희·황보영(2016).

3) 안전용품

영유아 안전사고의 원인과 유형을 알고 적절한 방법으로 대처하는 것은 매우 중요하다. 이보다 더 선행되어야 하는 것은 안전사고를 예방하고 사고의 위험성과 빈도를 줄이기 위해 안전용품을 사용하는 것은 효과적이다. 영유아의 안전사고를 예방하기 위한 안전용품은 다음과 같다.

① 잠금 장치

서랍, 냉장고, 세탁기, 전자레인지, 변기 뚜껑, 싱크대 등 영유아들 손에 닿으면 위험한 곳에 잠금장치를 부착해 사고를 예방한다.

서랍 장금장치(1)

서랍 장금장치(2)

싱크대 장금장치

② 창문 고정장치

영유아들이 창문을 열고 베란다로 나가지 못하게 하기 위해 설치한다.

③ 문 고정장치

갑자기 닫히는 문이나 창문에 영유아의 몸이나 손이 끼어 다치는 것을 방지해 준다. 문과 바닥 사이에 끼우는 것도 있고 문 측면에 가볍게 걸어서 사용하는 것도 있다.

④ 콘센트 안전커버

감전사고 위험으로부터 영유아들을 보호해 주며, 영구적으로 사용 가능해서 분실의 위험이 없다. 플러그를 빼면 콘센트 구멍이 자동으로 막히기 때문에 감전사고의 위험을 보다 철저히 예방할 수 있다.

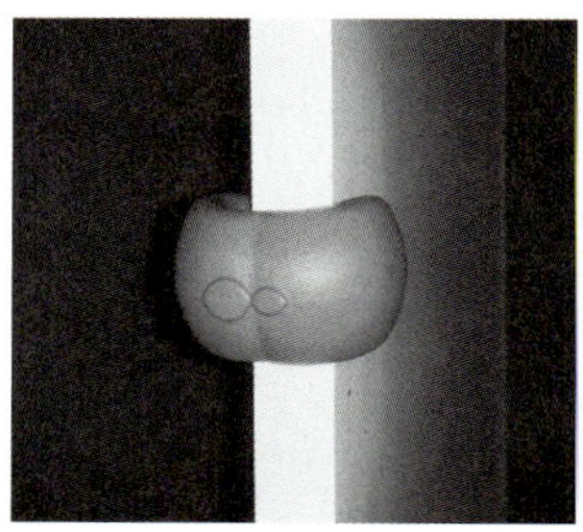

문 고정장치

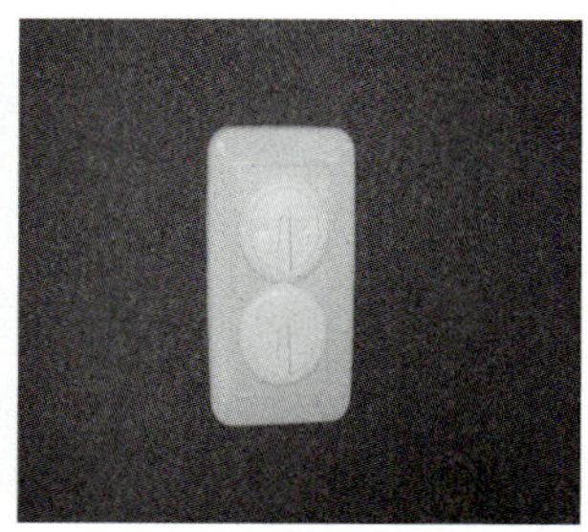

콘센트 안전커버

⑤ 식탁 유리 미끄럼 방지 패드

식탁 위에 놓인 유리가 미끄러져 깨질 경우 큰 상처를 입을 수 있기 때문에 이를 예방하기 위해 설치한다.

⑥ 가구 모서리 보호대

영유아가 걷기 시작하면 집안 곳곳에 있는 모서리에 부딪히게 되는데, 이때 보호대를 설치하면 충격을 흡수해서 크게 다치는 것을 예방할 수 있다.

⑦ 욕실바닥 미끄럼 방지 패드

욕실바닥은 항상 물기로 인해 미끄러질 위험이 있는 곳이다. 그러나 미끄럼 방지 패드를 설치하면 이를 예방할 수 있다.

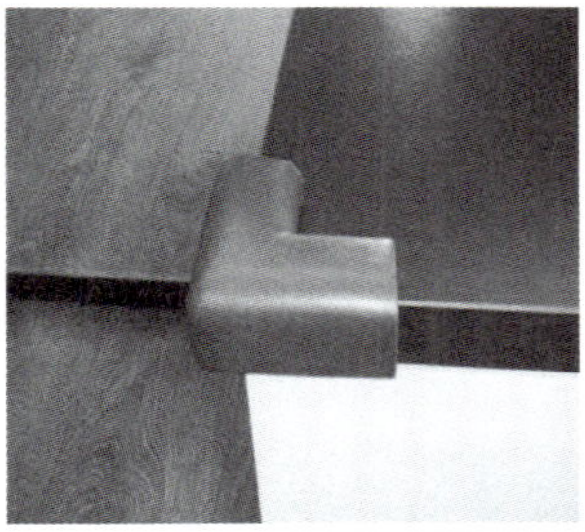

가구 모서리 보호대

욕실바닥 미끄럼 방지 패드

⑧ 안전문

계단 위, 아래나 창문에 안전문을 설치하면 낙상사고를 예방할 수 있다.

안전문

Young children Safety Management

CHAPTER 5

5

놀이 및 스포츠 안전

영유아기는 구체적으로 도구와 사물을 직접 다루어 보고 경험함으로써 자신의 생활을 스스로 영위하게 되며 놀이를 통해 대부분 자기 나름대로의 지식을 구성해 나가게 된다. 그러나 놀이에 사용되는 여러 가지 도구들을 잘못 사용하여 신체뿐만 아니라 정신적 피해로 가정, 사회의 행복에 영향을 미친다. 영유아의 놀이가 모두의 행복이 되기 위해서 영유아의 발달 수준에 맞는 놀이 환경, 놀잇감 및 활동을 제공해 줌으로써 전반적인 발달을 도모해야 하며 영유아교육기관뿐만 아니라 가정과의 상호 협력을 통하여 놀이 및 스포츠 안전사고의 예방이 절실히 필요하다.

1. 놀이 안전교육의 개념 및 필요성

놀이 안전이란 영유아가 놀이 안전 지식과 기술을 습득하여 스스로 놀이 안전 규칙을 지켜가며 놀이하는 습관을 형성하도록 돕는 것이다(이화영, 2008). 영유아는 선천적으로 놀이에 대한 흥미와 욕구를 가지고 태어나고, 놀이를 통해 삶을 이해하며 발전시킨다. 그러므로 "어린이는 놀면서 배운다."라는 말이 있는 것처럼, 놀이는 마치 숨을 쉬는 것과 같이 자연스럽게 발생하는 즐거운 활동으로 영유아의 삶 자체이자 발달이다.

영유아기의 발달 특성은 주변 환경에 대한 호기심 및 탐색 욕구가 매우 강하며, 자신에게 닥칠 위험에 대해 무관심하거나 무지하다. 가령 영유아는 발달과 수준에 맞지 않는 위험한 구조물이 부착되었거나 유해한 재료를 사용한 놀잇감을 선택하여 놀이를 하거나, 안전한 환경에서 놀이를 한다 하더라도 놀이 규칙을 지키지 않거나 예측하지 못한 상황의 발생으로 상해 등의 사고를 초래할 가능성이 매우 높다. 따라서 놀이 상황에 있어 안전이라는 요소가 반드시 함께 고려되어야 하며, 영유아의 안전한 놀이를 위해서는 발달 정도와 능력에 맞는 안전한 놀이 공간, 안전한 놀잇감을 선택해 주는 것도 필요하다.

과거에는 영유아의 생활에 필요한 안전이 부모의 몫이었으나 오늘날의 영유아들은 영유아교육기관에서 보내는 시간이 점차 늘어남에 따라 영유아교육기관에서의 놀이는 영유아에게 가치 있고 의미 있는 학습이 되고, 발달적 통합을 이루는 목표임과 동시에 교수과정으로 교육과정의 중심되어야 한다. 그러므로 영유아교육기관에서 영유아가 안전하게 놀이하는 데 필요한 기본 지식을 이해하고 위험요소를 미리 예측하여 예방하거나 안전하게 위험한 상황을 대처할 수 있는 행동변화를 위해서 영유아의 놀이 안전 생활습관을 정착화시킬 필요가 있다. 이는 가정과의 지속적인 협력을 통해 놀이 안전 사고를 감소시키고 예방함으로써 개인의 행복뿐만 아니라 가정과 사회의 행복에도 기여하는 일이다.

2. 놀이 안전사고의 실태 및 유형

1) 놀이 안전사고의 실태

영유아기는 발달 특성상 놀이를 하는 동안 안전사고 가능성이 높은 시기이다. 세계보건기구(WHO: World Health Organization) 및 통계청 자료(2007)에 의하면, 영유아 사망 사고 원인 중 가장 수위를 차지하는 것은 질병이나 전염병이 아닌 '사고'로 보고되었다.

우리나라에서도 영유아의 사망 원인 중 '사고'로 인한 사망은 어떤 요인보다도 높게 나타나고 있다.

통계청(2009)에 의하면 놀이 중 안전사고 발생비율은 남아(15.9%)가 여아(12.9%)보다 높고 연령별로는 3~5세(19.7%), 6~8세(19.6%), 0~2세(17.9%)순으로 높게 나타났다.

한국소비자원 소비자 위해 시스템(CISS)에 따르면 14세 이하 어린이 안전사고 건수는 2012년 22,907건, 2013년 24,312건, 2014년 27,318건으로 매해 꾸준히 증가 추세에 있으며, 어린이 안전사고가 가장 많이 발생하는 장소는 가정(50,364건)이었으며 여가 및 문화놀이시설(6,006건), 교육시설(5,692건)이 많이 발생하는 것으로 나타났다(이성한 외, 2020).

영유아의 놀이 안전사고 원인은 주로 놀이기구나 놀잇감에 의한 사고가 35.7%로 가장 많았는데, 놀이터 관련 안전사고 발생을 놀이기구별로 분석한 결과에 따르면, 미끄럼틀 관련 사고가 44.9%(734건)로 가장 많았고, 연령에 따라 놀이기구별 안전사고 발생을 살펴본 결과에 따르면, 영아의 경우는 미끄럼틀, 그네, 시소 순으로 사고가 많았으며, 유아의 경우는 미끄럼틀, 그네, 기어오르기 순이었다(소비자안전국, 2011).

소비자 위해 시스템(2015)에 따른 위해 원인별 현황을 보면 삼킴/흡입은 853건(33%), 충돌/충격 6781건(26.0%), 베임/찔림 442건(17.1%), 눌림/끼임 51건(2.0%), 화학적 영향 21건(0.8%), 폭발 10건(0.4%)순으로 나타났으며, 완구(조

립용 블록 등)가 흡입의 주요위해 품목 1위로 나타났다(한국소비자원 위해정보국 위해분석팀, 2018).

가정에서 발생하는 놀이 안전사고의 대부분은 주로 영유아와 부모의 부주의로 인해 영유아의 주요 신체부위를 다치는 것으로 나타났는데, 사고 발생 시 보호자가 주변에 함께 있었던 경우가 78.8%로 나타났다. 이는 가정 내 영유아안전 사고 원인이 보호자의 안전 부주의에 있음을 알 수 있으며, 자녀의 사고 예방을 위해서 보호자의 안전 의식과 지속적인 부모 안전교육의 필요성을 제시한다(이현성, 2007).

놀이용품 자체로 인한 안전문제는 끊임없이 우리나라에서도 이슈화되고 해결을 위한 노력의 움직임은 있으나 아직까지 구체적이고 강력한 대처는 미비한 실정이다. 우리나라에서 놀이 안전사고를 위해 2003년 '아동안전원년'을 선포하고 '아동 안전종합대책'을 수립, 추진하여 아동 안전에 노력을 기울이고는 있지만 유럽표준위원회(CEN: European Standard Organization) 또는 국제표준기구(ISO: International Organization for Standard), 미국소비자제품안전위원회(USCPSC: US Consumer Product Safety Commission)와 같은 강력한 제도적 장치가 제대로 구축되지 못하고 있다. 영유아 안전을 위한 국내·외 영유아 놀이시설물이나 놀이용품은 영유아의 정신적, 신체적 발달에 대한 이해를 기초로 하여 안전하게 설치·관리되어야 함에도 불구하고, 수입품에 대한 안전기준이 없고, 품질 표시 불이행에 대한 지도·감독 규정도 없으며, 호전성을 유발하는 완구에 대한 규제 규정도 없는 실정이다. 그리고 아동용품의 안전기준을 위반하는 경우 위반업자에 대한 행정 제재 또는 형사처벌 규정이 미비하여 안전기준의 강제에 한계가 있다. 따라서 영유아 안전과 직접적인 관련이 있는 놀이시설물과 놀이용품 안전을 규제할 수 있는 강력한 자발적인 제품 안전기준 개발 및 제정, 안전교육 강화의 노력이 필요하며, 법적·행정적 규제 근거를 마련하고, 규격기준(안전기준)을 개발·제정하여 관련 법규에 대한 안전기준 제정 근거를 일원화하는 보다 적극적인 실행 방침이 마련되어야 한다(신동주·김명순, 1998). 또한 소비자들이 이해할 수 있는 수준의 기본적인 안전 검사 기준 내용을 제품에 동봉토록 함으로써 결함 제품에 대한 소비자 감시기능을 활성화할 필요가 있다.

2) 놀이 안전사고의 요인과 유형

(1) 놀이 안전사고의 요인

모든 사고는 원인과 결과가 있다. 그러므로 일반적인 놀이 안전사고 요인과 일반적인 사고 유형을 이해해야만 한다. 영유아에게 발생하는 사고의 요인을 숙지하고 어떤 유형사고가 많이 발생하고 있는지 파악하고 있다면 놀이 안전사고를 줄일 수 있는 최선의 방법이다.

놀이 안전사고 유형은 일반적으로 물리적 · 환경 요인, 영유아에 의한 요인, 성인에 의한 요인으로 나눌 수 있는데 살펴보면 다음과 같다(윤선화, 2004).

첫째, 물리적 · 환경 요인은 영유아교육기관의 시설과 설비의 구조적인 문제, 영유아교육기관에서의 놀이 안전 장치의 부족, 영유아에게 적합하지 않는 물리적 · 환경 요인이 영유아에게 사고를 제공한다.

둘째, 영유아에 의한 요인은 영유아들의 발달적 미숙으로 인해서 사고가 발생하고, 영유아가 자신이 한 행동의 원인과 결과를 이해하지 못해서, 두려움의 부족, 놀잇감 사용의 부주의, 정서적인 불안과 스트레스, 타인 행동의 모방으로 사고가 발생한다.

셋째, 성인에 의한 요인은 부모, 교사와 영유아교육기관 교직원들이 부주의하거나 영유아에 대한 감독 소홀, 안전 지식과 이해 부족, 영유아에게 위험에 관한 의사전달 부족, 안전 예방책 미비, 교사의 스트레스, 정서적 불안으로 발생되는 사고이다.

(2) 놀이 안전사고의 유형

놀이 안전사고는 놀이 유형과 놀잇감의 유형, 실내 · 외 물리적 놀이 환경, 영유아기 발달적 미숙한 행동, 안전 규칙 불이행, 그리고 성인의 요인 등으로 놀이 안전사고가 일어난다. 그러므로 영유아가 놀이를 하기 이전에 안전한 놀이기구의 선택과 취급방법, 관리 등을 고려한 쾌적하고 즐거운 놀이 환경을 위해서 다음과 같은 놀이 안전 사고의 유형을 살펴볼 필요가 있다(김계자, 2007).

① 놀잇감 흡입으로 생기는 질식사고의 유형

- 입에 넣을 수 있는 작은 놀잇감으로 인한 질식사고
- 큰 놀잇감에서 음식처럼 생긴 놀잇감으로 인한 질식사고
- 사탕이나 음식처럼 생긴 놀잇감으로 인한 질식사고
- 바람이 빠지거나 터진 풍선을 삼킬 때 생기는 질식사고
- 긴 끈이나 놀잇감에 목 졸려 일어나는 질식사고
- 둥글넓적한 놀잇감으로 코를 막는 질식사고
- 입에 동전, 땅콩, 단추, 놀잇감 조각을 넣어서 일어나는 질식사고

② 침구, 본드나 비닐봉지, 창문 커튼에 의한 질식사고의 유형

- 침구에 의한 사고: 영아 돌연사 증후군(SIDS: Sudden Infant Death Syndrome)이라 부르는 현상으로 만 1세 미만 젖먹이가 죽는 경우가 매년 5,000명에 이르고 있으며, 독일에서는 매년 2,000명에 이르고 있다고 보고되고 있다. 영아 돌연사 증후군이 발생하는 정확한 원인이 밝혀지지 않아 그 구체적인 예방법도 분명하지는 않으나, 전문가들은 공통적으로 생후 6개월 미만의 아이를 엎어 재우지 말고 등을 바닥에 대거나 옆으로 뉘는 것이 침구에 의한 질식을 막을 수 있다고 권고하고 있다.
- 본드에 의한 사고: 영유아들의 경우에도 만들기나 꾸미기 시간에 본드를 사용하는 경우가 많다. 본드를 사용할 때에는 반드시 창문을 열어 환기 시킨다. 또한 튜브 속의 본드를 영유아가 직접 짜서 쓰게 하기보다 쓰지 않는 접시 등에 본드를 짜 놓고 영유아는 면봉으로 필요한 만큼 찍어서 쓰게 한다.
- 스카프나 긴 끈에 의한 사고: 긴 스카프나 끈 등을 영유아가 가지고 놀이 하는 것을 좋아한다. 그러나 놀이 중에 질식사의 위험에 노출이 되기 때문에 그들의 손이 닿지 않는 곳에 보관한다.
- 비닐봉지에 의한 사고: 비닐봉지에 놀잇감을 보관하거나 비닐봉지를 영유아들이 가지고 놀게 해서는 안 된다. 영유아들이 비닐봉지를 얼굴에 대거나 머

리에 뒤집어썼다가 질식할 수도 있다.

- 창문의 커튼에 의한 사고: 창문의 커튼이나 블라인드를 묶을 때는 뒤편으로 묶는다. 또한 영유아들이 커튼 가까이 놀거나 커튼으로 몸을 감고 놀지 않게 한다. 가능하면 끈이 늘어진 블라인드나 커튼을 영유아가 활동하는 공간에 설치하지 않는 것이 좋다. 가느다란 끈에 목이 졸리는 일이 순식간에 일어날 수 있기 때문이다.

③ 기타 여러 가지 원인에 의한 사고

- 보행기에 의한 추락사고(해마다 수천 명의 부상자 및 사망)
- 미끄럼틀, 철봉, 정글짐, 구름다리 등의 오르기 기구의 추락사고
- 큰 소리를 내는 놀잇감에 의한 청각의 이상
- 뾰족한 놀잇감에 의해 안구나 눈, 귓구멍, 목구멍을 다치는 사고
- 납중독에 의한 사고(도자기, 유약, 페인트, 자동차, 가솔린, 장난감 휴대폰 등에도 납 성분이 포함)

3. 놀이 안전교육의 내용 및 방법

1) 놀이 안전교육의 내용

하루의 일과 중 대부분을 차지하는 놀이는 영유아들에게 생활 그 자체이다. 그러나 크고 작은 안전사고가 일상에서 자주 발생하기 때문에 영유아교육기관에서는 영유아의 안전을 위해서 계획하고 활동하는 놀이와 관련한 안전교육이 필요하다. 이는 사고의 위험을 조기에 발견하고 영유아 개인 및 집단의 안전에 필요한 지식을 이해시키고 놀이 안전생활을 영위할 수 있는 안전교육의 내용으로 놀이 안전에 대한 바람직한 태도를 형성할 수 있게 하는 것이 목적이다. 즉, 친구와 안전하게 놀이할 수 있도록 놀잇감, 도구, 놀이시설물의 사용법을 알고 안전하게

사용하기, 안전한 장소에서 안전한 방법으로 놀이하기, 미디어는 유익한 것과 유해한 것이 있음을 알고 바르게 사용하기 등의 내용이다(교육부, 2007).

영유아에게 놀이 안전에 대한 의미 있는 교육이 되기 위해서는 영유아교육기관에서 이루어지는 여러 활동영역에서 안전과 관련된 학습을 지속적으로 반복하여 경험을 통해 지식, 기능, 태도를 구성하는 것에 가치를 두어야 한다. 영유아들에게 의미 있는 놀이 안전교육을 지원함으로써 구성되는 요소를 살펴보면 〈표 5-1〉과 같이 설명된다.

〈표 5-1〉 놀이 안전교육 구성 요소

구성 요소	내 용
지식	영유아가 직접 경험이나 성인이나 또래와의 상호작용을 통해 얻은 정보이다. 주변에 위험한 시설물이 있다는 것을 인식하고 안전을 위해 그네 주변에서 떨어져 있거나 차례를 지켜 타야 한다든가 등 안전에 대한 기본 지식이다.
기능	지식을 응용하고 적용할 수 있는 반복의 기술이고 능력이다. 블록영역에서 올바르게 규칙 지켜 놀이하기, 실내 미끄럼틀 사용 시 안전 규칙 지키기 등 풍부한 경험과 상호작용에 의해 안전한 대처방법을 지원하면서 놀이도구를 능숙하게 사용하며 안전하게 이용한다.
태도	안전하게 놀이함으로써 타인에 의한 자기 인식을 통한 자존감과 유능성을 성취하고 놀이 안전에 대한 긍정적인 태도 변화로서 개인의 행복뿐만 아니라 타인의 행복까지 함께 추구한다.

2) 놀이 안전교육의 방법

영유아들에게 놀이는 삶 자체이자 생활의 표현 방식이며, 놀이로 시작하고 놀이로 끝나는 것이 그들의 하루 일과이다. 하루 종일 놀이를 하게 되기 때문에 놀이 도중에 사고도 많이 발생하게 된다. 이와 관련하여 놀이 안전교육의 방법은 안전한 놀이뿐만 아니라 안전한 놀잇감을 선택하고 관리하며, 놀이 안전 규칙을 준수하여 부모나 교사가 영유아의 즐거운 놀이 환경을 만들어 주는 최적의 의무라고 할 수 있다. 이러한 노력은 영유아의 놀이 안전사고를 미연에 방지하고, 놀이 안전의 여러 가지 면에 지대한 영향을 미치게 된다.

먼저 영유아들이 지켜야 할 놀잇감 구입 및 관리 요령에 대해 살펴보면 다음과 같다(이기숙 · 장영희 · 정미라 · 배소연 · 박희숙, 2008).

(1) 놀잇감 선택 및 관리 요령

① 선택 시 주의 사항

- 놀잇감의 크기와 놀이기구의 높이는 영유아에게 적합한 것이어야 한다.
- 영유아를 위한 놀잇감으로는 셀룰로이드나 그와 유사한 가연성 재료로 만든 것은 선택하지 않는 것이 좋다.
- 금속성의 놀잇감은 날카로운 가장 자리가 없어야 한다.
- 플라스틱 제품은 너무 얇은 것은 위험하므로 깨어지지 않을 만큼 두꺼운 재료나 깨어지지 않는 재료로 만든 것이 좋다.
- 해로운 염료나 페인트 등의 물질이 녹는 재료가 아니어야 하며, 특히 납이 허용치 이상 사용된 것은 구입하지 말아야 한다.
- 전동 장난감의 경우 모터의 전압은 가동 범위가 낮은 것을 사용하지 않는 것이 좋다.
- 움직이는 구조의 부분을 손으로 만지지 않아야 한다. 태엽을 감을 때는 너무 세게 감다가 튕겨서 사고가 나기도 하므로 주의한다.
- 영유아들이 탈 수 있을 만큼 큰 놀잇감은 영유아들이 어떻게 올라타더라도 균형을 잃지 않는 안정감이 있는 것으로 골라야 하며 튼튼하고 끝이 무딘 것이 좋다.
- 나사나 못이 많은 놀잇감은 각 부분이 튀어나오지 않은 것을 골라야 하며 못이나 나사에 손을 다치지 않도록 유의한다.

놀잇감 구입 4S지침

- 크기: 최소한 35mm 필름통 크기 이상이어야 함
- 모양: 날카로운 모서리나 뾰족한 끝부분이 없는지 살펴보아야 함
- 표면과 내용물: 표면의 칠이 무독성이어야 하고, 내용물은 비휘발성이어야 함
- 끈: 끈이 있는 것은 영유아들의 목을 감을 수 있다는 점에 주의함

이상의 사항을 참고하여 놀잇감을 구입하게 되면 부모나 교사는 관리를 철저히 하고 영유아가 규칙을 잘 지키며 놀잇감을 가지고 놀이할 수 있도록 도와주어야 한다.

② 관리 시 주의 사항

- 놀잇감이 파손되어 날카로운 부분은 없는지, 작은 부품이 떨어져 있는지 자주 확인하여 안전하지 못한 것은 폐기해야 한다.
- 놀잇감의 주기적인 세척, 파손 여부를 잘 관찰하며 보수가 필요한 것은 방치하지 않는다.
- 영유아보다 나이가 많은 형제자매의 놀잇감을 가지고 놀지 못하도록 관리해야 한다(37개월 이상의 놀잇감에는 작은 부품 등이 포함될 수 있으므로 36개월 이하의 영아가 작은 부품을 삼키지 않도록 주의할 것).
- 3세 미만의 영유아가 놀잇감을 가지고 놀 때에는 놀이과정을 지켜보아야 한다.
- 영유아가 놀잇감을 가지고 논 후에는 안전한 장소에 보관하도록 가르치고, 어린 영아가 작은 부품을 삼킬 수 있음을 알려 준다.
- 비닐 포장지, 리본이나 끈으로 되어 있는 부분은 질식 위험이 있으므로 잘라 버린다.
- 목재 놀잇감의 경우 거친 가장자리와 표면의 가시는 사포를 이용하여 매끄럽게 한다.
- 놀잇감을 수리할 때 안전장치에 이상이 생기지 않도록 주의한다.
- 고장 난 부품을 대체할 때에는 규격에 맞지 않는 유사품을 사용하지 않도록 한다.
- 놀잇감이 위험한 놀이로 진행될 때에는 올바른 사용방법을 다시 알려 준다.
- 놀잇감이나 놀잇감 상자에 다시 페인트칠을 해야 할 경우에는 쓰다 남은 오래된 페인트를 사용하지 않는다(오래된 페인트는 새로운 페인트보다 납 성분이 많이 포함될 수 있음).
- 놀잇감을 보관할 때에는 육안으로 식별하기 쉽게 종류별로 정리해 둠으로써

놀잇감 상자에서 놀잇감을 찾다가 다치는 경우가 없도록 한다. 장난감을 계단이나 방바닥에 함부로 놓아두면 발에 걸려 넘어지거나 밟아서 다치게 되므로 주의한다.

- 실외놀이를 위한 놀잇감은 비를 맞히지 않도록 한다. 비와 이슬은 영유아에게 해로운 녹의 원인이 된다.
- 그네, 말타기, 보행기, 자전거 등 움직이는 놀잇감은 부딪치지 않도록 공간의 여유를 두고 배치한다.

(2) 놀이 안전 규칙

놀잇감과 관련된 모든 사고는 단순히 법적 규제나 성인들이 안전한 놀잇감을 선택하고 관리한다고 전적으로 예방할 수 있는 것이 아니다. 놀잇감 사고의 예방은 사용자인 영유아가 기본적인 놀잇감 안전 수칙을 이해하고 놀이 규칙을 습관화하여 잘 지켜 나갈 때 가능한 것이다. 따라서 부모나 교사는 일반적인 놀이 규칙을 기본적으로 알려 주고 영유아와 함께 놀이를 해 보아야 일어날 수 있는 사고를 예측해 보고 이를 예방할 수 있는 규칙을 영유아들과 함께 만들 수 있다. 놀이 규칙을 정할 때는 위험성이 높은 놀이에 대한 약속은 미리 정하고, 위험성이 적은 놀이에 대한 약속은 영유아들이 놀이를 한 후에 토의를 통하여 자율적으로 정하는 것이 영유아들로 하여금 규칙을 더 잘 지키도록 도와주는 방법이다. 또한 장난감의 결함이 발견된 경우 서로 알려 안전하게 놀이하는 습관을 형성해 나가는 것이 필요하다.

영유아가 안전하게 놀이할 수 있도록 영유아의 연령에 따라 〈표 5-2〉와 같이 도와줄 수 있다(류경화 · 정명순 · 지주영, 2008).

〈표 5-2〉 연령별 놀이 안전을 위한 보호

연령	놀이 안전을 위한 보호
1세 이하	하루 종일 성인이 보호해 주어야 한다.
1~2세	호기심이 왕성하며 위험에 대한 인식이 전혀 없으므로 성인이 영유아의 놀이 상황을 감독해야 한다. 영유아가 걷게 되면 손으로 집을 수 있는 물건은 입에 넣기 쉬우므로 입으로 들어가지 않게 주의해야 한다.
2~4세	놀잇감과 관련된 상처를 가장 많이 입는 시기이므로 항상 가까이에서 지켜보아야 하며, 특히 남아일 경우 더욱 주의해야 한다. 통계적으로 이 시기 이후부터는 남아가 여아보다 부상당하는 비율이 높게 나타나므로 놀잇감을 안전하게 다루는 방법을 적극적으로 지도해야 한다.
4~6세	놀잇감의 사용과정에서 발생할 수 있는 위험을 이해할 수 있으므로, 놀이할 때 안전규칙을 지키도록 지속적인 안전교육을 실시해야 한다.
6~8세	대부분 영유아교육기관이나 초등학교에 다니는 시기로서 교사나 부모의 직접적인 감독에서 벗어나는 시기이므로, 안전규칙을 습관화하고 있는지 일관성 있게 지도할 필요가 있다.

(3) 영역별 안전 수칙

① 블록 영역을 위한 안전 수칙

- 블록을 안전하게 꺼낼 수 있는 높이의 정리장에 블록을 정돈한다.
- 블록을 정리할 때는 아랫부분에는 무겁고 큰 블록을, 윗부분에는 가볍고 작은 블록을 정리한다.
- 제공된 블록의 상태를 자주 점검하여 고장 나거나 망가진 것이 있으면 즉시 수리하거나 교체해 준다.
- 블록을 선정할 때 끝부분이 날카롭거나 끼우기에 빽빽하지 않은 것으로 선택하며, 영유아들이 작은 블록을 입 속에 넣지 않도록 주의를 기울인다.
- 블록으로 친구를 때리거나 던지지 않고, 총이나 칼 등을 만들어 위험한 놀이를 하지 않도록 한다.

② 소꿉(역할) 영역을 위한 안전 수칙

- 안전한 재질로 제작되고, 영유아의 신체크기에 맞는 선반이나 옷장, 싱크대로 선택하여 영유아들이 안전하게 놀이할 수 있어야 한다.

• 제공된 장난감(인형, 그릇 등)의 상태를 정기적으로 점검하며, 고장 났거나 망가진 것은 즉시 수리하거나 교체해 준다.
• 드라이어, 전화기 등은 전선줄을 끊고 내준다.
• 유리 등 위험한 재질의 용품은 내어 주지 않는다.
• 모형음식이나 그릇 등은 입에 넣거나 대지 않고 먹는 흉내만 내는 놀이를 한다.
• 부서진 모형음식은 살갗이 끼일 수 있으므로 즉시 제거한다.
• 병원놀이를 할 때 눈, 코, 입, 귀 등에 물건을 넣지 않는다.

③ 조작 영역을 위한 안전 수칙

• 작은 물건(구슬 등)은 입, 코, 귓구멍에 넣지 않고 만약 들어갔을 때는 꺼내려고 하지 말고 즉시 교사나 주변 성인에게 알린다.
• 구슬을 꿴 끈을 돌리고 다니거나 목이나 팔에 감지 않는다.

④ 책 보기 영역을 위한 안전 수칙

• 영유아들이 책꽂이에 올라가지 않도록 한다.
• 책을 던지거나 친구를 때리지 않고, 조심해서 책을 다루는 방법을 알려 준다.
• 책장을 넘길 때 손이 베이지 않도록 조심하도록 한다. 만약 손을 베이면 깨끗하게 손을 씻는다.
• 연필과 같이 길고 끝이 뾰족한 물건은 손에 들고 장난치지 않는다.
• 듣기영역에서 헤드폰을 제공할 때 전선줄은 보이지 않게 처리한다. 또한 헤드폰이나 이어폰 소리를 너무 크게 조작하지 않도록 한다.

⑤ 미술 영역을 위한 안전 수칙

• 기본적으로 영유아가 사용하는 미술재료는 먹거나 마시거나 피부에 닿아도 해롭지 않은 것으로 안전품질표시가 있는 것의 사용을 원칙으로 한다.
• 미술놀이를 할 경우에는 쉽게 바닥을 닦을 수 있는 미끄러지지 않는 비닐이

나 종이를 깔되 물기가 생기면 즉시 닦아 주는 것이 좋다.

- 종이를 취급할 때 손이 베이지 않도록 주의하고 베일 경우 물로 깨끗이 씻는다.
- 색종이, 유점토 등의 색소는 유해할 수 있으므로 입에 대지 않는다.
- 가위는 끝이 무디며 13cm 정도 길이로 가볍고 안전한 것을 준비한다.
- 연필, 크레용, 붓 등을 입 안에 넣지 않으며, 사용 후에는 손을 깨끗하게 씻는다.
- 가위, 스테이플러, 펀치 등의 도구에 대한 안전한 사용법을 이야기하고 사용 후에는 정해진 장소에 보관한다.
- 접착제, 특히 본드의 안전한 사용법을 알려 준다.
- 락스나 파라핀류는 반드시 성인의 감독 하에 사용하도록 한다.
- 기타 재활용품, 자연물 등의 재료는 깨끗하고 안전하게 처리한 후 사용한다(우유통은 깨끗이 씻어 말려서 사용하기, 깡통 끝을 테이프로 말아 주기, 낙엽을 걸레로 닦아 말리기, 나무토막은 해충 예방하기 등).
- 바늘을 사용한 후에는 스티로폼이나 스펀지 등으로 만든 바늘꽂이에 안전하게 정돈한다.
- 다리미 등을 사용하는 활동은 반드시 교사가 도와준다.
- 빗자루, 쓰레받기 등을 안전하게 사용하는 방법을 알려 준다.

⑥ 수·과학 영역을 위한 안전 수칙

- 여러 가지 탐색 도구(거울, 자석, 프리즘, 확대경, 현미경, 청진기, 스포이트 등)를 안전하게 사용한다.
- 측정 도구(자, 저울, 시계 등)를 위험하게 사용하지 않는다.
- 실내에서 기르는 동물, 곤충, 식물류를 함부로 만지지 않는다.
- 기계류를 조작할 때는 조립기구를 활용하며 잘 조작되지 않을 때는 교사에게 도움을 청한다. 납땜이 되어 있는 기계류는 분해하거나 조립하면 위험하므로 내어 주지 않는다.

- 컴퓨터를 설치할 경우에는 스위치를 별도로 두는 것이 안전하며 눈의 보호를 위해 보안 화면경을 설치한다.
- 전기기구를 사용하여 요리를 할 경우 전선은 영유아가 다니지 않는 공간을 이용해 안전하게 처리하며, 활동이 끝나면 전선은 반드시 보호덮개를 덮는다.
- 프라이팬은 가장자리가 열전도율이 낮은 재질로 처리한 것을 구입한다.
- 요리활동 시 가열 기구 중 휴대용 가스는 가능한 사용하지 않는다.
- 기름에 튀기는 요리는 가능하면 하지 않는다.
- 요리활동 시 사용하는 칼은 끝이 무딘 플라스틱 칼로 선택한다.

⑦ 음악영역

- 몸을 많이 움직이는 놀이를 위해 서로 부딪치지 않도록 충분한 공간을 마련한다.
- 음악을 틀어 주기 위해 녹음기를 제공할 때는 전선줄 처리를 안전하게 해야 하며, 여의치 않을 경우에는 건전지를 넣어 사용한다.
- 헤드폰을 사용할 때 음향크기를 적절하게 조절한다.
- 악기 사용법을 올바르게 알아 악기로 위험한 놀이를 하지 않는다.
- 피아노 등의 뚜껑을 닫을 때는 손을 치운 것을 확인하고 닫는다.
- 주위에 방해가 되지 않도록 너무 시끄럽게 놀이하지 않는다.

4. 놀이 안전교육의 실제

놀잇감을 제자리에 놓아 보아요

대상연령 만 3~5세

활동목표 여러 가지 놀잇감을 제자리에 바르게 정리하는 습관을 갖도록 한다.

활동유형 소그룹 활동

활동영역 모든 영역

활동자료 놀잇감을 바르게 정리하지 않은 모습의 사진자료와 바르게 정리하며 놀고 있는 모습의 사진자료, '모두 제자리' 노래 테이프

활동방법

1. 도입

자유선택활동이 끝났을 때의 놀잇감 정리한 상황을 생각해 보고 그때의 상황을 이야기해 보도록 한다.

2. 전개

1) 놀잇감을 한꺼번에 흩어 놓고 놀고 있는 모습의 사진자료를 보며 어떤 점이 잘못되었는지 이야기해 본다.
2) 어떻게 활동하는 것이 바르게 놀이하는 방법인지에 대해 이야기해 보고, 바르게 놀이하고 있는 모습의 사진자료와 바르게 놀이하고 있지 않은 사진자료를 비교해 보도록 한다.

사진: 제주관광대학교 부속유치원

3. 마무리

놀이 시 놀이 활동이 끝난 놀잇감을 제자리에 정리하고 새로운 놀잇감을 꺼내어 놀이하도록 약속한다.

4. 참고사항

- 놀잇감 안전에 대한 활동을 충분히 반복하여 시행해 보도록 한다.
- 놀잇감 정리가 미흡한 영유아에 대해서는 놀잇감을 몇 개 꺼내어 놓고 직접 정리해 보는 기회를 갖는 것도 바람직하다.

안전한 놀이, 위험한 놀이

대상연령 만 5세

활동목표 놀잇감들을 바르게 사용하지 않을 때에는 위험할 수 있음을 알고 안전하게 사용한다.

활동유형 소그룹 활동

활동영역 신체활동

활동자료 비밀상자, 놀잇감 실물자료, 행동기호카드

활동방법

1. 도입

1) 준비된 놀잇감의 명칭을 말해 본다.
   (색종이, 레고블록, 적목블록, 공, 사인펜, 테이프커터기, 스케치북 등 우리 교실에 있는 다양한 놀잇감)
2) 다음의 행동기호를 읽어 본다.
   (던지기, 자르기, 쌓기, 발로 차기, 굴리기, 그리기)

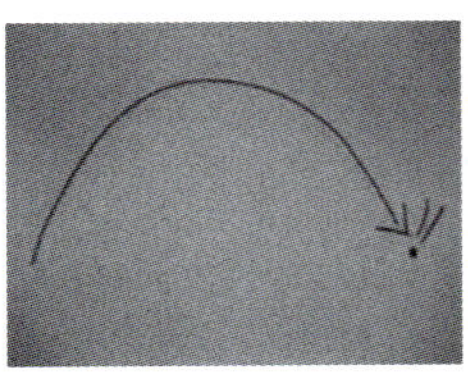
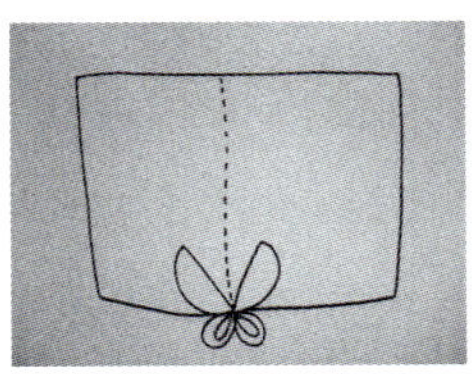
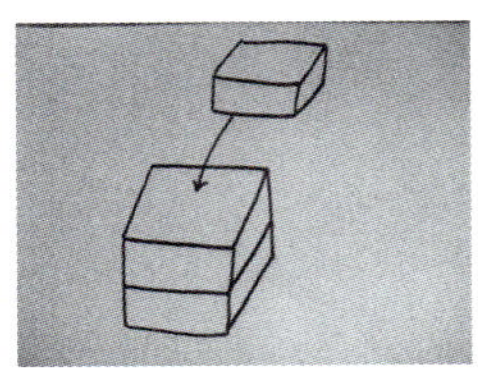

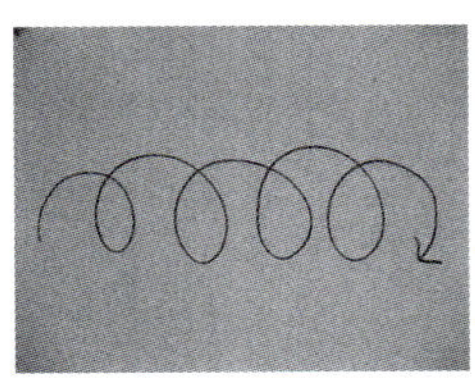

3) 블록을 보여 주고 제시카드를 보며 안전한 행동인지, 그렇지 않은 행동인지 이야기 나눈다.
   예) 던지기 - 안전하지 않은 행동, 자르기 - 안전하지 않은 행동
   · 쌓기 - 안전한 행동, 발로 차기 - 안전하지 않은 행동
   · 굴리기 - 안전한 행동, 그리기 - 안전하지 않은 행동

2. 전개

1) 활동방법에 대해 이야기 나눈다.

(1) 안전한 행동이 나왔을 때의 표현방법과 안전하지 않은 행동을 했을 때의 표현방법에 대해 이야기 나눈다.

· '안전한 행동 – 머리 위로 하트 표현'

· '안전하지 않은 행동 – 손을 X자로 만들고 메롱~하기'

(2) 음악이 들리면 바닥의 제시카드 주변을 돌다가 호루라기 소리가 들리면 카드 위에 선다.

(3) 유아 1명이 나와 비밀상자에서 놀잇감을 꺼낸다.

(4) 자신이 선 곳의 제시카드가 안전한 행동인지, 안전하지 않은 행동인지 생각해 보고 '하나, 둘, 셋' 하면 약속한 행동을 한다.

2) 표현방법을 다르게 표현하여 활동한다.

사진: 제주관광대학 부속어린이집

3. 마무리

1) 신체활동을 하며 재미있었던 점에 대해 이야기 나눈다.

2) 안전한 행동과 안전하지 않은 행동에 대해 이야기 나눈다.

3) 우리가 놀이하는 도구들은 바르게 사용했을 때는 우리에게 꼭 필요한 물건이 되지만, 잘못 사용했을 때는 위험한 물건이 될 수 있음에 대해 이야기한다.

활동평가

1. 유아들이 행동기호를 해석하며 흥미로워했는가?
2. 게임을 통해 유아들이 놀잇감의 안전한 사용방법을 이해하고 있음을 알 수 있었는가?

활동 시 유의점

1. 행동기호카드와 도구의 사용법을 바르게 연결하지 않을 경우에는 왜 그렇게 생각했는지 알아본다.
2. 다른 친구들의 생각은 어떤지 질문하여 안전한 사용법을 알도록 한다.

확장활동

실외로 이동하여 나뭇잎이나 공 등을 이용하여 행동기호카드에 제시된 놀이를 한다.

장난감을 입에 넣지 않아요

대상연령 만 3~5세
활동목표 장난감이나 이물질을 삼키지 않아요.
활동유형 소그룹 활동
활동영역 언어영역(이야기 나누기)
활동자료 손인형, 작은 장난감
활동방법

1. 도입

1) 작은 손인형을 사용하여 장난감 삼키는 것을 보여 준다.

2. 전개

1) 인형이 한 행동에 대해 이야기 나눈다.
  • 친구가 어떤 표정을 짓고 있는가?
  • 왜 그런 표정을 짓고 있을까?
  • 장난감을 삼키면 어떻게 될까?
  • 경험이 있는 친구들의 이야기를 들어 보는 것도 좋다.

사진: 제주관광대학교 부속유치원

2) 장난감을 입에 물고 있거나 삼켰을 때 일어날 수 있는 위험에 대해 이야기한다.

활동 시 유의점

응급처치요령	
의식이 있는 경우	• 횡격막 아래 복부를 위쪽으로 밀어 준다.
의식이 없는 경우	• 팔은 옆으로 하고 등은 바닥에 닿도록 눕는다. • 턱과 혀 사이를 벌려 손가락으로 이물질을 제거하도록 한다. • 기도를 열어(머리를 낮추고 턱은 올린다) 숨을 쉬도록 한다. • 안 되면 횡경막 아래 복부를 위쪽으로 밀어낸다(하임리크법). • 이물질이 제거될 때까지 반복적으로 실시한다. • 이물질이 제거된 후 필요하다면 인공호흡을 한다.

출처: 임미혜·조숙경·지명숙·채혜선(2010).

실내놀이터에서 즐겁게 놀아요

대상연령 만 3~5세

활동목표 실내놀이터의 올바른 사용방법을 알고 안전하고 즐겁게 놀이에 참여한다.

활동유형 소그룹 활동

활동영역 실내놀이영역

활동자료 호루라기, 복합놀이대, 약속판

활동방법

1. 도입

1) 실내놀이터로 이동하기 전 지켜야 할 놀이 규칙에 대해 알아본다.
- 실내놀이터의 놀이시설들을 안전하게 사용하는 방법을 안다.
- 실내놀이터에서 놀이할 때 지켜야 할 약속을 지킨다.
- 차례로 줄을 서서 놀이한다.
- 차례로 실내화를 신고 실내놀이터로 이동한다.

2. 전개

- 실내화를 벗어 정리하고 모둠별로 한 줄로 앉는다.
- 놀이시설의 이름과 사용방법 규칙을 알아본다.
  - 무지개계단: 한 명씩 올라가기, 올라갈 때만 이용하기(내려오지 않기: 친구와 부딪히기 때문에)
  - 볼풀장: 공을 밖으로 던지지 않기, 공 속에 숨지 않기, 미끄럼틀 내려오는 곳에서 놀이하지 않기, 들어가는 곳과 나오는 곳 지키기
  - 지렁이 미끄럼틀: 한 명씩 내려가기, 미끄럼틀 안에서 놀이하지 않기
  - 빙글구름통: 한 명씩 타기, 옆으로 누워 타기, 구름통에 손과 발이 끼이지 않도록 조심하기
  - 방방이: 4명씩 30번 뛰고 나오기, 친구가 넘어졌을 때 멈추기, 들어가는 곳과 나오는 곳 지키기
- 놀이 약속을 지키며 놀이한다.

3. 마무리

- 실내놀이터에서 놀이 후 실내화를 신고 모인다.
- 실내놀이터에서의 약속을 잘 지킬 수 있었는지 평가한다.

- 놀이할 때 약속을 잘 지키며 놀이할 수 있었니?

• 잘 지켜지지 않았던 약속은 어떻게 하면 잘 지킬 수 있을지 생각하여 이야기한다.

-잘 지켜지지 않았던 약속은 어떻게 하면 잘 지킬 수 있을까?

• 한 줄 기차를 하고 교실로 이동한다.

사진: 제주관광대학교 부속유치원

활동평가

1. 실내놀이터에서 활동하고 난 후에 놀이 활동에 유아들이 더욱 관심 있게 참여하였는가?
2. 자신들의 경험과 비교하며 안전한 사용방법을 이야기하였는가?

확장활동

약속표를 벽면에 게시하여 다음 실내놀이터로 이동하기 전에 읽어 본다.

재미있는 미끄럼틀 놀이

대상연령 만 3~5세
활동목표 미끄럼틀의 바른 사용방법을 알고 안전하고 즐겁게 놀이에 참여한다.
활동유형 대그룹 활동
활동영역 언어영역(이야기 나누기)
활동자료 사진자료, 약속표판
활동방법

1. 도입

1) 우리 어린이집에 있는 미끄럼틀에 대해 이야기 나눈다.
- 우리 어린이집에는 어떤 미끄럼틀이 있을까?
- 미끄럼틀의 이름을 만들어 볼까?
- 미끄럼틀을 탈 때의 기분은 어땠니?

2. 전개

1) 다음의 장면을 보며 왜 위험한지, 안전한 이용방법에 대해 이야기 나눈다.
- 친구가 어떻게 하고 있니?
- 사진과 같이 미끄럼틀이나 계단을 이용하면 어떻게 될까?
- 어떻게 해야 다치지 않고 안전하게 탈 수 있을까?

사진: 제주관광대학 부속어린이집

3. 마무리

1) 미끄럼틀을 탈 때 지켜야 할 약속에 대해 이야기 나눈다.
- 차례차례 계단으로 올라간다.
- 거꾸로 올라가지 않는다.

- 한 사람씩 앉아서 내려온다.
- 앞사람이 다 내려온 다음에 내려온다.
- 엎드려서 타거나 서서 타지 않는다.
- 치마나 긴 끈이 달린 옷을 입고 타지 않는다.
- 가방, 장난감을 가지고 타지 않는다.

활동평가

1. 미끄럼틀 놀이를 하고 난 후에 이야기를 나누어서 유아들이 더욱 관심 있게 참여하였는가?
2. 자신들의 경험과 비교하며 안전한 사용방법을 이야기하였는가?

활동 시 유의점

1. 미끄럼틀에 대해 지나치게 무서움을 갖지 않도록 유의한다.
2. 부모님께 놀이할 때 불편한 옷과 그 이유를 가정통신문을 통해 알려 협조를 구한다.

확장활동

1. '차례차례' 노래를 우리가 만든 약속으로 개사하여 불러본다.
2. 약속표를 벽면에 게시하여 다음 실외놀이로 이동하기 전에 읽어 본다.

5. 스포츠 안전

1) 스포츠 안전의 필요성 및 내용

스포츠는 인간의 기본적인 욕구충족의 수단이며, 자신의 적성과 신체적 조건에 알맞은 운동을 실시함으로써 신체 균형의 발달을 가져오게 한다. 영유아들은 스포츠의 필요성을 가르쳐 주지 않아도 자발적으로 뛰어 놀면서 신체를 움직인다. 이처럼 자발적인 신체활동은 영유아의 건전한 성장, 발달을 촉진하고 건강한 몸과 마음을 형성하는 중요한 역할을 한다.

최근 자유롭게 놀 수 있는 공간의 감소, TV시청이나 오락 게임의 증가, 특기나 조기 교육으로 인한 자유놀이시간의 감소 등으로 신체활동이 감소되고 있다. 이러한 이유로 인하여 운동 부족이 심각한 문제가 되고 있는 영유아들이 증가하고 있으며, 비만, 당뇨병, 성인병 등의 증상이 나타나는 경우도 있다. 이에 실외놀이나 스포츠는 영유아의 발육을 발달하고 심신을 단련할 수 있는 좋은 실외놀이 활동이 된다(박성옥 · 이영환 · 한유미 · 곽혜경 · 양연숙 외, 2003).

현대의 복잡한 생활 속에서 소득이 증가하고 생활양식이 바뀜에 따라 여가 선용으로 여러 가지 스포츠를 즐기는 가정이 늘어나고 있으며 영유아들도 어릴 때부터 그러한 경험을 하는 기회를 많이 가지게 되었다. 그러나 성장 · 발달과정에 있는 영유아들은 조종능력이나 민첩성이 부족하고 위험한 상황을 인식하고 그에 대처할 수 있는 능력이 부족하여 실외놀이나 스포츠를 즐기는 과정에서 안전사고를 당하기 쉬우므로 영유아교육기관에서의 스포츠놀이에 관한 기록은 없지만 자전거, 킥보드, 인라인스케이트, 롤러블레이드, 물놀이 등과 같이 심각한 스포츠 안전사고를 유발할 수 있는 놀이기구에 대한 안전 보호장구 착용이나 이와 관련된 안전교육도 수행하는 것이 바람직하다.

여러 보고에 의하면, 스포츠 놀이 안전사고 현황은 연령별로 차이가 있으며 특히 6세 전 · 후에 스포츠와 레저 활동에 따른 안전사고의 발생률이 높다.

한국소비자보호원(2007a)에 의하면, 7~14세의 유아의 스포츠 놀이용품 중 가장 많은 위해 사고 순서를 보면 킥보드가 전체 사고의 638건 중 96건(15.1%)으로 위해사고 1순위이고 그 뒤를 이어 비비탄 총, 자전거, 트레이닝 기구 등으로 사고 건수 및 비율은 〈표 5-3〉과 같다.

〈표 5-3〉 어린이 놀이스포츠 안전사고 물품 현황

물품명	건수	비율(%)
킥보드	96	15.1
비비탄 총	76	11.8
인라인스케이트	68	10.7
자전거	56	8.8
트레이닝기구	23	3.6
기타	319	50
계	638	100

출처: 한국소비자보호원(2007a).

사고 원인은 놀이시설의 환경 불량으로 인한 경우가 많았으나 상당수 영유아들이 보호장구를 착용하지 않는 등 안전 수칙을 지키지 않아 사고가 더 커진 것으로 나타났으며, 이는 바깥에서의 신체활동의 양이 많아지는 영유아기 때부터 스포츠 안전 생활교육의 확대와 강조의 필요성을 시사한다. 영유아들이 적절한 운동을 생활화하고 규칙적으로 운동을 하며 근력, 순발력, 지구력 등의 체력요소를 골고루 발달시켜 균형 있는 신체발육을 도모하기 위해서는 먼저 영유아들이 쉽게 경험할 수 있는 바깥놀이를 통해 스포츠를 안전하게 즐길 수 있는 기능을 익히고 그에 필요한 규칙을 지키도록 하는 것이 필요하다. 또한 다양한 활동에서 신변안전의 대처능력을 키울 수 있는 발현적 교육과정 방법을 통해 어떤 상황이 위험한 상황이며 내가 어떻게 대처할 수 있는가로 확장하여 생명존중 및 관계 중심의 세계관으로의 전환을 꾀하는 바람직한 스포츠 놀이 안전의 기초를 형성하는 것이 중요하다.

2) 스포츠 놀이 안전을 위한 일반적인 고려사항

- 발달 수준에 맞는 스포츠 기구를 선택한다.
- 기구가 안전검사를 받은 제품인지를 확인한다(KS표시나 "검"자 표시).
- 사전에 도구 사용법이나 운동방법에 대한 교육을 한다.
- 안전 보호장구를 반드시 착용한다(안전모, 장갑, 무릎보호대, 신발 등).
- 각종 스포츠를 즐기기 위한 기본 기능을 익힌다.
- 위험한 장소에서는 하지 않는다.
- 정면을 주시하고 운동한다.
- 운동 전 · 후에 근육이완을 위한 준비 운동, 마무리 운동을 한다.

출처: 임미혜·조숙경·지명숙·채혜선(2008).

3) 스포츠 종류에 따른 안전 수칙

자전거, 물놀이 시, 인라인스케이트나 킥보드 등을 탈 때 지켜야 할 안전 수칙은 다음과 같다.

(1) 자전거 안전 수칙

① 입은 옷에 늘어진 끈이나 줄이 있는지 확인한다(10cm 이하로 매듭짓는다).
② 속도를 내지 말고 천천히 탄다.
③ 구멍이 패인 곳이나 울퉁불퉁한 길은 자전거에서 내려 끌고 간다.
④ 타이어 압, 브레이크, 핸들의 기능을 확인한다.
⑤ 안전보호장비(헬멧, 무릎보호대) 및 운동화를 신는다.
⑥ 차가 다니는 길이나 사람의 통행이 많은 길에서 타지 않는다.
⑦ 자전거와 관련된 안전표지판을 이해하고 안전점검을 꼭 한다.
⑧ 자전거를 타고 난 후에는 보관대에 보관하여 도난을 방지한다.

(2) 물놀이 안전 수칙

① 물에 들어가기 전 반드시 준비운동을 한다.

② 반드시 보호자와 함께 물에 들어가도록 한다.

③ 물의 깊이를 확인하고 적절한 물높이에서 물놀이를 하도록 한다.

④ 식사를 마치고 소화가 다 된 후에 물놀이를 하도록 한다.

⑤ 튜브 등에 의존하지 않고 구명조끼를 반드시 착용하도록 한다.

⑥ 바닥이 미끄러울 수 있으므로 뛰지 않는다.

⑦ 함부로 다이빙을 하지 않는다.

⑧ 물놀이 하는 도중 틈틈이 휴식시간을 갖는다.

⑨ 안전경계선 지역 내에서 물놀이를 하도록 한다.

⑩ 물놀이하는 주변에 위험한 물건이나 위험요소가 없는지 주의 깊게 살펴보도록 한다.

(3) 인라인스케이트나 킥보드 탈 때의 안전 수칙

① 안전모, 무릎보호대, 헬멧, 팔꿈치보호대, 손목보호대 등의 안전보호장치를 항상 착용한다.

② 울퉁불퉁하거나 고르지 않은 길보다는 평평하거나 포장이 잘 된 평지에서 타도록 한다.

③ 놀이를 시작하기 전에 근육 긴장, 이완을 예방하기 위해 근육에 대한 준비운동을 한다.

④ 여럿이 손을 잡거나 앞사람을 잡고 타지 않는다.

⑤ 차도로 이어지는 길은 위험하므로 삼가고 트럭이나 자전거 등을 따라가며 타지 않는다.

⑥ 되도록 밤보다는 낮 동안에 놀이하도록 한다.

4) 스포츠 안전교육의 실제

물놀이 시의 안전 수칙

대상연령 만 3~5세

활동목표 물놀이 시 지켜야 할 규칙을 알고 안전한 물놀이를 한다.

활동유형 소그룹 활동

활동영역 언어영역(이야기 나누기)

활동자료 그림자료(안전하게 물놀이하는 그림, 위험하게 물놀이 하는 그림)

활동방법

1. 도입 및 전개

1) 안전하게 물놀이하는 모습과 위험하게 물놀이하는 그림의 모습을 보며 이야기를 나눈다.
   - 무슨 놀이를 하고 있니?
   - 물놀이 시에는 어떤 도구를 사용할까?
   - 그림 속의 친구에게 무슨 일이 일어났을까?
2) 위험상황을 알아보고 이야기한다.
   - 기분이 어땠을까?
   - 왜 넘어졌을까?

3) 물놀이하다가 위험한 상황을 경험했던 친구의 이야기를 들어 본다.
   - 물놀이를 하다 넘어져 본 적 있니?
   - 물놀이할 때는 바닥이 미끄럽지? 그러면 어떻게 다녀야 할까?
   - 물놀이 시 지켜야 할 규칙에는 어떤 것이 있을까?

2. 마무리

1) 물놀이할 때 규칙을 지켜야 할 필요성에 대해 이야기하고 뛰어다니면 다칠 수 있다는 것을 다시 이야기한다.

참고사항

놀이 전에 물놀이 안전에 대해 이야기하고 물놀이 활동을 한다.

출처: 정정옥·임미혜(2010).

자전거를 안전하게 타요

대상연령 만 3~5세

활동목표 자전거의 올바른 사용방법을 알고 안전하고 즐겁게 놀이에 참여한다.

활동유형 소그룹 활동

활동영역 실외놀이영역

활동자료 사진자료, 자전거와 보호장구

활동방법

1. 도입 및 전개

1) 실외놀이 중에 자전거의 구조를 살펴본다.
2) 자전거를 탔던 경험에 대해 이야기 나눈다.
   - 자전거를 타 본 적이 있니?
   - 혹시 타면서 다쳤다면 어떤 이유로 다쳤니?
3) 자전거를 안전하게 타는 방법을 알고 자전거를 탄다.
   - 자전거를 탈 때 지켜야 할 규칙은 무엇이 있을까?
   - 올바르게 자전거 타는 방법에 대해 이야기 나눈다.
     - 끈이나 줄이 있는 옷을 입고 타지 않아요.
     - 내 키에 맞는 자전거를 타요.
     - 안전 보호장비(헬멧, 무릎 · 팔 보호대)와 안전한 신발을 착용해요 (구두/슬리퍼 X).
     - 차가 다니지 않는 거리에서 타요.
   - 자전거를 안전하게 타는 방법을 지키기로 약속한다.
   - 순서대로 돌아가며 자전거를 탄다.

사진: 제주관광대학교 부속유치원

2. 마무리

- 자전거를 타고 난 후 보호장구를 정리한 뒤 실내로 이동한다.

활동평가

1. 자전거를 하고 난 후에 자전거 활동에 유아들이 더욱 관심 있게 참여하였는가?
2. 자신들의 경험과 비교하며 안전한 사용방법을 이야기하였는가?

활동 시 유의점

1. 자전거에 대해 지나치게 무서움을 갖지 않도록 유의한다.
2. 부모님께 놀이할 때 불편한 옷과 그 이유를 가정통신문을 통해 알려 협조를 구한다.

Young children Safety Management

CHAPTER 6

6 교통 안전

교통기관은 우리의 생활 속에 절대적으로 필요한 하나의 요소로 생활의 편리함을 주는 반면, 사고로 인한 인적 · 물적 피해는 심각한 사회문제가 되고 있다. 본 장에서는 이러한 사고 예방을 위하여 교통 안전교육의 내용과 방법에 대해 살펴보면서, 교통기관의 안전한 이용과 함께 도로교통 안전에 대한 이해의 폭을 넓히고자 하였다.

1. 교통 안전교육의 개념 및 중요성

1) 교통 안전교육의 개념

우리나라는 1960년대 이후 본격적으로 시작된 경제개발과 더불어 자동차 산업이 비약적으로 발전하였다. 활발한 경제활동과 고도의 경제성장으로 교통수요가 급속히 증가하면서 자동차는 우리의 생활 속에 절대적으로 필요한 하나의 요소가 되었다. 그러나 자동차는 생활의 편리함을 주는 대신 우리의 삶에 있어 사고로 인한 인적·물적 피해와 손실, 교통 혼잡, 배기가스로 인한 환경오염, 주차난 등 부정적인 측면이 사회문제로 심각하게 대두되고 있다.

우리나라의 경우 교통사고의 추세를 살펴보면, 자동차의 급격한 증가와 함께 계속 증가하던 교통사고는 다행히 90년대에 들어서 더 이상 가파른 증가세는 보이지 않고 있으며, 인구와 자동차 대수 인구와 자동차 대수 대비 교통사고 건수와 교통사고 사망 수는 감소하고 있다. 1999년 우리나라 자동차 1만 대당 사망자 수는 7.2명이었는데 2009년에는 2.8명으로 39% 수준으로 감소하였고, 같은 기간 인구 10만 명당 사망자 수도 20.1명에서 12.0명으로 60% 수준으로 감소하였다. 2018년도에는 인구 10만 명당 사망자 수가 6.6명으로 집계되어 2009년 대비 50% 수준으로 감소하였다. 이러한 감소추세는 그간 우리 국민들의 질서의식이 갈수록 성숙해지고 있다는 것을 말해 주며 정부차원의 노력의 효과라고 말할 수 있다. 그러나 이러한 감소수치도 경제협력개발기구(OECD) 가입국가 중하위권 수준이며, 회원국 평균 자동차 1만 대당 사망자 수에 비하여 2배가 많은 수치를 나타내고 있다는 현실은 우리에게 아직도 개선해야 할 점이 많음을 시사해 주고 있다(경찰청, 2018).

교통사고는 국민의 소중한 생명, 신체, 정신에 해를 끼침은 물론 사고로 인한 엄청난 경제적 손실을 초래하고, 국가 이미지에도 큰 타격을 주는 만큼 교통사고 감소, 교통 여건의 개선과 교통사고를 줄이기 위한 교통 안전교육은 우리 시대의 과제이며 전 세계의 관심사이다. 세계보건기구(WHO, 1993)에서는 교통사고를 일종의 전염병과 같이 간주하여 의학적인 측면에서 그 대책을 수립해야 할 것이라고 경고한 바 있다.

교통사고는 인적 요인, 차량적 요인 및 도로 환경적 요인과의 상호작용에 의해 발생한다. 따라서 사고를 예방하기 위해서는 사고 위험요인을 미리 제거하고 사고를 당했을 경우 이를 최소화할 수 있는 종합적인 대책을 마련해야 한다. 교통사고 예방 전략으로는 교통 안전교육, 법적인 제도정비, 환경개선 및 운전자와 보행자의 행태 변화, 차량정비 등을 들 수 있다.

이와 같이 어느 상황에서나 교통사고의 발생과 예방은 인간의 태도와 행동과 깊은 관계가 있다고 볼 수 있다. 따라서 교통사고는 안전에 관련된 지식과 태도를 형성하여 인간의 행동을 직접 · 간접으로 보완함으로써 방지할 수 있다. 결국 교통사고를 포함한 각종 안전사고는 사람과 관계되는 것이므로 예방에 대한 최선책은 교육이라 할 수 있다. 따라서 각 개인이 어릴 때부터 교통 안전이 생활화 될 수 있도록 효과적인 교육을 실시해 나가는 것이 장기적인 안목에서 볼 때 교통 안전의 가장 기본적인 대책이라 하겠다.

변정희(2006)는 교통 안전교육은 교통사고를 미연에 방지하기 위하여 교통 안전에 관한 지식, 태도, 예방 능력을 형성하려는 의도적이고 체계적인 노력이며, 유아 교통 안전교육의 목표는 교통 상황에서 유아들이 스스로 안전하게 행동할 수 있도록 하는 데 있다고 하였다. 또한 유아기에 올바른 교통 행동을 익히는 것은 장래에 자신과 남의 생명을 존중하고 사회적 질서를 준수하는 바람직한 교통 사회인이 될 수 있는 기본적인 소양을 기르는 것이라 하였다.

종합하면 영유아 교통 안전교육이란 영유아들을 대상으로 교통생활을 하는 데 있어 안전을 위협하는 여러 가지 요소로부터 영유아 스스로 사고의 위험을 예방할 수 있도록 안전을 위해 필요한 지식, 기능, 태도를 익혀 습관화할 수 있도록 교육하는 것을 의미한다.

2) 교통 안전교육의 필요성

어린이들에게 발생하는 안전사고 중 교통사고가 가장 큰 비중을 차지하고 있으며, 그중 취학 전 영유아의 교통사고가 다른 연령에 비해 가장 높게 나타나고 있어(경찰청, 2018), 교통사고 발생의 고위험집단은 바로 영유아집단이다. 이러한 사실은 영유아 안전의 1차적 책임인 부모는 물론, 영유아교육기관과 지역사회의 보호와 교육이 그동안 충분하지 않았음을 시사하고 있다. 따라서 영유아 교통사고에 관심을 두고 국가적 차원의 대책과 방안, 그리고 보다 적극적이며 체계적인 영유아 교통 안전교육을 실시할 필요가 있다.

영유아기는 복잡해진 교통 환경과 교통 상황을 통합할 수 있는 능력이 부족하다. 더욱이 교통 안전과 관련하여 볼 때 눈높이가 낮아 시야가 극히 제한적이고, 속도와 거리에 대한 개념이 정확하지 못하며, 상황 판단 능력이 약하고, 운동 능력이 약하며, 추상적인 말을 이해하지 못하고, 모방심리가 강한 행동 특성을 가지고 있어 언제나 위험이 따른다. 이러한 특성들이 교통사고를 당하게 되는 요인이 되고 있다. 특히 보행 중 또는 횡단 중에 사고가 많이 일어나 보행과 횡단이 영유아 교통사고의 주요 위험요인으로 작용하고 있다. 따라서 영유아기의 발달 및 행동 특성에 따른 교통사고의 특징을 파악하고 예방을 위한 대책을 마련해야 한다.

유아기는 발달 특성상 지적, 신체적, 사회적, 정서적, 언어적 발달이 왕성한 시기이고 본격적인 교통생활의 독립시기이므로 교통 안전교육을 위한 적절한 시기라고 볼 수 있다. 특히 교통 안전교육은 어렸을 때부터 시작되어야만 교통 안전습관이 올바르게 형성될 수 있다. 따라서 교통 안전에 관한 지식과 가치관 형성을 위해서는 영유아교육과정에서부터 체계적으로 교육이 실시되어야 우리 사회에 생명존중 사상이나 교통 안전문화가 자리 잡을 수 있다. 즉, 교통 안전교육은 단지 유아기에 교통사고의 피해자가 되지 않도록 하는 것에서 끝나는 것이 아니라 자라서 성인이 되었을 때 교통 안전의 사회적 책임을 다하는 운전자가 되는 기초를 형성해 주므로 유아기에 꼭 필요하다.

도로교통 안전 백서(2003)에 의하면, 선진국처럼 걷기 시작할 때부터 안전한 행동이 습관화되도록 반복 교육과 학부모 교육을 통한 가정교육이 중심이 되어야 한다고 하였으며, 다음 단계로 유아에게 안전의식의 반복 교육과 교사 교육 및 교통 안전에 대한 교육과정, 교재개발 등이 동시에 이루어져야 한다고 명시되어 있다. 아울러 Bonny(1996)는 유아 안전사고 예방과 프로그램을 위해서는 유아를 훈련할 수 있는 유아 안전전문가 양성 프로그램의 개발이 필요하다고 하였다.

이제 우리의 미래인 영유아의 사회적 중요성을 인식하고 그들이 건강하고 미래 교통 안전의 책임자로 자랄 수 있도록 우리나라도 안전한 환경조성을 위해 국가와 사회, 교육기관, 가정이 함께 노력해야 한다. 이를 위해 지식에만 편중된 교육 내용이 아닌 실제생활에서 지식을 사용해서 대처할 수 있는 기술과 태도를 형성하면서 반복적이고 구체적이며 실제로 체험할 수 있는 안전교육이 필요하다.

2. 교통 안전사고의 실태 및 유형

1) 교통 안전사고의 실태

우리나라에 자동차가 도입된 지 100여 년이 지난 1980년에 527,729대였던 자동차 보유대수는 2017년 22,528,295대로 약 30년간 무려 43배 가까이 증가한 것으로 나타났다. 운전면허 소지자는 2014년 29,544,245명에 이르렀으며, 이는 국민 2명당 1명이 면허를 소지하고 있는 것이다(경찰청, 2018). 국민소득이 증가하고 생활 수준이 높아짐에 따라 생활의 필수품이 된 자동차는 1980년 인구 100명당 자동차 보유율 1.4%에서 2011년에는 37.6%로 크게 증가하였다(도로교통공단, 2012). 그러나 자동차 소유 및 이용 증가가 교통사고와는 정비례의 모습을 보여 주는 현실에서 인지적, 신체적으로 대처능력이 미숙한 영유아에게 교통사고는 그들의 안전과 생명을 위협하는 심각한 사회문제가 되고 있다.

우리나라의 교통사고로 인한 어린이 사상자의 추세를 보면, 전체 어린이 사망자는 1990년 1,434명에서 2000년에는 518명, 2011년에는 80명, 2019년에는 28

명으로 매년 꾸준히 감소하고 있으며, 부상자의 경우에도 1990년 50,414명에서 2000년에는 29,523명, 2011년에는 16,323명, 2019년에는 14,115명으로 감소하고 있다(도로교통공단, 2020).

그중 특히 부모와 사회로부터 절대적으로 보호받아야 할 취학 전 영유아가 교통사고로 죽거나 다치는 숫자는 하루 평균 25.5명, 한 시간당 1.06명꼴로 심각한 수준이다(도로교통공단, 2008).

〈표 6-1〉 2019년 12세 이하 어린이 교통사고 추세

구 분	사고 건수 / 점유율	사망자 수 / 점유율	부상자 수 / 점유율
전 체	345,061건	3,349명	341,712명
어린이	14,143건 / 4%	28명 / 0.84%	14,115명 / 5%

출처: 도로교통공단(2020).

2019년도에 일어난 어린이 교통사고를 연령별, 월별, 요일별, 시간대별, 사고 유형별로 구분하여 살펴보면 다음과 같다. 다음의 통계조사는 경찰이 조사 처리한 만 12세 이하 어린이 교통사고 현황이다.

(1) 연령별 어린이 사상자

연령별 어린이 사상자 현황을 보면, 2019년 교통사고로 목숨을 잃은 어린이 중 7세, 9세, 5세 순으로 사망률이 높은 것으로 나타났다. 이는 부모와 사회로부터 보호를 받아야 할 영유아가 전체 어린이 교통사고 사망자 비율 중 치사율이 높고 교통사고 사망에 대한 치명성이 높다는 것을 나타내고 있다.

〈표 6-2〉 2019년 연령별 어린이 사상자

(단위: 명)

구분	계	1세	2세	3세	4세	5세	6세	7세	8세	9세	10세	11세	12세
사망자	28	1	2	3	2	3	1	5	3	4	1	2	1
부상자	14,115	975	774	931	1,044	1,066	1,229	1,536	1,535	1,261	1,260	1,237	1,247
사망률	0.2	0.1	0.3	0.3	0.2	0.3	0.1	0.3	0.2	0.3	0.1	0.2	0.1

출처: 도로교통공단(2020).

(2) 월별 어린이 사상자

어린이 교통사고는 교통노출도와 비례한다. 교통노출도란 어린이가 밖에 나와 있는 정도를 의미하는데 어린이 활동량이 가장 많은 봄, 여름이 높고, 겨울은 낮은 편이다. 실제 2019년의 월별 사고 역시 6월이 가장 많이 발생했고, 활동량이 적은 1월과 2월이 가장 적게 발생했다.

〈표 6-3〉 2019년 월별 어린이 사상자

계		1월	2월	3월	4월	5월	6월	7월	8월	9월	10월	11월	12월
발생건수	11,054	596	670	815	896	1,119	1,129	1,018	1,065	986	997	995	768
사망	28	1	1	5	1	4	4	1	3	3	3	1	1
부상	14,115	802	895	1,035	1,169	1,384	1,404	1,260	1,400	1,264	1,252	1,267	983

출처: 도로교통공단(2020).

(3) 요일별 어린이 사상자

요일별 어린이 사상자는 토요일(19.2%), 일요일(16.0%) 등 주로 주말에 사고가 많이 발생한다. 주말에는 평일에 비해 상대적으로 소홀해지기 쉽고, 가족과 함께 여행을 즐기는 시간이 많아지므로 안전운행에 각별히 주의를 기울여야 한다.

〈표 6-4〉 2019년 요일별 어린이 사상자

계		일	월	화	수	목	금	토
발생건수	11,054	1,645	1,520	1,398	1,484	1,333	1,662	2,012
사망	28	1	3	4	9	2	5	4
부상	14,115	2,261	1,872	1,719	1,795	1,660	2,095	2,713

출처: 도로교통공단(2020).

(4) 시간대별 어린이 사상자

시간대별로는 하교시간대인 16:00~18:00에 최다 발생하고 12:00~20:00에 집중적으로 교통사고가 많이 일어나고 있다. 따라서 영유아가 유치원(어린이집)에 오고갈 때, 오후 활동시간대에 교사와 보호자의 관심과 지도가 요구된다. 특히 영유아들이 집 밖에 나가서 놀거나, 집에 돌봐주는 사람이 있는 경우에도 집안일 등으로 영유아에 대한 주의를 소홀히 하기 쉬운 시간에 사고의 위험도 그만큼 크므로 이 시간대에 부모의 관리와 교통 안전대책이 필요하다.

〈표 6-5〉 2019년 시간대별 어린이 사상자

(단위: 명)

계		0~2	2~4	4~6	6~8	8~10	10~12	12~14	14~16	16~18	18~20	20~22	22~24
발생건수	11,054	81	34	38	123	1,091	869	1,246	2,001	2,560	1,865	883	263
사망	28	0	0	0	2	3	1	5	4	4	7	2	0
부상	14,115	101	47	51	152	1,441	1,142	1,605	2,512	3,220	2,321	1,162	361

출처: 도로교통공단(2020).

(5) 사고유형별 어린이 사상자

사고유형으로는 차 대 사람의 사고로 인한 사망자가 49명으로 전체의 61.3%를 차지하고 있다. 특히 차 대 사람의 경우 횡단 중의 사고가 가장 높아 유아들의 안전한 횡단을 위한 주의와 올바른 교육에 따른 바른 습관을 길러 줄 수 있는 교육이 더욱 요구된다.

〈표 6-6〉 사고유형별 어린이 사상자

(단위: 명)

<table>
<tr><th colspan="2">사고유형</th><th>사망</th><th>부상</th><th>사고유형</th><th>사망</th><th>부상</th></tr>
<tr><td>발생
건수</td><td colspan="6">13,323</td></tr>
<tr><td rowspan="6">차
대
사
람</td><td>소 계</td><td>49</td><td>6,219</td><td rowspan="2">차 대 차</td><td rowspan="2">25</td><td rowspan="2">9,826</td></tr>
<tr><td>횡단 중</td><td>23</td><td>3,289</td></tr>
<tr><td>차도보행 중</td><td>3</td><td>446</td><td rowspan="2">차량 단독</td><td rowspan="2">6</td><td rowspan="2">278</td></tr>
<tr><td>길 가장자리
구역통행 중</td><td>1</td><td>289</td></tr>
<tr><td>보도통행 중</td><td>3</td><td>349</td><td rowspan="2">건널목</td><td rowspan="2">0</td><td rowspan="2">0</td></tr>
<tr><td>기 타</td><td>19</td><td>1,849</td></tr>
</table>

출처: 도로교통공단(2020).

(6) 스쿨존 내 어린이 사상자

어린이 보호구역으로 제한되는 스쿨존 내 어린이 교통사고 발생 건수는 2005년 349건, 2009년 535건, 2011년 751건으로 계속 증가하다가 2012년 511명, 2013년 427명 등 꾸준히 감소되는 듯 하였으나 2019년에는 567건으로 다시 증가하였다. 특히 2020년 3월부터 시행되는 '민식이법'은 어린이 보호구역에서 교통사고로 목숨을 잃은 9살 김민식군의 이름을 따서 붙인 법률안으로 어린이보호구역 내 신호등 및 과속 단속 카메라 설치 의무화, 어린이보호구역 내에서의 교통사고에 대하여 가중처벌을 하는 등의 내용을 담고 있다. 어린이 보호구역에서는 어린이의 안전한 보행을 위해 운전자는 제한속도를 지키며 전방주시에 집중하고 보행자에 대한 주의를 하며 운전해야 함은 물론, 영유아들도 주의를 살피며 안전하게 횡단하는 교육이 요구된다.

〈표 6-7〉 스쿨존 내 어린이 교통사고

구 분	어린이 보호구역 내 어린이 교통사고		
	발생 건수	사망	부상
'05년	349	7	378
'09년	535	7	560
'11년	751	10	783
'13년	427	6	438
'15년	541	8	558
'17년	479	8	487
'19년	567	6	589

출처: 도로교통공단(2020).

2) 교통 안전사고의 유형

2019년도에 어린이 교통사고 사망자의 경우 보행 중 사망한 어린이는 20명으로 전체의 71.4%로 가장 많았으며, 그중 6세 이하 유아는 12명으로 60.3%를 차지하였다(도로교통공단, 2020). 이는 보행 중 사고가 승차 중 사고보다 높은 비율을 보이며 어린이 보행자 사상자 중에서도 유아는 상대적으로 많음을 보여 준다.

영유아의 경우 놀이 공간이나 활동반경이 주로 집과 교육기관 부근에 한정되기 때문에 차량의 이용보다 보행이 주된 교통수단이 되므로 유아의 보행 중 사고가 빈번하다 하겠다. 영유아의 행동 특성을 고려한 교통사고 유형을 살펴보면 다음과 같다(한국산업안전보건공단, 2012).

(1) 무단횡단 사고

횡단보도나 육교, 지하도로 건너지 않고 무단으로 횡단하다 나는 사고이다. 차도를 건널 때는 반드시 횡단보도나 육교, 지하도로 건너가도록 한다.

(2) 신호등이 없는 횡단보도 사고

'내가 먼저 갈까?', '저 차를 먼저 보낼까?' 생각하다가 서로 양보해 주겠지 하며 먼저 가려다 사고가 나므로 반드시 손을 들어 차량 멈춤을 확인한 후 차량과 거리가 있는 횡단보도의 오른쪽에서 건너간다.

(3) 신호등이 있는 횡단보도 사고

신호등이 빨간색인데 길을 건너거나, 녹색불로 바뀌자마자 뛰는 경우 사고가 일어나기 쉽다. 항상 횡단보도의 오른쪽에 서서 손을 들고 차량 멈춤을 확인한 후 운전자와 눈을 마주치면서 천천히 건너가도록 지도한다.

(4) 주차, 정차된 차량 사이에서의 횡단 사고

영유아는 몸이 작기 때문에 운전자에게도 영유아에게도 서로가 다른 차에 가려져 보이지 않는 경우가 있다. 길가에 세워 둔 자동차 사이에서 찻길을 건너려고 갑자기 뛰어나오면 달려오는 차의 운전자는 차에 가려 영유아가 보이지 않아 사고 위험이 18배나 높다. 차 사이에서는 걷거나 뛰어나오지 않도록 한다.

(5) 차량의 바로 앞이나 뒤에서의 횡단 사고

버스나 승합차의 바로 앞뒤로 횡단 시 차량에 가려 영유아가 보이지 않아 나는 사고이다. 유아교육기관의 통학차량이나 부모의 차에서 영유아가 먼저 내려 차 앞으로 횡단하다 달려오는 차에 사고를 당하는 경우이다. 유아교육기관의 통학차량 이용 시 하차한 후에는 반드시 교사나 부모 등 성인과 함께 길을 건너도록 하며 부모와 함께 차를 타고 온 영유아는 부모가 먼저 차에서 내려서 영유아의 하차를 돕는다.

(6) 차도로 갑자기 뛰어들기 사고

7세 이하 영유아 보행자 사고의 70% 정도는 뛰어들기로 인해 발생하고 있다. 뛰어들기 사고는 주거 지역 내의 폭이 좁고 보도와 차도가 구분되지 않은 이면도로에서 많이 발생한다. 영유아가 한 가지 일에 몰두하면 차가 접근하는 것을 인식하지 못하는 경우가 있으며 빨리 가고 싶어 하는 조급성 때문에 뛰어드는 경향을 보인다. 공이 찻길로 가거나 길 건너편에서 오는 친구가 불러도 갑자기 뛰어들지 말고 항상 차가 오는지 확인한 다음 손을 들고 건넌다. 이처럼 아무런 생각

없이 차도로 뛰어든다는 점을 고려해서 영유아를 지도한다.

(7) 도로상에서의 위험한 놀이

이면도로나 주차한 차량 가까이에서 놀다가 당하는 사고도 어린이 사고의 10% 이상을 차지한다. 영유아는 자기 통제력이 약하고, 주의를 적절히 배분하는 능력이 부족하기 때문에 놀이에 열중해 있을 때에는 불안전한 행동을 하기 쉽다. 우리나라의 경우 어린이들이 마음 놓고 뛰어 놀 수 있는 놀이 공간이 부족하기 때문에 자동차가 다니는 길에서 뛰어다니거나 공놀이하다가 교통사고를 많이 당하므로 찻길에서의 안전한 놀이방법을 지도한다.

(8) 큰 차가 회전하다 나는 사고(내륜차에 의한 사고)

내륜차란 차가 우회전할 경우 앞바퀴보다 뒷바퀴가 안쪽으로 통과하는 경우로 회전의 각도가 클수록 큰데 보통 승용차는 약 1m 정도이며, 대형차의 경우 무려 2m 이상 차이가 나기도 한다. 큰 차가 돌 때 그 안쪽에 어린이가 서 있으면 앞바퀴에는 치이지 않더라도 뒷바퀴에 치일 수 있으므로 큰 차가 지나갈 때에는 차와 멀리 떨어져 서 있도록 하고, 길모퉁이에 서 있거나 교차로 횡단보도에서 차도에 내려서 있지 않도록 항상 지도한다.

(9) 승·하차 시 사고

승 · 하차 시 사고는 영유아의 조급한 행동 경향, 부주의, 신체적 미성숙 및 운전자의 부주의에서 비롯된다. 버스나 승합차에서 내릴 때는 버스가 완전히 선 다음에 내려야 한다.

(10) 차내 안전사고

자동차가 빠른 속도로 달리다 급정지할 경우에는 관성의 법칙에 의해 몸이 앞으로 쏠리면서 차 내부의 돌출물에 부딪혀 다칠 수 있으므로 반드시 안전벨트나 보호장구를 착용하도록 해야 하고, 차내에서 장난하거나 머리나 손을 창밖으로 내미는 일이 없도록 해야 한다. 또한 버스나 자동차의 앞좌석에 앉지 않는다.

(11) 차 뒤, 밑에서 놀다 나는 사고

운전자가 운전석에 앉아 있으면 차 뒤, 밑에 있는 어린이가 보이지 않으며, 멈추어 있는 차는 항상 뒤로 움직이므로 차 뒤나 밑에서 놀지 않도록 한다.

(12) 자전거, 킥보드 사고

영유아의 자전거 사고는 초등학생에 비해 상대적으로 많지는 않다. 영유아의 자전거나 킥보드 사고는 보호자 없이 차도에서 타고 놀거나 내리막길, 골목길에서 멈추지 않고 넓은 길로 달려 나오다가 자동차와 부딪쳐 사고가 발생한다. 영유아들이 타고 놀이하는 기구를 안전하게 타는 요령과 방법은 물론, 안전하게 탈 수 있는 장소와 타서는 안 되는 장소에 대한 교육을 한다. 또한 반드시 헬멧과 무릎보호대를 착용하고 차가 다니지 않는 안전한 장소에서 타도록 한다.

3. 교통 안전교육의 내용 및 방법

1) 교통 안전교육의 내용

신체운동·건강영역의 '안전하게 생활하기' 내용범주 중 하위내용으로 제시된 '교통 안전 규칙 지키기'는 유아가 교통 안전 규칙의 중요성과 자동차 사고의 위험을 알고 사고의 위험으로부터 자신을 보호하기 위해 필요한 지식(knowledge), 기능(skill), 태도(attitude)를 형성하는 내용이다. 도로교통공단(2008)에서 제시한 교통 안전지도의 목표를 지식, 기술, 태도 면에서 기술하면 [그림 6-1]과 같다.

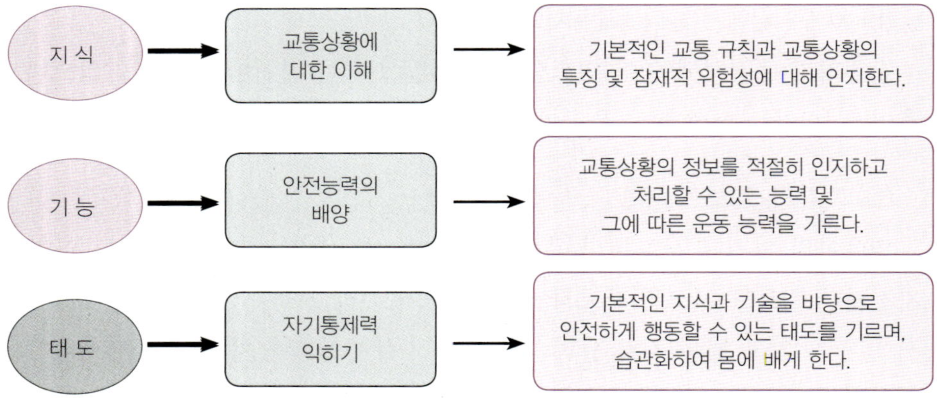

출처: 도로교통공단(2008).

[그림 6-1] 교통 안전지도의 목표

교통 안전교육을 통해 길러야 하는 지식(knowledge), 태도(attitude), 기술(skill)은 다음과 같다.

(1) 영유아 교통 안전 지식

교통 안전 지식이란 교통 안전과 관련된 상황, 사물, 사건에 대한 정보를 획득하는 것을 뜻하며 문제를 안전하게 해결하는 기본 자료이다. 즉, 교통상황에 대한 기본적인 교통 규칙과 교통상황의 특징 및 잠재적 위험성에 대해 아는 것이다. 이는 보행자 안전, 자동차, 신호등, 교통 안전표지에 관한 지식을 말한다(강민재, 2007).

영유아기에 획득해야 할 교통 안전과 관련된 지식으로 Scott(1992)와 Pickle(1989)은 교통신호를 알고 안전표지판 인식하기를 강조하였는데 유아가 교통기관이나 보행과 관련된 안전 행동을 하기 위해 각각의 교통표지판이 무엇을 의미하는지를 먼저 알고 교통기관을 안전하게 이용하는 방법에 지식을 쌓아 나가야 한다고 하였다. 한국산업안전보건공단(2003)에서는 교통 안전지도 내용을 크게 보행안전, 교통기관 이용안전, 바퀴달린 탈 것의 안전, 교통일반의 4가지 영역으로 구분하여 제시하였는데, 각 영역별 지도 내용은 〈표 6-8〉과 같다.

〈표 6-8〉 한국산업안전관리공단에서 제시한 교통 안전지도 내용

<table>
<tr><th>주 제</th><th>영 역</th><th>지 도 내 용</th></tr>
<tr><td rowspan="4">교통
안전</td><td>보행안전</td><td>• 유치원까지 안전한 통학로 익히기
• 비 오고 눈 오는 날의 안전한 보행 방법
• 횡단보도, 육교, 지하도 안전하게 건너는 방법
• 보행 시 위험상황 예측하기
• 야간 보행 시 안전한 행동
• 신호등이 없는 횡단보도의 안전한 횡단 방법
• 안전한 도로 횡단 수칙
• 보호자와 함께 보행하는 것의 중요성 인식</td></tr>
<tr><td>교통기관
이용안전</td><td>• 통학버스를 안전하게 이용하는 방법
• 지하철에서의 안전한 이용 방법
• 승용차 안에서의 안전한 행동</td></tr>
<tr><td>바퀴달린
탈 것의 안전</td><td>• 겨울철 놀이에 따른 안전 장비, 복장
• 자전거, 롤러블레이드, 인라인스케이트, 킥보드의 안전한 이용 방법
• 안전한 놀이 장소
• 자전거의 생김새
• 내 몸에 맞는 자전거와 장비 구분하기</td></tr>
<tr><td>교통일반</td><td>• 교통 안전을 위해 수고하시는 분들에 대한 고마움
• 교통신호와 교통 안전 표지판의 의미와 중요성 인식
• 교통사고의 위험성 인식과 대처방법</td></tr>
</table>

또한 도로교통공단(2008)에서 제시한 교통 안전교육내용은 크게 보행, 도로횡단, 교통수단의 이용, 교통상황과 안전, 교통질서와 안전의 5가지이며, 그 목표와 내용은 〈표 6-9〉와 같다.

〈표 6-9〉 도로교통공단에서 제시한 교통 안전교육내용

<table>
<tr><th>영 역</th><th>목 표</th><th>내 용</th></tr>
<tr><td rowspan="2">보 행</td><td>안전한 등 · 하교</td><td>• 보도와 차도의 구분
• 등 · 하교 버스 타기</td></tr>
<tr><td>안전하게 걷기</td><td>• 길을 걸을 때의 바른 자세
• 여럿이 걸을 때의 바른 태도</td></tr>
<tr><td rowspan="2">도로횡단</td><td>도로 횡단과 신호</td><td>• 안전한 횡단 장소 선정
• 신호에 따라 횡단하기
• 안전한 횡단 방법</td></tr>
<tr><td>위험한 장소에서의 횡단</td><td>• 신호등 없는 도로 횡단
• 철길 건널목 횡단</td></tr>
</table>

영 역	목 표	내 용
교통수단의 이용	교통수단의 이해	• 탈것의 종류, 모양, 특성
	올바른 이용 방법	• 안전하게 기다리기 • 내리고 탈 때의 주의점
교통상황과 안전	비 오는 날의 안전	• 비 오는 날의 위험 • 비 오는 날의 안전한 통행
	안전한 놀이	• 위험한 놀이 장소 • 자전거 타기
	겨울철의 안전	• 겨울철의 위험성 • 안전하게 걷기
교통질서와 안전	교통 규칙의 이해	• 교통표지판의 이해 • 교통 규칙 지키기
	교통 안전의 이해	• 교통사고와 안전 • 교통 안전을 위해 수고하시는 분들

(2) 영유아 교통 안전 태도

교통 안전 태도란 교통기관의 이용과 특정 교통상황에서 어떻게 행동해야 하는지를 판단하는 것으로 실생활이나 위험의 상황에서 영유아의 행위선택에 영향을 주게 된다. 특정한 외부의 자극에 일관성 있는 안전반응을 이끌어 내려는 의도 또는 성향을 뜻한다. 안전 태도는 상황이 변화됨에 따라 쉽게 따라서 변화되어서는 안 된다. 다양하고 구체적인 상황 속에서 일관성 있는 대처 행위가 나타날 때 영유아들의 교통 안전 태도가 형성되었다고 볼 수 있다. 따라서 교통 안전과 관련된 내용의 지식을 쌓은 이후 다양하고 구체적인 교통상황 속에서 영유아의 안전욕구에 따라 바른 안전 태도를 스스로 취할 수 있어야 한다.

Pickle(1989)은 한번 형성된 습관은 지속되기 때문에 자동차와 관련하여 형성되어야 할 태도로 안전벨트하기를 습관화하여야 하며, 길을 건널 때 서두르지 않으며 침착한 태도를 지니는 것을 강조하였는데 이를 위해서는 부모들의 올바른 모델링이 선행되어야 한다고 보았다. 영유아 스스로 자신을 가치 있는 인간으로 생각하고, 긍정적 자아상을 토대로 안전욕구가 있다는 것에 대한 부모의 이해를 도와야 하며, 영유아교육기관과 부모와의 긴밀한 협력과 연계를 통해 영유아로 하여금 안전행동을 올바르게 할 수 있는 습관을 증진시키고 일상생활에서 안전 태도를 몸에 익히도록 부모의 바른 모델링도 강화되어야 한다.

(3) 유아 교통 안전 기술

교통 안전 기술이란 교통 안전 문제에 직면했을 때 안전에 근거하여 그 문제를 해결할 적합한 방법을 선택하고 필요한 정보를 사용하는 것이며 반복적이고 지속적인 훈련을 통하여 습득한 기술로 실제 문제를 해결하고 적용하는 것이다.

Pickle(1989)과 Yeaton(1987)은 보행자의 안전 기술로 차도를 건널 때는 가급적 신호등이 있는 건널목에서 건너고, 녹색 신호가 되었을지라도 좌우를 잘 살핀 다음 건너가고, 신호등이 없는 곳에서 건너야 할 때에는 손을 들고 좌우를 주의 깊게 살피면서 차의 소리를 잘 듣고 건너는 행동을 몸에 익혀야 한다고 보았다.

영유아가 선택하게 되는 행동은 지식과 태도에 의해 크게 영향을 받는다. 영유아기에 올바른 교통 안전 지식을 습득하고, 다양하며 역동적인 문제상황을 효율적으로 대응하기 위한 빠른 속도와 정확한 기술이 요구된다. 이를 위해 영유아들에게 적극적인 역할을 부여할 수 있는 현장학습, 모의학습, 반복학습, 놀이학습, 토의 등의 방법이 포함되어야 하겠다.

영유아기에 형성해야 할 교통 안전 지식, 기술, 태도에 대한 교육내용을 유선희(2004)는 다음과 같이 정리하고 있다.

〈표 6-10〉 교통 안전교육의 지식, 태도, 기술 내용

교통 안전 영역	지 식	태 도	기 술
신호등의 기능과 보행자	• 교통신호와 교통 안전표지 인식하기 • 횡단보도 건널 때 지켜야 할 안전 규칙 알기 • 위험한 횡단보도 알기 • 차도와 보도에서의 규칙과 우측통행 알기 • 길을 걸어갈 때 남에게 폐를 주지 않는 법 알기 • 차도 근처에서 안전하게 노는 법 알기	• 교통 규칙을 지키려는 태도 기르기 • 횡단보도 건널 때의 규칙과 신호등의 기능 익히기 • 길을 걸어갈 때 안전한 행동에 대한 태도 기르기 • 주차장이나 차도에서 놀지 않는 태도 기르기	• 교통신호, 교통표지 지켜 행동하기 • 길을 안전하게 다니는 방법 실행하기 • 도로 횡단 및 보행 규칙에 따라 걷기 • 찻길을 안전하게 보행하는 방법을 사용하기 • 교통사고를 안전하게 피하는 방법 실행하기
자전거	• 자전거 표지판 인지하기 • 자전거 타는 장소 선별하기 • 자전거 탈 때의 장비와 옷차림 알기 • 길에서 자전거 타는 규칙 알기 • 횡단보도에서 자전거를 끌고 건넌다는 것 알기	• 몸에 맞는 자전거 선택하기 • 자전거 장비를 꼭 착용 하려는 태도 기르기 • 자전거 탈 때 옷차림 유의 하기 • 한손으로 타거나 묘기를 부리지 않기 • 경쟁하지 않고 주위 살피기 • 장애물 앞에선 꼭 정지하기 • 내리막길에서는 끌고 가는 태도 기르기 • 먼 길은 가지 않는 태도 기르기	• 시선은 5~10미터 전방을 주시하여 타기 • 급정지, 급커브를 하지 않기 • 손을 들어 방향전환 등 미리 신호 보내기 • 앞 차와 충분한 거리를 두고 타기 • 모퉁이에선 차 먼저 보내기 • 앞차가 정지할 때는 문이 열릴 것을 대비하기
자동차	• 각종 교통기관의 안전한 이용 방법 알기 • 차 안에서 안전한 행동 알기 • 차 밖으로 신체나 물건을 내미는 것이 위험함을 알기 • 유치원 버스를 타고 내릴 때의 지식 알기 • 대중 교통수단의 이용 방법 알기	• 교통수단을 안전하게 이용하는 태도 기르기 • 위험한 상황에서 자신을 보호하려는 태도 지니기 • 교통 규칙 지키려는 태도 갖기 • 교통표지판을 눈여겨보는 태도 갖기 • 버스나 승용차를 타고 내릴 때 주의하는 태도 기르기 • 안전벨트 매기와 같은 차 안에서의 안전 태도 갖기	• 교통수단 안전하게 이용하기 • 위험한 상황에서 스스로 자신을 보호하기 • 유치원 버스나 승용차를 안전하게 타고 내리기 • 교통 규칙 지키기 • 차 안에서 안전하게 행동 하기
환경	• 안전한 교통환경 인지하기 • 자동차의 배기가스가 환경오염의 원인임을 알기 • 환경을 보호하는 것과 오염시키는 내용 알기 • 주차장, 차도, 보도 구별하기 • 날씨와 기후, 낮과 밤의 교통 안전에 대해 알기	• 주위 환경에 관심을 가지며 아름다운 환경을 소중히 보호하는 태도 갖기 • 교통으로 인한 소음, 먼지, 가스배출 등의 환경오염 등을 바꾸려는 태도 갖기 • 위험상황의 안전 문제를 해결하려는 태도 갖기	• 교통 문제로부터 환경의 소중함을 실천하기 • 경적 소리 내지 않기 • 배기가스를 적게 하기 • 차창 밖으로 쓰레기나 오염 물질을 버리지 않기 • 비가 올 때는 우산보다 우비를 입어서 안전하게 다니기

2) 교통 안전교육의 방법

교통 안전교육을 효과적으로 실시하기 위해 그 방법의 중요성을 간과할 수 없다. 교육방법에 있어 안전에 대한 지식, 가치관, 태도, 기술, 참여 등이 균형 있게 다루어져야 하고, 총체적이고 통합적으로 접근되어야 하며 생애주기에 따라 평생교육 차원에서 반복적이고 계속적으로 다루어져야 한다(국민안전교육, 2019). 바람직한 교통 안전교육의 방법을 위해 교사는 우선 영유아들의 경험과 발달 특징에 맞게 영유아가 실천할 수 있는 실제적인 행동을 육성할 수 있도록 교육내용의 범위와 깊이를 결정하고 각각의 내용을 가장 효과적으로 전달할 수 있는 교육활동을 선택하여야 한다.

교통 안전교육방법을 곽은복(2001), 박성익(1997), 유광찬(1997), 이성호(1999) 등의 분류에 근거하여 설명 및 시연, 토의, 문제해결, 역할놀이, 시뮬레이션의 방법으로 나누어 제시하고자 한다.

첫째, 설명 및 시연의 방법은 직접적인 안전교육방법으로 행동 변화에 중점을 둔 것이다. 교사가 영유아에게 직접 설명하거나 시범 보이기, 현장견학, 예행연습, 실행연습, 반복학습과 같은 형태로 이루어지는 교수의 형태를 의미한다. 직접적인 교육방법은 위험한 상황에서 자기통제(self-control)를 잠재적으로 이끌어 낸다. 문제상황에서 정해진 절차를 따르는 것이 중요한데 설명, 시범, 시연 등 행동적 프로그램들은 영유아들이 위험상황에서 자신들을 어떻게 보호해야 하는지를 알 수 있다.

둘째, 토의 방법은 교통 안전 관련 특정 주제에 대해 언어적 및 비언어적 방법을 사용하여 서로의 의견을 교환함으로 정보 습득 및 문제를 해결해 가는 것이다. 이미 제시된 것을 단지 반복하는 것이 아니라 개인적인 생각을 적극 표현하도록 돕는 공동학습의 한 형식이다.

셋째, 문제해결의 방법은 영유아의 논리적 추론 능력을 길러 줌으로 안전에 대한 문제해결 사고와 능력을 길러 주고자 하는 것으로 탐구식 교수 방법이다. 안전하게 해결해야 할 문제상황을 파악해 보고 해석하며 일반화하는 문제해결과정은 영유아의 인지 및 사고과정을 발달시킨다(방인옥 · 박찬옥 · 이기현 · 김은희, 2012). 안전을 요구하는 다양한 문제상황을 제시하여 이를 해결할 수 있는 안전 대응 방법을 추론해 보고 여러 가지 대안들 중 가장 안전한 방법을 선택하는 과정을 통해 다양한 해결방법을 모색하는 태도와 문제해결력을 길러 주게 된다.

넷째, 역할놀이 방법은 타인의 역할을 경험해 봄으로써 자신과 타인을 이해하는 데 도움을 주는 극화된 놀이 활동이다. 역할극에서는 참여자와 관찰자 모두가 서로의 느낌을 탐색하고 태도, 가치를 통찰하며 문제해결의 기능과 태도를 습득하게 된다(이성호, 1999). 역할놀이는 영유아의 관찰력, 의사결정능력, 문제해결능력, 의사소통기술 등을 기르는 데 효과적인 방법(서울시교육연구원, 1996)으로 영유아는 역할놀이를 통하여 위험상황에 대한 인과관계를 배워 나감으로써 자기중심적 사고에서 벗어나 다른 사람의 관점을 이해할 수 있으며, 생활 주변에서 일어날 수 있는 다양한 위험상황에 대해 자발적으로 문제를 해결할 수 있고 새로운 안전 행동이나 기술을 배울 수 있게 된다.

다섯째, 시뮬레이션 방법은 영유아들이 문제상황에 직접 참여하고 행동의 결과를 경험할 수 있는 기회를 가지는 것으로 실제와 유사한 상황을 영유아에게 제공하여 영유아로 하여금 안전하게 행동하는 방법을 시연해 보는 활동이다. 교통공원에서의 직접적인 체험교육이 대표적인 모의상황 교육이라 볼 수 있다. 교통공원에서는 교통표지판, 신호등, 육교, 터널, 차도 등을 실제와 유사한 형태로 소형화하여 영유아들이 신호등의 지시에 따라 직접 횡단보도를 건너며, 육교를 건너며, 터널을 통과해 봄으로써 교통과 관련된 지식을 익히고 교통 안전 태도와 기술을 기르게 된다.

최근 교통 안전체험관을 통해 영유아들이 직접 보고, 만지고, 작동해 보는 체험위주의 교육장이 소개되고 있다. 영유아들이 보행자의 입장은 물론 운전자의 입장을 체험하면서 위험한 상황에 대처하는 프로그램을 통해 안전지식과 태도를 향상시켜 사고 예방의 능력을 기르고자 한다.

이와 같은 여러 방법들이 영유아들에게 안전지식, 태도 및 기술에 있어 유의미한 경험으로 되기 위해서는 어느 한 가지의 교수방법만을 선정하여 제시할 수 없으며 여러 방법들을 통합한 다양한 교수 접근이 필요하겠다.

3) 통원로와 통원방법

유치원과 어린이집의 통원 원리는 보호자가 도보로 아이를 직접 마중하는 것이며 이 방법이 가장 바람직하다. 그러나 도보로 다닐 수 있는 범위에 유치원이나 어린이집이 없거나, 보육내용에 매력이 있어 먼 곳이라도 영유아를 통원시키고 싶거나, 어린 형제가 있기 때문에 부모가 마중하기 곤란한 상황 등의 이유로 다양한 통원 방법을 사용한다. 통원에는 ① 도보 통원 ② 유치원 버스를 이용한 통원 ③ 자가용을 이용한 통원이 있다. 어떤 통원 방법을 선택하는 경우라도 교통량이 적고 위험한 곳이 없는 길을 통원로로 이용하여 영유아의 안전이 확보될 수 있도록 하여야 한다. 이를 구체적으로 제시하면 다음과 같다(相川德孝, 2008).

(1) 도보 통원

도보 통원은 모든 유치원이나 어린이집의 일반적인 통원방법이다. 보호자와 같이 걸으면서 원에서 일어난 일을 얘기하거나, 계절의 변화를 눈이나 피부로 느낄 수 있다. 영유아와의 상호작용이 깊어지는 통원방법이기도 하다. 매일의 통원로 선택에 대해서는 안전한 길을 선택한다는 것이 중요하다. 이는 보호자 입장에 부합하는 통원로를 선택하는 것이 아니라 다소 멀리 돌더라도 영유아의 안전을 가장 중요하게 생각하고 선택해야 한다. 도보 통원은 보호자의 감독책임이 된다. 따라서 통원로에서의 안전에 대해서는 보호자가 그 책임을 지는 것이다. 교육기관에서도 보호자와 영유아에게 통원로를 안전하게 걷기 위한 규칙이나 태도를 설명한다. 사고가 나기 쉬운 상황을 설명하고 주의를 촉구하는 등 안전하게 통원할 수 있도록 지원하지 않으면 안 된다.

(2) 버스 통원

많은 유치원과 어린이집에서 통원 버스 운행이 일반화되고 있다. 운행방법은 기관에서 여러 개의 운행 코스를 만들어, 영유아의 집에서 제일 가까운 장소에 집합장소와 버스정류장을 설정하고, 등 · 하원 때에 지정한 시간에 늦지 않게 보호자와 영유아가 대기하는 방법이 일반적이다.

통원 버스를 운행하는 교육기관은 원에서 영유아를 버스에 태워 버스정류장에서 보호자에게 인도할 때까지 책임을 지지 않으면 안 된다. 이를 위해 다음과 같은 버스 운행 전반에 대한 규칙을 작성하고, 교직원 간에 공통 이해를 가지도록 한다.

- 버스 노선 선정
  - 한 노선을 30분 이내에 돌도록 한다.
  - 교통사정이 좋고, 결정된 시간 내에 운행할 수 있는 도로를 선택한다.
- 버스정류장 · 집합장소 선정
  - 버스 정차가 가능한 공간인지 확인한다.
  - 영유아와 보호자 몇 명이 기다릴 만한 장소를 확보한다.
  - 집합장소에서의 규칙을 보호자와 영유아에게 안내하고 지키도록 지도한다.

〈안전을 위한 규칙〉

- 영유아에게 안내할 내용
  - 창문은 열지 않는다.
  - 버스 운행 중에는 마음대로 일어나거나, 자리를 바꾸거나 하지 않는다.
  - 좌석에 깊게 앉는다.
  - 버스의 운전을 방해하는 큰 소리를 내지 않는다.
  - 버스 안에서 자신의 짐은 무릎 위에 놓는다.

- 탑승하는 교직원에게 안내할 내용
  - 내릴 때에는 교직원이 먼저 내린다.
  - 문은 버스가 반드시 멈추고 나서 개폐한다.
  - 타고 내릴 때 버스정류장에서 기다리는 아이나 주위도 배려한다.
  - 태도가 나쁘고, 위험이 따르는 상황이 되면 주의를 준다.

–보호자에게 공손하게 인사한다.

–비상금, 탑승 영유아 명단, 휴대전화, 약상자를 항상 버스에 놓아둔다.

–보호자가 마중 나오지 않은 경우에는 영유아를 내려놓지 않는다. 얼마 동안 기다려도 마중 나오지 않을 때에는 보호자와 통화 후 그대로 버스에 태워 원까지 데리고 온다.

–빨리 버스정류장에 도착한 때는 약속된 시간까지 기다린다.

–변경사항 연락을 받은 사람은 담임 및 버스 탑승자에게 신속히 전한다.

–버스 안에서 자신의 짐은 무릎 위에 놓는다.

–담임은 버스를 이용하는 영유아의 결석, 승차 유무를 확인하고, 즉시 원에 전한다.

– 버스 안에 남아 있는 영유아가 없는지 반드시 확인한다.

(3) 자동차 통원

자동차는 걷는 것과는 다소 거리가 멀거나 시간적인 제약이 있는 경우, 통원버스가 지나지 않는 경우에 이용한다. 자동차 통원도 보호자가 안전운전에 유의하는 것이 중요하다. 자동차를 이용하는 경우는 주차하는 공간이 필요하게 된다. 등 · 하원 시간은 일정하므로 정해진 짧은 시간대에 자동차가 집중하게 된다. 주차공간을 확보하기 어려운 기관의 경우 원활하게 안전한 등 · 하원이 이루어질 수 있는 방법을 생각해야 한다. 자칫 불법 주차로 다툼이 일어나거나 근처의 주택에 피해를 주어 유치원이나 어린이집에 좋지 않은 인상을 주게 된다. 주차 관리인이 없는 경우에는 교직원이나 보호자가 교대로 주차장 관리를 하는 방법도 생각할 수 있다. 하지만 자동차를 운전하는 보호자가 서로 양보하는 마음을 갖는 것이 무엇보다도 중요하다.

4. 교통 안전교육의 실제

신호등과 교통표지판을 알아요

대상연령 만 3~5세

활동목표
- 신호등의 색깔과 의미를 알고 안전한 횡단방법을 실천한다.
- 교통표지판의 의미를 이해하고 익힌다.
- 공공장소에서 지켜야 할 질서와 규칙을 알고 지킨다.

활동유형 대집단 활동, 현장학습

교육과정 관련요소
- 신체운동 · 건강〉안전하게 생활하기〉교통 안전 규칙 지키기
- 사회관계〉다른 사람과 더불어 생활하기〉사회적 가치를 알고 지키기

활동자료 신호등과 교통표지판 사진 및 그림자료, 모형(신호등, 횡단보도, 교통표지판), 장소(교통 안전시설 모형이 설치될 수 있는 유희실 또는 강당)

활동방법

1. 신호등과 교통표지판에 대한 이야기를 나눈다.
- 교통신호등과 관련된 경험을 이야기 나눈다.
  - 신호등을 본 적이 있는가? 어디에서 볼 수 있는가?
- 신호등의 색깔별 뜻하는 의미에 대해 이야기 나눈다.
  - 신호등은 자동차와 사람이 잘 다니기 위해 지키기로 한 약속이다.
  - 횡단보도가 있는 곳에 설치된 신호등은 어떤 색깔일까?
- 신호에 따라 건너는 방법에 대해 이야기 나눈다.
  - 빨간등이 켜졌을 때: 도로를 건너지 않는다.
  - 초록등이 켜졌을 때: 도로를 건널 수 있다.
  - 초록등이 깜빡일 때: 다음 초록신호가 켜질 때까지 기다린다. 도로를 건너고 있으면 빨리 가까운 쪽 보도로 올라선다.
- 교통표지판과 관련된 경험을 이야기 나눈다.
  - 교통표지판을 본적이 있는가?, 어디에서 볼 수 있는가?, 어떤 그림들이 있었는가? (실제 신호등 모형을 지역 교통 안전관리협회에서 대여하여 설치 후 직접 신호기의 불을 교사가 조작하여 횡단하는 연습을 한다.)

2. 횡단방법을 실제로 실습한다.
- 안전한 횡단방법을 연습한다.

- 고개를 돌려 좌우를 관찰한다.
- 신호등이 녹색으로 바뀌면 좌우를 보고 차가 멈춘 것을 확인한다.
- 운전자와 눈을 맞추어 횡단의사를 확실하게 하고 손을 들어 신호한다.
- 횡단 중 걸어서 신속하게 직선으로 건넌다.
- 횡단 전반에는 좌측을, 후반에는 우측을 살피도록 한다.
- 횡단보도에 도착하여 녹색신호가 깜빡이면 다음 녹색신호까지 기다린다.

• 교통표지판의 그림이 뜻하는 의미에 대해 이야기 나눈다.
- 주의표시: 도로 또는 부근의 위험을 알린다.
- 규제표시: 도로교통의 안전을 위해 제한 · 금지를 나타낸다.
- 지시표시: 도로의 통행방법 · 통행구분 등 지시를 한다.

• 교통신호와 표지판을 지켜야 하는 이유에 대해 이야기 나눈다.
- 교통 규칙을 알고 안전한 교통생활을 위해 교통질서를 잘 지켜야 한다.

• 교통표지판을 관찰한다.

• 교통표지판이 있는 곳에서 사람들과 자동차는 어떻게 행동해야 하는지 실습해 본다.
- 그룹별 실습이 끝난 후 활동을 마무리한다.
- 교통교육에서 재미있었던 점과 소감에 대해 이야기 나눈다.

3. 신호등과 교통표지판에 대한 조형 활동을 한다.

• 신호등을 만들어 본다.
• 교통표지판을 만들어 본다.

활동평가

• 신호등의 색깔과 의미를 알고 안전한 횡단방법을 지켜 실행하는가?
• 교통표지판이 있는 장소에서 그 의미를 이해하며 행동하는가?

활동 시 유의점

모형은 지역마다 있는 교통관리연합회의 안내를 통하여 사전에 신청이 이루어질 수 있도록 유의한다.

확장활동

유치원(어린이집)에서 지켜야 할 질서와 규칙을 유아들과 토의 후 다양한 표지판으로 제작하여 유치원 내 부착하고 표지판의 의미에 따른 행동을 실천할 수 있는 활동을 한다.

버스나 전철을 안전하게 이용해요

대상연령 만 4~5세

활동목표
- 대중교통의 승차와 하차 시 안전에 대해 알고 실천한다.
- 차내에서의 안전한 태도를 알고 기른다.

활동유형 소집단 활동, 현장학습

교육과정 관련요소
- 신체운동 · 건강〉안전하게 생활하기〉교통 안전 규칙 지키기
- 사회관계〉다른 사람과 더불어 생활하기〉사회적 가치를 알고 지키기
- 예술경험〉예술적 표현하기〉극놀이로 표현하기

활동자료 동화자료, 역할놀이 자료, 차비, 지하철 표 등(장소: 버스정류장과 지하철)

활동방법

1. 교통 관련 동화 '앗, 위험해'를 들려준다.
   - 동화를 듣고 등장인물에 대해 이야기 나눈다.
2. 버스나 전철을 타 본 경험에 대해 이야기 나눈다.
3. 버스나 전철의 승 · 하차 안전에 대해 이야기 나눈다.
   - 버스나 전철을 기다릴 때 지킬 것은 무엇인가?
     - 차도에서 조금 떨어진 곳에서 기다린다.
     - 노란선 밖에서 기다린다.
     - 줄을 서서 기다린다.
     - 장난치지 않으며 기다린다.
   - 버스나 전철을 타고 내릴 때 지킬 것은 무엇인가?
     - 차가 완전히 멈춘 다음에 타거나 내린다.
     - 사람이 완전히 내린 후 차례대로 탄다.
     - 앞사람을 밀거나 장난치지 않는다.
   - 버스에서 내린 후 그 차의 바로 앞 · 뒤로 횡단하는 것의 위험에 대해 이야기 나눈다.
     - 내린 직후 그 차의 바로 앞 · 뒤 운전자가 볼 수 없다.
     - 버스에 가려 다른 차의 운전자가 보행자가 건너는 것을 볼 수 없다.
4. 차를 타고 있을 때의 지킬 일에 대해 이야기 나눈다.
   - 차를 타고 있을 때는 어떤 위험이 있을지에 대해 이야기 나눈다.
     - 손이나 머리를 창밖으로 내밀면 어떤 위험이 있을까?
     - 의자에 기어오르면 어떤 위험이 있을까?
     - 손잡이를 잡지 않으면 어떤 위험이 있을까?

- 버스나 전철 등을 타고 있을 때 올바른 태도에 대해 이야기 나눈다.
  - 앞을 향해 바르게 앉는다.
  - 서 있을 때는 반드시 손잡이를 잡는다.
  - 의자에 올라가지 않는다.
  - 돌아다니거나 장난치지 않는다.
  - 창밖으로 손이나 머리를 내밀지 않는다.
- 버스나 전철을 안전하게 이용하는 이유에 대해 이야기 나눈다.
- 안전하게 이용하는 방법을 실천해 보기로 한다.

5. 버스와 지하철 타 보기 현장학습을 설명한다.
   - 현장학습지에 대한 정보를 제공한다.
   - 현장학습지에서 경험할 내용은 무엇인지 계획한다.
     - 버스정류장과 지하철역에서 버스와 지하철을 이용해 본다.
     - 각자 역할을 정하여 소그룹별로 유아들이 이용해 본다.
       - · 친구들을 인솔하는 유아
       - · 목적지 버스번호 또는 전철을 확인하는 유아
       - · 요금을 내는 유아
       - · 방송에 따라 목적지에서 내리도록 알려 주는 유아
       - · 목적지에서 인원을 확인하는 유아
6. 버스 타 보기 활동을 한다.
   - 소그룹별 지도교사와 함께 버스정류장으로 이동한다.
   - 버스정류장에서 안전하게 기다린다.
   - 버스정류장에서 노선 보는 방법을 알아본다.
   - 목적지에 맞는 버스를 운전자에게 확인 후 안전하게 탄다.
   - 버스 요금을 낸다.
   - 버스 내에서 바르게 탄다.
   - 버스 내 방송을 들으며 목적지를 확인 후 안전하게 내린다.
7. 지하철 타보기 활동을 한다.
   - 소그룹별 지도교사와 함께 지하철역으로 이동한다.
   - 지하철 역무원과 만난다.
   - 지하철 이용방법에 대해 알아본다.
   - 지하철을 안전하게 기다리며 탄다.
   - 지하철 내에서 바르게 탄다.
   - 목적지 도착 후 안전하게 내린다.
8. 그룹별 실습이 끝난 후 활동을 마무리한다.
   - 버스와 전철을 타 보았는데 어떤 것이 재미있었니?

- 규칙을 잘 지켰니?

활동평가

- 대중교통의 승차와 하차 시 안전에 대해 알고 행동하는가?
- 차내에서의 안전한 태도를 알고 실천하는가?

활동 시 유의점

교사는 유아가 안전하게 버스나 전철을 이용하는 방법을 실천해 볼 수 있도록 지켜본다.

확장활동

- 도보 등원을 위한 통학로의 안전한 이용방법에 대해 알아보고 실행해 본다.
- 교실 내에 버스 안과 지하철 안의 환경구성과 교통기관 이용에 필요한 소품(돈, 전철표, 버스카드, 노선표)을 만들고, 기사와 승객의 역할을 정하여 역할놀이를 한다.
- 버스와 전철 외 다양한 교통수단을 이용할 수 있는 극놀이를 해 본다.

안전벨트를 매 주세요

대상연령 만 3~5세

활동목표
- 교통수단을 안전하게 이용하는 능력을 기른다.
- 안전벨트 사용의 필요성을 알고 승차의 바른 습관을 기른다.

활동유형 자유선택활동, 언어활동

교육과정 관련요소
- 신체운동 · 건강〉안전하게 생활하기〉교통 안전 규칙 지키기
- 사회관계〉다른 사람과 더불어 생활하기〉사회적 가치를 알고 지키기

활동자료
- 교통수단을 이용하는 다양한 모습의 돌림판
  - 차내에서 안전벨트를 맨 그림/초록색 신호에 건너는 그림/차례대로 버스에 승차하는 그림/차내에서 장난하는 그림/빨간 신호에 뛰어 건너는 그림/차례를 안 지키며 승차하는 그림
- 자동차 모형그림판(분할핀 부착), 유아 조각 그림, 고무줄

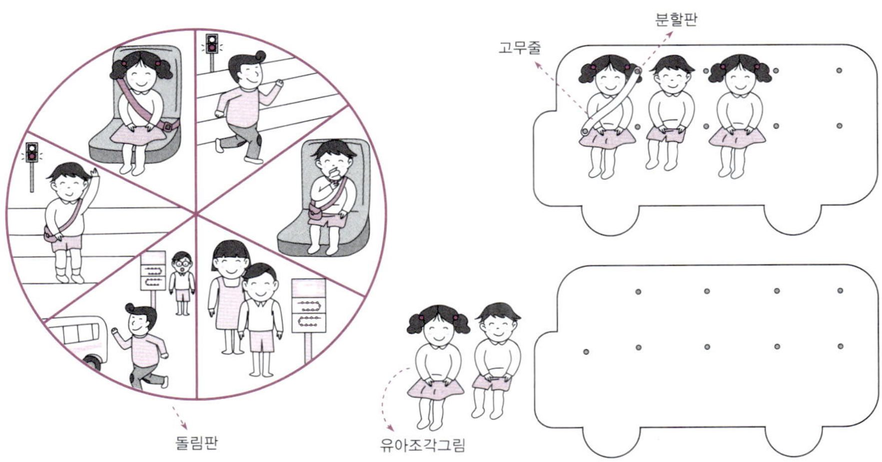

활동방법

1. 교통 규칙을 바르게 지킨 경험에 대해 이야기 나눈다.
2. 위험한 상황을 본 경험에 대해 이야기 나눈다.
3. 돌림판의 상황그림을 보며 이야기 나눈다.
   - 어떤 상황의 그림들인가?

- 교통 규칙을 바르게 지키는 모습은 어떤 것들인가?
- 교통 규칙을 바르게 지키지 못하는 모습은 어떤 것들인가?

4. 교통 안전을 위해 바른 행동과 잘못된 행동이 무엇이며 왜 그런지 이야기 나눈다.
5. 자료를 보며 게임방법을 이야기 나눈다.
   ① 자동차 모형에 정한 수만큼의 유아 조각그림을 올려 놓는다.
   ② 돌림판의 화살표를 돌린다.
   ③ 화살표가 지시하는 그림의 상황을 이야기한 후 바른 행동인지, 잘못된 행동인지 이야기한다.
   ④ 바른 행동일 경우 유아 조각그림 위의 분할핀에 고무줄을 대각선으로 끼워 안전벨트를 해 준다.
   ⑤ 잘못된 행동일 경우는 안전벨트를 하지 못한다.
   ⑥ 자동차 모형의 유아 조각그림 위에 안전벨트가 먼저 모두 채워지는 사람이 이긴다.
6. 게임이 끝난 후 재미있었던 점과 소감에 대해 이야기 나눈다.

활동평가

- 교통수단을 안전하게 이용하는가?
- 안전벨트 사용의 필요성을 알고 승차의 바른 습관을 실천하는가?

활동 시 유의점

- 분할핀에 고무줄을 안전벨트와 같이 대각선으로 끼우는 방법에 유의한다.
- 돌림판의 바늘을 유아가 잘 조절할 수 있도록 한다.

확장활동

만 5세 유아들은 돌림판 화살표가 잘못된 행동을 제시할 때, 채워져 있는 안전벨트 고무줄을 반대로 빼는 방법을 추가할 수 있다.

버스를 탑니다

대상연령 만 3~5세

활동목표
- 버스를 안전하게 타고 내리는 방법을 안다.
- 좌석에 안전하게 앉는 습관을 기른다.

활동유형 자유선택활동, 역할놀이

교육과정 관련요소
- 신체운동 · 건강〉안전하게 생활하기〉교통 안전 규칙 지키기
- 사회관계〉다른 사람과 더불어 생활하기〉사회적 가치를 알고 지키기

활동자료
- 버스 내부 모습이 배경으로 그려진 투시물 환등기 자료, 투시물 환등기(OHP), 여러 가지 종류의 블록(공간블록, 벽돌블록, 스펀지블록 등)

활동방법

1. 자유선택활동시간에 유아들과 블록, 의자를 이용하여 버스를 구성해 본다.
   - 우리들이 타 본 버스의 구조는 어떻게 되었니?
   - 버스를 무엇으로 만들어 볼까?
   - 의자는 어떻게 만들어 볼까?
2. 유아들과 쌓기영역, 역할영역을 통합하여 버스를 구성한 후 이야기를 나눈다.
   - 버스에 타 본 경험이 있니?
   - 버스에 올라갈 때 어떻게 올라갔었니?
   - 서 있을 땐 어떻게 서 있었니?
   - 앉아 있을 땐 어떤 모습이니?
3. 역할을 정한 후 버스에 탄 승객 또는 운전기사가 되어 표현해 본다.
   - 버스를 타는 곳으로 걸어가 볼까?
   - 차가 오는지 안 오는지 살펴볼까?
   - 유치원 버스가 오는구나, 한 사람씩 차례대로 올라가 볼까?
   - 의자에 앉아서 안전벨트를 매어 볼까?
   - 버스가 덜컹 덜컹 흔들리는구나.
   - 버스가 오른쪽 커브를 돌때는 어떻게 될까?
   - 버스가 멈출 때는 어떻게 되니?
4. 유아들과 함께 표현한 내용을 평가한다.
   - 버스를 타고 가는 것처럼 움직여 보니 어땠니?
   - 어떤 모습이 가장 재미있었니?

활동평가
- 버스를 안전하게 타고 내리는가?
- 좌석에 안전하게 앉는 습관이 되어 있는가?

활동 시 유의점

- 다양한 상황(급정거, 커브길 등)에 따른 표현에서 안전한 태도로 대처하는 방법을 사전에 이야기 나눈다.
- 사전활동으로 여러 가지 블록으로 교통기관을 구성하는 활동을 경험한 후 본 활동을 전개한다.

확장활동

- 동작을 보고 상황을 알아맞히는 수수께끼 활동을 해 볼 수 있다.
- 어울리는 배경음악 또는 자동차가 달리는 도로의 소리를 함께 녹음하여 무언극으로 표현할 수도 있다.

교통 안전 관련 참고 사이트

1. 도로교통공단(http://www.koroad.or.kr) – 어린이 교통나라
2. 경찰청(http://www.police.go.kr) – 어린이 경찰청
3. 어린이교통 안전연구소(http://www.go119.org)
4. 어린이 안전 교육관(http://www.isafeschool.com)
5. 한국 교통 안전교육센터(http://www.ktec.or.kr)
6. 한국 어린이 안전재단(http://www.childsafe.or.kr)
7. 중앙119구조대(www.rescue.go.kr)
8. 세이프 키즈 코리아(http://www.safekids.or.kr)
9. 재난과 안전교육 포털(http://portal.cdi.go.kr)
10. 안전생활실천시민연합(www.safelife.or.kr)
11. 어린이 안전짱(http://www.happyway-drive.com/edu/)
12. 꼬마 안전짱(http://ccoma.redcross.ac.kr/)
13. 폴리와 함께 하는 교통 안전교육(http://poli.hyundai.com/Default.aspx)
14. 키즈오토파크(http://www.kidsautopark.org)

교통 안전 관련 동화책

1. 『앗, 위험해!』. 최윤정 글, 김은진 그림(2006). 삼성출판사.
2. 『어린이 교통 안전』. 우현옥 글, 서혜진 그림(2006). 문공사.
3. 『난 자동차가 참 좋아』. 마가렛 와이즈 브라운 글, 김진화 그림(2006). 비룡소.
4. 『자동차가 부릉부릉』. 삐뜨르 호라체크 그림 · 글(2007). 시공주니어.
5. 『자동차 괴물은 싫어!』. 윤종환 글, 이윤선 그림(2007). 교학사.
6. 『끼빅끼빅 악당과 자동차 대작전』. 임정자 글, 정현지 그림(2011). 문학동네.
7. 『안돼, 위험해!. 종이비행기』 글, 조현숙 그림(2004). 중앙출판사.
8. 『어린이 안전 365』. 박은경 글, 김진화 외 그림(2009). 책읽는곰.
9. 『조심조심』. 실비 지라르데 글, 퓌그 로사도 그림, 최윤경 옮김(2003). 달리.

CHAPTER 7

7

화재 안전

유아교육기관에서의 화재 안전교육은 화재의 약자인 영유아들이 스스로 위험으로부터 자신을 보호할 수 있도록 화재 안전 지식, 태도, 기능을 익히게 한다. 또한 화재로 인한 피해를 예방하고 최대한 줄이며 건강하고 안전한 생활을 습관화하도록 도우므로 중요하다. 본 장에서는 화재 안전교육의 기초가 되는 화재 안전교육의 개념과 필요성, 화재 안전사고의 실태와 유형, 화재 안전교육의 내용과 방법을 살펴보고, 이를 바탕으로 적용해 볼 수 있는 실제 활동의 예를 제시한다.

1. 화재 안전교육의 개념 및 필요성

'화재(火災)'란 사람의 의도에 반하거나 고의에 의해 발생하는 연소 현상으로서 소화설비 등을 사용하여 소화할 필요가 있거나 또는 사람의 의도에 반해 발생하거나 확대된 화학적인 폭발현상이다(소방청, 2019, p.3). 따라서 화재(火災), 즉 불로 인한 재해는 재난의 한 종류로서, 예방, 대비, 대응 및 복구를 위한 모든 활동의 대상이 된다.

1) 화재 안전교육의 개념

일반적으로 안전교육은 일상생활에서 일어나는 사고를 미연에 방지하고, 불의의 재해나 돌발적인 사태가 발생했을 때에는 생명을 지키기 위해 취해야 할 지식, 기술, 태도, 행동의 습득을 목적으로 실시하는 교육이다(이인실 · 최민수 · 한국선, 2006). 이에 영유아 화재 안전교육은 영유아들이 안전하고 건강하게 성장 · 발달할 수 있도록 안전한 환경을 제공 · 감독하며, 영유아에게 안전사고 발생의 잠재적 가능성을 인식시키고 자신을 보호하기 위한 행동양식과 태도를 형성하는 데 목적을 둔 재난대비 안전교육이다(「학교보건법」 제12조, 「아동복지법」 제31조 참조). 궁극적으로는 자신에 대한 보호뿐만 아니라 타인의 생명을 존중하는 인간 개개인의 존엄을 배우는 교육이기도 하다.

2) 화재 안전교육의 필요성

영유아기는 발달 특성상 안전사고의 위험이 높은 시기로 경미한 화재사고에도 매우 치명적인 피해를 입거나 화재사고 후유증이 크기 때문에 영유아를 대상으로 한 화재 안전교육의 실시는 매우 중요하다. 과거에는 영유아들을 사고의 위험으로부터 보호하는 것이 부모의 절대적인 책임이고 의무였지만 영유아들이 영유아 교육기관에서 지내는 생활시간이 증가하면서 교사의 영유아 안전보호 및 관리 책임의 비중이 커졌다.

이에 본 절에서는 화재 안전교육의 필요성을 교육대상에 따라 구분하여 영유아, 교사 및 부모의 측면에서 각각 살펴보기로 한다(교육과학기술부, 2008, 2012b; 오정옥, 2008; Kendricks et al, 1988).

(1) 영유아의 측면

화재 안전교육의 필요성은 영유아의 발달 특성을 이해하고 이러한 특성들과 화재 안전사고의 관계를 고려해야 한다는 점에서 영유아를 대상으로 한 전반적인 안전교육의 필요성과 다르지 않다.

신체 발달 특성상 영유아기는 신체 성장과 운동 능력의 발달로 활동량이 급증하지만 아직 신체조절 능력과 운동 기능의 발달이 미숙하다. 이러한 이유에서 화재사고에의 대처와 대피를 위해 실내환경이 신체 발달 특성을 고려하여 안전하게 제공되어야 함은 물론 영유아의 신속한 대피를 돕는 안전교육이 실시되어야 한다.

전조작기 영유아의 인지적 특성상 환경의 위험과 안전에 대한 판단이 부정확하여 자신의 행동이 원인이 되어 어떤 결과를 초래할지 인과관계를 예측하기 어렵다. 이에 영유아는 주변 환경으로부터의 위험을 통제하거나 바꿀 수 있는 능력이 부족하다. 그러므로 일상생활에서의 구체적인 자료를 활용하고, 지속적이고 반복적인 교육을 통해 화재 예방을 위한 습관을 형성하는 교육이 필요하다.

그리고 사회 · 정서적 발달 특성상 영유아기의 활동 반경과 대인관계의 폭이 넓어지고 다양해지면서 영유아는 또래와의 정서적 긴장이나 공격적인 행동, 과거의 경험이나 상상에 의해 불에 대한 공포반응을 보이기도 한다. 이러한 반응들은 때로 자신에 대한 방어에 도움이 되기도 하지만 위험을 극복하는 데 장애요인이 되어 위험한 상황에서 자신의 감정을 통제하고 관리하는 데 어려움을 겪게 한다.

또한 영유아기의 발달적 기초성과 누적성 측면에서, 가정과 영유아교육기관에서 이루어지는 영유아기의 화재 안전교육의 효과는 성인이 되어서도 습관적으로 안전을 고려하고 실천할 수 있게 한다.

한편 영유아를 화재사고로부터 보호하기 위해서는 화재 안전 기술을 가르쳐야 하지만 다음의 이유 때문에 쉽지 않다(Cole, Crandall, & Kourofsky, 2004). 그 이유는 첫째, 영유아들은 일상생활에서 불을 친숙하고 우호적인 대상으로 인식하기 때문에 불에 의한 위험을 이해하기 어렵다. 생일케이크의 촛불이거나 가족야유회에서의 캠프파이어처럼 성인들이 필요에 따라 불을 피우려 노력하는 것을 보면서 불은 피우기가 힘들고 끄는 것은 쉽다는 인상을 갖는다. 둘째, 영유아는 단순한 인과관계는 이해하지만 더 복잡한 인과관계의 이해는 어려우므로 작은 불씨가 집을 태울 만큼의 큰 불이 될 수 있다는 것을 이해하기 어렵다. 셋째, 많은 성인들은 성냥이나 라이터가 눈에 띄지 않으면 잊어버린다고 생각하고 잠금장치가 없는 서랍이나 장에 넣어두지만 호기심 많은 영유아는 쉽게 손에 넣을 수 있다. 영유아 화재 안전교육은 성인의 생각과 행동 때문에 쉽지 않다.

(2) 교사 및 부모의 측면

영유아 화재 안전교육이 제대로 이루어지기 위해서는 영유아를 돌보고 가르치는 교사와 부모에 대한 화재 안전교육이 선행되어야 한다. 특히 영유아교육기관의 취원율이 증가하고 방과후과정(종일제) 운영이 증가하면서 영유아를 안전하게 보호하고 관리하는 교사의 책임에 대한 기대가 높아지고 있어 교사에 대한 실제적인 화재 안전교육의 필요성이 높아졌다. 화재 안전교육의 경험이 있는 교사가 환경관리를 안전하게 하고 영유아들에게도 화재 안전교육을 적극적으로 실천한다는 조사 결과(윤선화, 2002)는 교사를 대상으로 한 체계적인 화재 안전교육의 중요성을 보여 준다. 앞으로 교사교육의 방법과 시기에 관한 법령에 보다 구체적으로 화재 안전교육에 관한 내용이 명시되고 의무적인 교육이 이루어져야 하는 이유도 여기에 있다. 화재 안전교육을 통해 교사는 영유아의 화재 안전 및 화재 안전교육에 관한 지식과 의식을 고양하고, 화재 발생과 같은 비상시에 영유아의 대피활동에 있어 교사의 주도적인 역할과 책임감을 갖게 된다.

한편 영유아기 자녀를 둔 부모는 화재 안전에 대한 의식은 있지만 실제적인 화재 안전지식과 기능에 대한 인식이 부족하다고 조사된 바 있다(이용주 · 오선영, 2009). 그러나 부모의 화재 안전교육 경험과 안전실천 경향은 영유아의 화재 안전지식 및 화재 안전위험의 인식 수준과 관계가 깊다(김인주, 2006; 성은현, 2000). 따라서 화재 안전에 대한 부모의 실천적 지식과 기능이 중요하며, 이를 위해서는 부모의 화재 안전교육 참여가 절실히 요구된다.

2. 화재 안전사고의 실태 및 유형

1) 화재 안전사고의 실태

최근 10년간(2009~2018)의 화재사고 통계를 통해 화재 안전사고의 실태(소방청, 2019)를 살펴보기로 한다. 2007년 국가화재정보시스템 구축으로 화재통계가 체계적으로 집계되면서 화재예방 정책 자료에 근거한 소방시설의 강화, 화재예방 시설의 확대로 이어져 2010년까지 화재 발생 건수가 감소되는 효과가 나났다. 그러나 2011년부터는 도시로의 인구 집중, 도시화가 심해지면서 전기, 유류, 가스 등 에너지원을 사용하는 시설이 계속 늘어나 다시 증가하는 추세를 보이며 최근 10년간 화재 발생 건수는 433,736건으로 나타났다. 같은 기간 동안 연평균 인명피해 21,689명으로 이 역시 조금씩 증가하는 경향을 보였다.

〈표 7-1〉 2009~2018년 화재사고 발생 건수, 인명피해 및 재산피해 추세

(단위: 건, 명, 천 원)

연도	건수	인명피해			재산피해
		소계	사망	부상	
계	433,736	21,689	3,148	18,541	3,824,673,384
2009	47,318	2,441	409	2,032	251,852,928
2010	41,863	1,892	304	1,588	266,504,849
2011	43,875	1,861	263	1,598	256,548,064
2012	43,249	2,222	267	1,955	289,493,719
2013	40,932	2,184	307	1,877	434,467,312
2014	42,135	2,181	325	1,856	405,351,974
2015	44,435	2,093	253	1,840	433,166,488
2016	43,413	2,024	306	1,718	420,638,287
2017	44,178	2,197	345	1,852	506,914,061
2018	42,338	2,594	369	2,225	559,735,702

출처: 소방청(2019).

화재사고의 원인으로는 '부주의'가 49%로 가장 많고, 전기적 요인(23%), 기계적 요인(10%), 방화의심(3%), 교통사고(1%)의 순으로 많이 발생한 것으로 나타났다. 부주의의 구체적인 원인은 담배꽁초가 31%로 가장 많고, 음식물조리 중(16%), 쓰레기 소각(13%), 불씨, 불꽃, 화원방치(13%)로 일상생활 속에서 부주의에 의한 화재 발생에 유의해야 함을 알 수 있다.

화재장소별로 보면 전체화재 건수 중 주거시설(26%)에서 가장 많은 화재가 발생하였으며, 그 다음으로는 산업시설(13%), 자동차와 철도차량(12%), 생활서비스시설(10%)의 순으로 많은 것으로 나타났다.

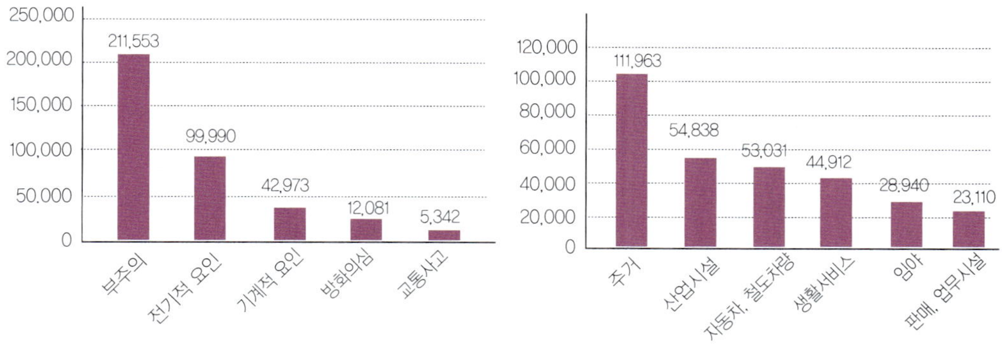

출처: 소방청(2019).

[그림 7-1] 발생 원인별, 발생 장소별 화재발생 현황('09~'18년)

2016년 이후 화재사고로 인한 어린이 사망자 수가 증가하고 있으며, 2018년의 경우 0~19세 모두 10만명 당 사망률이 0.1명으로 비슷하게 나타나고 있기 때문에 항상 화재사고 예방 노력이 필요하다. 특히 영유아는 주거지와 같은 친숙한 공간에서 빈번하게 일어나는 화재사고에 처하여 스스로 화재 상황에 대처하지 못하기 때문에 화재사고의 예방과 화재 발생 시 대처방법에 대한 교육이 평소에 지속적으로 이루어질 필요가 있다.

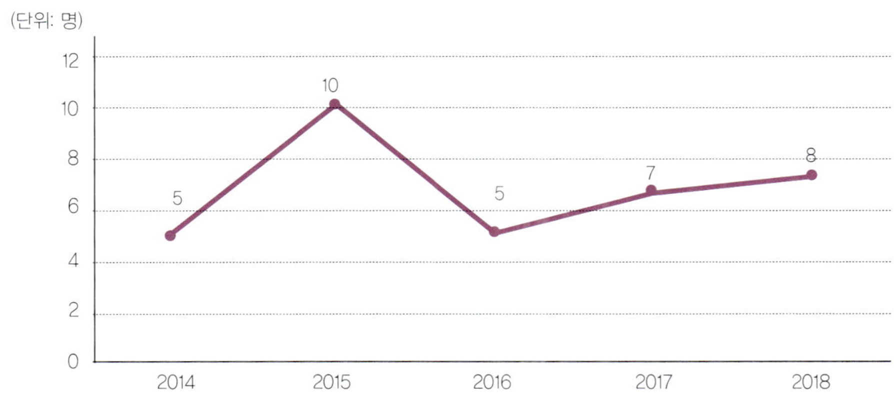

출처: 세이프키즈코리아(2020).

[그림 7-2] 아동 화재사고 사망자 추이('14~'18년)

2) 화재 안전사고의 유형

불은 산소가 있는 상태에서 연료와 열이 화학적으로 반응하며 빛과 열이 발생하는 것이므로 산소, 연료, 열의 세 가지 조건 중 적어도 하나를 제거하면 끌 수 있다. 특히 연료, 즉 무엇이 타느냐에 따라 불의 종류를 구분하는 것은 불을 끄는 방법과 직접적인 관계가 있으므로 연료의 종류에 따른 화재의 종류 구분을 꼭 알아둘 필요가 있다(나무위키, 2020; Martoz, Rush, & Cross, 1989).

〈표 7-2〉 화재의 종류별 특징과 소화방법

화재의 종류	분류색	특 징	소화방법
A형(급)	백색	• 쉽게 접할 수 있는 종이, 나무, 직물 등 일반 가열물이 연료로 타는 불이다. • 그 연료가 무엇이든 재를 남긴다.	• A형의 불을 끄려면 온도를 낮추는 것이 효과적이므로 대개 물을 사용하여 끈다.
B형(급)	황색	• 가연성의 액체(석유, 식용유 등), 가스(LPG, LNG 등) 또는 기름 연료에 의해 발생하는 불이다. • 급속도로 번지는 특징이 있다.	• B형의 불을 끄려면 산소를 차단시키는 것이 효과적이다. 불이 일어난 범위가 작은 경우에는 담요 등을 덮어서, 범위가 큰 경우에는 소화기를 사용하여 불을 끈다. • 물을 섞으면 불꽃이 사방으로 튀어 불이 번지게 되고 더 큰 불을 초래하므로 절대로 물을 부어 끄지 않는다.
C형(급)	청색	• 전기를 통한 상태의 전기기기에서 발생한 불이다. • 과전류가 흘러 전선이나 전자제품이 과열되거나 하나의 콘센트에 너무 많은 가전제품을 연결하여 사용할 때 발생한다.	• 물은 전기를 통하게 해 주는 도체이므로 감전의 위험이 있기 때문에 물로 불을 끄면 안 된다. • 전원을 차단하고 전기적 절연성을 가진 소화기로 불을 꺼야 한다.
D형(급)	무색	• 나트륨, 칼륨, 마그네슘과 같은 가연성 금속의 화재	• 분말소화기로 소화 가능하다.
기타	• E형(급)은 가스를 연료로 발생하는 불이지만 국내에서는 B형(급) 화재로 취급한다. 따라서 통상적으로 화재의 종류는 A형, B형, C형으로 구분된다.		

3. 화재 안전교육의 내용 및 방법

1) 화재 안전교육의 내용

영유아를 대상으로 한 화재 안전교육은 화재의 원인과 예방법, 화재 시의 적절한 대처방법에 관한 지식, 태도, 기술을 익히는 데 목표를 둔다. 따라서 교사는 영유아기 화재 안전교육을 할 때 화재 안전교육에 필요한 지식뿐만 아니라 화재 발생의 위험한 상황을 예측하고 대비하는 태도, 화재 발생 시 안전하게 행동하는 기술에 관한 교육내용을 포괄하여 다루어야 한다.

유치원과 어린이집은 소방관계법령상 노유자(老幼者) 시설로서 특정소방대상물에 포함된다. 특정소방대상물은 소방시설을 설치해야 하는 소방대상물을 의미한다. 영유아교육기관은 화재가 발생하면 가장 취약한 화재취약자들이 사용하는 시설이므로 화재와 관련된 시설 · 설비가 갖추어져야 하는 것이다(「소방시설설치 및 안전관리에 관한 법률」 제2조, 시행령 제5조 참조). 그러므로 교사는 영유아들을 대상으로 한 화재 안전교육뿐만 아니라 영유아교육기관의 화재 예방을 위해 시설을 안전하게 관리 · 점검하는 데 필요한 지식을 알고 있어야 한다.

이에 본 절에서는 화재 안전교육의 내용을 화재의 예방과 대처의 두 가지 측면에서 살펴보기로 한다.

(1) 화재 예방법

① 화재의 종류별 예방법

화재 예방법은 화재의 원인에 따라 구분된 화재의 종류 각각에 맞게 고려되어야 한다. 가정과 영유아교육기관에서 더 주의해야 할 화재의 종류를 중심으로 예방법을 제시한다(김계자 · 2004; 이기숙 외, 2008).

전기화재	• 합선(또는 단락)에 의한 화재: 퓨즈나 과전류차단기, 전선은 용량에 적합한 제품을 사용한다. • 누전에 의한 화재: 배선의 피복 손상 여부를 수시로 확인하고, 전선이 금속체나 젖은 물건에 직접 접촉되지 않도록 한다. • 과부하에 의한 화재: 한 콘센트에 여러 개의 플러그를 꽂아 문어발식 사용을 하지 않는다. • 기타 원인에 의한 화재: 각종 전기기기는 사용 후 반드시 플러그를 뽑아둔다. 전기시설 부근에는 가구, 타기 쉬운 가연물을 두지 않는다. 전기장판 등 발열체를 장시간 전원을 켜고 사용하지 않는다. 전열기 등의 자동 온도 조절기의 고장 여부를 수시로 확인한다. 플러그와 콘센트, 전선과 전선 등 접속 부분을 단단히 조여서 느슨하지 않게 한다.
유류화재	• 유류저장소는 환기가 잘 되도록 하며 인화성 기체가 체류하지 않도록 한다. • 급유 중 흘린 기름을 닦고 열기구 주변에는 가연성 물건을 치우고, 소화기나 모래를 둔다. • 불이 붙은 상태에서 열기구의 이동이나 주유는 안 되며, 사용 도중 넘어지지 않도록 주의한다. • 열기구 위에 올려놓은 주전자 등이 과열되지 않도록 주의한다. • 외출하거나 잠자리에 들기 전 반드시 열기구를 점검하는 습관을 갖는다.
가스화재	• 사용 전 가스가 새는지 냄새로 확인하고, 창문을 열어 가스연소에 필요한 공기가 들어오도록 한다. • 사용 중에는 불이 점화되었는지 확인하고 파란 불꽃이 되도록 공기구멍을 조절하여 사용한다. • 사용 후에는 점화콕과 중간밸브를 잠그고, 외출할 때는 가스용기나 계량기의 밸브도 잠가 둔다. • 평상시 가스가 샐 만한 연결 부분에 비누거품을 발라 확인하고, 가스가 샐 때는 창문을 열고 바닥에 깔려 있는 가스를 빗자루나 방석 등으로 쓸어내듯이 밖으로 내보낸다.
불장난화재	• 유아들이 성냥, 라이터, 양초, 화약, 폭죽 등을 가지고 놀지 않도록 해야 하며 위험한 점화 물건들은 유아들의 손이 닿지 않는 곳에 둔다. • 성인이 없을 때는 유아들이 불을 켜지 못하도록 한다. • 전열기구 주변에서 유아들이 장난하지 않도록 한다.

② 영유아교육기관의 소방시설 안전관리

영유아교육기관의 화재 예방은 발화의 방지, 화재 발생 시 중요 역할을 하는 감지, 경보, 소화시설의 안전한 작동, 피난시설의 안전성 확보에 초점이 맞추어진다. 소방시설, 설비의 점검은 소방관계 법령에 근거하여 이루어져야 한다(「소방시설설치 유지 및 안전관리에 관한 법률」 제9조, 제10조, 제11조, 제12조 및 관계 시행령 참조). 이를 위해 알아야 할 시설 안전점검의 내용은 다음과 같다(교육부, 2000).

발화의 방지	• 주방에 설치된 화기시설이 주변의 벽과 천장은 불에 타지 않는 재질로 구성되어 있다. • 가스레인지 중간밸브와 가스누설 자동 차단장치가 설치되어 있다. • 건물 내 접근하기 용이한 장소에 누전차단기가 설치되어 있다. • 히터 등 난방기와 난로 등을 사용 시 화상예방을 우한 안전장치가 되어 있다. • 사용하지 않는 전기 콘센트에는 안전덮개가 설치되어 있다.
감지 · 경보 · 소화 시설의 안전한 작동	• 교실, 복도, 계단 등에는 파손(부서짐, 페인트 도색 등)되지 않은 감지기가 설치되어 있다. • 감지기가 설치된 경우 수신반은 사람이 항시 상주하는 교무실 등 관리가 용이한 장소에 설치되어 있으며, 사용법을 알고 있다. • 화재경보벨은 잘 보이는 곳에 설치하고, 설치 높이는 바닥으로부터 0.8m 이상 1.5m 이하이다. • 주방의 가스레인지 상부에 자동 확산 소화기가 설치되어 있다. • 주방 출입구에는 화재 시 자동으로 작동하여 화재의 확산을 유효하게 방지할 수 있는 방화설비(방화문 또는 상해위험이 없는 셔터 등)가 설치도어 있다. • 교실, 복도, 계단 등에는 스프링클러가 설치되어 있다. • 소화기는 각 층마다 최소한 2개 이상이 설치되어 있으며, 소화기의 게이지는 유효범위 초록색 내에 있다. • 교실에는 교무실, 타교실과 상호 연결되는 통신시설(인터폰 등) 또는 방송시설이 설치되어 있다.
피난 시설의 안전성 확보	• 피난출구는 매 층마다 2군데 이상 확보되어 있다. • 화재 등의 비상시 건물 내 어떠한 장소에서도 2방향 피난이 가능하도록 되어 있다. • 피난출구 등 안전한 장소로 가는 통로와 모든 피난출구 상부에는 피난유도등이나 유도표지가 부착되어 있다. • 피난출구로의 방향을 정확히 표시하고 있다. • 교실과 복도에는 화재 시 이용 가능한 모든 대피경로와 가장 짧은 대피경로가 제시되어 있다. • 비상구, 계단 등 주요한 대피경로 주변에 주방이 설치되어 있지 않다. • 피난출구에 설치된 문에는 내부로부터의 신속한 탈출을 방해하는 자물쇠나 잠금장치가 없다. • 피난통로에는 피난에 방해가 되는 시설물이나 적치물이 없다.

이상과 같은 화재 예방을 위한 노력과 함께 유아교육기관의 장은 시설의 안전관리를 위해서 연간 안전점검 계획을 세우고 관련기관과의 협조를 통해 또는 자체적으로 정기점검을 실시하며, 관련기관과 비상연락체계를 구축하고, 시설 안전점검의 결과를 기록하고 관리하여야 한다. 어린이집에서는 안전관리에 관한 총괄적 관리감독 및 사고 발생 시 효과적인 대응을 위해 안전관리책임관 제도를 운영하고 시설장이 안전관리책임관 역할을 수행하도록 하고 있다(보건복지부, 2020a).

〈표 7-3〉 화재 예방을 위한 안전점검 계획의 내용별 점검시기 및 관련기관

안전점검 내용	점검시기	관련기관
실내 · 외 시설 및 설비 점검	매월 4일/6개월	자체 점검, 한국산업안전공단
전기 및 가스 점검	6개월/1년	전기안전공사, 가스안전공사
화재대비 시설점검	분기별	소방서
화재 안전관리 인적 조직 구성	수시 점검	자체 점검
화재 안전교육 실시(유아, 학부모, 교사)	수시 교육	안전교육기관, 자체 교육

(2) 화재 대처방법

화재가 발생했을 때 대처하는 방법을 화재 발생 후 시간의 흐름을 고려한 6단계 즉 발화 초기의 안전조치, 소화기의 사용, 화재 신고하기, 화재 대피하기, 화재 대처하기 및 사고의 보고로 구분하여 살펴보기로 한다(김계자, 2004; 이기숙 등, 2008; 이순형 · 이성옥 · 민하영 · 이영미 · 한유진 등, 2008).

① 발화 초기의 안전조치

화재가 발생하면 최초 발견자는 화재경보 비상벨을 누르거나 큰 소리로 다른 사람에게 알리고 즉시 소화기, 모래, 옥내 소화전 등을 이용하여 소화 작업에 임해야 한다. 이때 불 끄는 일에만 집중하여 연기에 질식하거나 불길에 갇히는 일이 없도록 하되, 초기 소화가 불가능하다고 판단되면 지체 없이 소방서에 신고하고 대피해야 한다. 연소 속도를 늦추기 위해 반드시 출입문을 닫고 대피한다. 그러나 화재 사실을 알고 나면 영유아는 건물 바깥으로 대피하는 것이 최우선시 되어야 한다.

② 소화기의 사용

화재는 무엇보다 발생 초기에 진압하는 것이 가장 중요한데, 그 진압에 사용되는 기구가 소화기이다. 소화기는 화재가 발생한 경우 단 한번 사용하므로 방치해 두는 일이 많지만, 만일의 경우에 대비하여 평소 소화기 관리에 노력해야 한다.

ABC형 소화기는 모든 종류의 불을 끌 수 있는 다목적형 소화기이므로 가정이나 영유아교육기관에 비치해 두기에 적절하다. 영유아, 노약자가 작은 힘으로도 쉽게 사용할 수 있는 투척용 소화기는 전체 소화기 수량의 절반 이상 비치하도록 한다.

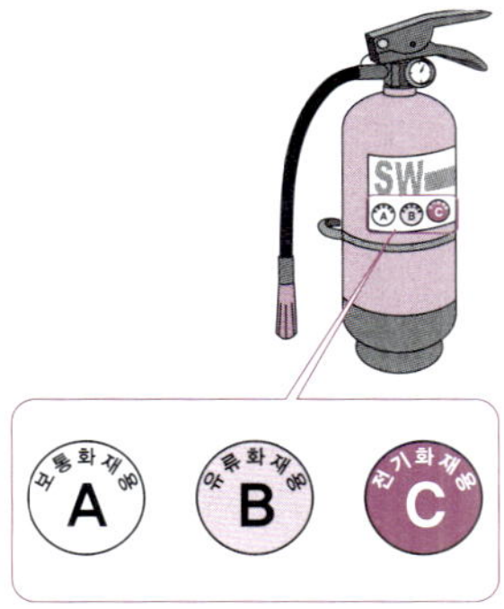

출처: 안전보건매거진 위시(WISH)(2007).

[그림 7-3] ABC형 소화기의 표시

[일반 소화기 사용방법]

[투척 소화기 사용방법]

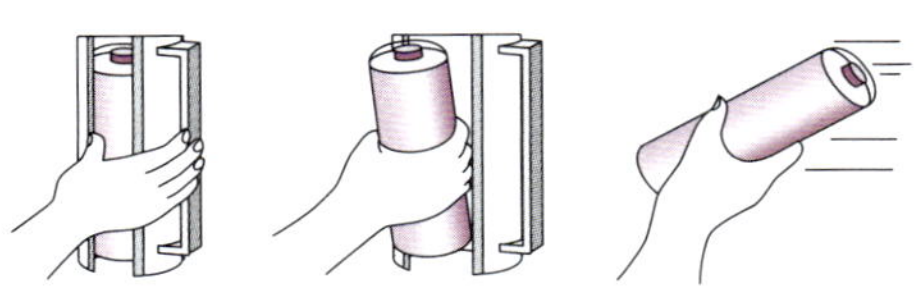

[옥내 소화전 사용방법]

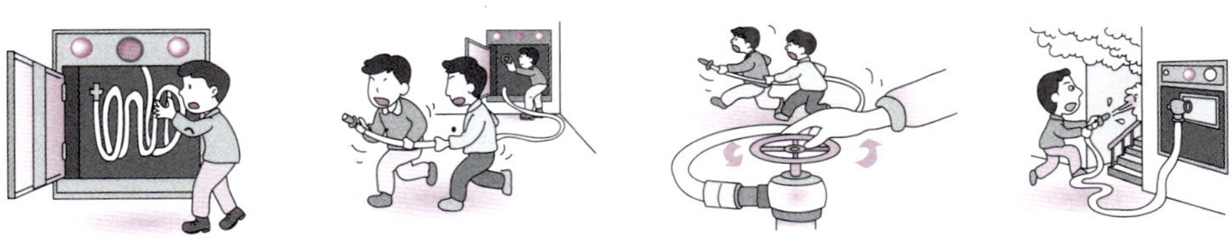

출처: 소방방재청(2009a).

[그림 7-4] 소화기와 옥내 소화전 사용방법

③ 화재 신고하기

소화기를 사용해도 끌 수 없는 큰 불이 난 경우에는 당황하지 말고 신속하게 소방서에 화재 신고를 해야 한다. 올바른 화재 신고의 방법은 다음과 같다(행정안전부 어린이, 2020).

올바른 화재 신고방법

- 침착하게 전화 119번을 누른다.
- 불이 난 것을 말한다.
- 불이 난 위치(주소 또는 주변의 누구나 알 수 있는 큰 건물 이름)를 알려 준다. (예: ○○구 ○○동 ○○○번지예요 / ○○초등학교 뒤 쪽이에요)
- 화재의 내용을 간단 · 명료하게 설명한다. 가능하면 어디서 불이 시작되었는지, 현재의 건물 상태는 어떤지를 알려 준다. (예: 우리 집 주방에 불이 났어요. 2층 집이에요)
- 소방서에서 불이 난 곳의 소재를 정확히 알았다고 할 때까지 전화를 끊지 않는다.
- 공중전화는 빨간색 긴급통화 버튼을 누르면 돈을 넣지 않아도 긴급신고(119, 112 등) 통화를 할 수 있다.
- 휴대전화의 경우, 사용 제한된 전화나 개통이 안 된 전화도 긴급신고가 가능하다.
- 장난전화를 하지 말아야 한다(119는 화재신고는 물론 인명구조, 응급환자이송 등을 요청하는 번호이다).

④ 화재 대피하기

건물 특히 영유아교육기관이나 가정 내부에서 화재가 난 사실을 알면 영유아들이 가장 먼저 해야 할 일은 바깥으로 빠져나오는 것이다. 이를 위해서는 평소 대피통로를 익히고 대피하는 훈련을 철저하게 실시해야 한다. 화재가 발생했을 때 안전하게 대피가 이루어지도록 알고 있어야 하는 안전원칙들은 다음과 같다.

첫째, 자기중심적 사고를 하는 영유아들은 가구나 구석으로 숨어 불길이 보이지 않으면 화재를 피할 수 있다고 생각하는 경향이 있다. 따라서 화재가 나면 "불이야"라고 큰 소리로 주위 사람들에게 알리고 바로 바깥으로 나와야 불을 피할 수 있다는 사실을 이해시켜야 한다. 이를 위해 평소에 생활하는 건물에서 바깥으로 나올 수 있는 여러 경로의 출구와 비상구의 표시 및 위치를 알아 두도록 한다.

둘째, 건물의 2층 이상에서 화재를 피할 때는 계단을 이용한다. 엘리베이터는 정전으로 인해 멈출 수가 있고 엘리베이터 통로 자체가 유독가스의 통로가 될 수 있으므로 오히려 위험에 처하게 된다. 2층 이상에 있는 어린이집의 경우 각 층별로 건물내부를 경유하지 않고 직접 지상으로 바로 연결되는 비상계단 또는 미끄럼대를 이용한 대피방법을 알려주어야 한다.

셋째, 화재가 나면 애완동물이나 물건을 가지고 나오려 하지 말고 얼른 건물 밖으로 나와야 한다. 일단 바깥으로 나온 후에는 어떤 이유에서라도 다시 건물 안으로 들어가면 안 된다. 대피하지 못한 사람이 있다면 즉시 소방대원에게 인원 수와 마지막으로 확인된 위치를 알려 주어야 한다.

⑤ 화재 대처하기

화재로 인한 사망의 원인은 60% 이상이 화염이 사람의 몸에 닿기도 전에 유독가스와 연기로 인한 질식사망이며, 당황하거나 공포에 질려 창문으로 뛰어내리거나 다른 건물로 건너뛰다가 사망하는 경우가 많다(소방방재청, 2009b). 따라서 화재가 난 곳에서 건물 밖으로 탈출하기까지 빠르고 침착하게 화재 상황에 대처하는 것이 중요하다.

화재 시 대처 방법을 보면, 먼저 방문을 열고 대피하려면 먼저 문이나 손잡이를 만져 보고 뜨겁지 않으면 천천히 문을 열고 나간다. 손잡이가 뜨거우면 바깥에 불길이 있다는 것을 의미하며 이때 문을 열면 갑자기 많은 양의 산소를 공급해 주게 되어 불길이 거세지게 되므로 매우 위험하다. 또한 연기가 가득한 곳에서 맑은 공기는 바닥에서 30~50cm 높이에 떠 있으므로 팔과 무릎으로 기어서 낮은 자세로 대피하여야 한다. 이때 수건이나 옷을 물에 적셔 입과 코를 막고 숨을 짧게 쉬면 유독가스에 의한 기도의 손상을 어느 정도 감소시킬 수 있다. 옷에 불이 붙었을 때는 절대로 뛰지 않도록 한다. 얼굴에 화상을 입지 않고 연기가 폐로 들어가지 않도록 두 손으로 눈과 입을 가리고 바닥에 뒹굴어 끈다. 미처 대피하지 못해 건물 내에 갇혔을 때는 먼저 불길이 들어오지 못하도록 문을 닫고 연기가 새어 들어오지 못하도록 문 틈새를 물에 적신 옷이나 수건으로 막는다. 창밖으로 수건을 흔들거나 물건 등을 던지며 소리를 질러 자신의 위치를 알려야 한다.

출처: 소방방재청(2009a).

[그림 7-5] 옷에 불이 붙었을 때의 대처방법

⑥ 사고의 보고

어린이집의 원장은 화재사고 발생 즉시 관할구청에 유선으로 통보한 후 사고 발생 24시간 이내에 서식에 의한 보고를 해야 한다. 시 · 군 · 구에서는 어린이집에서 화재와 같은 재난사고가 발생하면 시 · 도와 보건복지부에 즉시 보고하여야 하며, 사고통계를 관리해야 한다.

화재 안전교육 내용의 실제(예시)

대비 단계: 기관에서는 화재가 발생하기 전에 예방을 위한 조치와 함께 화재발생 시 도움을 받을 수 있는 협력기관들과의 연계를 하는 한편, 교사와 유아들은 다양한 상황에 맞는 소방안전교육에 참여함

내용	활동방법
기관	- **BIA(Business Impact Analysis) 질문시트 작성**: 다양한 화재(예: 교무실 컨센트 합선, 조리실 가스 폭발 등)가 발생했을 때 업무중단시간, 금전 피해, 원아/학부모, 평판/신용의 각 측면에서 유치원에 미치는 영향을 '없음, 낮음, 중간, 높음'의 4가지 수준으로 분석하여 계획을 수립함 - **화재 취약시설 점검**: 유치원 내 화재취약시설이 있는지 점검하고, 주변에 인화성 물질 등이 있는지 확인함 - **소화기 정기 점검**: 매월 4일 원내에 있는 모든 소화기의 상태를 점검하고, 기록함 - **소방서와의 훈련 협조 요청**: 월 1회 이루어지는 소방대피훈련 시 지역소방서와 협력하여 이루어지도록 하고, 자체훈련 시에도 미리 연락을 취하여 실제 비상벨을 울리도록 함 - **협력기관 협조 공문 발송**: 화재가 발생하여 유치원 건물이 소실되었을 경우에 임시로 머무를 수 있는 장소를 선정하여 공문 등으로 협조를 요청함
교사	- **소방안전교육(안전한 학교생활 모바일 앱 활용)**: 매월 첫째주 월요일에 화재 안전교육을 실시함 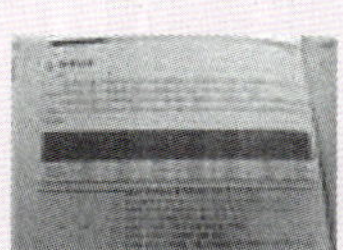 → 〈소방안전교육〉 3월: 불이 나는 원인 알기 / ~ / 1월: 화재를 예방하는 도구 알기 / 2월: 전기안전하게 사용하기 → 소방 대피 훈련

교사	– **대피 시나리오 작성**: 안전담당교사는 교사회의시간에 다양한 화재 상황에 대한 시나리오를 작성하여 훈련에 반영함 – **긴급 재난가방 마련**: 화재대피 시 긴급하게 필요한 물품들을 담은 배낭을 미리 준비해 두었다가 대피 시 메고 감
유아	– **비상구 알아보기**: 유치원에 있는 비상구 표시판이 있는 곳을 찾아보는 활동을 진행함 – **대피로 그리기**: 다양한 시나리오에 따라 우리 반이 대피할 수 있는 대피로를 그려보는 활동을 진행함
평가	– 다양한 화재상황에 맞는 대피로를 그려봄으로써 화재가 발생한 지점에 따라서 대피로가 달라질 수 있다는 것을 유아들이 알 수 있었음

대응단계

화재가 발생했을 때 화재가 난 장소에 대해 신속하게 알려 적합한 대피로를 통해 대피장소까지 안전하게 이동하도록 하는 한편, 대피장소에서 유아관리와 학부모 안내를 함께 실행함

내용	활동방법
기관	– **화재 발생 상황 안내**: 화재발생 최초 발견자가 유치원 내 설치된 비상벨을 울리면 경보반이 화재위치를 파악하여 소방서와 연결된 비상벨을 누른 뒤 원내 방송과 전체 사이렌으로 화재발생 상황을 안내함 [화재발생] → [화재위치 파악] → [소방서 비상벨 작동] → [원내방송 전체 사이렌] – **피해 정도 파악** : 소화반과 급수반은 피해정도를 파악하여 화재 초기진압을 실시함 – **2차 대피장소로의 이동**: 대피 및 반출반은 피해정도와 1차 대피장소의 상황에 따라 2차 대피장소로 이동하여 안정을 취하도록 함
교사	– **인원점검 및 부상자 파악**: 1차 대피장소 도착 시 모든 반은 수신호를 통해 원감에게 인원보고를 하고, 의료반과 후송반은 부상자를 파악하여 응급처치를 한 뒤 상태에 따라 119 구급차로 후송함 – **유아 관리**: PTSD(외상 후 스트레스 장애)예방을 위하여 반별로 모인 유아들이 학부모에게 인계될 때까지 혹은 다시 복귀할 때까지 안정적으로 있을 수 있도록 간이활동을 제공함(예 : 소그룹 이야기 나누기, 구연동화 듣기 등) – **학부모에게 안내**: 경보반은 모바일앱(키즈노트)과 학부모 비상연락망을 통하여 현재 유아들의 상황과 요청사항을 공지함
유아	– **반별로 집결**: 대피과정에서 우리 반을 놓치는 유아들이 있을수 있으므로 이동할 때 유아들에게 1차 대피장소에 대해 다시 전달하고, 반출반은 대피하지 못하는 유아들이 있는지 원내를 확인하도록 함 – **안전하게 대피하기**: 대부분의 교실이 2층에 있기 때문에 계단을 이용할 때 2차 사고가 발생하지 않도록 주의를 당부하고, 반출반이 유아들의 계단이용을 돕도록 함
평가	– 교직원 대응체계가 세분화되어 있어서 대피 후의 업무수행까지 구체적으로 수행할 수 있었음

복구 단계: 화재가 진압이 된 후에는 복구기관과의 연락을 통해 복구 예상시간을 알아보고, 가정에 신속하게 안내를 함

<table>
<tr><th>내용</th><th>활동방법</th></tr>
<tr><td>복구하기</td><td>
– 복구 관련 협력기관과 연락
<table>
<tr><th>협력기관</th><th colspan="3">내용 및 지연락처</th></tr>
<tr><td>교육지원청</td><td colspan="3">행정지원과 – 재정지원담당 – 교육시설재난공제회
054-740-9134</td></tr>
<tr><td>시청</td><td colspan="3">안전정책과 – 재해복구계획 및 추진
054-779-6506</td></tr>
<tr><td>한전</td><td>전기품질
054-740-2264</td><td>전기신청
054-740-2121</td><td>요금상담
054-740-2252</td></tr>
<tr><td>도시가스</td><td colspan="3">도시가스 – 가스사용시설 안전관리 대행업무
1544-5916</td></tr>
</table>
– 복구 예상 시간 논의: 대응단계에서 파악한 피해상황에 대한 복구계획을 수립하고, 협력기관과 연락을 취하여 복구예상 시간에 대한 자문을 받음
– 복구 관련 안내문 작성: 복구에 많은 시간이 소요될 때를 대비하여 '화재로 인한 유치원 복구 계획 안내문'을 작성하여 학부모님들께 안내함
</td></tr>
<tr><td>훈련평가하기</td><td>
– 훈련 상황 체크리스트 작성: 훈련 시나리에 맞춰 대피가 잘 이루어졌는지 담당반들의 역할이 잘 수행되었는지를 '훈련 상황 체크리스트'를 작성하여 평가한 뒤 다음 훈련 시에 반영함
<table>
<tr><td>1</td><td>화재 발생 즉시 119에 신고가 되었는가?</td><td></td></tr>
<tr><td>2</td><td>긴급대피 방송에 따라 신속하게 대피가 이루어졌는가?</td><td></td></tr>
<tr><td>3</td><td>위험 상황이나 부상자에 대해 적절한 대처를 하였는가?</td><td></td></tr>
<tr><td>4</td><td>대피 장소까지 유아를 안전하게 인솔하였는가?</td><td></td></tr>
</table>
– 대피 훈련에 대해 이야기 나누기: 대피훈련 후에는 유아들과 훈련내용과 방법에 대해서 이야기 나누고, 함께 수정할 수 있도록 함
– 대피 시간 및 동선 수정: 대피 훈련 시마다 시간을 체크하고, 동선을 수정하여 가장 최적의 대피훈련 시나리오를 완성함
</td></tr>
<tr><td>평가</td><td>– '업무중단 시간'에 따른 '복구 계획'을 수립하고, 학부모에게 신속하게 전달함으로써 학부모와 유아, 유치원에 미치는 영향을 최소화할 수 있었음</td></tr>
</table>

출처: 교육부 학교안전정보센터(2019).

2) 화재 안전교육의 방법

(1) 영유아 대상의 화재 안전교육

누리과정의 신체운동 · 건강 영역은 건강하고 안전한 생활하기, 안전생활습관 기르기에 목표를 두고 안전사고, 화재, 재난, 학대, 유괴 등에 대처하는 방법을 경험한다는 내용을 다루어야 한다고 명시하고 있다(보건복지부, 2020b). 또한 「아동복지법」은 화재를 포함한 재난에 대비한 교육을 6개월에 1회 이상(연간 6시간 이상) 실시해야 한다는 안전교육 기준을 제시하고 있다. 따라서 영유아교육기관의 장은 매년 안전교육 계획을 수립하여 교육을 실시하고 계획 및 교육 실시 결과를 관할 교육감이나 시 · 군 · 구청장에게 매년 3월 31일까지 1회 보고해야 한다(보건복지부, 2020a).

재난대비 안전교육의 기준〉

「아동복지법」 제31조 및 같은 법 시행령 제28조)

구분	기준
실시 주기 (총시간)	6개월에 1회 이상 (연간 6시간 이상)
교육 내용	1. 화재의 원인과 예방법 2. 뜨거운 물건 이해하기 3. 옷에 불이 붙었을 때 대처법 4. 화재 시 대처법 5. 자연재난의 개념과 안전한 행동 알기
교육 방법	1. 전문가 또는 담당자 강의 2. 시청각 교육 3. 실습교육 또는 현장학습 4. 사례 분석

〈표 7-5〉 영유아교육기관의 연간 화재 안전교육내용의 계획 예시

월	아 동	교 사	가정과의 연계
4	• 기관의 비상구 위치 알기 • 대피장소 및 대피순서 알기 • 화재경보기 소리 식별하기 • 화재 대피하기(생일잔치 중의 화재)	• 소방안전교육의 계획 • 기초 훈련 –소화기 위치 및 기타 소화 활동 설비의 사용 요령 익히기 –비상대피로 익히기	• 가정에서의 대피방법 알기
5	• 화재 대피하기(1층 복도 화재) –화재 시 대피방법 알기 –화재 시 신속한 대피하기 • 전열기 안전사용 수칙 알기	• 화재 발생의 예방과 대피방법 익히기 • 소화기 사용요령 및 점검방법 익히기	• 가정에서 불이 나는 이유 알아보기
6	• 안전한 대피행동과 요령 –실내 화재 시 연기의 유동과정 실험 –숨을 멈추고 연기 속을 기어서 대피하기 실습	• 화재 시 행동요령 익히기	• 화재 시 젖은 수건 사용법 알기
7	• 연소과정 체험 –옷에 불이 붙지 않도록 주의점 알기 –넘어지고, 구르기 실습 • 냉방기 과열 화재 대피하기	• 화재 발생 시 응급처치법 알기 • 불이 붙었을 때 진압하는 방법 알기	• 가족과 함께 옷에 불이 붙었을 때의 대처법 실습
9	• 119 신고 요령 –119에 알려야 할 상황 이해 (장난 신고전화의 위험성 인식) –119 신고 요령 실습 • 화재 대피하기(요리활동 중의 화재)	• 화재 시 대피요령 익히기 • 119 신고 요령 알기	• 화재 신고 전화번호와 신고방법 알기
10	• 소화기 사용법 알기 –소화기의 생김새와 사용법 알기 –소화기 사용방법 실습 • 화재 대피하기(조리실 화재)	• 기초 훈련 –소화기 위치 및 기타 소화 활동에 필요한 설비의 사용법 익히기 –비상대피로 익히기	• 가정에서 소화기의 위치와 사용법 알기
11	• 화재 예방법 알기 • 화재 대피하기(2층 보육실 화재)	• 화재 예방법 알기	• 가족과 소방서 방문하기 –화재대처법 실습
12	• 화상 예방하기 –화상을 입을 수 있는 상황 이해하기 –화상을 입을 수 있는 물건 구별하기 • 난방기 과열 화재 대피하기	• 인명구조법 –응급처치 요령을 알고 익히기	• 최근의 화재사고 자료(신문 등)를 수집하고 화재와 화상의 위험성 알기

영유아교육기관에서의 화재 안전교육 추진 방침과 그에 따른 화재 안전교육의 방법은 다음과 같다(보건복지부, 2020a; 오정옥, 2008).

화재 안전 교육방법

- 연간 화재 안전교육 계획을 수립하여 실천하되 교육과정 운영과 연계하여 일과운영 속에 지속적으로, 자연스럽게 교육을 실시하여 영유아 스스로가 자신의 안전을 보호할 수 있는 능력과 기술을 가지도록 한다.
- 둘째, 영유아교육기관은 기관의 실정에 맞는 화재 안전 관련 수칙을 정하고 안전행동 홍보를 위한 환경물(예: 안전스티커, 안전약속 퍼즐 등)을 조성하고, 매월 1회 화재대피훈련 실시, 안전점검의 날을 운영하도록 한다.
- 셋째, 지역사회 및 가정과의 연계교육을 통해 실생활에서 화재를 예방하고 대처할 수 있도록 한다. 화재 안전 전문가 또는 관련기관에 소방안전교육을 요청하거나 소방서, 어린이안전재단 등을 방문하여 체험교육을 한다. 가정통신문을 통해 연중 화재 안전교육을 실시하며, 가정의 화재 안전점검표를 학부모와 함께 작성하여 제출하도록 한다.

영유아의 화재대피를 위한 훈련은 사전계획에 따라 이루어져야 한다(김계자, 2004; 이기숙 외, 2008). 영유아교육기관에서는 평소 대피를 위한 기본 지침이 되는 교실에서의 여러 가지 대피경로, 화재 시의 각 교사의 역할분담 등을 교실문에 붙여 두고 모든 교사가 그 대피 지침을 항상 알고 있도록 한다.

정기적인 화재대피훈련은 다음과 같은 구체적인 절차에 따라 실시한다. 먼저 교사회의를 통해 훈련의 일정과 방법을 논의하고, 가정통신문을 통해 영유아의 가정에 소방대피훈련이 있음을 미리 알린다. 비상구 표시, 비상대피로, 소방기구 등의 안전 여부를 확인하고, 관련 활동을 영유아들과 먼저 해 본다. 사전활동을 통해 소화기가 있는 위치, 소화기 사용법, 119에 신고하는 방법 등 화재 발생 시의 대피요령과 대피방법을 숙지하도록 한다. 실제로 여러 경로를 번갈아 가며 대피훈련을 실시하고 영유아가 여러 가지 대피방법을 실제로 해 보게 한다. 화재대피훈련 후에 교사는 반드시 대피훈련 일지를 기록하고 훈련결과를 점검한다.

대피훈련이 효과적으로 되기 위해서는 훈련 전에 영유아가 다음의 내용을 숙지하도록 할 필요가 있다. 첫째, 불이 나지 않은 상황에서도 대피훈련을 하는 것은 실제로 불이 났을 때 신속하게 대피하도록 도와주기 때문에 중요하다. 둘째, 화재경보기의 소리를 식별하고 그 소리가 나면 놀라거나 당황하지 말고 하던 것을 멈추고 교사에게로 가서 지시하는 대로 신속하게 움직인다. 이때 자기 소지품이나 옷 등을 챙기려 해서는 안 되며, 만약 건물 밖에 있다면 그대로 바깥에 있으면서 평소 모이기로 약속해 둔 장소로 간다. 셋째, 대피훈련을 할 때는 장난을 치지 않으며 친구들이 함께 훈련에 참여하는지 확인한다.

(2) 교사 및 부모 대상의 화재 안전교육

영유아교육기관의 관리자는 영유아의 화재 안전사고 예방을 위해 성실하게 노력할 뿐만 아니라 인적 환경으로서의 교사와 부모를 통한 안전의 확보에도 철저해야 한다. 교사를 대상으로 한 화재 안전교육으로서 영유아교육기관은 모든 교직원을 대상으로 연간 자체 화재 안전교육 계획을 수립하고 정기적으로 점검 및 훈련을 실시해야 한다. 신규 교직원, 자원봉사자, 임시교사는 오리엔테이션 때 안전교육을 한다. 교직원은 화재 안전교육 지침을 숙지하여야 하며, 안전 관련기관에서 화재 안전교육이 시행될 때 적극 참여해야 한다. 보육교사는 어린이 안전공제회가 주관하는 안전관리교육을 이수한 경우 동일 연도 내 보수교육 일부를 이수한 것으로 인정받을 수 있다(보건복지부, 2020a).

부모 대상의 화재 안전교육은 영유아 화재 안전교육이 가정과의 연계하여 이루어져야 한다는 점에서 중요하다. 영유아교육기관은 부모 대상의 연간 화재 안전교육 계획을 수립하고 안전교육을 실시해야 한다. 또 부모들에게 영유아의 화재 안전교육과 관련된 정보를 정기적으로 제공하고, 영유아에게 실시된 화재 안전교육내용이 가정통신문, 홈페이지 게시판, 부모강연 등을 통해 가정에 전달되어 연계교육이 이루어지도록 한다.

4. 화재 안전교육의 실제

불이 났어요

대상연령 만 3~5세

활동목표
- 불이 났을 때 빠르고 침착하게 효과적으로 대피할 수 있는 태도와 능력을 기른다.
- 불이 났을 때 모이기로 약속한 대피 장소에 침착하고 신속하게 모인다.

활동유형 대집단 활동

교육과정 관련요소
- 신체운동 · 건강〉안전한 생활습관 기르기〉안전사, 화재, 재난, 학대, 유괴 등에 대처하는 방법을 경험한다.

활동영역 실내 · 외 활동

활동자료 비상등, 화재경보기, 유아명부, 비상시 대피경로, 비상구 표시, 구급약품과 기구, 초시계, 화재대피훈련 구급일지, 대피장소를 나타내는 표시(영유아교육기관에서 자체 제작하여 사용)

활동방법

1. 도입
- 유아들과 화재대피훈련을 실시하는 이유에 대해 이야기 나눈다.
  - 불이 난 것을 본 적이 있니?
  - 만약에 우리 유치원(어린이집)에 불이 난다면 어떻게 해야 할까?
  - 왜 대피해야 할까?

2. 전개
- 비상구 표시와 대피경로를 보여 주며 비상시 대피하는 방법을 알려 준다.
  - 비상구 표시가 있는 곳을 알고, 어떤 대피경로를 통해 대피할 것인가를 알아본다.
  - 불이 나면 나쁜 연기로 인해 질식할 수 있기 때문에 손으로 입과 코를 막고 허리와 무릎을 굽히고 빨리 움직여야 한다고 알려 준다.
  - 무섭다고 건물 안의 구석진 곳(화장실 및 책상 밑)에 숨지 않아야 한다고 알려 준다.
- 화재경보기를 울린다.
  - 훈련 상황임을 알리고 유아들이 당황해하지 않고 대피하게 한다.
- 교사와 유아는 비상 대피경로를 따라 함께 대피 장소로 긴급히 이동한다.
  - 교사는 앞에서 유아를 대피 장소로 안내하고, 함께 나온 유아의 이름을 불러 인원을 확인한다.

- 보조교사는 교실 및 화장실, 복도에 남아 있는 유아가 있는지 반드시 점검하고, 문을 닫고 밖으로 나온다.
- 최종 인원을 점검자에게 보고한다.

3. 마무리

• 훈련이 끝나면 각 반별로 교실에 들어가 평가하는 시간을 갖는다.
  - 화재대피훈련 과정을 디지털카메라 또는 캠코더로 촬영하여 교사와 유아가 함께 보면서 대피과정을 순서대로 회상해 보며 이야기를 나눈다.
  - 화재경보기 신호를 듣고 얼마나 빨리 밖으로 나가 대피장소로 모였니? (초시계에 기록된 시간을 알아본다)
  - 훈련 도중 다친 친구는 없었니?
  - 훈련할 때 위험한 일은 무엇이 있었니?

활동평가

• 불이 났을 때 안전하고 빠르게 효과적으로 대피할 수 있는 태도와 능력을 가지게 되었는지 대피과정 관찰 및 언어적 상호작용을 통해 평가한다.
• 불이 났을 때 모이기로 약속한 대피장소에 안전하고 신속하게 모였는지 대피과정 관찰 및 언어적 상호작용을 통해 평가한다.

활동 시 유의점

• 화재대피훈련을 실시할 때는 가정통신문을 통해 사전에 부모님께 알린다.
• 비상문의 위치와 비상대피경로는 평소에 유아들과 함께 살펴보고 확인해 두어야 한다.
• 비상계단은 물건으로 통로를 차단해서는 안 되며, 항상 대피할 수 있는 공간을 확보해 두어야 한다.
• 대피할 때에는 소지품(장난감, 신발, 옷 등)을 챙기려 하지 말고 몸만 재빨리 빠져 나오도록 주의시킨다.
• 위급하더라도 절대 창문 밖으로 함부로 뛰어내리지 않도록 주의시킨다.
• 대피훈련 시 나타난 문제점을 평가하고 개선한다.

확장활동

쌓기 및 역할놀이영역에서 화재대피훈련 놀이를 해 본다.

출처: 교육부(2000), 소방방재청(2011).

비상구를 찾아라

대상연령 만 3~5세

활동목표
- 비상구의 의미를 안다.
- 비상구의 위치를 알고 비상시에 안전하게 탈출할 수 있다.

활동유형 대 · 소집단 활동

교육과정 관련요소
- 신체운동 · 건강〉안전한 생활습관 기르기〉안전사, 화재, 재난, 학대, 유괴 등에 대처하는 방법을 경험한다.

활동영역 실내활동

활동자료 영유아교육기관 실내 평면도, 비상구 사진 3장

활동방법

1. 도입

- 비상구 그림을 보여 주면서 이야기 나눈다.
  - (비상구 그림을 보며) 이런 표시를 본 적 있니?
  - 어디서 보았을까?
  - 무슨 표시일까?
  - 어디에 사용하는 것일까?

2. 전개

- 비상구 표시는 불이 났을 때 대피할 수 있도록 마련한 출입구를 나타내는 표시임을 알려 준다.
- 유치원(어린이집) 어디에 비상구 표시가 있는지 찾아보기를 제안한다.
  - 우리 유치원(어린이집) 어디에 이런 표시가 있을까?
  - 유아들과 함께 유치원(어린이집) 실내를 돌아다니며 비상구가 있는 위치를 찾아본다(교사는 디지털 카메라로 촬영한다).
  - 찾아 본 위치를 확인하여 유치원(어린이집) 평면도에 표시한다.

3. 마무리

- 유치원(어린이집)을 둘러보면서 디지털 카메라로 촬영한 사진을 제시하고 어디에 비상구 표시가 있었는지 회상해 보며 이야기를 나눈다.
- 부모님과 함께 새로운 장소(예: 마트, 인형극장, 백화점 등)에 가면 반드시 비상구가 어디 있는지 찾아보도록 한다.

활동평가

- 비상구의 의미를 알게 되었는지 언어적 상호작용을 통해 평가한다.
- 비상구의 위치를 알고 비상시 안전하게 탈출할 수 있는지 언어적 상호작용을 통해 평가한다.

확장활동

- 조형영역에서 비상구 그리기 및 비상구 표지판 만들기 활동을 해 본다.

출처: 교육부(2000), 소방방재청(2011).

CHAPTER 8

8 식품 안전

신체적 성장과 발달이 가장 왕성하게 일어나는 시기에 영유아교육기관에 다니고 있는 영유아에게 제공되는 급·간식의 중요성은 매우 크다. 최근 영유아교육기관에서의 종일반 운영이 확대되어 실시됨에 따라 영양적 균형과 안전을 고려한 식품에 대한 사회적 관심이 증가하고 있다. 이에 2009년 어린이급식관리지원센터 설립과 전국적 확대 운영, 그리고 2013년 '아이사랑 부모 모니터링 지표 개발 및 적용'으로 연계되어 영유아를 위한 안전한 먹거리를 제공하기 위한 국가적 노력이 경주되고 있다.

본 장에서는 영유아, 교사 및 부모를 대상으로 생활 주변에서 발생할 수 있는 식품 안전사고에 대한 관련 지식을 제공하고 이를 미연에 방지할 수 있는 방법 및 구체적인 대처방안에 대해 살펴보고자 한다.

1. 식품 안전교육의 개념 및 필요성

인간은 살아가면서 식품을 통하여 신체가 필요로 하는 기본적인 영양소를 섭취하고 건강을 유지해 나간다. 그러나 모든 식품이 우리 건강에 좋은 것만은 아니다. 우리가 섭취하는 식품 중에서는 우리 인체 및 정신에 치명적인 해를 미칠 수 있는 유해한 식품들도 있다.

본 장에서는 신체와 정신의 발달이 왕성한 학령전기의 영유아들에게 건강 위해요인으로 작용될 수 있는 식품 안전성에 관련된 개념과 식품 안전교육의 필요성을 제시하고자 한다. 나아가 영유아교육기관에서 발생할 수 있는 식품 안전사고의 실태 및 구체적인 유형을 제시하고, 식품 안전에 대한 교육적인 정보를 제시하려는 데 주목적이 있다.

1) 식품 안전 및 식품 안전교육에 대한 개념

식품 안전이란 건강상의 위해와 연관하여 식품의 품질에 광범위하게 적용되는 용어로서, 전염병(사람, 동물)이나 천연적 · 인위적 독소 물질에 의한 급성 또는 만성 중독과 같은 식품에 의해 발생되는 병해의 위험으로부터 소비자들을 보호하는 것으로 정의할 수 있다(식품안전나라, 2020). 즉, 식품 섭취로 인해 소비자가 상처를 입거나 질병에 걸리는 등 건강에 위해를 발생시키는 모든 위해요소를 다루는 것이라고 할 수 있다.

영유아교육기관에서의 종일반 운영이 확대 실시됨에 따라 영유아를 위한 급식과 간식도 확대되고 있다. 따라서 영유아교육기관에서도 잠재적인 식품안정성에 대한 문제에 보다 많은 관심을 가져야 한다. 영유아교육기관에서 영유아를 대상으로 이루어지는 식품 안전교육은 주로 교사나 부모를 대상으로 하며 생활 주변에서 발생할 수 있는 식품 안전사고 전반에 관한 지식을 제공하고, 미연에 방지할 수 있는 방법 및 대처하는 태도를 기르도록 지도하는 것에 목적을 두고 있다.

2) 식품 안전교육의 필요성

건강한 생활을 영위하기 위하여 음식은 매우 중요한 역할을 하지만 비위생적인 식품의 섭취로 발생될 수 있는 식중독 등은 건강장애를 초래한다. 식품 안전성에 관한 문제는 과거에는 세균성 식중독이라는 경구 전염병 등이 주를 이루었으나, 최근에는 식품첨가물이나 잔류농약, 항생물질, 공장폐수로 인한 농수산물의 오염, 인공방사능, 발암성인 곰팡이 독소로 인한 중독, 환경호르몬 등으로 점차 다변화되고 있다(송태희 · 곽현주 · 우인애 · 김용선 · 이현옥, 2008).

일반적으로 식중독이라고 알려진 식품 내 유해물질의 섭취는 보통 식품위생과 관련되어 불결한 식품의 섭취로 인한 것으로 간주되기 쉬우나 최근에는 식품의 생산과 가공, 유통과 저장과정에 사용되는 농약과 식품첨가제, 기타 화학물질의 혼입으로 인한 치명적인 위험도 크게 증가하고 있다. 환경오염 물질의 섭취는 어른보다 더 취약한 영유아에게 더욱 치명적인 건강 위험요인으로 간주되는데, 이는 영유아들이 성인에 비해 인체 저항력이 약할 뿐만 아니라, 이전 세대에 비해 현재의 영유아들이 어린 시기부터 가공식품의 섭취 기회가 증가하고 있음을 시사한다(식품의약품안전처, 2013). 이러한 인체에 위해한 물질의 섭취로 인한 증상과 피해는 즉각적으로 나타나지 않더라도 소량의 섭취가 계속될 때 체내에 누적됨으로써 이후 성장과 발달에 부정적인 영향을 미칠 수 있기에 주의를 요한다(최민수 · 정영희, 2006).

특히 식품을 통한 건강 유해물질의 섭취는 최근의 사회적 큰 파장을 일으켰던 식품유해 첨가물의 하나인 '멜라민 사건'으로 인해 중요한 건강 위험요인으로 부각되고 있다. 따라서 식품 안전에 대한 성인들의 관심은 물론 영유아를 대상으로 하는 식품 안전에 대한 교육의 필요성이 점차적으로 증가하고 있다. 이는 식품 안전교육을 통하여 영유아들이 현재 자신의 주변 환경으로부터 쉽게 섭취할 수 있는 식품으로 인해 위험에 처할 수 있다는 가능성을 인식하고 평가할 수 있는 관련 지식을 학습하고, 나아가 그러한 위험을 최소화하거나 피할 수 있는 적절한 대책을 스스로 인식할 수 있게 하는 것이 중요하다는 사회적 요구의 반영이기도 하다(정미라 · 배소연 · 이영미, 2007).

2. 식품 안전사고의 실태 및 유형

1) 식품 안전사고의 실태

우리의 식생활에서 유래될 수 있는 식인성 질환(foodborne disease)의 요인은 크게 생물학적 요인과 화학적 요인으로 구별되고 있다. 이를 구체적으로 살펴보면 다음과 같다(식품안전나라, 2020).

생물학적 요인으로 발생되는 유해생물이 인체 내로 들어와 번식함으로써 급성적으로 부작용을 일으키는 감염증으로, 예를 들면 경구전염병, 기생충 감염, 식중독 세균에 의한 식중독 등이 이에 해당된다. 이 중 식중독은 급성적으로 나타나는 질환으로서 전반적인 식생활에서의 위생 상태를 나타내는 좋은 지표로 간주된다. 화학적 요인에 의한 질환은 유독 성분이 인체 내로 섭취되어 급성 또는 만성적으로 독성을 나타내는 중독증으로 식품 내 함유된 자연독 성분과 첨가물이나 식품 포장재로부터 유출된 성분이 식품에 침투하여 음식물과 함께 섭취하게 되는 화학첨가물이나 기타 환경오염 물질 등에 의해 발생된다.

식품오염으로 인한 건강 유해물질은 크게 다섯 가지로 구분될 수 있는데, 이는 박테리아와 바이러스, 기생충, 독성물질과 기타 알려지지 않은 물질이다(정미라 외, 2007). 식품 위해요소는 일반적으로 식품을 통하거나 식기나 주방기기 혹은 사람의 손을 통해 입 속으로 들어온다. 특히 주방에서 사용하는 수세미나 화장실의 타월, 싱크대, 도마 등은 식중독을 일으키는 미생물의 좋은 서식처가 될 수 있으며, 영유아가 사용하는 놀이기구나 그림동화책도 감염경로 중의 하나로 간주되고 있다.

식품 내 위해 물질을 섭취하게 되었을 때 나타나는 급성 중독의 일반적인 증상은 심한 복통과 설사(혈변이 나타나기도 함), 구역질과 구토, 입 안의 건조함, 오한과 두통, 고열현상 등이다. 어린 유아의 경우에는 요로감염과 증세가 심할 경우에는 신장질환이 발생하기도 하는데, 만성 중독인 경우에는 섭취 물질의 종류에 따라 차이가 난다.

우리나라의 경우에는 상대적으로 발생빈도가 낮은 화학물질에 식품 안전관리가 집중되고 있다. 이는 환경호르몬의 유해성이나 유전자 조작 콩 수입 등 품종의 생산 단계에서부터 안전성이 검증되지 않은 식품들이 우리의 생활 속에 쉽게 파고들게 되면서 유해물질에 대한 사회적인 불안감이 확산되고 있음을 반증해 준다. 최근에 들어와서는 농수산물의 수입 개방에 따른 수입 먹거리 안전문제가 새롭게 사회적 이슈로 대두되고 있으며, 매년 반복적으로 발생되는 여름철 단체급식처(예: 어린이집)의 식중독 발생 문제도 식품 안전관리 차원에 있어서 매우 중요하게 다루어지고 있다(식품 안전나라, 2020).

아래 〈표 8-1〉에서는 국내에서 가장 최근까지 사회적으로 논쟁이 되어 왔던 식품 관련 안정성 논쟁사건 중 특히 영유아식품에 관련된 주요 사건들을 연도별로 요약하여 제시하였다.

〈표 8-1〉 식품 안전성에 관한 논쟁사건

연도	주요 식품 안전 논쟁사건
1960년대	• 과자에 표백제가 사용된 롱가이트 사건
1970년대	• 시중 우유 대장균 오염 사건 • 급식빵 집단 식중독 사건 • 파라치온 오염 번데기 식중독 사건
1980년대	• 불량 오렌지 주스 분말 사건 • 가짜 외제 분유 사건 • 불량 두부, 유지 사건
1990년대	• 수입 쇠고기 농약 검출 사건 • 건어물류 유통기한 변조 사건 • 수입과자류 유통기한 과다 설정 사건 • 수입 아이스크림에서 리스테리아균 검출 사건 • 햄버거 패티에서 O-157균 검출 사건
2000년대	• 미국산 쇠고기 광우병 파동 • 중국산 김치 기생충 알 사건 • 불량 단무지 만두 사건 • 위탁급식처의 대형 식중독 사건 • 수입식품의 위해성 논란(생선, 고춧가루, 과일 등) • 유통기한 지난 수입 육가공품 유통 사건 • 가공식품 트랜스지방 함유량 의무표시 공고 • 패스트푸드 감자튀김의 위해성 논란 • 과자류 중국산 멜라민 검출 사건

연도	주요 식품 안전 논쟁사건
2010년대 이후~	• GMO유전자 변형식품(감자 등) • 음료업체 식품첨가물 위해성 논란 • 살충제 계란 위해성 논란 • 유전자변형 수산식품 논란

일반적으로 영유아교육기관에서 발생할 수 있는 식품 안전사고의 특성을 각 유형별로 살펴보면 다음과 같다(식품안전나라, 2020).

2) 식품 안전사고의 유형

(1) 식중독

「식품위생법」(제2조 제10조)에서 식중독의 정의는 '식품의 섭취로 인하여 인체에 유해한 미생물 또는 유독물질에 의하여 발생하였거나 발생한 것으로 판단되는 감염성 또는 독소형 질환'을 말하며, 세계보건기구에서는(WHO)에서는 '식품 또는 물의 섭취에 의하여 발생된 것으로 판단되는 감염성 또는 독소형 질환'이라고 정의하고 있다(식품안전나라, 2020).

① 식중독 발생 원인

식중독의 발생 원인으로는 크게 다섯 가지로 구분해 볼 수 있는데, 첫째, 식재료나 음식의 보관온도가 적당하지 못할 때, 둘째, 조리방법에 의한 충분한 가열이 이루어지지 않을 때, 셋째, 오염된 기기를 사용하거나, 넷째, 불안전한 식재료의 사용, 그리고 마지막으로 비위생적인 개인 위생습관 등을 들 수 있다. 식중독 발생 집계 시 원인이 확실치 않으며 식중독의 잠복기에 따라 가능한 병인물질을 추정한다. 예를 들면, 음식물을 섭취한 후 증세가 나타나는 데까지 걸리는 시간에 따라 다음과 같이 분류될 수 있다(식품안전나라, 2020).

• 1시간 미만이면 화학 성분의 독성에 의한 중독

- 1~7시간이면 포도상구균에 의한 중독
- 8~14시간이면 클로스티리디움 페프린젠(chlostridium perfringens)에 의한 식중독
- 14시간 이상이면 다른 감염형 또는 독소에 의한 중독

이상과 같이 식중독의 발생 요인에 따라 다른 관리 지침이 필요한데, 이를 소개하자면 다음과 같다(정미라 외, 2007).

첫째, 식재료나 조리음식의 보관온도가 적절하지 못할 때 발생하는 대부분의 식중독은 조리 후 빨리 음식의 온도를 낮추지 않아서 발생하는 것으로, 이러한 문제는 온도 및 시간 통제가 어려운 단체급식을 하는 경우 특히 문제가 된다. 식품보관 온도를 관리하기 위해서는 철저한 온도 및 시간관리가 필수이다. 미국 식품의약품안전국(FDA)에서는 조리한 음식의 급식을 위해서는 조리한 음식이 60도 이상이 되도록 하며, 2시간 이내 급식하도록 규정하고 있다. 영유아가 집에서 조리한 음식을 지참한 경우에도 온도와 시간관리가 적절하지 않으면 식중독이 발생할 수 있으므로 이 점을 유의해야 한다.

둘째, 식중독은 조리온도와 가열시간이 충분히 멸균에 이르도록 관리되지 못하였을 때 발생하게 되므로(이유, 원인) 모든 식품은 병원균을 사멸하기에 충분한 온도와 시간으로 가열되어야 한다. 대체로 생선은 장비브리오나 바이러스성 식중독 위험성이 있으며, 덜 익힌 돼지고기는 선모충에 의한 감염 가능성을 가지고 있다. 가정에서 제조된 아이스크림도 살모넬라에 오염될 가능성이 높으며, 병조림한 채소는 보툴리눔 중독의 원인으로 지적되고 있다. 오염원을 파악하고 감염에 주의하고, 사멸 온도 이상으로 가열하면 식중독을 사전에 예방할 수 있다.

셋째, 오염된 기기에 의한 교차오염과 깨끗하게 세척하지 못한 급식 관련 기구나 기기가 주된 원인이 될 수 있다. 즉, 주방에서 사용하는 도마나 칼, 용기 등의 표면에서 수일간 생존한 세균이 도마나 접시를 통해 옮겨질 수 있으므로 음식의 조리 시에는 조리 완성된 음식과 날음식이 닿지 않도록 해야 한다. 또한 세정구역과 조리구역을 엄격하게 구분하는 것이 필요하다. 주방시설이 단체급식을 실시

하기에 적절하지 않은 경우에는 작업 구역의 분리가 제대로 이루어지지 않아 배식 직전에 음식이 오염될 수 있으므로 이에 대한 세심한 주의가 필요하다.

넷째, 불안전한 식재료를 들 수 있는데, 주로 원유나 독버섯, 생선류의 신선도가 문제될 때 발생한다. 해수가 하수나 공장폐수로 오염되었을 때 생선류의 위험성은 더욱 심각하다.

다섯째, 개인위생이 불결한 경우 발생할 수 있는데, 바이러스성 식중독의 대부분이 사람의 접촉에 의해서 발생한다. 식중독 예방을 위해서는 평소 올바른 청결습관으로 손 씻기와 세안 습관이 필요하며, 특히 화장실 사용 후 손 씻기는 필수적이다. 또한 주방에서 식품을 취급하는 취사원이나 식품 취급자는 1회용 장갑의 재사용을 금지해야 하며, 주방에서의 흡연과 식사는 식품의 오염기회를 증가시킬 수 있으므로 이를 제한해야 한다.

이와 같이 세균성 식중독의 병원세균은 사람과 기구류, 식품 등에 붙어 미생물이 생존할 수 있는 수분, 영양, 온도와 시간이 적합하면 증식하므로 이러한 세균의 감염경로 및 사멸, 증식의 생태를 알고 이에 대한 예방책을 강구할 필요성이 있다.

식품의약품안전청(2020)에서는 식중독 예방법을 다음과 같이 요약하여 제시하고 있다.

② 식중독 예방법

㉠ 오염 예방

- 식품의 재료는 항상 신선한 것을 사용하며, 조리 또는 식품의 제조 및 취급에 종사하는 사람은 매일 손을 소독하고, 세척에 유의하여 손을 매개로 한 식품의 오염을 막는다. 특히 손에 화농성 질환이 있는 사람은 포도상구균 식중독을 유발시킬 수 있는 가능성이 있으므로 주의한다. 또한 식품을 취급하는 사람은 수시로 변을 검사한다.
- 설사를 하는 사람의 경우도 조리에 종사하지 않도록 한다. 도마 등의 식기류는 항상 청결하게 하며, 쥐와 곤충 등의 침입을 막도록 한다.
- 효과적인 식중독 예방을 위해서는 불량 식재료와 오염된 지하수의 사용 등

위생 문제해결을 위한 식재료의 생산 · 공급 단계까지 관리를 강화하며, 개인위생에 대한 교육과 식중독 발생의 주된 원인 규명을 위한 검사 관리체계를 구축하고, 새로운 검사법을 개발하여야 한다.

ⓛ 증식 억제

식품을 장시간에 걸쳐 실온에 방치하는 것을 피하며, 가급적 저온에서 보관하도록 하고, 균 증식을 억제시킨다.

ⓒ 살균

- 살모넬라, 장염 비브리오, 병원성 대장균 등 보툴리누스 식중독은 식품을 충분히 가열 조리하면 식중독 사고를 방지할 수 있다. 포도상구균처럼 열에 강한 독소도 있으므로 화농성 질환이나 인두염에 걸린 사람에게는 식품 취급을 금지시킨다.

식중독 예방원칙을 실천하기 위해 반드시 준수해야 할 사항을 정리하면 다음과 같다(식품안전나라, 2020; 정미라 외, 2007).

- 음식물의 원료, 시설, 기수, 식품을 취급하는 방법을 청결히 하여 오염을 방지하는 등 조리환경을 최대한 청결하게 유지하는 것이 바람직하다.
- 조리시간을 신속히 하고, 조리부터 식사시간까지의 시간을 최대한 단축하는 것이 필요하다.
- 보관온도가 미생물 번식의 최적 온도가 되지 않도록 하는 것이 필요하다.
- 식품을 실온에서 방치하지 않고, 조리 후 보존하는 식품은 되도록 빨리 냉각시키고 급식 시에는 가열하여 사용하도록 한다.

(2) 식품첨가물

현대에 들어와서는 식품산업이 발달하고 대량생산이 가능해짐에 따라 식품의 가공을 보다 쉽게 하고, 저장기간을 연장시키며, 영양적 가치 및 맛을 좋게 하기 위하여 3천여 가지가 넘는 화학물질을 식품첨가물로 이용하고 있다(식품안전나라, 2020).

가공식품을 생산하거나 소비하는 국가에서는 어느 나라나 식품첨가물의 종류와 사용기준을 법적으로 규제하고 있다. 이때 규제방법은 나라에 따라 다른데 어떤 나라에서는 많은 첨가물의 사용이 자유로우나 특정 첨가물의 사용은 엄격히 규제하고 있다. 예를 들면, 일본에서는 천연첨가물의 사용을 제한하고 있지 않으나 독일에서는 통용되는 모든 첨가물의 목록을 법적으로 요구하고 있다. 미국에서는 GRAS(Generally Recognized As Safe) 품목제도를 1958년에 시작하였으나 최근에는 과학적 자료를 요구하게끔 강화되었다. 영국에서는 식품첨가물을 5개 군으로 분류하여 그중에서 일부 카테고리까지만 사용을 허용하고 있다(식품안전나라, 2020).

식품첨가물의 사용에는 가공기술상의 필요성, 소비자에게 주는 이득, 그리고 안전성 보증이라고 하는 세 가지 관점에서 정당성이 있어야 한다. 이러한 조건은 관례상 법적으로 규정되고 있는데 이 중에서 안전성 기준은 가장 중요시되는 항목이다. 식품첨가물의 법적 규제는 오랜 역사와 전통을 가지고 있으며 최근에는 식품의 안전성 확보에 대해 소비자의 욕구 증대와 아울러 위해평가 기법의 발전에 따라 새로운 단계에 들어가고 있다. 또한 지금까지는 나라에 따라 첨가물 규제에 차이를 둠으로써 국가 간의 식품무역에서 많은 마찰이 있었으며 어느 나라에서는 이러한 차이를 둠으로써 수입 장벽에 교묘하게 이용해 온 것이 사실이다. 그러나 1996년부터는 세계무역기구(WTO)의 발족에 따라 국제식품규격위원회(Codex Alimentarious Commission)에 의한 국제식품규격을 설정해 가고 있으므로 앞으로는 국가 간의 장벽이 무너지기 시작하면서 새로운 규제양상을 띠게 될 것이다.

식품첨가물에는 천연물과 화학적 합성품이 있는데 식품의 안전성에서 문제시되는 것은 주로 화학적 합성품이다. 따라서 「식품위생법」에서 화학적 합성품은 지정제도에 의해 그 품목을 지정하는 동시에 규격기준을 설정하여 그들의 사용을 엄격하게 규제하고 있다. 이 원리는 법률적으로 말하여 우선 화학적 합성품의 사용을 전면 금지시키고 그의 일부를 한 가지씩 심사하여 해제시키자는 방법인 이

른바 positive system이다.

화학적 합성품의 지정제도는 전문가로 조직되는 식품위생심의위원회의 의견을 들어 보건복지부장관이 고시하는 제도이며 다음과 같은 사항을 고려한다.

- 첨가물은 식품에 사용했을 때 안전성이 실증될 수 있는가? (안전성)
- 첨가물은 그의 사용으로 인해 어떤 관점에서든 이익을 줄 수 있는가? (필요성)
  - 식품의 제조가공에 필수불가결한가?
  - 식품 영양가의 가치를 높일 수 있는가?
  - 부패, 변질, 화학적 변화를 방지할 수 있는가?
  - 식품을 미화하여 기호성을 증가시킬 수 있는가?

허가되지 않는 유해한 식품첨가물에는 시중에 많이 유통되고 설탕대용으로 사용되는 유해성 감미료, 인공착색료(예: 유해성 타르 색소, 단무지 황색 색소), 식품의 원료를 표백할 목적으로 사용하는 표백제(예: 우엉이나 연근) 등이 있다. 무엇보다 허가되지 않은 식품제조업체의 식품을 함부로 구매하여 사용하지 않는 것이 중요하다(식품안전나라, 2020).

(3) 농약 잔류물에 의한 식품 안전사고

식품원료인 농작물을 재배할 때 사용되는 농약, 또는 가축을 사육하거나 어패류를 양식할 때 식품제조가공 이전에 사용되는 약제는 비록 식품 중에 잔류한다 하여도 첨가물로 취급하지 않고 잔류 성분으로 규제하고 있다.

또한 식품의 제조, 가공, 보존 과정에서 기구, 용기, 포장 재료로부터 식품으로 이입되는 물질은 오염물질로 취급하고 있다. 그러나 이들 물질은 결과적으로 식품으로 혼입되어 섭취되기 때문에 비의도적 식품첨가물이라 부르는 경우가 있다(정미라 외, 2007).

농약 잔류물은 특히 세척을 충분히 하지 않아서 문제가 되는 경우가 많다. 껍질째 입에 들어가는 포도, 딸기 등이 문제가 되고 있으며, 학교 급식에 사용되는 사과 표피에 잔류된 농약 때문에 외국의 경우는 사회적 문제가 된 적도 있다. 최근에는 젖소에 사용하는 항생제가 유즙으로 이입되어 그 속에 항생물질이 검출된 문제가 제기된 적도 있다.

유엔기구인 JECFA(Joint FAO/WHO Expert Committee on Food Additives)에서는 식품첨가물의 안전관리에 앞장서 왔지만 근래에 들어와 비의도적 첨가물의 문제가 세계적으로 제기되자 이에 대한 안전관리에도 신경을 쓰고 있다. 우리나라의 보건복지부에서도 1994년부터는 식품위생심의위원회에 식품첨가물과 오염물질분과를 따로 설치하고 있으며, 잔류농약, 중금속, 항균성 물질 등의 잔류 허용기준을 설정하여 규제하고 있다.

(4) 환경오염으로 인한 식품 안전사고

공장폐수에 의해 농작물이 고사하거나 어패류가 폐사하는 경우에도 문제가 될 수 있다. 일반적으로 냄새나 색, 맛 등의 감각기관으로 미연에 이러한 문제를 감지하는 경우에는 식품 안전상 그다지 큰 문제로 발전되지 않지만 겉으로 보기에는 정상식품과 다른 점이 없어서 전혀 구별할 수 없는 식품이라도 소량으로 섭취한 경우 심각한 건강장애를 유발하였다면 이는 식품중독사건이라고 볼 수 있다. 일본의 경우에는 폐수로 유출된 수은이 체내에 축적된 물고기를 장기간 섭취한 관계로 일부 지역 주민의 대다수가 신경장애를 일으키는 미나마타병이 발생한 사건이 보도되었다. 우리나라의 경우에도 낙동강 하구 지역 주민이 다른 지방의 주민에 비해 체내 중금속 함량 농도가 높은 것으로 나타났으며, 이는 거주 지역인 낙동강 하구에서 어패류의 장기섭취에 의한 것으로 나타나 환경오염으로 인한 문제로 제기된 바가 있다(정미라 외, 2007).

(5) 기타

식품 용기나 포장과 식품의 제조, 가공, 조리에 사용되는 기구가 식품위생에 영향을 미칠 수도 있다. 따라서 기구, 용기, 포장의 규격기준을 별도로 설정하여 규제하고 있다. 최근 합성수지 제조의 원료인 VCM(Vinyl Chloride Monomer)과 가소제가 문제가 되었으며, 우리나라의 전통 용기인 옹기나 플라스틱 용기에 중금속이나 화학물질 등이 검출되어 식품 안전상 문제를 일으킬 수 있다는 인식이 확산되고 있다. 특히 1회용 용기의 사용으로 인체에 유해한 물질이 검출될 수 있다는 여러 가지 실험결과 보고 등으로 인해 환경호르몬이라는 용어까지 생겨나게 되었다. 또한 가정에서 흔히 전자레인지를 사용하는 경우 용기를 덮어 두기 위해 비닐 랩을 사용하게 되는데, 이때 랩의 제조 시 사용된 첨가물이 용출되어 식품에 이입될 수 있다. 그러나 유해성 여부에 대해서는 여러 가지 논쟁의 대상이 되고 있다.

3. 식품 안전교육의 내용 및 방법

1) 식품 안전교육의 내용

영유아교육기관에서는 급 · 간식이 점차 확대됨에 따라 이러한 식품 안전성의 문제에 대해서 지속적으로 관심을 가져야 한다. 식품 안전사고나 중독에 대비한 직접 교육은 영유아를 대상으로 하는 것도 중요하지만 영유아를 돌보는 교사나 부모를 대상으로 교육을 실시하는 것이 더 바람직하다. 영유아는 자신이 섭취하는 식품 내에 위해요인이 잠재되었을 때 이를 스스로 감지하기에는 어려움이 많다. 또한 영유아가 먹는 음식은 영유아 자신이 선택하고 준비하고 섭취 조절하기 보다는 주로 자신을 돌보아 주는 교사나 부모에 의해 조절될 수 있기 때문에, 영유아를 대상으로 하는 교육보다는 주양육자인 교사나 부모를 위한 식품 안전교육을 실시하는 것이 더욱 바람직하다(선소선 · 하지영 · 서소정 2019; 최지영, 2007).

유아들이 일상생활에서 가장 쉽게 접할 수 있는 음식, 식품 섭취를 중심으로 환경교육, 환경친화교육 프로그램 등을 계획하는 것이 좋다. 특히 영유아들에게 친숙한 식품 및 음식을 매개로 하여 환경 및 영양교육을 실시함으로써 영유아들에게 우리의 먹거리(식품)의 안전의 확보가 왜 중요한 것인가를 인식시킬 수 있다. 안전한 식품을 선택하고 섭취하는 것이 자신의 건강을 유지할 수 있는 방법임을 교육하고 지도하는 것이 필요하다.

유아를 위한(교사 및 부모 포함) 식품 안전교육의 목표는 다음과 같이 정리할 수 있다(정미라 외, 2007; 최지영, 2007).

첫째, 유아가 쉽게 경험하고 생활 주변에서 일어날 수 있는 식품 안전사고에 대해 이해하도록 한다.

둘째, 식품가공 및 유통과정의 발달과 식품보관이 장기화됨에 따라 최근에 발생하는 식품 안전사고를 이해하도록 한다.

셋째, 식품 내 · 외에 존재할 수 있는 건강 위해요인을 파악하도록 한다.

넷째, 주변에서 쉽게 일어날 수 있는 식품 안전사고를 최소화 또는 미연에 방지할 수 있는 방법을 알고 이에 대처할 수 있는 태도를 가지도록 한다.

마지막으로, 식품 안전사고를 당했을 때 신속하게 대처할 수 있는 실제 방법을 지도한다.

2) 식품 안전교육의 방법

이상과 같은 영유아기 식품 안전교육의 목적을 달성하기 위하여 영유아교육기관 내에서의 영유아나 교사 그리고 가정에서 부모가 생활 속에서 손쉽게 실천할 수 있는 몇 가지 주요한 실천 방법을 소개하면 다음과 같다(최민수 · 정영희, 2006; 최지영, 2007).

(1) 손 씻기

자신의 신체를 오염시킬 수 있는 병원균을 미연에 예방하기 위해 가장 중요한 것은 손을 자주 씻는 일이다. 영유아교육기관의 일과 내에서 급 · 간식을 먹는 영유아들에게만 해당되는 것이 아니라 교사들이나 관련 업무를 담당하는 사람들에게도 손 씻기는 중요하다. 영유아 및 교사가 일과 내에서 꼭 손을 씻어야 할 때는 다음과 같다.

① 영유아

- 기관에 등원하자마자
- 급 · 간식을 먹기 전후
- 용변을 본 후
- 바깥놀이터에 다녀온 직후
- 강아지 등 애완동물을 만지고 난 후
- 하원한 직후

② 교사

- 기관에 출근한 직후
- 급 · 간식을 준비하기 전과 배식하기 전
- 화장실에 다녀온 후나 유아의 용변을 보는 것을 도와준 후
- 영유아들의 신체에서 나오는 체액, 소변, 대변, 땀이나 코나 토사물을 치우고 난 후
- 영유아들에게 약이나 연고를 발라준 후
- 교실 청소나 놀잇감을 정리한 후
- 퇴근한 후

(2) 음식의 조리와 관련된 관리지침(HACCP: Hazard Analysis Critical Control Point)

HACCP는 위해요소 분석(Hazard Analysis)과 중요관리점(Critical Control Point)의 영문 약자로서 "해썹" 또는 "위해요소중점관리기준"이라 한다.

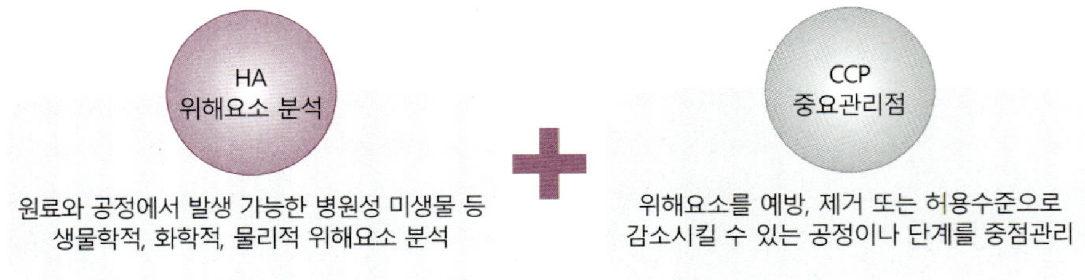

위해요소 분석이란 "어떤 위해를 미리 예측하여 그 위해요인을 사전에 파악하는 것"을 의미하며, 중요관리점이란 "반드시 필수적으로 관리하여야 할 항목"이란 뜻을 내포하고 있다. 즉, HACCP는 위해 방지를 위한 사전 예방적 식품 안전관리체계를 말한다(식품안전열린포럼, 2009).

HACCP 제도는 식품을 만드는 과정에서 생물학적, 화학적, 물리적 위해요인들이 발생할 수 있는 상황을 과학적으로 분석하고 사전에 위해요인의 발생여건들을 차단하여 소비자에게 안전하고 깨끗한 제품을 공급하기 위한 시스템적인 규정을 말한다. 결론적으로 HACCP란 식품의 원재료부터 제조, 가공, 보존, 유통, 조리단계를 거쳐 최종소비자가 섭취하기 전까지의 각 단계에서 발생할 우려가 있는 위해요소를 규명하고, 이를 중점적으로 관리하기 위한 중요관리점을 결정하여 자율적이며 체계적이고 효율적인 관리로 식품의 안전성을 확보하기 위한 과학적인 위생관리체계라고 할 수 있다. HACCP는 전 세계적으로 가장 효과적이고 효율적인 식품 안전관리체계로 인정받고 있으며, 미국, 일본, 유럽연합, 국제기구(Codex, WHO, FAO) 등에서도 모든 식품에 HACCP를 적용할 것을 적극 권장하고 있다(식품안전열린포럼, 2009).

다음은 세계보건기구(WHO: World Health Organization) 및 우리나라 식품의약품안전처에서 안전한 식품관리를 위하여 제안하고 있는 권장규칙이다(정미라 외, 2007; 식품의약품안전처, 2013).

- 유제품 및 어육류를 선택할 때는 식품의 안전을 위하여 1차 위생처리된 식품을 선택하는 것이 좋다. 예를 들면, 생우유 대신에 살균 처리된 우유나 가급

적 방사선 처리가 된 닭고기가 생닭고기보다 좋다.

- 음식의 조리 시 모든 부분이 70°C 이상이 되며, 내부 온도는 74°C가 되도록 철저히 조리해야 한다. 또한 조리된 식품은 바로 섭취하는 것이 좋다.
- 조리된 식품을 저장할 때는 −5 ° C 이하 또는 60°C 이상에서 저장하는 것이 좋으며, 유아용 식품은 저장하기보다는 가급적 바로 사용하는 것이 좋다.
- 한번 조리된 식품을 사용할 때에는 철저히 재가열해야 한다. 2시간 이내에 음식의 내부 온도가 74°C 이상이 되도록 하며, 한번 재가열 후 남은 음식은 다시 사용하지 말아야 한다.
- 생식품과 조리된 식품이 함께 섞이지 않도록 해야 한다.
- 식재료를 다루기 전과 음식을 조리하기 전에는 반드시 손을 씻어야 한다.
- 조리장 내의 모든 시설, 설비의 표면은 깨끗이 세척, 소독, 건조해야 한다.
- 식품은 곤충, 쥐, 기타 동물들이 접촉하지 않는 곳에 보관해야 한다.
- 식품을 준비하고 조리할 때는 반드시 깨끗한 물을 사용해야 한다.
- 얼음을 얼리거나, 유아식을 만들거나, 국물이 있는 음식을 조리할 때는 반드시 끓인 물이나 정수된 물을 사용해야 한다.

(3) 식품구입과 관련된 식품 안전

어린이집이나 유치원 단체 급 · 간식과 관련된 식품구입에 관한 구체적인 안전지침을 살펴보면 다음과 같다(최민수 · 정영희, 2006).

- 고기류는 한 번에 사용할 수 있을 만큼 나누어 랩에 싸서 보관한다.
- 캔 제품은 부식되거나 깨지지 않은 것을 고르고 뚜껑이 불룩한 것은 부패되었을 가능성이 있으므로 사지 않는다.
- 식품을 구입한 후에는 즉시 냉장고에 보관하며, 만일 더운 날씨 중에 운반과정이 1시간 정도 길어지면, 상하기 쉬운 음식물은 아이스박스에 넣어 자동차 뒷좌석에 보관한다.
- 우유 및 유제품은 저온 살균법, 고온 순간 살균법, 초고온 살균법에 의해 소

독된 우유를 구입한다.

- 달걀은 금이 가거나 깨진 것을 구입하지 않으며, 깨끗하게 위생 처리된 위생란을 구입한다.
- 육류는 농수산부 검사를 거친 것을 구입하며, 색상, 냄새, 포장, 온도상태를 검사하여 냉동육류의 경우에는 녹았던 흔적이 없는지 확인한다. 갈은 고기를 구입할 때에는 갈 때 생성된 육즙과 표면적 증가로 세균증식이 더 쉬우므로 주의하며, 내장부위, 다리, 꼬리, 목, 날개 부위는 세균오염도가 더 크므로 주의해서 살펴보아야 한다.
- 생선 및 조개류는 근육조직이 단단하고 눈과 아가미 부분이 신선하며, 형태가 변형된 것, 생선 고유의 냄새 이외의 다른 냄새가 나는 것을 구입해서는 안 되며, 생선은 얼음에 채워 유통된 것이나 냉동 혹은 냉장된 것을 구입하여야 한다.
- 통조림 식품은 통이 파손되고, 불룩하게 튀어 오른 것이나, 색이 녹이 슨 것은 상했을 가능성이 있으므로, 구입해서는 안 된다.
- 곡류는 곰팡이가 피어 있거나 색깔이 변질되어 있어 해충이 번식한 것은 구입하지 말아야 한다.

식품 구입의 빈도는 구입할 식품의 양과 종류에 따라 결정해야 하지만, 식품별 저장기간, 보관창고 혹은 냉장고의 크기와 같은 저장조건에 따라 달라진다. 저장기간에 따른 적절한 식품별 구입빈도는 〈표 8-2〉에서 제시된 바와 같다.

〈표 8-2〉 식품별 구입빈도

구입빈도	식품의 종류
매일	우유 및 유제품, 두부, 상하기 쉬운 채소류 혹은 버섯류, 딸기 등과 같이 상하기 쉬운 과일류
1~3일	채소류, 과일류, 육류, 생선류
1주일	달걀, 저장이 가능한 당근, 양파, 감자와 같은 채소류
1개월	해초류나 마른 버섯 등의 건조식품, 조미료, 고추장, 된장, 주식류, 잡곡류

출처: 최민수·정영희(2006).

(4) 식품보관과 안전

안전한 식재료를 구입하기 위해서는 올바르게 선택하고, 적합한 조리방법을 알고, 취급방법 또한 인지하고 있어야 한다. 식품을 냉장보관함으로써 식품의 향미, 과일과 채소의 신선도를 유지하며, 음식물의 폐기율을 감소, 영양소의 손실을 방지한다. 또한 저온 저장은 박테리아, 효모, 곰팡이의 번식을 멈추거나 지연시킴으로써 식중독의 변질을 저지시킨다(송태희 외, 2008).

냉장고나 냉동고 온도는 적절히 조절하되 보통 냉장고는 5℃ 이하로, 냉동고는 영하 1.75℃ 이하로 한다. 구입해 온 고기 종류는 즉시 냉동 혹은 냉장 보관하며, 생고기 또는 생선을 만지기 전후에는 반드시 20초 동안 비누로 손을 씻어야 세균의 오염을 막을 수 있다. 캔 제품은 서늘한 곳에 보관하는 것이 좋으며, 싱크대 아래에는 음식물을 보관하지 않는다.

다음은 신선한 식품의 저장을 위한 권장온도의 범위를 제시한 것이다(송태희 외, 2008; 최민수 · 정영희, 2006).

- 세균이 성장하기 가장 활발한 온도는 사람의 체온에 해당하는 36.5℃이다.
- 상하기 쉬운 모든 식품 저장을 위한 최대 가능온도는 7~10℃이다.
- 바나나를 제외한 과일, 채소, 대부분의 상하기 쉬운 식품 저장 온도는 1~7℃이다.
- 우유나 유제품의 저장온도는 3~8℃이다.
- 육류와 닭고기의 저장온도는 1~3℃이다.
- 생선 및 어패류의 저장온도는 −5~−1℃이다.
- 냉동식품의 저장온도는 −18~−29℃이다.

식중독의 가장 큰 원인은 부적당한 냉장이 많기 때문이다. 상하기 쉬운 음식물은 냉장고 안에 눈에 띄기 좋은 곳에 배치하는 것이 바람직하며, 냉장고에 보관하려는 음식물이 뜨거운 경우 가능한 빨리 식혀서 냉장하도록 하고, 냉장한 음식이라고 하더라도 일정기간이 지나면 변질되므로 가능한 빨리 사용하도록 한다.

장기간 저장을 위해서 냉동저장 사용이 증가하고 있다. 이는 식품의 안정도를 오랜 기간 연장해 주지만, 냉동 후에 품질 변화가 초래될 수 있기 때문에 식품 종류별 저장조건을 따라야 한다(최민수 · 정영희, 2006).

〈표 8-3〉 식품 종류별 저장조건

식품 종류	식품의 저장방법
육 류	식용으로 사용되기까지 모든 단계에 걸쳐서 냉장 또는 냉동상태로 보관되며, 3~4일 정도 저장할 때는 4℃ 이하로 냉장보관하고, 장기간 저장을 할 때는 냉동으로 보관한다.
달 걀	씻지 않고 냉장상태로 보관한다.
생 선	내장을 제거한 후 소금물로 깨끗이 씻어 물기를 없앤 다음 다른 식품과 분리하여 보관한다.
두 부	반드시 찬물에 담가 냉장 보관하는 것이 좋다.
우 유	4℃ 이하로 냉장보관하여야 하며, 유통기간을 반드시 지키도록 한다.
양파, 감자, 고구마	오래 보관할 경우에는 껍질을 벗기지 않고 서늘한 곳에 보관한다.
간 장	곰팡이가 생길 경우에는 그 부분을 제거하고 한 번 더 끓여 보관한다.
된장, 고추장	곰팡이가 생길 경우에는 그 부분을 걷어내고 소금을 적당히 뿌려준다.
젓 갈	서늘하고 그늘진 곳에 뚜껑을 잘 닫아 보관해야 한다.
양념류	물, 이물질 등이 들어가지 않도록 주의하여 보관한다.
통조림	뚜껑을 열은 뒤 깡통째로 보관하지 말고 별도의 깨끗한 용기에 보관한다. 개봉날짜를 기록하고 가능한 빨리 먹는다.
김밥 또는 도시락류	가능한 2시간 이내에 먹어야 하며 부득이한 경우 10℃ 이하의 온도에서 보관한다.

출처: 송태희 외(2008).

(5) 식기의 세척과 관련된 위생관리

음식을 조리하고 저장하는 과정에서 세심한 주의를 기울이지 않으면 미생물이 번식할 수 있으며, 그러한 오염된 음식을 섭취하게 되면 식중독이 발생할 수 있다. 식중독 사고를 미연에 방지하기 위해서는 식재료를 선택하고 조리하고 배식하는 전 과정이 매우 중요하며, 특히 식기와 식재료에 대한 철저한 위생관리가 필요하다. 영유아교육기관에서 여름철 기온이 높을 때에는 남은 잔반을 처리하는 과정에서 음식물 찌꺼기가 식판에 남은 채로 보관되는 경우 식중독이 발생한 위험이 커지게 된다. 따라서 식기의 세척이 매우 중요하다.

영유아교육기관에서 사용하는 식기와 조리도구의 세척을 위해서 반드시 싱크대는 최소한 두 칸 이상 구분되어 설계된 것이 바람직하다. 첫째 칸에서 깨끗이 세정한 후, 둘째 칸에서는 뜨거운 물로 헹구어 내고, 소독이 가능하다면 더 바람직하다. 깨끗하게 씻는 것도 중요하지만 씻은 후 가능한 충분히 물기를 말리는 것도 필요하다. 식기자동세척기가 있으면 이를 활용하는 것이 좋으며, 식기보관함에 보관하기 전에 충분히 세척되고 건조되었는가를 확인하는 것도 필요하다(정미라 외, 2007; 최지영, 2007).

바람직한 식기 세정법과 소독과 관련된 내용을 제시하면 다음과 같다(최지영, 2007).

① 식기 세정방법

모든 식기는 더운물에 담가 세제로 문질러 닦고 흐르는 뜨거운 물에 씻는다. 식기 세척기를 사용할 때에는 76.5°C 이상에서 20초간 씻고 82°C 이상에서 10초간 헹구는 것이 좋다. 손으로 씻을 때에는 43~49°C의 물에 적당한 양의 세제를 사용하여 문질러 씻고 흐르는 물에 헹구며, 세제는 완전히 씻어내야 한다. 식기 보관고를 사용하여 건조하는 것이 바람직하다.

② 식기와 집기의 소독

식기와 집기에 대한 소독은 열탕, 증기소독 등 습열소독과 건조에 의한 건열소독, 건조염소제를 이용한 소독, 자외선 살균소독이 있다. 식기와 행주의 소독에는 열탕소독이나 증기소독이 바람직하다. 그릇을 포개어 소독할 때는 포개지 않고 할 때보다 끓이는 시간을 연장하는 것이 좋다. 열탕에서는 30초 이상, 증기소독기를 사용할 경우에는 110~120°C에서 30분 이상 소독하는 것이 바람직하다. 각종 작업대, 기기, 도마를 소독할 경우에는 소독약을 사용하는 것이 좋다.

4. 어린이 급식관리 지원센터 설립 및 운영

2007년 2월 식품의약품안전청(현행 식품의약품안전처)에서는 어린이의 올바른 식생활습관을 정립하기 위해 안전하고 영양을 고루 갖춘 식품을 제공하는 데 필요한 사항을 규정함으로써 어린이 건강증진에 기여하기 위하여 어린이 먹거리 종합 대책을 발표하였다(어린이급식관리지원센터, 2013). 본 대책을 토대로 2008년 「어린이 식생활안전관리 특별법」이 제정되었고, 이 중 제5장 제21조를 통하여 어린이급식관리지원센터의 설치 및 운영에 대한 법적 근거가 확보되어, 2009년 3월부터 시행되었다. 2019년 12월 기준 식품의약품안전처에서는 어린이에게 단체급식을 제공하는 어린이집, 유치원 등의 위생 및 영양관리를 지원하기 위하여 전국 시도센터 219개소의 어린이 급식관리 지원센터를 설치 · 운영하고 있다. 2014년에는 중앙급식관리지원센터에서 전국 시 · 도에 설치된 총 219개소의 어린이급식관리지원센터의 업무를 총괄하여 지원하고 있다.

다음은 『영유아보육법』 중 어린이급식관리지원센터 설치 및 운영 전반에 관한 관련법을 제시하였다.

〈표 8-4〉 영유아보육법 중 어린이 급식관리 지원센터 관련법

법령		내용
영유아보육법		
제2조	정의	3. "어린이집"이란 보호자의 위탁을 받아 영유아를 보육하는 기관을 말한다.
제31조	건강관리 및 응급조치	① 어린이집의 원장은 영유아와 보육교직원에 대하여 정기적으로 건강진단을 실시하는 등 건강관리를 하여야 한다. ② 어린이집의 원장은 영유아에게 질병 · 사고 또는 재해 등으로 인하여 위급 상태가 발생한 경우 즉시 응급의료기관에 이송하여야 한다. ③ 제1항에 따른 건강진단 등에 필요한 사항은 보건복지부령으로 정한다.
제33조	급식관리	어린이집의 원장은 영유아에게 보건복지부령으로 정하는 바에 따라 균형 있고 위생적이며 안전한 급식을 하여야 한다.

법령		내용
第9조	어린이집의 설치기준	법 제15조 및 제15조의2에 따른 어린이집 및 그 놀이터의 설치기준은 별표1과 같다. [별표1] 어린이집 및 그 놀이터의 설치기준(제9조 관련) 2. 어린이집의 규모 어린이집은 다음의 인원을 보육할 수 있는 시설을 갖추어야 하며, 정원은 총 300명을 초과할 수 없다. 가. 국공립어린이집: 상시 영유아 11명 이상 나. 직장어린이집: 상시 영유아 5명 이상 다. 사회복지법인어린이집, 법인 · 단체 등 어린이집 및 민간어린이집: 상시 영유아 21명 이상 라. 가정어린이집: 상시 영유아 5명 이상 20명 이하 마. 부모협동어린이집: 보육 영유아를 둔 보호자 15명 이상의 출자 및 상시 영유아 11명 이상
제10조	보육 교직원의 배치기준	법 제17조 제2항에 따른 보육교직원의 배치기준은 별표2와 같다. [별표2] 보육교직원의 배치기준(제10조 관련) 라. 영양사 영유아 100명 이상을 보육하는 어린이집의 경우 영양사 1명을 두는 것을 원칙으로 하되, 어린이집 단독으로 영양사를 두는 것이 곤란한 경우에는 동일한 시 · 군 · 구의 5개 이내 어린이집이 공동으로 영양사를 둘 수 있다. 마. 취사부 영유아 40명 이상 80명 이하를 보육하는 어린이집의 경우 취사부 1명을 두며, 영유아가 80명을 초과할 때마다 1명씩 증원한다. 바. 그 밖의 보육교직원 어린이집의 규모와 특성에 따라 의사(또는 촉탁의사), 사회복지사, 사무원, 관리인, 위생원, 운전기사, 치료사 등의 보육교직원을 둘 수 있다. 사. 어린이집의 원장이 간호사 또는 영양사 자격이 있는 경우에는 간호사 또는 영양사를 겸직하게 할 수 있다.
제33조	건강진단	① 법 제31조 제1항에 따라 어린이집의 원장은 보육하고 있는 영유아 및 보육교직원(가정어린이집의 경우 어린이집에서 함께 거주하는 사람을 포함한다)에 대하여 1년에 한 번 이상 건강진단을 실시하여야 한다. 다만, 보호자가 별도로 건강검진을 실시하여 검사 결과 통보서를 제출한 영유아에 대해서는 건강진단을 생략할 수 있다. ② 영유아의 건강진단 항목에는 신체계측, 시력검사, 구강검사 등 영유아 발달단계에 따라 필요한 항목이 포함되어야 한다. ③ 보육교직원의 건강진단 항목에는 결핵 등 전염성 질환이 포함되어야 한다. ④ 어린이집의 원장은 제1항에 따라 건강진단을 실시한 결과 치료가 필요한 영유아에 대해서는 그 보호자와 협의하여 필요한 조치를 하여야 한다. ⑤ 어린이집의 원장은 제1항에 따른 건강진단을 실시한 결과 전염성 질환에 감염된 것으로 밝혀지거나 의심되는 영유아 및 어린이집 거주자를 어린이집으로부터 격리시키고, 전염성 질환에 감염된 것으로 밝혀지거나 의심되는 보육교직원을 즉시 휴직시키거나 면직시키는 등의 조치를 하여야 한다.

법령		내용
제34조	급식관리	법 제33조에 따른 급식관리의 기준은 별표8 제3호나목과 같다. [별표8] 어린이집의 운영기준(제23조 및 제34조 관련) 나. 급식관리 1)어린이집의 원장 및 어린이집에서 급식을 조리 · 제공하는 보육교직원(이하 이 목에서 "원장 등"이라 한다)은 어린이집에서 식중독 환자가 발생하지 않도록 위생관리를 철저히 하여야 한다. 2) 원장 등은 영유아가 필요한 영양을 섭취할 수 있도록 영양사가 작성한 식단에 따라 급식을 공급하여야 한다. 이 경우 영양사(5개 이내의 어린이집이 공동으로 두는 영양사를 포함한다)를 두고 있지 아니한 100명 미만의 영유아를 보육하고 있는 어린이집은 보육정보센터, 보건소 및 「어린이 식생활안전관리 특별법」 제21조에 따른 어린이집 급식관리지원센터 등에서 근무하는 영양사의 지도를 받아 식단을 작성하여야 한다. 3) 원장 등은 영유아에 대한 급식을 어린이집에서 직접 조리하여 제공하여야 한다. 다만, 공공기관이나 사회복지관 안에 설치된 어린이집의 경우에는 같은 건물에 있는 조리실을 사용하여 급식을 제공할 수 있다. 4) 원장 등은 식기, 도마, 칼, 행주, 그 밖의 주방용구를 정기적으로 세척 · 살균 및 소독하는 등 항상 청결하게 유지 · 관리하여야 하며, 어류 · 육류 · 채소류를 취급하는 칼 · 도마는 각각 구분하여 사용하여야 한다. 5) 원장 등은 유통기한이 지나거나 상한 원료 또는 완제품을 조리할 목적으로 보관하거나 이를 음식물의 조리에 사용하여서는 아니 되며 이미 급식에 제공되었던 음식물을 재사용하여서는 아니 된다. 6) 원장 등은 식품 등의 원료 및 제품 중 부패 · 변질이 되기 쉬운 것은 냉동 · 냉장시설에 보관 · 관리하여야 한다. 7) 취사부 등 음식물의 조리에 직접 종사하는 보육교직원은 위생복 · 앞치마 · 위생모를 착용하는 등 개인위생관리를 철저히 하여야 한다. 다. 위생관리 1) 조리실, 식품 등의 원료 · 제품 보관실, 화장실 및 침구 등을 정기적으로 소독하고, 항상 청결하게 관리하여야 한다. 2) 어린이집의 음용수는 상수도 및 간이상수도를 사용하는 경우에는 물을 끓여 사용하는 것을 원칙으로 하고, 정수장치를 설치하는 경우에는 정기적인 필터 교환 등으로 수질을 관리하여야 하며, 음용수로 지하수를 사용하는 경우에는 「먹는 물 수질기준 및 검사 등에 관한 규칙」 제3조에 따라 수질검사를 신청하여야 하며, 수질검사기관으로부터 발급받은 먹는 물 수질검사성적서를 갖춰 두어야 한다. 3) 보육교직원은 영유아의 위생에 영향을 미치는 감기, 독감, 홍역 등 유행성 질환 감염 여부, 영유아의 피부, 머리, 손톱 · 발톱, 치아상태, 어린이집의 청소상태, 침구 및 기저귀 등의 위생상태, 욕실 및 화장실의 청결상태, 세면도구 등의 위생상태 등에 대하여 수시로 점검하여야 한다.

법령		내용
제34조	급식관리	4) 동물을 두는 때에는 미리 부모에게 그 사실을 알리고, 동물로부터 영유아가 알레르기 및 질병, 상해를 입지 아니하도록 정기적으로 수의사를 통해 면역조치 등을 받아야 하며, 동물 · 곤충 또는 배설물 등을 접촉한 경우에는 접촉 부위를 씻어야 한다. 5) 어린이집 내부의 쾌적한 공기 질을 유지하기 위하여 수시로 환기 및 청소 등을 하여야 한다.

출처: 어린이급식관리지원센터 http://ccfsm.or.kr.

어린이급식지원센터의 주요사업을 살펴보면, 어린이들의 올바른 식생활습관 정립을 위하여 지역사회와 연계하여 어린이 단체 급식을 위한 최신 정보를 제공하고 관련 연구를 수행하여 이를 적극적으로 홍보하고 있다. 각 센터는 어린이집, 유치원 등 급식시설의 등록을 유도하여 어린이 급식용 식단 개발, 영양 및 위생교육 프로그램 개발 등의 종합적인 지원서비스를 제공하고 있다(그림 8-1 참조).

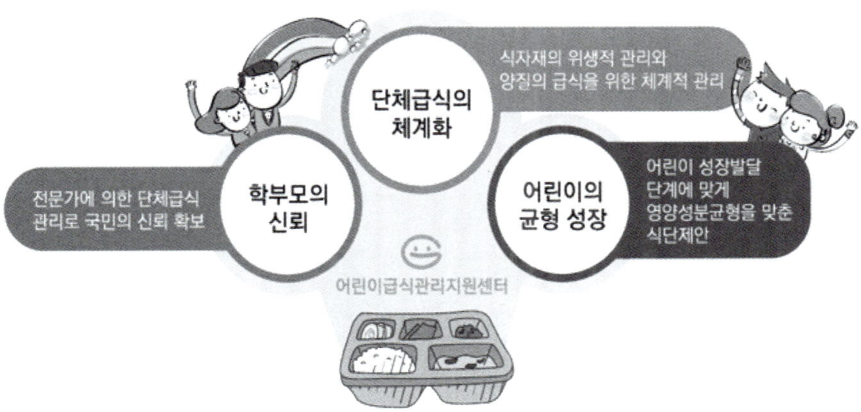

[그림 8-1] 어린이 급식관리 지원센터의 주요 기능

출처: 식품안전나라: https://ccfsm.foodnara.go.kr

<어린이 식품 안전관리의 예시 1>

제목: [공지] ★필독★[식약처]식중독 예방 매뉴얼 및 위생안전관리 자체 점검 체크리스트
작성자: 관리자
작성일자: 2020-06-29 13:42:24

안녕하세요. 식약처 식생활영양안전정책과 입니다. 최근 여름철 기온 상승에 따라 어린이집, 유치원 급식시설에서 식중독 사고가 발생하는 등위생안전 관리 필요성이 증가하고 있습니다. 이에 식중독 예방 매뉴얼을 배포하오니 어린이급식소에서 참고하시기 바랍니다.
또한 급식소 내 조리시설 등 위생안전 관리를 위해 급식소 자체 점검 체크리스트를 공유해 드리오니 어린이급식소에서는 해당 지자체 및 지역센터의 안내에 따라 자체 위생점검을 실시하여주시기 바랍니다.

집단급식소 위생 · 안전관리 체크리스트

1. 어린이 급식소의 개요

기관명		점검일	
소재지			
유 형	□ 유치원 □ 어린이집		
규 모	□ 20명 이하 □ 20명~49명 □ 50명~99명 □ 100명 이상		

2. 지도 항목

항 목	적합	부적합
시설 등 환경		
1. 전처리 구역과 조리구역은 분리, 구획 또는 구분할 수 있다.		
2. 조리장 바닥에 배수구가 있는 경우 덮개가 설치되어 있다. ※ 가정형 바닥(장판)의 경우는 제외		
3. 조리시설, 세척시설 및 손 씻는 시설 설치되어 있다.		
4. 오물 · 악취 등이 누출되지 않도록 뚜껑이 있는 내수성 재질의 폐기물 용기가 설치되어 있다.		
5. 주방용 식기류를 소독하기 위한 자외선 또는 전기살균소독기를 설치하거나 열탕세척 소독시설(식중독을 일으키는 병원성 미생물 등이 살균될 수 있는 시설이어야 한다)을 갖추어야 한다.		
6. 조리장 내에서 발생하는 악취나 이취, 유해가스, 매연, 증기 등을 배출할 수 있는 환기시설, 후드 등을 설치하여야 한다.		
7. 보존 및 유통기준에 적합한 온도가 유지될 수 있는 냉장 · 냉동시설이 구비되어 있다.		

8. 식품과 직접 접촉하는 부분은 내수성 및 내부식성 재질로 세척이 쉽고 열탕, 증기, 살균제 등으로 소독 · 살균이 가능한 것이어야 한다.		
9. 조리장 외부로 연결되는 출입문에는 먼지나 해충 등의 유입을 방지하기 위한 완충구역이나 방충이중문 등을 설치하여야 한다.		
10. 바닥, 벽, 천장, 폐기물 용기, 환기시설, 방충시설 등을 청결하게 관리하고 있다.		
11. 수돗물이나 먹는 물의 수질기준에 적합한 지하수 등을 공급할 수 있는 시설이 구비되어 있다.		
12. 지하수를 사용하는 경우 용수 저장 장치에 살균 · 소독장치 설치가 구비되어 있다.		
개인위생		
13. 조리원 및 집단급식소 설치 · 운영자의 건강진단을 실시하였다.		
14. 작업 중인 조리원 등은 위생모 · 위생복 · 위생화 · 앞치마 · 위생장갑 등을 착용하여야 한다.		
15. 작업 중인 조리원은 귀걸이, 반지, 매니큐어 등 개인용 장신구 등을 착용하여서는 아니된다.		
원료사용		
16. 식재료 검수 시 구입(입고)일자 또는 유통기한 등을 확인 · 기록하였다.		
17. 무허가(무신고) 원료 및 식품*을 사용하지 아니한다. * 식품 또는 식품첨가물의 제조 · 가공업으로 허가받지 않은 시설에서 만든 원료 및 식품		
18. 부패 · 변질된 원료 및 식품을 사용 및 보관하지 아니한다.		
19. 무표시 원료 및 식품을 사용하지 아니한다. ※ 제품명, 유통기한과 같은 법적표시사항 확인 ※ 자체제조식품의 경우 식재료에 식재료 라벨(품명, 제조일자, 폐기예정일 등) 부착		
20. 식재료에 원산지 표시를 하여야 한다. – 쇠고기, 돼지고기, 닭고기, 오리고기, 양고기, 염소(유산양 포함)고기 (식육, 포장육, 식육가공품 포함) – 쌀(쌀 가공품 포함, 찹쌀, 현미, 찐쌀, 밥, 죽, 누룽지 포함) – 배추김치[배추(얼갈이배추, 봄동배추 포함), 고춧가루도 함께 표시)] – 콩(두부류[가공두부, 유바 제외), 콩비지, 콩국수에 사용하는 콩, 콩가공품 포함)] – 넙치, 조피볼락, 참돔, 미꾸라지, 뱀장어, 낙지, 명태(황태, 북어 등 건조한 것 제외), 고등어, 갈치, 오징어, 꽃게, 참조기, 다랑어, 아귀, 주꾸미(해당 수산물 가공품 포함)		
21. 검사를 받지 아니한 축산물을 사용하지 아니한다. ※ 원산지 등이 기재된 영수증이나 거래명세서 등을 매입일로부터 6개월간 비치 · 보관		
22. 유통기한이 경과된 원료 또는 완제품을 조리할 목적으로 보관하거나 이를 음식물의 조리에 사용하지 아니한다.		
23. 지하수 등을 먹는 물 또는 식품의 조리 · 세척 등에 사용하는 경우 먹는 물 수질검사 기관에서 검사를 받아 마시기에 적합하다고 인정된 물을 사용한다. ※ 연1회 일부항목검사, 2년마다 전항목 검사		
24. 위해평가가 완료되기 전 일시적으로 금지된 식품 등 사용 · 조리하지 아니한다.		

공정관리		
25. 원료보관실 · 조리실 등의 내부를 청결하게 관리한다.		
26. 물수건, 숟가락, 젓가락, 식기, 찬기, 도마, 칼 및 행주 기타 주방용구는 기구 등의 살균 · 소독제 또는 열탕의 방법으로 소독한 것을 사용하여야 한다.		
27. 동물의 내장을 조리한 경우 사용한 기계 · 기구류 등을 세척 · 살균하여야 한다.		
28. 칼과 도마 등의 조리기구는 원료나 조리과정에서의 교차오염을 방지하기 위하여 어류, 육류, 채소류를 구분하여 사용하여야 한다.		
29. 행주(청소용, 배식용, 조리용), 사용장갑 및 앞치마는 조리과정에서의 교차오염을 방지하기 위하여 용도별로 구분 사용하여야 한다. (전처리용, 조리용, 청소용)		
30. 조리시설의 세척 · 소독 등 위생 관리를 하여야 한다.		
31. 식품 취급 등의 작업은 바닥으로부터 60cm 이상의 높이에서 실시하고, 보관은 바닥과 벽으로터 15cm 이상 떨어진 곳에 보관하여 오염을 방지하여야 한다.		
32. 가열조리하지 않는 음식물의 식재료는 염소소독 등을 실시하고 충분히 세척하여야 한다.		
33. 해동은 냉장해동(10℃ 이하), 전자레인지 해동, 또는 흐르는 물에서 실시하고 해동된 식품은 즉시 사용하고 즉시 사용하지 못할 경우 조리시까지 냉장 · 보관하여야 하며, 사용 후 남은 부분을 재동결하여서는 아니된다.		
34. 조리된 음식은 2시간 이내에 섭취완료되도록 관리하여야 한다.		
35. 배식 시 올바른 위생복장(위생앞치마, 위생마스크, 위생장갑)을 착용하여야 한다.		
36. 배식 시 청결한 도구(집게, 국자 등)를 사용하여야 한다.		
보관관리		
37. 식품 등의 원료 및 제품 중 부패 · 변질이 되기 쉬운 것은 냉장 · 냉동시설에 보관 · 관리하여야 한다.		
38. 냉장시설은 내부의 온도를 10℃ 이하(유치원의 경우 5℃ 이하), 냉동시설은 −18℃로 유지하여야 하고 보관온도 기준이 별도로 정해진 식품의 경우에는 그 기준을 따른다.		
39. 냉장 · 냉동시설 및 가열처리시설에 온도를 측정할 수 있는 계기가 설치되어야 한다.		
40. 식품과 비식품(소모품)을 구분 · 보관하여야 한다.		
기타사항		
41. 급식을 어린이집에서 직접 조리하여 제공하고 있는지 여부를 확인하여야 한다. ※ 어린이집의 경우에 해당		
42. 이미 급식에 제공되었던 음식물 재사용하면 아니된다.		
43. 조리 · 제공한 식품은 소독된 보존식 전용용기에 매회 1인분 분량을 −18℃ 이하에서 144시간 이상 보관하여야 한다.		
44. 집단급식소의 설치 · 운영자 및 조리사가 위생교육을 받아야 한다.		
45. 조리실, 식품 등의 원료 · 제품 보관실 등을 정기적으로 소독하여야 한다.		

출처: 어린이급식관리지원센터(https://ccfsm.foodnara.go.kr)

<어린이 식품 안전관리의 예시 2>

출처: 식품의약품안전처, 식품안전나라 정보포털 (https://ccfsm.foodnara.go.kr)

<어린이 식품 안전관리의 예시 3>

힘내라 대한민국 / 식품의약품안전처	보도자료	배포	2020. 6. 19.(금)
		담당과	식품소비안전국 식생활영양안전정책과
		과장	송성옥 (☎043-719-2252)
		사무관	김현정 (☎043-719-2255)

어린이 기호식품 프랜차이즈 영양 표시 확대 추진

「어린이 식생활안전관리 특별법」 시행령 일부개정안 입법예고

□ 식품의약품안전처(처장 이의경)는 어린이 기호식품* 조리 · 판매 업소 중 점포수 50개 이상의 프랜차이즈 매장에서도 영양성분 및 알레르기 유발 원료 표시를 의무화 하도록 「어린이 식생활안전관리 특별법」 시행령 개정안을 6월 19일 입법예고한다고 밝혔습니다.

* 어린이 기호식품 : 햄버거, 피자, 아이스크림 등 어린이들이 선호하거나 자주 먹는 조리식품

○ 그 동안 소비자의 알권리 충족 및 건강한 식생활 관리를 위해 100개 이상의 점포를 지닌 대형 프랜차이즈는 영양성분*과 알레르기 유발 원료**를 사용한 제품에 해당 성분을 표시해 왔습니다.

* 영양성분: 열량, 단백질, 포화지방, 당류, 나트륨 등 5종

** 알레르기 유발 원료: 알류(가금류만 해당), 우유, 땅콩, 밀, 새우 등 22종

□ 식약처는 앞으로도 어린이들이 영양을 고루 갖춘 안전한 식품을 구매할 수 있도록 정보제공을 지속적으로 강화하겠다고 밝혔습니다.

○ 자세한 내용은 식약처 누리집(www.mfds.go.kr>법령/자료>법령정보>입법/행정예고)에서 확인할 수 있고, 의견이 있는 개인과 단체는 국민참여입법센터(http://opinion.lawmaking.go.kr) 등을 통해 제출할 수 있습니다.

<어린이식품 안전관리의 예시 4>

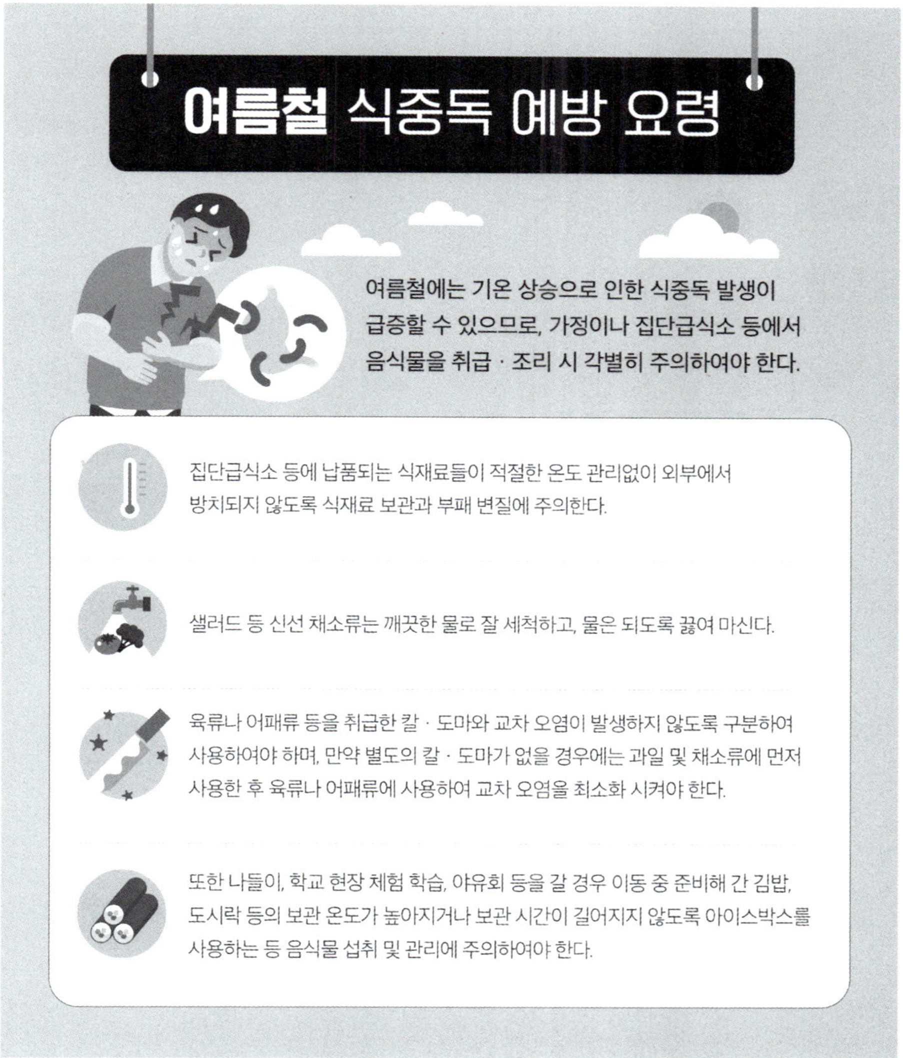

출처: 식품의약품안전처, 식품안전나라 정보포털 (https://ccfsm.foodnara.go.kr)

5. 식품 안전교육의 실제

식품의 포장지를 함께 살펴보아요!

활동목표
- 주변의 다양한 식품과 관련된 정보에 관심을 가진다.
- 우리 몸에 필요한 식품을 선택할 수 있는 방법을 익힌다.

활동자료
- 여러 가지 종류의 식품 포장지(예: 스낵류, 음료수병 등)
- 신선한 제품과 동일 제품이되 제조년월이 오래 경과된 제품(예: 스낵류, 과일)

활동방법

1. 간식시간에 먹었던 식품의 포장지를 가져와서 이야기를 나누어 본다.
   - ○○는 오늘 먹었던 과자의 포장지를 살펴보았니?
2. 포장지 겉면을 자세히 보게 한 후 어떤 내용이 쓰여 있는지에 대해 이야기 나눈다.
   - 제품 이름은 무엇이니?
   - 가격은 얼마니?
   - 어느 회사에서 만들었니?
   - 만든 회사의 주소, 전화번호는 무엇이니?
   - 먹었던 간식은 주로 무엇으로 만들어 졌다고 생각하니?
   - 무게는? 언제까지 먹을 수 있니(유통기한)?, 만든 날짜는?
   - 보관방법은 무엇이니?
   - 어떻게 하면 맛있게 먹을 수 있을까?
3. 신선하고 좋은 제품을 구별해 낼 수 있도록 제조년월이 오래 경과된 식품(스낵류나 과일류)과 그렇지 않은 신선한 식품을 제시하여 아이들이 직접 눈으로 보고 비교할 수 있도록 한다.
   - 어느 제품이 더 신선하고 몸에 좋을 것 같니? 왜 그렇게 생각하니?
   - 보기에는 어떠니? 냄새는 어떠니?
   - 어떤 점이 다른 것 같니?

4. 우리 몸에 좋은 식품을 고르기 위해서는 어떻게 해야 하는지에 대해 준비된 식품포장지 겉면의 정보들을 중심으로 제조년월일과 유통기간을 읽는 법을 가르쳐 준다.
   - 좋은 재료, 신선한 재료를 사용한지를 알기 위해서는 무엇을 보아야 할까?
   - 언제 만들어졌는지? 언제까지 먹을 수 있는지는 어떻게 알 수 있을까?
5. 다 먹은 후 빈 껍질은 어떻게 처리해야 하는가에 대해 아이들과 이야기를 나누어 본다. '재활용'이라는 표기가 있는 것은 분리 수거해서 버려야 한다는 것을 설명해 준다.

확장활동

- 포장지 겉면에 주원료가 '유기농'이라고 표기되어 있는 경우에는 '유기농'이란 개념에 대한 보충 설명을 한다. 화학물질이나 기타 해로운 물질이 식품에 첨가되었을 때 우리 몸에 어떠한 영향을 미칠 수 있는가에 대해 관련 책을 함께 읽고 이야기를 나누어 본다. 또한 극놀이를 통해 슈퍼마켓에서 식품구매 시 식품의 포장지를 확인해 보는 놀이를 재현해 볼 수 있는 기회를 제공한다.

출처: 정미라 외(2007).

예쁜 색, 우리의 몸이 아파요!

활동목표
- 여러 가지 색상의 음료 및 가공식품을 탐색한다.
- 합성착색료에 대해서 알며, 자연 식품과 다른 점도 안다.
- 우리 몸을 건강하게 하려면 어떻게 해야 하는지 안다.

활동자료 〈당도측정 준비물〉

각설탕, 미지근한 물(설탕이 찬물에서보다 빨리 잘 녹는다), 정확한 눈금이 그어진 362ml 이상의 투명한 컵, 저을 수 있는 긴 숟가락, 젖은 행주, 마른 행주, 각종 음료수, 이오 같은 유명 요구르트, 음료수 종류 수×팀 수만큼의 유리컵

〈각설탕 붙인 당도표 만들기〉

1. 뚜껑을 여닫을 수 있는 페트병, 작은 음료수 여러 가지에 실제 들어간 개수만큼 각설탕을 붙인다.
2. 같은 양(250g)의 음료수 여러 가지에 실제 들어간 개수만큼 각설탕을 붙인다.

〈암모니아 실험 준비물〉

- 암모니아, 따르기 좋은 약 병에 옮겨 놓은 암모니아, 시험관, 시험관 마개, 시험관대, 행주(꼬마주스 유리병도 되는데 시험관보다 바닥이 넓으므로 잘 보이려면 용액의 양이 많아야 함.)
- 물, 노랑, 빨강, 하늘색 수채화 물감, 천연 과즙 음료(사과주스, 오미자 효소나 딸기, 물과 핸드믹서 준비-먹을 수 있는 식물이라고 다 변하지 않으므로 변하는 것으로 선택해야 함), 합성색착색료가 들어 있는 음료(하늘색 음료, 노란색 음료)

활동방법

1. 여러 가지 식품의 색을 탐색한다.교사는 유아에게 자연적인 색과 인공적인 색을 보여 주어 유아가 같은 색일지라도 구성이 다른 것을 인지하도록 한다.

〈색깔수업〉

T: (딸기를 들며) 이건 뭐지요?

C: 딸기요.

T: 무슨 색이죠?

C: 빨강

T: 먹을 수 있을까요?

C: 네.

T: (아이의 옷 가리키며) 친구의 옷도 빨간데, 우리가 먹을 수 있는 색일까?

C: 아니요.

T: 그럼 옷은 어떻게 빨간 색이 되었을까?

C: (여러 가지 대답)

T: 왜 어떤 것은 먹어도 되고, 어떤 색은 못 먹을까?

C: (여러 가지 대답)

T: 오늘 선생님이랑 딸기 같은 자연의 색이랑 치마에 있는 못 먹는 색에 대해서 알아보기로 해요.

2. 교사는 유아들에게 오늘 실험할 것에 대해 여러 가지 실험재료를 설명하여 주도록 한다. 교사는 실험재료가 만져서는 안 되는 것임을 유아에게 알려주며, 유아에게 주의할 것을 당부한다.

〈실험재료 설명〉

T: 오늘 선생님이 색깔이 변하는 모습을 보여줄 건데 어떤 재료를 가져왔나 살펴볼까요? 이건 시험관(보여 준다), 여기에 색깔 있는 물을 넣어서 이 약품을 섞을 거예요. 이 약품의 이름은 암모니아라고 하는데(보여 준다) 손으로 만지면 손이 아파요. 그래서 선생님도 비닐장갑을 끼고 할 거예요. 그리고 이 약품은 냄새가 아주 지독해요. 이 냄새를 맡고 있을 때는 눈도 따끔거려요. 시골이나 놀러가서 물 내리지 않는 눈이 따끔거리는 화장실에 가 본 사람? (아이들 반응을 본다.) 그 냄새가 암모니아 때문이에요.

T: 누가 앞에 나와서 냄새를 맡아볼 사람? (손을 든 유아가 나와서 맡아보고 느낌을 말하게 한다.)

3. 교사는 유아들과 함께 기구를 이용해서 자연적인 색과 인공적인 색(딸기와 물감의 빨강색)으로 나누어 활동을 전개하도록 한다.암모니아를 넣었을 때, 색이 어떻게 변화하는지도 함께 살펴보도록 한다.

〈딸기색 만들기 실험〉

T: 무슨 색부터 해 보고 싶어요?

C: (여기저기서 다른 색 이름이 나온다.)

T: 빨간색이라고 말한 친구가 제일 많으니까 빨간색을 먼저 해 볼게요. (약간의 물감과 물을 섞는다. 연하게 탄다.) 무슨 색으로 보여요?

C: 분홍색이요.

T: 이건 잠깐 여기다 놓고, 분홍이랑 비슷한 딸기 색을 잘 보이게 만들어 볼게요. (교사는 딸기를 믹서에 간다.) 이제 시험관에 넣을게요. 무슨 색으로 보여요?

C: 분홍색이요.

T: 색이 비슷해졌죠? 하지만 하나는 먹는 색이고 하나는 못 먹는 색이네요. 선생님이 먼저 딸기의 시험관에 암모니아를 부을 건데, 색이 어떻게 변하나 보세요. (약품을 부은 후 뚜껑을 닫고 아이에게 흔들어 보게 한다.)

T: 무슨 색이 되었나요?

C: 검게 변해요.

T: 이번엔 물감이 들어 있는 시험관에 암모니아를 부을 게요. (약을 부은 후 뚜껑을 닫고 아이에게 흔들어 보게 한다.)

T: 어떻게 되었나요?

C: 그대로예요. 흐려졌어요.

T: 우리가 먹을 수 있는 건 색이 변했는데, 물감은 조금 흐려지기만 하고 그대로네요. (자연의 색/인공 색으로 나뉜 곳에 시험관을 꼽는다.)

T: 이번엔 다른 걸 해볼까요?

4. 교사는 유아들에게 또 다른 색, 실질적으로 많이 사용하는 노란색과 관련된 식품을 이용하여 활동을 한다.

〈노란색 만들기 실험〉

T: 선생님이 좋아하는 사과주스를 가져왔는데, 색이 어떻게 변하나 실험해 볼까요?

C: 네.

T: (시험관에 따르고) 사과주스가 무슨 색이죠?

C: 노랑

T: 그럼 노란 물감물을 만들어볼까요?

→ 실험과정이 위의 분홍색 만들기와 동일

T: 어떻게 되었나요? → 딸기색과 동일한 진행

5. 교사는 유아들에게 인공색소가 들어 있는 음료를 이용하여서 암모니아를 넣어 비교하는 활동을 하였으며, 인공색소가 들어있는 음료의 색상이 변화하는지, 변화하지 않는지에 대해서 알아보고, 변화하지 않는다면 왜 변화하지 않는지에 대해서 함께 이야기를 나누어 보았다.

〈인공색소가 들어있는 음료 실험〉

T: 색이 변한 건 우리가 먹는 딸기랑 사과 주스였어요. 그럼 친구들이 좋아하는 음료수는 어떻게 될까? 해 볼까요?

C: 네.

T: (인공색소가 들어있는 음료를 꺼내며) 자, 이것과 파란 물감을 만들어서 암모니아를 부어 볼까요? (실험준비를 끝내고) 어떻게 될 것 같아요?

T: 변해요. 변할 것 같아요.

→ 실험 동일

* 두개를 같이 흔들어 본다. 변화가 없다.

T: 우리가 먹는 음료수인데, 변하지 않았어요. 그럼 이 속에 들어 있는 건 뭘까요? 과일이 들어 있나? 물감이 들어 있나?

C: …

T: 그건 병에 있는 작은 글씨들을 보면 알 수 있어요. 자, 어디에 있나 찾아보자. (원재료명 읽어 준다.)

T: 무슨 말인지 알겠어요?

C: 아니요. 모르겠어요.

6. 교사는 원재료명을 읽어 주며, 식품을 구성하는 요소 중에 합성착색료라는 것은 색깔을 예쁘게 나타나게 해 주는 것이라는 것을 유아들에게 알려 준다.

7. 교사는 합성착색료가 우리 몸에 들어오면 어떠한 반응과 영향을 주는지에 대해서 이야기를 나눈다.

T: 합성착색료가 우리 몸에 들어오면 뇌에 상처가 나고, 피부가 많이 가려운 아토피, 기침을 많이 하는 천식, 배가 아픈 설사 같은 것을 하게 된대요. 그런데 뇌라는 말이 나왔죠? 우리 ○○반 친구들 뇌가 뭔지 알아요?

8. 교사는 유아들에게 뇌가 어디인지 알려주며, 합성착색료를 많이 먹으면 뇌에 어떠한 영향을 주는지 유아들에게 알려주도록 한다.

(교사는 뇌 그림 보여주며)

T: (손을 들어 실제로 해 보이며 천천히 따라하게 한다.) 자, 손을 들고, 머리에 손은 대어 보세요. 단단해요? 말랑말랑해요? 이 단단한 건 바로 뼈예요. 두개골, 이 속에 뭐가 있는지 아는 사람? 바로 우리의 생각주머니를 어려운 말로 뭐라고 하죠? 바로 뇌라고 불러요. 들어 봤어요? 바로 그 뇌예요. 이 뇌 모양과 똑같은 방향으로 앉아 보세요.뇌 가운데 이마 쪽을 이마엽이라고도 하고 전두엽이라고도 불러요.

T: 여기에 상처가 생기면 우리는 생각주머니가 망가져요. 그러면 귀찮아지고, 화도 잘 나고, 공부도 끝까지 하기 싫어진대요.

9. 교사는 합성착색료가 우리 몸에 들어오면 좋지 않다는 것을 앞에서 이야기해 주며, 어떻게 하면 좋을지 생각하는 시간을 가지고 이야기를 나누도록 한다.

T: 그럼, 합성착색료라는 이런 약이 들어간 음료수를 먹으면 생각주머니가 병이 나는데, 어떻게 하지요? 목이 마를 땐 어떻게 하죠? 목이 마를 땐 무얼 먹을까요?

C: 물이요. (물과 과일, 채소 등의 그림을 대답이 하나씩 나올 때마다 차례로 보여 준다.)

T: 그래요. 그럼 달콤한 것이 먹고 싶을 때 어떻게 하지요?

C: 과일이요.

T: 그런데, 선생님도 이런 걸 모르고, 음료수를 그 전에 많이 마셨는데, 전에 먹은 것

때문에 몸속의 들어와 있는 색소는 그럼 어떻게 하지요? 큰일났네. 하지만 너무 걱정하지 말아요. 몸 밖으로 내 보내는 방법이 있어요. 어떤 방법으로 내보낼까?

C: 똥 싸요.

T: 그래요. 똥을 잘 나오게 도와주는 음식이 있는데, 뭘까요? (교사는 채소 화면을 보여주며)

T: 이런 음식을 많이 먹으면 몸에 들어온 해로운 것들이 밖으로 나오게 도와준대요. 몸이 깨끗해지게 도와줘요.

10. 교사는 우리 몸이 건강하게 될 수 있게 하기 위해서 어떻게 하면 좋을지 함께 이야기를 나누어 보고 유아가 건강한 생활을 할 수 있도록 돕는다.

T: 앞으로 음료수를 많이 마시고 싶은 사람? 앞으로 물을 많이 마실 사람? 과일을 많이 먹을 사람? (아이들 손을 들게 한다.)

C: 선생님, 이제 물이랑 과일, 채소를 많이 먹을게요.

확장활동

- 교사는 유아들과 활동하는 데 있어서 유아들이 흥미를 가질 수 있도록 건강한 음식과 관련된 노래를 만들어 함께 불러 보는 것도 좋다.
- 아이들의 눈에는 흐려지는 것도 변한다고 생각한다. 그러므로 먹을 수 있는 천연과즙은 색이 다르게 변하고 합성착색료나 물감이 들어 있는 액체는 '안 변한다고 하지 말고', '흐려지기만 한다'고 표현해야 혼돈되지 않는다.

출처: 김근희(2005).

CHAPTER 9

9

재난대비 안전

자연재난은 지진, 황사, 태풍 등과 같이 자연현상에 기인한 것으로 그 발생을 정확하게 예측할 수가 어렵고, 예측이 가능하다 하더라도 피해를 사전에 방지하는 것은 매우 어렵다. 특히 최근 들어 자연재난의 횟수가 매년 증가하고 있는 현실을 감안할 때 국민행동요령 등의 사전교육을 통한 대처능력이 매우 중요하며, 영유아교육기관에서의 재난대비 안전교육 또한 필수적이라고 볼 수 있다.

현대는 도시의 급격한 팽창으로 인구의 밀집화, 구조물의 대형화 및 주요 기간 시설들이 증가함에 따라 지진뿐만 아니라 기타 자연재난에 대해 위험이 기하급수적으로 증가하고 있다. 우리나라에서 재난이라 함은 '사회적 기본조직 및 정상기능을 와해시키는 갑작스런 사건이나 큰 재해로서 재해의 영향을 받은 사회가 외부의 도움이 없이는 극복할 수 없고, 정상적인 능력으로 처리할 수 없는 재산, 사회간접시설, 생활수단의 피해를 일으키는 단일 또는 일련의 사건'을 말하며(한국산업안전공단, 2003), 재난관리라 함은 이러한 재난을 예방하고, 재난 발생 시 피해의 수습과 복구를 위하여 행하는 모든 활동을 뜻한다.

재난은 일반적으로 그 발생 원인에 따라 크게 자연재난과 인위재난으로 구분된다. 자연재난은 홍수, 폭풍, 지진 등과 같이 자연현상에 기인한 것으로, 고전적 의미의 재난은 주로 자연재난을 지칭하며, 인위재난은 폭발, 붕괴사고 등과 같이 인위적 원인에 의한 재난으로 받아들여지고 있다. 본 장에서는 자연재난만을 다루고자 한다. 최근 들어 자연 재난의 횟수가 증가하고 있는 것을 고려할 때, 자연재난에 의한 피해를 줄이기 위해서는 황사, 태풍 · 호우 등의 발생 시 국민행동요령 등을 사전에 익히고, 영유아교육기관에서는 재난에 대비하여 안전교육이 정기적으로 이루어져야 한다.

1. 재난의 유형 및 실태

1) 지진

지진현상이란 지구 내부의 다양한 변화에 의해 일어나는 두꺼운 암석판의 운동이나 지구 내부가 역학적으로 균형을 잡기 위하여 돌발적으로 일어나는 지구 내부 물질의 요동현상이다.

우리나라의 지진 활동은 지진대에 속하는 다른 나라에 비하여 낮은 편이나, 최근에 지진 발생 횟수가 연 20~30회에 이르는 등 증가하는 추세를 보여 지진 재난에 대한 적절한 대책이 요구된다[그림 9-1].

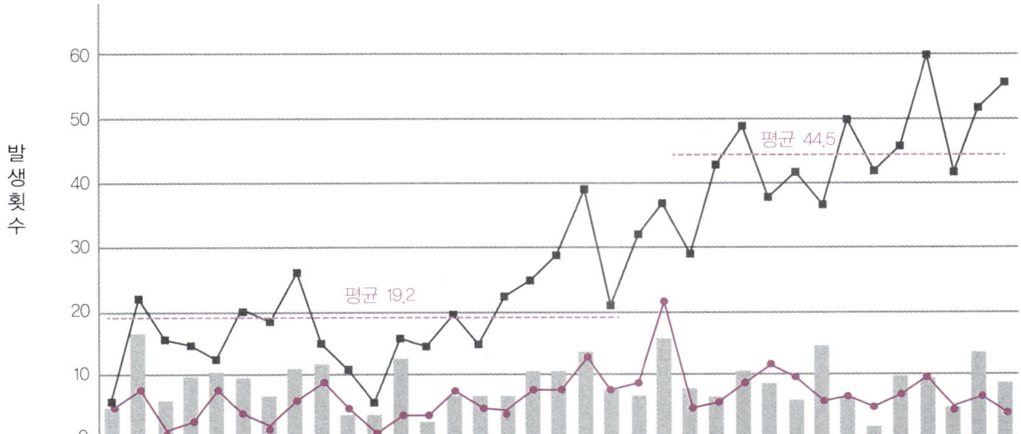

78	79	80	81	82	83	84	85	86	87	88	89	90	91	92	93	94	95	96	97	98	99	00	01	02	03	04	05	06	07	08	09	10	11	12

규모3 이상	5	17	6	10	11	10	7	11	12	4	4	13	3	7	7	7	11	11	14	8	7	16	8	7	11	9	6	15	7	2	10	10	5	14	9

[그림 9-1] 연도별 규모 3.0 이상의 지진 발생 횟수

지진은 모든 피해의 발생 원인이 된다. 즉, 물건이 떨어지고 집이 흔들리며 건물, 도로 및 교량이 부분적으로 또는 완전히 붕괴되며 산사태를 유발하기도 한다. 특히 지진 시 강풍이 불 때 화재가 발생하면 그 피해가 더 커진다.

지진의 규모에 따라 자연, 사람 등이 느끼는 정도를 분류하면 〈표 9-1〉과 같다.

〈표 9-1〉 지진의 규모 및 자연, 사람에 대한 영향

규모	구조물, 자연계 등에 대한 영향	인체영향
2.5 미만	• 사람의 몸으로는 느낄 수 없고 지진계에만 기록됨.	느낄 수 없음.
3.0	• 정지하고 있는 사람, 특히 감각이 민감한 사람이 다소 흔들린다고 느낌.	민감한 사람만이 느낌.
3.5	• 모든 사람이 느낄 정도로 창문이 다소 흔들림.	여러 사람이 느낌.
4.0	• 건물이 흔들리고 창문이 움직이며 형광등과 같은 매달린 물건이 흔들리거나 그릇의 물이 출렁임.	약간 놀람/자다 깸.

규모	구조물, 자연계 등에 대한 영향	인체영향
5.0	• 건물의 흔들림이 심하고 불안정하게 놓인 꽃병이 넘어지며 그릇의 물이 넘침. • 많은 사람이 집 밖으로 뛰어 나옴.	매우 놀람/ 자다 깨 나옴.
6.0	• 벽에 금이 가고 비석이 넘어짐. • 굴뚝, 돌담, 축대 등이 파손됨.	서 있기 곤란하고 심한 공포를 느낌.
7.0	• 건물파괴 30% 이하, 사람이 서있을 수 없음. • 산사태가 발생할 수 있고 땅에 금이 감.	도움 없이 걸을 수 없음.
8.0	• 건물파괴 30% 이상, 산사태가 나고 땅이 갈라짐.	이성 상실
9.0 이상	• 건물 완전 파괴됨. • 철로가 휘고 지면에 단층현상이 발생.	대공황
	• 관측된 바 없음.	

출처: 재난안전대책본부 http://sokcho.gangwon.kr.

2) 황사

황사현상이란 아시아 대륙의 중심부에 위치한 중국의 서북부와 몽골의 사막화 지역, 황하 중류 대완곡의 황토고원 일대, 그리고 내몽고 고원에서 강한 바람이나 지형에 의해 만들어진 난류 등의 기상조건으로 인한 것이다. 다량의 모래와 먼지가 공중으로 비산하여 강풍을 타고 이동하면서, 지면 가까이에 침척하며 부유하거나 낙하하는 현상을 말한다.

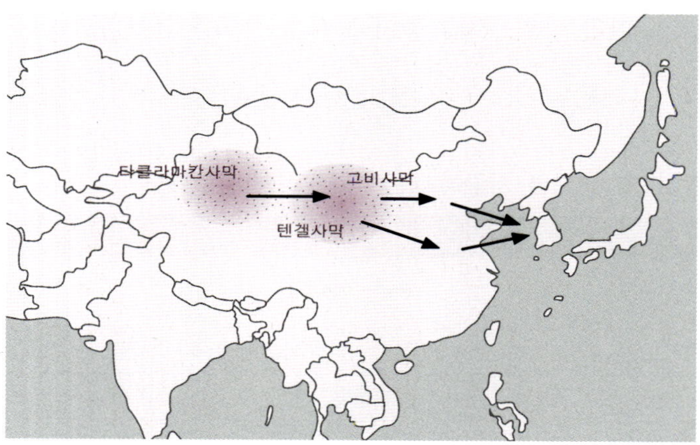

[그림 9-2] 황사 이동경로

중국의 중부 및 서북부 내륙 내에 사막화가 진행되어 우리나라의 황사발생 횟수는 증가하는 추세이며, 황사농도도 강해졌다. 2007년부터 2017년까지 서울지역의 황사발생 일수를 보면 〈표 9-2〉와 같다.

〈표 9-2〉 서울지역 연도별 황사 발생 현황

연도	2007	2009	2011	2013	2015	2017
일수	12	9	9	3	15	10

출처: 기상청 http://www.kma.go.kr.

1981년부터 2010년까지 30년간 우리나라의 월평균 황사 발생현황을 살펴보면, 3월에 1.7일, 4월에 2.4일 황사가 발생하였다. 즉, 봄은 많은 생명이 움트는 희망의 계절이기도 하지만, 불청객 황사가 우리의 건강에 영향을 미치는 계절이기도 하다.

기상청 황사 관측지침에 따르면, 우리나라의 황사강도분류는 시정을 기준으로 강도를 3등급으로 구분하여 기록하고 있으며, 미세먼지(PM10) 농도를 기준으로 황사 강도를 분류하여 예보하고 있다〈표 9-3, 표 9-4〉.

〈표 9-3〉 기상청 황사 관측 지침

강도	특징
0	시정이 다소 혼탁함
1	하늘이 혼탁하고 황색먼지가 물체 표면에 약간 쌓이는 정도
2	하늘이 황갈색으로 되어 빛을 약화시키며 황색먼지가 쌓임

〈표 9-4〉 기상청 황사강도 분류 및 예보기준

강도	특징
약한 황사	황사로 인해 1시간 평균 미세먼지 농도가 400㎍/㎥ 미만일 때
강한 황사	황사로 인해 1시간 평균 미세먼지 농도가 400~800㎍/㎥ 정도
매우 강한 황사	황사로 인해 1시간 평균 미세먼지 농도가 800㎍/㎥ 이상

우리나라는 '02년부터 미세먼지 농도를 기준으로 황사 예 · 특보제를 운영하고 있다.

황사주의보/황사경보 발령기준

① 황사주의보: 황사로 인해 1시간 평균 미세먼지 농도 400㎍/㎥ 이상이 2시간 이상 지속될 것으로 예상될 때

② 황사경보: 황사로 인해 1시간 평균 미세먼지 농도 800㎍/㎥ 이상이 2시간 이상 지속될 것으로 예상될 때

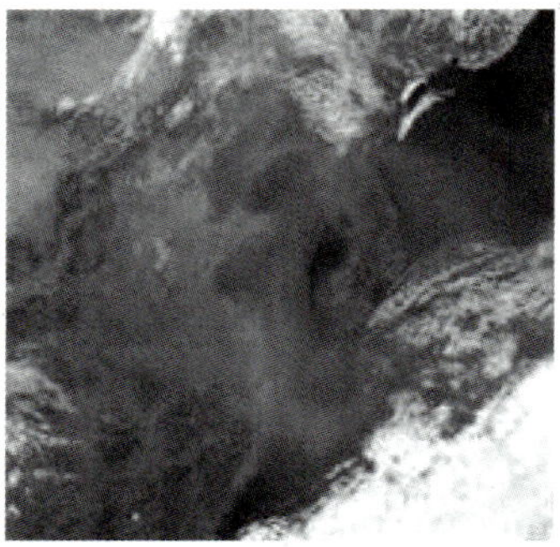

[그림 9-2] 황사 현상

황사가 발생하면 대기 중에 미세먼지 농도가 급격하게 증가하게 된다. 즉, 평상시 미세먼지 농도는 30~60㎍/m^3 정도이고, 황사 발생 시 미세먼지 농도는 150㎍/m^3 정도이다. 이 먼지가 호흡기를 통해 몸속으로 들어가면, 입자가 너무 작아 가래나 기침으로 걸러지지 않기 때문에 기관지염, 천식 등 호흡기 질환을 초래한다. 미세먼지는 호흡기 계통은 물론 눈에 들어갈 경우 자극성 결막염 등 안질을 일으킬 수 있다. 특히 황사 발원지의 토양성분으로 인하여 황사 중 철, 망간 등의 중금속 농도는 평상시의 약 2~10배 높으며, 우리나라에 날아오는 황사에도 납, 카드뮴, 알루미늄, 구리 같은 중금속과 발암 물질이 섞여 있어 인체에 해롭다.

황사로 인해 발생 가능한 질환 및 대처방법은 다음 〈표 9-5〉와 같다.

〈표 9-5〉 황사 관련 질환 및 대처방법

질환병	주 증상	대처방법
호흡기질환 (기관지염, 천식 등)	• 호흡곤란 • 목의 통증 • 기관지, 기도점막의 염증 • 기침 등	• 천식환자는 황사가 심할 때는 가급적 외출을 삼간다. • 창문 등을 닫아 외부공기의 유입을 차단한다. • 공기정화기와 가습기로 실내공기를 정화시키고 습도를 조절한다. • 물을 많이 마신다.

질환병	주 증상	대처방법
안질환 (알레르기성 결막염)	• 눈의 가려움증 • 눈물이 남 • 눈이 빨갛게 충혈 됨 • 눈에 뭔가 들어간 것 같은 이물감과 통증 • 눈을 비비면 끈끈한 분비물이 나옴	• 부득이 외출해야 할 경우 보호안경을 끼고 콘택트렌즈의 착용은 삼간다. • 귀가 후에는 미지근한 물로 눈을 깨끗이 씻어 낸다. • 소금물은 눈을 자극하므로 피해야 한다. • 결막염 초기 증세가 의심되면 깨끗한 찬물에 눈을 대어 깜빡거리거나 얼음찜질을 해 주면 증상을 완화시킬 수 있다.
이비인후과 질환 (알레르기 비염)	• 재채기가 계속됨 • 맑은 콧물이 흐름 • 코 막힘 등	• 외출 시 마스크를 착용하도록 한다. • 귀가 후에는 미지근한 물로 콧속을 씻어낸다.
피부질환	• 피부의 가려움증 • 두드러기 등	• 외출 시에는 황사에 노출되지 않도록 긴소매 옷을 입는다. • 귀가 후에는 반드시 손과 발 등을 깨끗이 씻는다. • 피부에 로션 등을 발라 흙먼지가 직접 피부에 닿지 않도록 한다.

출처: 환경부 http://www.me.go.kr.

3) 태풍

[그림 9-3] 태풍현상

태풍이란 북태평양 서부에서 연중 또는 주로 7~8월에 발생하는 열대성 저기압 중에서 중심부 최대 풍속이 1초당 17m 이상의 폭풍우를 동반하고 있는 기상현상을 말한다. 태풍 발생의 원인으로 공기가 따뜻하고 공기 중에 수증기가 많고 공기가 매우 불안정한 상태에서 기압이 낮아지면 따뜻하고 습기를 먹은 공기는 한곳으로 모이는데 이 과정에서 이들 공기를 흡수하는 홀이 발생한다. 이 홀을 태풍의 눈이라고 하는데 습하고 따뜻한 공기가 많아지면 많아질수록 이 홀의 흡입력은 커진다. 이 커진 공기덩어리가 서로 뭉치며 충돌을 하는데 그 힘에 의해 회전을 하며 고기압 쪽으로 전진하며 태풍이 움직이는 것이다. 태풍은 초기에는 약하게 시작하다가 서서히 북상하면서 최성기 때에 기압이 최저점, 풍속이 최고점을 찍게 되고 크기, 풍속도 최성기 때에 가장 크다.

태풍의 특징

- 수온 27℃ 이상의 해면에서 태풍이 발생한다.
- 중심 부근에 강한 비바람을 동반한다.
- 온대저기압은 일반적으로 전선(前線)을 동반하지만, 태풍은 전선을 동반하지 않는다.
- 폭풍영역은 온대저기압에 비해서 대체로 작지만 그 강도는 강하다.
- 중심 부근에 반경이 수 킬로미터~수십 킬로미터인 바람이 약한 구역이 있는데, 이 부분을 '태풍의 눈'이라고 한다. 이 '태풍의 눈' 바깥 주변에서 바람이 가장 강하다.
- 일반적으로 발생 초기에는 서북서진하다가 점차 북상하여 편서풍을 타고 북동진한다.

우리나라에 영향을 미친 태풍의 수는 〈표 9-6〉과 같다. 이에 의하면, 한 해에 3개 정도의 태풍이 우리나라에 영향을 미치며, 태풍이 가장 많이 나타나는 시기는 8월, 7월, 9월의 순으로 이 석 달 동안에 내습한 태풍 수는 전체의 86%이다.

〈표 9-6〉 우리나라에 영향을 미친 태풍 수(1958~2019년)

월	1	2	3	4	5	6	7	8	9	10	11	12	합계	연평균
횟수	–	–	–	–	3	23	71	77	46	5	–	–	225	3.3

태풍은 중심 최대 풍속의 강도에 따라 약/중/강/매우 강으로 분류되며, 풍속 15m/sec 이상의 풍속이 미치는 영역의 크기에 따라 소형/중형/대형/초대형으로 분류한다〈표 9-7, 표 9-8〉.

〈표 9-7〉 태풍의 강도 분류

구분	최대풍속
약	최대풍속 17m/sec 이상~24m/sec (건물간판이 떨어져 나가거나, 지붕이나 기왓장이 떨어져 나간다.)
중	최대풍속 25m/sec 이상~32m/sec (허술한 집이 무너지거나 기차가 엎어진다.)
강	최대풍속 33m/sec 이상~43m/sec (사람이 날리고 커다란 바위까지 날린다.)
매우 강	최대풍속 44m/sec 이상 (콘크리트로 만든 집도 붕괴되며 철탑까지도 휘어진다.)

〈표 9-8〉 태풍의 크기 분류

구분	풍속 15m/sec 이상의 반경
소 형	300km 미만
중 형	300km 이상~500km 미만
대 형	500km 이상~800km 미만
초대형	800km 이상

태풍특보

① 태풍주의보: 태풍으로 인하여 강풍, 풍랑, 호우 또는 해일현상 등이 주의보 기준에 도달할 것으로 예상될 때
- 강풍주의보: 육상에서 풍속 14m/s 이상 또는 순간풍속 20m/s 이상이 예상될 때
- 호우주의보: 12시간 강수량이 80mm 이상 예상될 때

② 태풍경보: 태풍으로 인하여 풍속이 17m/s 이상 또는 강우량이 100mm 이상 예상될 때

4) 폭염

폭염이란 햇볕이 몹시 뜨겁게 내리쬘 때의 더위를 말한다. 최근 지구온난화로 인하여 여름철의 폭염과 같은 기상재해가 증가하고 있어 각별한 주의가 요구된다.

08년 6월부터 「기상법 시행령」 개정에 따라 폭염특보제가 본격적으로 시행되고 있으며, 폭염특보를 아래와 같이 구분하고 있다.

폭염특보

① 폭염주의보: 6~9월에 일 최고기온이 33℃ 이상이고, 일 최고열지수(Heat Index)가 32℃ 이상인 상태가 2일 이상 지속될 것으로 예상될 때
② 폭염경보: 6~9월에 일 최고기온이 35℃ 이상이고, 일 최고열지수(Heat Index)가 41℃ 이상인 상태가 2일 이상 지속될 것으로 예상될 때

※ 열지수: 날씨에 따른 인간의 열적 스트레스를 기온과 습도의 함수로 표현한 식을 말한다. 일 최고열지수란 일 중 열지수의 가장 높은 값을 의미하며, 기온이 26.7도 이상, 습도가 40% 이상일 때 사람들이 열로 인해 받는 스트레스를 수치화한 것이다(기상청 보도자료, 2008. 7. 5).

이상과 같이 폭염주의보와 폭염경보가 발령되면 우리의 건강에 빨간 신호등이 켜지는 일이 생길 수가 있다. 먼저 흔하게 일어나는 현상은 탈수, 근육경련, 실신 등의 경미한 신체증상이다. 더 심해지게 되면 체온조절이 안 되는 중증의 일사병, 열사병, 열경련 등의 증상이 야기될 수 있으므로 각별히 주의해야 한다(표 9-9 참조).

〈표 9-9〉 폭염 관련 질환 및 대처방법

일사병	
질병특성	• '열피로'라고도 하는 일사병은 열에 의한 스트레스로 인해 염분과 수분이 소실되어 생기는 질환으로 대부분 열에 상당시간이 노출되었으나 제대로 수분 및 염분 섭취를 하지 않아 발생한다.
주요증상	• 노인에게서 일어나는 경우가 흔하고 땀을 많이 흘리고 창백하며 두통, 위약감, 구역, 구토, 어지럼증 등을 호소한다. 피부가 차고 젖어 있으며 체온은 크게 상승하지 않는다.
대처방법	• 일사병이 의심되면 서늘한 곳에서 쉬면서 시원한 음료, 특히 염분이 포함된 음료를 마시는 것이 좋고 맥주 등 알코올이 포함된 음료는 피하는 것이 좋다. • 차가운 물로 샤워를 하거나 목욕을 하는 것도 좋으며, 증상이 심할 경우는 병원에서 수액을 통해 수분과 염분을 보충하는 것이 도움이 된다.

열사병	
질병특성	• 열사병은 일단 발생할 경우 치사율이 높아 열 관련 응급질환 중 가장 심각한 것이라 할 수 있다.
주요증상	• 대개 40도가 넘는 높은 체온이 관찰되고 땀이 나지 않아 피부가 건조하다. • 심한 두통과 어지러움, 구역의 증상을 보이며 의식이 혼미해지거나 심하면 의식을 잃기도 한다.
대처방법	• 열사병의 치료에는 무엇보다 환자의 체온을 빨리 낮추는 것이 중요하다. 환자를 차가운 물에 담근다거나 환자에게 물을 뿌리면서 바람을 불어 주는 방식 등이 유효하다. • 이때 환자의 체온이 너무 떨어지지 않도록 주의해야 하며 의식이 없는 환자에게 함부로 음료를 마시도록 하는 것은 위험하니 삼가야 한다. • 가급적 빨리 응급실을 방문하는 것이 좋으며 이것이 어렵다면 1339 등으로 전화를 걸어 치료에 대한 지도를 받아야 한다.

열경련	
질병특성	• 열경련은 여름에 많은 땀을 배출한 뒤 생기는 질환으로 땀에 포함된 염분과 수분으로 인해 체내의 나트륨 성분이 부족하게 되어 발생하며, 강한 노동이나 운동 후 생기는 것이 일반적이다.
주요증상	• 주로 근육의 경련과 통증을 수반한다.
대처방법	• 열경련이 의심되면 일단 서늘한 곳에서 휴식을 하도록 하면서 스포츠 음료나 나트륨이 포함된 주스 등을 마시는 것이 좋다. • 경련이 멈추었다고 해서 바로 다시 일을 시작하면 안 되고, 1시간 넘게 경련이 지속된다면 바로 응급실에 방문해야 한다.

열부종	
질병특성	• 외부의 온도가 높으면 우리 몸은 열을 발산하기 위해 체표면의 혈액량을 늘이고 심부의 혈액량은 줄이게 된다. 이런 상태에서 오래 서 있거나 앉아 있게 되면 체표에 순환하던 혈액의 수분들이 혈관 밖으로 이동하면서 부종을 만들 수 있는데 이것이 열부종이다.
주요증상	• 흔히 다리에 부종이 생긴다.
대처방법	• 다리를 올린 자세로 휴식을 취하면 쉽게 회복된다.

열실신	
질병특성	• 체표면의 혈액순환이 늘어나면 뇌로 가는 혈액량도 부족한 경우가 생기며 일시적으로 의식을 잃는 경우가 생기는데 이것이 열실신이다.
주요증상	• 보통 의식 상실이 주요 증상이며, 열실신이 일어나기 전에 어지럽거나 구역, 발한, 위약감 등이 동반되는 경우가 흔히 있다.
대처방법	• 대개는 누워서 휴식을 취하면 스스로 회복된다.

출처: 소방방재청 http://www.nema.go.kr.

폭염에 대비하여 올바른 냉방기기 사용법 숙지가 필요하다. 즉, 실내·외 온도차를 5℃ 내외로 유지하여 냉방병을 예방해야 하며(건강 실내 냉방 온도는 26~28℃), 에어컨이나 선풍기를 밤새 켜 두는 것은 위험하므로 집안을 미리 시원하게 하고 잠들기 전에 끄거나 일정시간 가동 후 꺼지도록 예약해야 한다. 만일 폭염으로 응급환자가 발생하면 119로 연락하고 구급차가 도착하기 전까지 환자를 서늘한 곳에 옮긴 후 체온을 내리는 조치를 취하도록 해야 한다.

2. 재난대비 안전교육의 내용 및 방법

재난대비를 위해 무엇보다도 중요한 것은 체계적인 재난 안전교육의 실시이다. 재난별 대비요령 및 교육방법은 다음과 같다(중앙보육정보센터, 2008).

1) 지진

피해가 광범위하게 발생되며 언제 발생할지 모르는 지진의 특성에 대비하여 가정 혹은 영유아교육기관에서의 행동요령을 항상 익히고 있어야 한다.

(1) 지진에 대비한 준비요령

지진에 대비한 준비요령	
가정에서	• 평상시 옷장, 싱크대, 냉장고, TV 등을 안정감 있게 배치하고 속의 내용물을 잘 정돈해 둔다. • 크고 무겁고 깨지기 쉬운 물건(예: 꽃병, 화분, 장식품 등)을 높은 곳에 두지 않는다. • 열기구나 위험물(예: 가스레인지, 난로, LPG 가스통 등) 보관 및 관리에 주의한다. • 주방 가까이에 소방기구를 비치해 둔다. • 두꺼비집, 가스 및 수도의 차단장치 위치와 조작방법을 숙지한다. • 가족과 함께 미리 지진에 대비한 훈련을 한다. • 집안의 견고한 탁자 밑 등 대피할 안전한 장소를 정해 두고, 위험한 장소(예: 유리창 주변, 책장이나 넘어지기 쉬운 가구 주변 등)를 확인해 둔다. • 지진 시 가족이 흩어지게 될 경우를 대비하여 만날 장소를 정해 두고, 시외로 연락할 곳도 정해 둔다.

지진에 대비한 준비요령	
영유아 교육기관에서	• 평상시 옷장, 싱크대, 냉장고, TV 등을 안정감 있게 배치하고 속의 내용물을 잘 정돈해 둔다. • 크고 무겁고 깨지기 쉬운 물건(예: 카세트플레이어, 화분, 장식품 등)을 높은 곳에 두지 않는다. • 열기구나 위험물(예: 가스레인지, 난로, LPG 가스통 등) 보관 및 관리에 주의한다. • 주방을 포함한 각 교실에 소방기구를 비치해 둔다. • 두꺼비집, 가스 및 수도의 차단장치 위치와 조작방법을 숙지한다. • 실내의 견고한 탁자 밑 등 대피할 안전한 장소를 정해 두고, 위험한 장소(예: 유리창 주변, 책장이나 넘어지기 쉬운 가구 주변 등)를 확인해 둔다. • 원아 및 부모를 대상으로 지진대비 행동요령을 지도하거나 홍보한다.

(2) 지진 발생 시 영유아교육기관에서의 행동요령

- 교실 책상 밑에 들어간다. 이때 창문이나 출입문, 전등 등 떨어지기 쉬운 물건 주위는 피한다.
- 크게 흔들리는 시간은 1~2분 정도이므로 중심이 낮고 튼튼한 책상 밑에 들어가 다리를 붙들고 대피한다.
- 피할 곳이 없을 때는 방석 등으로 머리를 보호한다.

(3) 지진 후의 행동요령

- 여진에 대비해야 한다.
- 다친 영유아가 있는지를 확인한다.
- 정전이 되었다면 손전등을 이용한다. 양초, 성냥 등의 연소물질을 사용하는 것은 누출된 가스에 의한 폭발 위험이 있으므로 사용하면 안 된다.
- 깨진 유리에 대비하여 실내에서도 신발을 신고 행동한다.
- 가스냄새나 가스 새는 소리가 나는 경우에는 창문을 연 후 밖으로 신속하게 빠져 나가고, 가능하면 밸브를 잠근다.
- 경찰, 소방구조요원의 요청이 있기 전까지 피해지역에 접근하지 않는다.

출처: 한국산업안전공단(2003).

2) 황사

영유아교육기관에서 황사로부터 원아를 보호하기 위해서는 수시로 '황사발생 기상정보'를 확인하여 '국민행동요령'에 따라 신속하게 대처하여야 한다.

(1) 황사 발생 확인을 위한 3가지 방법

방송매체를 통한 확인	TV나 라디오, 인터넷 등의 일기예보 확인
기상청 홈페이지를 통한 확인	기상청 홈페이지(www.kma.go.kr)
전화를 통한 확인	기상청 02-2181-0900, 날씨예보 자동안내 131

(2) 황사 발생에 따른 행동요령

황사 발생 전(황사 예보 시)	
가정에서	• 황사가 실내로 들어오지 못하도록 창문 등을 점검한다. • 외출 시에 필요한 보호안경, 마스크, 긴소매 의복 등을 준비한다. • 실내에 공기정화기, 가습기 등을 준비한다. • 포장되지 않은 식품은 오염되지 않도록 위생용기 등에 보관한다.
영유아 교육기관에서	• 기상예보를 청취, 지역 실정에 맞게 휴원 또는 단축보육(수업)을 검토한다. • 원아들의 비상연락망을 점검하고 연락체계를 유지한다. • 휴원 또는 단축보육(수업) 시 맞벌이 부부 자녀에 대한 대책을 수립한다. • 원아 및 부모를 대상으로 황사대비 요령을 지도하거나 홍보한다.

3) 태풍

최근 들어 국지성 집중호우가 발생하는 경우가 잦아지고 있다. 이에 대한 근본적인 피해예방 대책은 영유아교육기관의 부지선정 및 건물의 설계 단계에서부터 시작되어야 하며, 다양한 안전교육도 병행되어야 한다.

(1) 태풍 예보 시

태풍 예보	
가정에서	• TV나 인터넷, 라디오 등을 통해 지역의 기상예보를 수시로 확인한다. • 태풍에 대하여 미리 가족과 이야기를 한다. 가족이 흩어지게 될 경우를 대비하여 만날 장소를 정해 두고, 시외로 연락할 곳도 정해 둔다. • 침수나 산사태가 일어날 위험이 있는 지역의 주민은 대피장소와 비상연락방법을 미리 알아 둔다. • 하천 근처에 주차한 자동차는 안전한 곳으로 이동한다. • 응급약품, 손전등을 포함하여 최소한 3일 정도 사용할 식수, 비상식량 등의 생필품을 미리 준비한다. • 날아갈 위험이 있는 지붕, 간판 등을 단단하게 고정한다. • 공사장 근처는 위험하니 가까이 가지 않는다. • 전신주, 가로등, 신호등을 손으로 만지거나 가까이 가지 않는다. • 감전의 위험이 있으니 집 안팎의 전기수리는 하지 않는다. • 운전 중일 경우 감속 운행한다.
영유아 교육기관에서	• 주변의 위험지역 · 시설 등을 사전에 알아 둔다. ※하천변 상습 범람 및 침수지역, 산사태위험지구, 감전사고 위험지역, 공사장 등 • 실내 · 외의 날아갈 위험이 있는 시설물을 점검, 조사한다. • 원아들의 비상연락망을 점검하고 연락체계를 유지한다. • TV나 인터넷, 라디오 등을 통해 지역의 기상예보를 수시로 확인한다. • 실외 활동이나 야외활동 일정을 연기한다. • 원아 및 부모를 대상으로 태풍대비 행동요령을 지도하거나 홍보한다.

(2) 태풍의 영향권에 있을 경우(태풍주의보, 태풍경보 발령 시)

태풍의 영향권에 있을 경우(태풍주의보, 태풍경보 발령 시)	
가정에서	• TV나 인터넷, 라디오 등을 통해 기상 속보를 수시로 확인한다. • 집안의 창문이나 출입문을 잠가 둔다. • 영유아는 집 밖으로 나가지 않게 한다. • 가족과 떨어져 있는 경우 만날 방법과 연락할 곳을 확인한다. • 날아갈 위험이 있는 지붕, 간판 등을 단단하게 고정한다. • 집안의 가스밸브를 잠근다. • 저지대 상습침수지역에 거주하는 경우에는 비상식량과 식수를 준비한다.
영유아 교육기관에서	• TV나 인터넷, 라디오 등을 통해 기상 속보를 수시로 확인한다. • 지역 실정에 맞게 휴원 또는 단축보육(수업)을 검토한다. • 원아 비상연락망을 점검하고 연락체계를 유지한다. • 천둥 · 번개가 칠 경우 실내나 낮은 곳으로 대피한다.

(3) 태풍이 지나간 후

태풍이 지나간 후	
가정에서	• 파손된 상하수도, 도로가 있다면 시 · 군 구청이나 읍 · 면 동사무소에 연락한다. • 침수된 집안은 가스가 차 있을 수 있으니 환기시킨 후 들어가고 전기, 가스, 수도시설은 손대지 말고 전문업체에 연락한다. • 사유시설 등에 대한 보수 · 복구 시에는 반드시 사진을 찍어 둔다. • 비상 식수가 떨어졌더라도 아무 물이나 먹지 말고, 반드시 끓여 먹는다. • 제방이 붕괴될 수 있으니 제방 근처에 가지 말고, 감전의 위험이 있으니 바닥에 떨어진 전선 근처에 가지 않는다.
영유아 교육기관에서	• 파손된 상하수도, 도로가 있다면 시 · 군 · 구청이나 읍 · 면 · 동사무소에 연락한다. • 침수된 경우 가스가 차 있을 수 있으니 환기시킨 후 들어가고, 전기 · 가스, 수도시설은 손대지 말고 전문업체에 연락한다. • 침수된 경우 시설 상황에 맞게 휴원을 검토한 후 부모에게 연락한다.

4) 폭염

2008년부터 시행하고 있는 폭염특보는 6월부터 9월까지 4개월간 운영되고 있으며, 폭염특보가 내려진 경우에는 영유아교육기관에서 실외 활동을 자제하고, 실내 활동으로 대체되어야 한다.

(1) 폭염대비 국민 행동요령

- 한낮의 뜨거운 햇빛은 피한다.
- 식사는 균형 있게, 물은 많이 섭취해야 한다.
- 위생적인 생활습관을 갖도록 한다.
- 올바른 냉방기기 사용법을 숙지한다.
- 동료, 이웃의 건강에 관심을 가진다.
- 만일의 정전 사태에 대비한다.
- 편안한 잠자리를 갖도록 한다.

출처: 국가재난정보센터 http://www.safekorea.kr.

(2) 폭염 발생 시 대비요령

폭염주의보 발생 시	
가정에서	• 외출을 자제한다. 기온이 최고조에 달하는 12~16시 사이에는 가급적 외출을 삼간다. • 외출 시에는 창이 넓은 모자, 물병 등을 휴대하고 가벼운 옷차림을 한다. • 창문을 닫은 상태로 자동차 안에 남아 있지 않는다. • 현기증, 메스꺼움 등 열사병 초기 증세가 나타날 때는 시원한 장소에서 잠깐 휴식을 취한 후 물을 천천히 마신다.
영유아 교육기관에서	• 실외 활동을 자제하고, 실내 활동으로 대체한다. • 실내를 시원하게 유지하고, 편한 복장으로 활동을 무리하게 계획하지 않는다. • 활동 중간 중간에 휴식시간을 갖거나 피곤해 하는 영유아에게는 쉴 수 있도록 배려한다. • 낮잠시간을 충분히 갖되, 교사들도 잠깐 쉴 수 있도록 배려한다.

폭염경보 발생 시	
가정에서	• 외출을 삼간다. 특히 기온이 최고조에 달하는 12시~16시 사이에는 외출을 삼간다. • 외출 후 갑자기 찬물로 샤워하지 않는다. • 외출 시에는 모자를 착용하고 자외선 차단제를 바른다.
영유아 교육기관에서	• 실외 활동을 중단하고, 실내 활동으로 대체한다. • 창문 등을 통해 햇빛이 직접적으로 들어오지 않도록 커튼을 친다. • 실내를 시원하게 유지하고, 편한 복장으로 활동을 무리하게 계획하지 않는다. • 활동 중간 중간에 휴식시간을 갖거나 피곤해하는 영유아에게는 쉴 수 있도록 배려한다. • 영유아의 건강상태를 수시로 확인하여 적절히 조치한다. • 낮잠시간을 충분히 갖되, 교사들도 잠깐 쉴 수 있도록 배려한다.

재난대비 교육지침

- 각 재난의 원인, 문제점, 대피요령 등에 대해 이야기를 나누어 봄으로써 재난에 대한 경각심을 키워 준다.
- 영유아 수준에 맞게 다양한 매체를 활용하여 이해를 돕는다.
- 가정과 연계가 될 수 있도록 각 재난 시의 대피요령 등에 관한 가정통신문을 전달하여 숙지할 수 있도록 하고 각 가정에서 대피훈련을 해 볼 수 있도록 한다.

3. 재난대비 안전교육의 실제

1) 사례별 특성

아래에 제시한 재난별 사례를 통해 각각의 상황에서 교사와 영유아가 적절하게 대처할 수 있는 방법 등에 대해 사전에 숙지함으로써 피해를 최소화할 수 있다(중앙보육정보센터, 2008).

- 교실에서 활동하는 중에 지진이 발생하여 창문이 깨짐: 교실에서 활동하는 중 지진이 발생하여 어린이집 건물이 흔들리고 창문이 깨졌다. 이때 아이들은 놀라 당황하며 소리를 치거나 울었다.
- 황사가 있는 봄에 기관지염이나 눈병에 걸림: 황사가 주로 발생하는 봄철에 기관지염이나 눈병이 걸린다. 이 때문에 같은 반 아이들이 눈병에 전염되었다.
- 주변 공원에 산책을 가는 중 국지성 호우와 번개, 천둥 발생: 영유아교육기관 주변 공원에 아이들과 함께 산책을 가는 중 갑자기 쏟아지기 시작한 호우와 함께 번개, 천둥이 치자 아이들은 순간적으로 놀라 울거나 소리치면서 당황하였다.
- 폭염 중에 계획된 실외 활동을 하다가 탈진하여 쓰러짐: 영유아교육기관에 다니는 만 2세 영아가 점심시간 후에 계획되어 있는 실외 활동을 하다가 너무 땀을 많이 흘려 탈진하여 쓰러졌다.

2) 실제 활동의 예

홍수·태풍 시 안전행동 및 대피요령
- 그대로 숙여라 -

활동목표
- 태풍이 불 때 천둥이나 번개가 칠 수 있음을 안다.
  (기본생활〉안전하게 생활하기〉위험한 상황에 반응하기)
- 천둥이나 번개가 칠 때 안전하게 행동 할 수 있다.
  (기본생활〉안전하게 생활하기〉위험한 상황에 반응하기)

활동자료 홍수, 태풍 관련 사진, 천둥이나 번개를 표현할 수 있는 악기나 도구
노래 '그대로 숙여라' 녹음테이프(원곡 '그대로 멈춰라') 등

활동방법

1. 홍수나 태풍 관련 사진자료를 보면서 천둥이나 번개가 치는 소리를 들은 경험에 대해 이야기를 나눈다.
   - 천둥이나 번개가 치는 소리를 들은 적이 있나요?
   - 천둥이나 번개가 칠 때 기분이 어땠나요?
2. 천둥이나 번개가 칠 때 위험할 수 있음을 알려 주고, 안전하게 대피하는 방법에 대해 이야기를 나눈다.
3. 다양한 악기 등을 이용하여 천둥이나 번개 치는 소리를 표현해 본다.
4. 노래 '그대로 숙여라' 녹음테이프를 틀어 놓고 불러 본다.
5. 노래 가사에 맞춰 몸동작을 해 본다.

활동 시 유의점

활동을 하며 머리를 서로 부딪치지 않도록 주의한다.

원곡명: '그대로 멈춰라'

김방옥 작사/작곡

그대로 숙여라
즐겁게 놀이하다가
번개 치면 숙여라
즐겁게 놀이하다가
번개 치면 숙여라
뛰지도 말고 걷지도 말고
장난치지 말고 쪼그려 앉아
즐겁게 놀이하다가
번개 치면 숙여라

출처: 중앙보육정보센터(2008).

황사 발생 시 안전행동 및 대피요령

활동목표
- 황사가 발생했을 때 자신의 몸을 안전하게 보호하는 방법을 안다.
  (신체운동 · 건강〉안전하게 생활하기〉비상시 적절하게 대처하기)
- 황사가 발생했을 때 안전하게 행동할 수 있다.
  (신체운동 · 건강〉안전하게 생활하기〉비상시 적절하게 대처하기)

활동자료 황사 관련 사진 및 도서, 시청각자료, 마스크 등

활동방법

[사전활동]

1. 봄의 날씨에 관한 사진자료나 인터넷, 신문 등의 기상예보 자료를 보며, 자연스럽게 황사에 대한 관심을 갖게 한다.
2. 황사에 관한 사진자료 등을 과학영역이나 언어영역에 비치해 둠으로써 아이들 스스로 관찰하고 관심을 갖도록 한다.

[본 활동]

1. 모래바람 속에 있는 나쁜 것들이 코나 입, 눈으로 들어오면 어떻게 될지에 대해 이야기해 보도록 한다.
   - 기침이 나고, 목이 아프고, 콧속이 더러워진다.
2. 모래바람이 불어오면 어떤 피해가 생길 수 있을지에 대해 각자의 생각을 말해 보게 한다.
   - 호흡기 질환, 알레르기성 비염 등을 일으킬 수 있다.
   - 자동차, 가구, 옷, 과일나무 등에 먼지가 묻고, 공기가 오염된다.
3. 황사의 의미와 원인 등에 대한 자료 탐색을 통해 충분히 이해하도록 한다.

[마무리]

황사로부터 피해를 막으려면 가정과 영유아교육기관에서 어떤 방법을 사용할 수 있을지 아이디어를 모아 직접 도구를 만들어 본다.

활동 시 유의점

자유선택활동 시 '안전한 곳으로 피해요'라는 활동자료를 통해 홍수, 태풍 시 어느 곳으로 대피를 해야 안전한 곳인지 아이들 스스로 알아볼 수 있게 한다.

출처: 중앙보육정보센터(2008).

지진 시 안전행동 및 대피요령

활동목표
- 지진이 일어났을 때 자신의 몸을 안전하게 보호하는 방법을 안다.
  (신체운동 · 건강〉안전하게 생활하기〉비상시 적절하게 대처하기)
- 지진이 일어났을 때 안전하게 대피할 수 있다.
  (신체운동 · 건강〉안전하게 생활하기〉비상시 적절하게 대처하기)

활동자료 지진 관련 사진 및 도서, 시청각자료, 사이렌 소리, 라디오 등

활동방법

[사전활동]

1. 손유희 '흔들흔들'을 부르면서 주의 집중시킨다.
2. '흔들흔들'의 말 의미를 알아보며, 땅이 흔들거리는 상황에 대해 이야기를 해 본다.
   - 땅이 흔들리면 느낌이 어떨까?
   - 땅이 흔들리면 어떤 일이 일어날까?

[본 활동]

1. 지진이 일어났을 때 우리는 어떻게 대처해야 하는지 상황극을 통해 이야기 나눈다.
   - 집에서 식탁에서 밥을 먹고 있을 때 지진이 났어요.
   - 엘리베이터 안에서 지진이 났어요.
   - 바깥놀이를 하다가 지진이 났어요.
2. 이야기가 끝나면, 모의 상황 재연을 위해 라디오를 켜고 민방위 훈련 방송을 듣다가 실제로 민방위 사이렌이 울리면 지진이 일어났을 때의 모습을 가상해 대피하여 본다.
   - 아이들이 사이렌 소리가 나면 시설 내부에 있는 안전한 곳으로 대피할 수 있도록 한다.(○○반: 책상 밑/○○반: 교사실 탁자 밑/○○반: 화장실/○○반: 창문과 떨어진 안전한 바닥)
   - 이때, 교사는 출입문(비상문)을 열어 탈출구를 확보해 둔다. 또한 교실의 모든 전열 기구를 차단한다.

[마무리]

지진 대피 훈련을 마무리하고, 안전한 대피방법에 대해 순서대로 정리해 이야기해 본다.

확장활동

- 어린이 안전체험관 견학을 통해 지진, 태풍, 가상 체험을 해 본다.
- 지진, 태풍 외에도 다양한 재해 대피 활동을 경험해 보도록 한다.

활동 시 유의점

활동을 하며 머리를 서로 부딪치지 않도록 주의한다.

출처: 중앙보육정보센터(2008).

Young children Safety Management

CHAPTER 10

10

성폭력 안전

아동 성폭력이란 아동을 대상으로 성을 매개로 가해지는 신체적, 언어적, 심리적 폭력이라고 할 수 있다. 현재 우리 사회에서 아동 성폭력은 계속적으로 증가하는 추세이며 사회적인 문제로 제기되고 있는 실정이다. 따라서 성폭력 안전교육은 영유아기부터 적극적으로 실시되어야 한다.

본 장에서는 성폭력 안전교육의 개념 및 필요성, 성폭력 안전사고의 실태 및 조치, 성폭력 안전교육의 목표와 내용 등을 살펴보고, 영유아교육기관에서 활용 가능한 성폭력 안전교육의 실제를 소개하였다.

1. 성폭력 안전교육의 개념 및 필요성

1) 아동 성폭력의 개념

보건복지부 · 인구보건복지협회(2011)에 의하면, 성폭력은 타인의 자유로운 성적 결정권을 침해하는 행위로서 강간뿐만 아니라, 원치 않는 신체적 접촉이나 치근거림, 불쾌한 성적 언어, 음란한 눈빛으로 바라보는 것 등 성적으로 가해지는 신체적, 언어적, 정신적 폭력 등을 말한다. 또한 성폭력에 대한 막연한 불안감이나 공포심과 그로 인한 행동 제약도 간접적인 성폭력이라고 할 수 있다. 즉, 성폭력은 여성은 물론 남성까지 포함된 개인의 자유로운 성적 결정권을 침해하는 범죄로 신체적, 언어적, 정신적 폭력을 포괄하는 광범위한 개념이므로 상대방의 의사를 침해하여 이루어지는 성적 접촉은 모두 성폭력이라 할 수 있다. 성폭력은 얼마나 심한 행동을 했는가도 중요하지만 상대방이 원했는지 여부도 중요한 기준이 된다. 그러나 아직 생각이나 판단이 성숙하지 못한 아동의 경우에는 성폭력 상황에서 저항하거나 싫다는 표현을 못했다 할지라도 아동을 대상으로 한 성적인 행동은 모두 성폭력이라고 할 수 있다(조희연 · 조경자 · 김진선 · 정동희, 2011).

아동 성폭력을 정의할 때, 연령, 성별, 발달단계를 고려하여, 연령은 만 13세까지로 규정하는 것이 보통이나 가해자의 연령은 제한하지 않는다. 어린이는 발달이 빠른 또래와의 성적 놀이를 통해서도 성폭력의 피해를 입는 사례들이 있기 때문이다. 아동 성폭력(child sexual violence)의 개념은 아동 성학대(child sexual abuse)와 상호 교환적으로 사용되기도 하고, 성적 착취(child sexual exploitation), 성적 오용(child sexual misuse)의 개념 안에 포함되는 것으로 분류되기도 한다. 실제로 아동 성폭력이 성인에 대한 성폭력보다도 정의내리기 어려운 개념이라 할 수 있는데, 그 이유는 성폭력의 정의만이 아니라, 각 사회에서 아동에 대한 정의가 다르고, 아동에 대한 태도 역시 상이하므로 아동에 대한 사회의 인식과 태도에 따라 아동 성폭력의 개념 역시 변화할 수밖에 없기 때문이다(정명희, 2007). 손승아(1992)는 아동 성폭력을 '아동보다 연령이 많은 가해자가 정서적, 인지적,

성적으로 미성숙한 14세 미만의 아동에게 자신의 성적인 만족을 위해 성적인 행위(노출, 괴롭힘, 성교, 강간)를 행하거나 그런 행위를 아동에게 요구하는 것(노출, 성적 접촉, 성적 착취)이라고 정의하고 있다.

보건복지부, 아동보호전문기관(2019)에 의하면, 성학대는 보호자를 포함한 성인에 의하여 아동의 건강 · 복지를 해치거나 정상적 발달을 저해할 수 있는 성적 폭력 또는 가혹행 위(「아동복지법」 제3조 제7호)로서, 아동을 대상으로 하는 모든 성적 행위를 의미함. 성기노출, 신체 및 성기 추행, 성기삽입, 음란물을 보여주는 행위, 성매매를 시키거나 성매매를 매개하는 행위 등이 포함된다.

이와 같은 선행 연구들의 정의를 종합하여 보면, 아동 성폭력은 아동을 대상으로 한 성적 행위의 강요뿐만 아니라, 음란물 보기, 언어적 폭력, 심리적 불안감이나 공포심까지도 포함되며, 또래와의 성적 놀이 중에도 일어날 수 있기에 가해자의 연령과 성별을 제한할 수 없다.

2) 성폭력 안전교육의 필요성

유아의 성폭력을 예방하기 위해서는 성폭력에 대하여 올바른 인식에서 출발하여야 한다. 유아 성폭력에 대한 잘못된 통념이 유아 성폭력을 지지, 증진시킨다는 것이 많은 학자들에 의해 주장되는 만큼 유아 성폭력을 근절하기 위해서는 성폭력에 대한 잘못된 통념들은 타파하고 성폭력에 대한 올바른 인식을 갖는 것이 중요하다. 성폭력 예방차원으로서의 성교육은 성에 대한 단순한 지식의 전달이나 성적 규범, 성도덕 등만을 이해시키는 데 국한되어서는 안 된다. 인간 이해와 인간 가치의 중요성을 바탕으로 인격 속에 건전하고 올바른 성에 대한 의식 및 자각을 길러 주어 바람직한 성행동을 유도하는 데 목적을 두어야 한다.

정채옥(2005)은 성폭력 예방 교육 프로그램의 목표로 좋은 접촉과 나쁜 접촉사이의 차이점을 알도록 하기, 성기를 포함한 몸의 각 부분들의 이름을 알도록 하고 자기 몸의 주인은 자기 자신임을 알게 하기, 부모님에게 비밀을 꼭 지켜야만 하는 것은 아니라는 것을 이해하도록 하기, 성인으로부터 어떻게 적절한 도움을 받아야 하는지 알도록 하기, 어른들에게도 거절할 수 있다는 것을 인식시키기, 성인이 유아에게 잘못을 했을 때는 성인이 책임을 지는 것이지 유아는 아니라는 것을 알게 하기 등으로 요약하였다. 이에 따른 성폭력 예방교육의 개념으로는 신체에 대한 주인의식, 접촉의 종류 구별하기, 비밀, 느낌에 대한 직관, 어른이 자기에게 하는 어떤 행위에 대해 '아니오'라고 말할 수 있는 권리로 보았다.

유아기는 발달 특성상 주변 환경에 대한 탐색욕구와 호기심이 강하지만, 이에 비해 신체 운동 기능은 덜 발달되어 있고, 애정표현과 성폭력 행동을 구분할 수 있는 능력이 부족하며, 성폭력을 당한 경우에도 외부에 도움을 요청할 수 있는 능력이 제한되어 있다. 그러므로 성폭력 피해의 위험이 높은 시기라 볼 수 있다. 이러한 특성을 생각할 때 유아를 성폭력으로부터 보호하기 위한 프로그램을 실시해야 한다.

2. 성폭력 안전사고의 실태 및 유형

1) 성폭력 안전사고의 발생 단계(임광빈, 2011)

① 접촉단계: 가해자가 아동에게 성폭력 의도를 가지고 접촉하는 단계이다. 가해자는 주로 피해아동의 집이나 가해자의 집, 특정 장소에 단둘이 있는 기회를 의도적으로 만든다. 이들은 아동과 친밀감을 형성하기 위해 게임이나 놀이, 선물, 먹을 것 등으로 아동을 유인한다.

② 성적 상호작용단계: 가해자가 아동에게 실제 성폭력 행위를 가하는 단계이다. 이 행위는 노출에서 성교에 이르기까지 광범위하며, 가벼운 성적 행위부터 애무와 같은 직접적인 접촉, 더 나아가 삽입행위로 이어지기도 한다.

③ 비밀단계: 성폭력 행위 이후, 가해자는 아동에게 비밀을 유지할 것을 강요한다. 비밀유지는 가해자에게 있어 성폭력에 대한 책임을 회피하고 성폭력을 지속시키는 수단이 된다.

④ 폭로 단계: 성폭력 피해 사실이 주변에 폭로되는 단계이다. 가해자나 피해

자의 의지와 상관없이 제3자의 관찰 또는 피해아동의 피해사실이 주변에 폭로될 수 있다.

⑤ 억압단계: 가해자와 피해아동의 주변인들이 억압적인 방법을 통해 피해사실을 축소·왜곡하는 단계이다. 피해사실이 폭로된 후 가해자는 성폭력 사실을 부정하고 아동의 피해주장에 대해 신뢰성을 떨어뜨리려 한다. 성폭력이 가족 내에서 발생하였을 경우 억압현상이 더욱 심하게 나타난다.

2) 성폭력 안전사고의 실태 및 유형

(1) 성폭력 안전사고의 실태

보건복지부, 아동보호전문기관(2019)이 발표한 2018 아동학대주요통계에 의하면, 2018년 한 해 동안 발생한 전체 아동학대 사례유형 누계는 24,604건으로 집계되었다. 구체적인 연도별 실태는 〈표 10-1〉과 같다.

〈표 10-1〉 아동학대 사례유형(중복학대 별도 분류)

(단위: 건, %)

유형		건수(비율)	
신체학대		3,436	(14.0)
정서학대		5,862	(23.8)
성학대		910	(3.7)
방임		2,604	(10.6)
중복학대	신체학대·정서학대	9,376	(38.1)
	신체학대·성학대	63	(0.3)
	신체학대·방임	254	(1.0)
	신체학대·정서학대·성학대	199	(0.8)
	신체학대·정서학대·방임	683	(2.8)
	신체학대·성학대·방임	1	(0.0)
	신체학대·정서학대·성학대·방임	11	(0.0)

유형		건수(비율)	
중복학대	정서학대 · 성학대	422	(1.7)
	정서학대 · 방임	779	(3.2)
	정서학대 · 성학대 · 방임	3	(0.0)
	성학대 · 방임	1	(0.0)
	소계	11,792	(47.9)
계		24,604	(100.0)

출처: 보건복지부, 아동보호전문기관(2019).

2018년 신고된 성학대 피해아동 성별과 연령은 〈표 10-2〉, 〈표 10-3〉과 같다.

〈표 10-2〉 성학대 피해아동 성별

(단위 : 건, %)

	성학대 피해아동 성별	
남	283	17.6
여	1,327	82.4
계	1,610	100.0

출처: 보건복지부, 아동보호전문기관(2019).

〈표 10-3〉 성학대 피해아동 연령

(단위 : 건, %)

	성학대 피해아동 연령	
1세 미만	2	0.1
1 ~ 3세	8	0.5
4 ~ 6세	42	2.6
7 ~ 9세	134	8.3
10 ~ 12세	452	28.1
13 ~ 15세	575	35.7
16 ~ 17세	397	24.7
계	1,610	100

출처: 보건복지부, 아동보호전문기관(2019).

(2) 성폭력 안전사고의 유형

박옥임 등(2004)은 성폭력의 유형을 피해대상, 피해자와 가해자의 관계, 발생공간 등을 기준으로 아동 성폭력, 청소년 성폭력, 장애인 성폭력, 근친성 학대(친족 성폭력), 데이트 성폭력, 직장 내 성폭력, 사이버 성폭력 등으로 구분하였다. 이 중 아동 성폭력의 유형을 중심으로 살펴보면 다음과 같다.

① 신체 접촉이 일어나지 않은 성폭력으로 말로 희롱함, 피해자의 옷을 벗김, 피해자 앞에서 자위를 함
② 돈벌이를 위한 성폭력으로 아동을 음란물에 출현시키거나 매춘행위를 시킴
③ 성기를 통해 성적 접촉을 한 성폭력으로 피해자의 성기를 만지는 행위, 가해자의 성기를 만지게 하는 행위
④ 성기 이외의 성적 접촉을 한 성폭력으로 피해자의 몸을 만지는 행위, 가해자의 몸을 만지게 하는 행위
⑤ 피해자의 성기, 항문이나 입에 가해자의 성기를 삽입하는 행위
⑥ 피해자의 성기, 항문에 가해자의 손가락이나 이물질을 삽입하는 행위
⑦ 약물이나 술을 먹이고, 때리면서 동시에 위의 여러 폭력도 함께하는 행위

3) 아동 성폭력 피해의 특징

(1) 아동 성폭력 피해 후 증상

성폭력 피해를 입은 아동이 스스로 피해를 말하지 않더라도 부모나 가족 또는 교사는 아동의 변화를 감지할 수 있다. 특히 다음과 같은 증상을 보이면 성폭력의 피해를 의심해 볼 수 있다(이시백, 2003).

- 악몽을 꾸거나 잘 때도 불을 켜 놓으려 하고 잠자는 것을 두려워한다.
- 낮에도 혼자 있는 것을 두려워한다.
- 이유 없이 화를 잘 내고 불안해하며 신경이 예민해진다.
- 이전과는 달리 자주 우울해 한다.

- 오줌을 싸거나 손가락을 빠는 등 이전보다 어린 아이 같은 행동을 한다.
- 부모의 곁을 떠나려 하지 않으며 평소와는 다르게 부모에게 매달린다.
- 밥맛을 잃거나 반대로 음식을 너무 많이 먹기도 한다.
- 자주 배가 아프다거나 머리가 아프다고 한다.
- 7세 미만의 유아는 소변을 자주 보려 한다.
- 집중력과 학교 성적이 떨어지고 친구들과 잘 어울리려고 하지 않는다.
- 계속 자신의 성기를 만지거나 자위행위를 한다.
- 특정 인물, 장소, 물건, 단어 등에 대해 거부감, 두려움을 나타낸다.
- 평소에 쓰지 않던 단어, 특히 성과 관련한 용어를 자주 사용한다.

(2) 아동 성폭력의 피해 후유증

아동 성폭력 피해자의 후유증은 정서적, 심리적, 행동적 측면에서 부정적 영향을 미치며 장기화되는 경향이 있다. 피해자의 연령과 발달단계, 피해의 정도, 가해자와의 관계, 가족의 지지, 피해 사실이 드러난 이후의 처리과정 등에 따라 다르지만 피해사실은 아동의 지적, 정서적, 사회적, 성적 발달에 치명적인 영향을 미친다. 또한 성폭력 피해자는 우울, 불안, 수치감, 죄책감, 순결 상실감, 남성혐오, 대인기피증의 원인이 되며, 때로는 정신분열, 자살기도, 가해자 살인 등의 심각한 후유증으로 연결되기도 한다.

이렇게 다양한 후유증 중 피해아동이 어떤 문제에 직면하게 될 것인가는 피해시기에 따라서 뿐만 아니라 피해유형에 따라서도 달라진다. 성폭력 피해 아동의 후유증으로도 외상 후 스트레스 장애가 나타나게 된다. 즉, 성폭력 사건에 대한 회피반응과 해리현상, 부분적 기억력 상실, 과도한 불안과 긴장, 과잉경계 및 각성증상이 나타난다. 이외에도 분리불안장애, 우울장애, 반항장애 등이 동반되는 경우가 많다. 성폭행 사건 이후 부모들은 자녀에게서 평소보다 짜증이 많아지고 밤에 잠을 제대로 못 이루며 혼자 남겨지는 것을 두려워하고 심한 경우 밖에 나가는 것을 싫어하는 등의 증상을 볼 수 있다.

4) 성폭력 안전사고 피해아동에 대한 조치

아동이 성폭력 피해를 처음으로 말했을 때 상대방이 어떻게 대응하느냐에 따라 후유증의 정도가 달라지기도 한다. 그러므로 피해에 대한 대처능력을 알아두는 것은 아동 성폭력 피해 후유증을 줄이는 데 큰 역할을 하는데, 다음과 같은 대처가 필요하다(이시백, 2003).

(1) 아동 앞에서 침착한 태도를 유지한다

아동은 성폭력 피해를 단지 조금 나쁜 일이 일어난 정도로 생각하고 있는데 부모가 지나치게 흥분하면 아동은 자신에게 무척 나쁜 일이 일어났다고 생각하여 후유증이 커질 염려가 있다. 또한 부모의 태도에 겁이 나서 사건에 대해 사실대로 말 못하는 경우도 있다.

(2) 아동을 안심시킨다

그 사람이 또 괴롭히면 엄마, 아빠, 선생님에게 바로 말해야 한다는 사실과 가족이 도울 수 있다는 사실을 알려 주어 따듯하게 감싸며 안심시킨다.

(3) 피해에 대해 말할 수 있도록 한다

아동에게 조용한 곳으로 데려가 무슨 일이 있었는지 물어 본다. 말하지 않으면 다그치지 말고 스스로 이야기할 때까지 기다린다.

(4) 병원진료를 거부감 없이 받을 수 있게 한다

아동이 입은 피해에 대해 안심시키며 병원으로 데려가 외상 여부를 확인한다. 두려움을 가질 가능성이 있으므로 평소 예방주사를 맞는 것처럼 자연스러운 일임을 알려 주어 안심시킨다.

(5) 증거를 확보한다

당시 입었던 옷을 그대로 입거나 종이봉투에 보관한다. 또한 성폭력이 있었던 장소, 날짜, 시간과 가해자의 얼굴과 옷차림 등을 바로 물어 기록하고 장소는 그대로 보존한다.

[그림 10-1]은 아동성폭력 발생 시 대응절차에 관한 것이다.

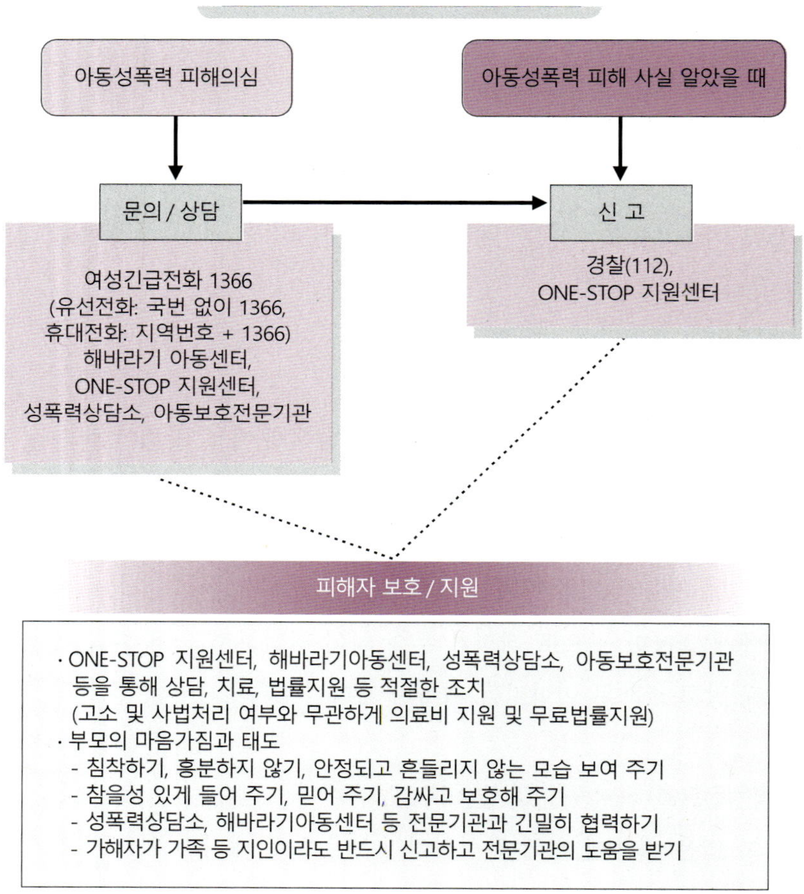

출처: 여성부(2009).

[그림 10-1] 아동성폭력 발생 시 대응절차

〈아동성폭력 안전 관련 인터넷 사이트〉

기관	주소
보건복지부	http://www.mw.go.kr
인구보건복지협회	http://www.ppfk.or.kr
건강가정지원센터	http://www.familynet.or.kr
교육과학기술부 성교육	http://www.edugender.or.kr
서울해바라기아동센터	http://www.child1375.or.kr
어린이집 안전공제회	http://www.csia.or.kr
아동학대예방을 위한 사이버교육(굿네이버스)	http://edukorea1391.org
여성긴급전화 1366	http://www.taiwha.or.kr
중앙아동보호전문기관	http://www.korea1391.org
푸른아우성	http://www.9sungae.com
한국성폭력상담소	http://www.sisters.or.kr
한국성폭력위기센터	http://www.rape119.or.kr
한국여성민우회 상담실	http://counsel.womenlink.or.kr

교사가 알아야 할 상식

[성폭력 관련 법규]

- 성폭력: 「형법」 제297조(강간), 제298조(강제추행), 제302조(미성년자등에 대한 간음), 제303조(업무상 위력 등에 의한 간음), 제305조(미성년자에 대한 간음, 추행), 「성폭력 범죄의 처벌등에 관한 특례법」 등
- 성학대: 「아동복지법」, 「가정폭력피해자 보호 및 지원 관련 법령」 등
- 성희롱: 「남녀고용평등과 일 · 가정양립지원에관한법률」, 「여성발전기본법」, 「국가인권위원회법」 등 법에서의 성폭력 규정
- 기존의 형법 및 특별범죄가중처벌에 해당하는 강제추행, 강간, 강간미수, 위력 혹은 위계에 의한 간음, 아동 성추행, 친족에 의한 강간, 장애인에 대한 준 강간, 업무상 위력 등에 의한 추행, 버스나 지하철과 같이 공중 밀집장소에서의 신체적인 추행, 언어적인 추행, 음담패설이나 통신매체이용 음란의 죄 등이 성폭력에 해당한다고 규정

[성폭력 사건 발생에 따른 민사상의 문제]

- 손해배상청구 가능: 성폭행 사건이 발생하면 피해자와 그 부모, 형제는 가해자에 대하여 손해배상청구를 할 수 있다. 피해자뿐만 아니라 그 부모들도 자녀의 성폭행 피해로 인해 받은 정신적 고통에 대하여 금전적 배상을 받을 수 있다.

- 손해배상액: 법원에서 인정하는 액수는 피해자가 겪을 고통에 비해 그리 크지 않지만, 피해 정도에 따라 차이가 난다. 강제추행의 경우 피해자 본인은 2,000만 원 내지 3,000만 원, 그 부모는 한 명당 각 1,000만 원 내외에서 인정된다. 강간의 경우 피해자 본인은 3,000만 원 내지 4,000만 원, 부모는 한 명당 1,000만 원 내지 2,000만 원 정도에서 인정된다.

성폭력 피해 대처에서 교사가 주의할 점

- 어린이집에서 사건을 발견했을 시, 수사기관 또는 전문기관에 신고한다.
- 성폭력이 의심되는 근거를 보존한다.
- 부모와 긴급히 협력하여 부모 대응 지침을 알린다. 부모가 신고와 치료를 거부할 경우 부모의 법적 책임에 대해 설명한다.
- 교사가 임의로 사건을 해결하려 하지 않는다. 교사의 미흡한 대처로 수사 및 치료시기를 놓치는 사례가 발생하고 있다.
- 다른 사람들에게 성폭력 피해사실과 피해자 신원 등 비밀이 누설되지 않도록 한다.
- 피해 유아의 안정을 위하여 민감한 보살핌을 제공한다.

출처: 보건복지부 · 인구보건복지협회(2011).

다음은 어린이집 보육교직원이 알아야 할 성폭력 관련 법적인 사항이다.

보육교직원이 알아야 할 아동학대 지침

가. 아동학대의 정의(「아동복지법」 제3조 제7호)

- 보호자를 포함한 성인에 의하여 아동의 건강 · 복지를 해치거나 정상적인 발달을 저해할 수 있는 신체적, 정신적, 성적 폭력, 가혹행위 및 아동의 보호자에 의하여 이루어지는 유기와 방임을 말함.
  - ※ 아동보호전문기관은 학대로 인해 보호가 필요한 만 18세 미만의 아동에 대하여 개입 및 조치

나. 아동학대 신고

- 학대피해아동 발견 시 아동보호전문기관으로 신고
- 아동학대 신고 및 상담전화: 1577-1391(전국 동일), 129(복지부 콜센터)
- 어린이집 보육교직원은 「아동복지법」 제25조의 규정에 의한 신고의무자로서 직무상 아동학대를 알게 된 경우 즉시 아동보호전문기관 등에 신고하여야 함.
  - 신고의무를 이행하지 않을 경우 과태료 100만 원 이하를 부과함(2012. 8. 5 시행).
  - 신고인의 신분은 보호되며 그 의사에 반하여 신원이 노출되지 않음.

- 보육교사 자격취득 교육과정에 있어 아동학대예방 및 신고의무와 관련된 교육내용을 포함하도록 하여야 함.

다. 아동학대금지행위 위반 시 어린이집의 장 또는 보육교사의 자격취소

- 법 제48조 규정에 따라, 보건복지부장관은 어린이집의 장 또는 보육교사가 「아동복지법」 제17조에 따른 아동학대 금지행위를 위반하여 같은 법 제71조 제1항에 따른 처벌을 받은 경우에는 그 자격을 취소할 수 있음.

라. 아동학대가 발생한 시설에 대한 조치사항

- 아동학대가 발생한 시설에 대해서는 보육교직원 인건비와 지방자치단체에서 시행하고 있는 특수시책상 지원을 최대 9개월 범위 내에서 중단
  - 보조금 중단은 학대행위자가 학대사실에 대해 인정(확인서 징구)한 경우, 「아동복지법」 제24조에 의한 아동보호전문기관에서 아동학대 사례로 판정한 경우 또는 사법기관(경찰, 검사, 법원)에서 학대 사실을 인정한 경우에 적용
  - 보조금 중단기간은 학대 피해 영유아의 수, 피해의 정도, 학대 횟수 등 학대의 정도와 학대 행위자(어린이집 원장, 대표자의 경우 가중 책임), 어린이집 원장의 인지 여부 등을 감안하여 심의 결정
  - 학대 행위자에는 「영유아보육법」 제2조에 따른 어린이집 보육교직원과 특별활동 강사, 실습생, 자원봉사자 등 어린이집 원장의 관리 감독하에 있는 자뿐만 아니라 대표자, 대표자와 어린이집 원장의 배우자, 직계존비속, 친인척 등 어린이집 원장과 가족 관계 등 특수관계에 있는 모든 자를 말함.
- 평가인증시설이나 인증참여시설에서 학대사실 발견한 경우 평가인증(참여) 취소
- 학대 사례 인지 시 관할 아동보호전문기관에 통보하여 합동 조사하거나 피해 아동에 대한 필요한 조치를 취한 후, 학대 사실을 확인(확인서 징구, 아동보호전문기관 판정 등)하면 반드시 수사기관에 고발하고, 관련 내용을 시 · 도 및 보건복지부에 즉시 보고
- 학대신고자에 대해서는 별도의 규정에 따른 포상금 지급 가능
- 아동학대 등 중대한 인권침해행위로 인하여 어린이집의 정상적인 운영이 불가능하다고 인정되는 경우 「사회복지사업법 시행규칙」 제26조의2별표4 〈행정처분의 기준〉에 따라 어린이집의 폐쇄 등을 명할 수 있음.

마. 성범죄 등 신고 의무

- 성폭력 방지 및 피해자보호 등에 관한 법률 제9조에 따라, 어린이집의 보육교직원은 보호하는 사람이 성폭력 범죄의 피해자인 사실을 안 때에는 즉시 수사기관에 신고하여야 함.
- 「아동 · 청소년의 성보호에 관한 법률」 제22조에 따라 어린이집의 보육교직원은 직무상 아동대상 성범죄가 발생한 사실을 알게 된 때 즉시 그 사실을 수사기관에 신고하여야 하며, 신고를 하지 않거나 거짓으로 신고한 경우 300만 원 이하의 과태료 부과

3. 성폭력 안전교육의 내용 및 방법

1) 성폭력 안전교육의 내용

성폭력 예방을 위한 안전교육의 내용은 성폭력에 대한 올바른 개념뿐만 아니라 유아들의 발달 수준에 맞는 내용으로 선정되어야 한다. 즉, 성별, 연령, 직업, 안면 여부에 따른 고정 관념을 탈피할 수 있어야 하며 신체 부위에 대한 올바른 용어를 사용하여 자기 몸의 부분을 알고 자기 몸의 소중함과 동시에 내 몸의 주인은 '나'라는 사실, 성폭력에 대한 비밀은 지키지 말아야 한다는 사실과 유아 자신의 느낌을 신뢰하도록 하는 것, 잠재적 가해자는 누구든 될 수 있다는 특성의 인식 등을 내용으로 하며 동시에 자신의 감정에 대한 유아의 좋고 싫음을 표현할 수 있는 언어적 대처 능력의 교육내용이 포함되어야 한다.

곽은복(2001)은 유아기에 형성해야 할 성폭력 안전교육내용에 관해 지식, 기술, 태도 측면에서 〈표 10-4〉와 같이 정리하였다.

〈표 10-4〉 유아기에 형성해야 할 성폭력 안전교육내용

구분	성폭력 안전교육내용
지식	• 어떠한 것이 성적 학대인지를 인식한다. • 위험한 상황에서 자신을 보호하는 방법을 안다. • 위험한 상황에서 자신을 보호해야 할 필요성을 안다. • 기분 좋은 접촉과 나쁜 접촉을 구별한다.
기술	• 위험의 상황으로부터 도움을 청하는 방법으로 대처한다. • 성적 학대의 가능성을 인식하고 올바른 방법으로 대처한다. • 성적 학대를 당했을 때 도움을 구하거나 대처한다.
태도	• 자신의 몸이나 다른 사람의 몸을 소중하게 여긴다. • 위험한 상황에서 자신을 보호하려는 적극적인 태도를 지닌다. • 위험에 처했을 때 침착하게 대처하는 태도를 기른다. • 위험상황이 있음을 알고 위험에 처한 사람을 돕는 태도를 기른다.

보건복지부 · 인구보건복지협회(2011)에서 보육교사를 대상으로 제시한 성폭력 안전교육의 내용은 〈표 10-5〉와 같다.

〈표 10-5〉 유아 성폭력 안전교육의 목표 및 내용

주제	목표	교육내용	활동방법의 예
기분 · 느낌의 인식과 표현	유아가 자신의 기분 · 느낌을 인식하고 표현한다.	• 모든 사람은 기분과 느낌을 가지고 있다. • 사람들이 가지는 기분 · 느낌의 종류는 다양하다. • 좋은 느낌과 싫은 느낌이 있다. • 사람은 자신의 기분 · 느낌을 표현하는 다양한 방식이 있다. • 가족관계에서만 나누고 표현할 수 있는 기분 · 느낌이 있다. • 다른 사람들과 나누고 표현할 수 있는 기분 · 느낌이 있다.	• 언어활동: 상황별 표정카드, 나와 친구의 감정 관련 동화 읽기 • 음률활동: '나는 기쁘다' 노래 부르기 • 자연탐구활동: 자연물 길 따라가기(톱밥, 모래, 자갈 등 밟기)
위험한 사람의 이해	유아가 위험한 사람을 인식하고 판단한다.	• 낯선 사람과 아는 사람을 구분한다. • 위험한 사람을 안다. • 낯선 사람이든, 아는 사람이든 부모님의 허락 없이는 따라가지 않는다.	• 언어활동: '일곱 마리 아기 양과 늑대', '빨간 모자' 동화 읽기
유괴 예방과 대처	유아가 유괴상황을 인식하고, 적절한 예방과 대처방법을 습득한다.	• 유괴가 무엇인지 안다. • 유괴는 누구에게나, 언제나, 어디서나 일어날 수 있음을 인식한다. • 유괴는 낯선 사람이나 아는 사람 모두에 의해 발생할 수 있다. • 유괴자가 접근하는 다양한 상황을 안다. • 유괴를 예방하기 위한 방법을 이해한다. • 유괴를 예방하기 위한 방법을 평소에 연습한다. • 낯선 곳에서 부모와 헤어진 상황(미아, 실종)을 훈련한다.	• 신체활동: 길 찾기 게임 • 언어활동: 목소리 구별하기 • 음률활동: 긴급전화(112) 노래 만들기 • 역할극: 유괴상황극
성폭력 예방과 대처	유아가 성폭력의 상황을 인식하고, 적절한 예방과 대처방법을 습득한다.	• 성폭력이 무엇인지 안다. • 성폭력이 일어나는 장소를 안다. • 성폭력 가해자에 대해 안다. • 성폭력은 계속될 수 있다. • 성폭력의 상황을 안다. • 성폭력 피해가 주는 신체적, 정신적, 사회적 영향을 안다. • 성폭력 예방을 위한 주변 환경(경찰서, 소방서 등)과 익숙한 장소를 안다. • 성폭력 상황에 대해 이야기를 나누고 대처방법을 안다.	• 언어활동: O, X퀴즈(좋은 느낌과 싫은 느낌, 좋은 비밀과 나쁜 비밀) • 미술활동: 우리 동네 지도 만들기, 친구 얼굴 묘사(몽타주)해서 그리기 • 비디오 시청: '아이들이 사는 성: 네 잘못이 아니야'

2) 성폭력 안전교육의 방법

영유아교육기관에서의 성폭력 안전교육의 방법은 교사의 교수전략과 다양한 매체의 사용으로 이루어져야 한다. 교수매체의 경우 통합적인 활동을 통한 다양한 활용이 필요한데 〈표 10-6〉과 같다.

〈표 10-6〉 성폭력 안전교육의 교수-학습방법

유형	연구자	내 용
교수전략	곽은복(2000)	설명, 토의, 문제해결, 역할놀이, 모델링, 시뮬레이션
	Bromberg & Johnson(1997)	강의, 모델링, 행동연습, 교정 피드백, 실습
교수매체	한국어린이육영회(1990)	그림책, 인형을 활용, 사고(thinking) 게임
	이기영(2000)	유아의 성지식에 가장 효과적인 교수매체 제시(동영상, 그림동화, 이야기 나누기 중에서 이야기 나누기가 기억과 주의집중에 가장 효과적임)
	최영해(1993)	동극과 인형극을 통한 성폭력 상황의 대처훈련
	배애성(2009)	다양한 유형의 활동을 통한 방법

출처: 우민정(2010).

4. 성폭력 안전교육의 실제

좋은 느낌과 싫은 느낌이 있어요!

대상연령 만 4~5세

활동목표
- 내 몸에 닿은 느낌을 구별할 수 있다.
- 낯선 사람이 나의 몸을 만질 때 대처방식을 익힌다.

활동유형 이야기 나누기

활동영역 신체운동 · 건강 영역〉안전하게 생활하기〉안전사고, 화재, 재난, 학대, 유괴 등에 대처하는 방법을 경험한다.

활동자료 그림자료
- 아저씨가 여자아이의 엉덩이를 어색하게 만지는 그림, 불편해하는 여아의 얼굴
- 아저씨가 여자아이 얼굴에 뽀뽀하는 그림, 불편해하는 여아의 얼굴
- 엄마가 남자아이를 목욕시키는 그림
- 아빠가 딸을 사랑스럽게 안아주는 그림
- 놀이터에서 낯선 오빠가 유아를 데리고 가는 모습
- 할아버지가 남자아이의 고추를 만지는 그림, 기분 나쁜 표정의 남자아이 얼굴

활동방법

1. 오늘 아침에 유치원(어린이집)에 오기 전에 사랑하는 표현을 가족(엄마, 아빠, 동생 등)과 어떻게 했는지를 이야기한다. (뽀뽀, 안아주기, 쓰다듬기 등)
   - 뽀뽀했어요. 안아주셨어요. 머리를 쓰다듬어 주셨어요.
2. 어른들이나 친구들이 우리를 사랑할 때 어떻게 표현하는지 이야기한다.
   - 말로 사랑한다고 말해요. 예쁘다고 이야기해 주셔요. 업어주셔요. 안아주셔요. 뽀뽀해 주셔요.
3. 어른들이 그렇게 해줄 때 친구들은 어떤 기분이 들었는지를 이야기한다.
   - 기분이 좋아요. 간지러워요.
4. 가족이 아닌 다른 사람들이 그렇게 해 준적이 있는지를 이야기한다.
   - 언제 그랬지?
   - 누가 그랬는데?
   - 그럴 때 기분이 어땠지?
5. 그림자료를 보면서 이야기한다.
   - 그림 1: 아저씨가 여자아이의 엉덩이를 어색하게 만지는 그림, 불편해하는 여아의 얼굴
   - 그림 2: 아저씨가 여자아이 얼굴에 뽀뽀하는 그림, 불편해하는 여아의 얼굴
   - 그림 3: 엄마가 남자아이를 목욕시키는 그림
   - 그림 4: 아빠가 딸을 사랑스럽게 안아주는 그림
   - 그림 5: 놀이터에서 낯선 오빠가 유아를 데리고 가는 모습
   - 그림 6: 할아버지가 남자아이의 고추를 만지는 그림, 기분 나쁜 표정의 남자아이 얼굴
   - 어떤 그림일까? 혹시 너희들도 이런 경험을 한 적이 있었니?
   - 이 그림 중에서 너희를 기분 좋게 한 것은 어느 그림이니? 왜 그런 기분일까?
   - 그럼 이 그림 중에 기분이 나쁘거나 조금 무서웠던 적이 있었던 그림은 어느 것이니?
6. 나쁜 기분이 들게 하는 것을 예방하기 위해 어떻게 해야 할지를 이야기 나눈다.
   - 나를 예뻐해 주는 행동이라도 기분이 나쁠 때는 "싫어요, 하지 마세요"라고 큰 소리로 이야기해요.
7. 기분이 나쁜 일이 있었다면 꼭 선생님이나 부모님께 이야기하도록 약속한다.

활동 시 유의점

1. 유아들이 겁을 먹거나 불안해하는 분위기를 갖지 않도록 주의한다.
2. 교사 위주로 설명하지 않고, 유아의 생각을 충분히 들어보고 질문과 이야기를 해 나간다.
3. 가정통신문을 통해 유아의 신체 접촉과 관련한 긍정적인 경험과 부정적인 경험이 어떠한지를 알아보고 활동에 반영한다.

비밀 전달하기

대상연령 만 4~5세

활동목표
- 지켜야 할 비밀과 알려야 할 비밀을 구분할 수 있다.
- 정확한 발음으로 말을 전달한다.

활동유형 게임

활동영역
- 신체운동 · 건강 영역〉안전하게 생활하기〉안전사고, 화재, 재난, 학대, 유괴 등에 대처하는 방법을 경험한다.
- 의사소통 영역〉듣기와 말하기〉자신의 경험, 느낌, 생각을 말한다.

활동자료
- 좋은 비밀과 나쁜 비밀이 글, 그림으로 표시된 종이 각 5장
- 그림 뽑기 상자, 게임점수판, 출발선, 신호악기

나쁜 비밀

좋은 비밀

생일선물 준비하기

엄마에게 몰래 생일카드 쓰기

동생 장난감 챙겨 주기

설거지 돕기

어린이집 장난감 정리하기

활동방법

1. 게임을 위해 두 팀으로 앉는다.
2. 좋은 비밀과 나쁜 비밀의 의미에 대해 이야기 나눈다.
   - 비밀이 뭘까?
   - 어떤 비밀이 있니?
   - 꼭 지켜야 할 비밀에는 무엇이 있을까?
   - 비밀로 하지 않고 선생님이나 부모님, 친구들에게 꼭 말해야 하는 일은 무엇이 있을까?
3. 게임규칙에 대해 이야기한다.
   - 신호악기가 울리면 두 팀 중 맨 앞사람이 상자의 종이를 한 장 꺼내어 바로 뒷사람에게 귓속말로 전달한다.
   - 맨 뒤의 친구까지 한 명씩 비밀을 귓속말로 전달하고 나면, 마지막으로 말을 들은 친구가 알려야 할 비밀이면 친구들 앞에서 큰소리로 이야기한다.
   - 만약 비밀로 해야 할 내용이라면 교사에게만 귓속말로 전달한다.
4. 게임을 평가한다.

활동 시 유의점

- 유아들 스스로가 좋은 비밀과 나쁜 비밀을 분류하고, 자신의 경험에 비추어 좋은 비밀과 나쁜 비밀의 예를 추가해 볼 수 있다.
- 가정통신문을 통해 가정에서도 좋은 비밀과 나쁜 비밀에 관해 이야기하도록 격려한다.

속옷을 바르게 입어요

대상연령 만 5세

활동목표
- 속옷을 입는 이유에 대해 안다.
- 속옷을 입는 방법에 대해 안다.

활동유형 이야기 나누기

활동영역
- 신체운동 · 건강 영역〉건강하게 생활하기〉자신의 몸과 주변을 깨끗이 한다.

활동자료 사람모형의 인형, 인형의 팬티, 러닝셔츠, 속바지, 유아용 속옷

활동방법

1. 오늘 입고 온 옷에 대해 이야기 나눈다.
   - 손유희 "무슨 옷 입었니?"를 교사와 유아가 함께 불러 본다.
   - 겉옷 말고 속에 입는 속옷은 무엇을 입었지?
2. 속옷을 입어야 하는 이유에 대해 이야기 나눈다.
   - 이것의 이름을 무엇이라고 하니? (팬티요. 러닝셔츠요. 속바지요.)
   - 왜 팬티(러닝셔츠)를 입어야 할까? (소중한 곳이어서요. 보호해야 하기 때문에요. 우리 몸을 따뜻하게 해 주어야 하니까요. 안 입으면 창피해요. 병균들이 들어가면 안 되니까요.)
3. 속옷을 바르게 입는 방법에 대해 이야기 나눈다.
   - 속옷의 앞과 뒤를 살펴보자. 속옷은 어떻게 입어야 할까?
   - 속옷은 언제 갈아입어야 할까?
4. 인형에게 속옷을 입혀보는 활동을 진행한다.

활동 시 유의점
- 역할영역에 인형과 인형의 속옷을 비치하여 자유선택활동시간에 활용하게 한다.
- 실제로 속옷을 준비하여 입어 보는 활동을 한다.
- 옷 순서대로 입히기 게임을 한다.

남자와 여자는 소변보는 곳이 달라요

대상연령 만 3세

활동목표
- 여자와 남자는 소변보는 방법이 다르다는 것을 안다.
- 올바른 변기 사용법을 알고 사용할 수 있다.

활동유형 이야기 나누기

활동영역
- 신체운동 · 건강 영역〉건강하게 생활하기〉자신의 몸과 주변을 깨끗이 한다.
- 사회관계 영역〉나를 알고 존중하기〉나를 알고, 소중히 여기기〉나와 다른 사람의 차이에 관심을 갖는다.

활동자료 양변기, 좌변기 사진자료 및 실물

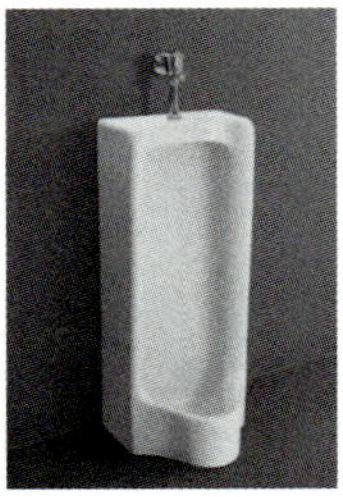

활동방법

1. 교사와 유아가 함께 손유희를 한다.
   - "나는 콩×2, 화장실에 들어갔었지×2, 근데 웬일일까?×2, 아~아~아이 냄새~"
2. 남자아이와 여자아이가 소변보는 모습과 소변보는 변기에 대해 이야기 나눈다.
   - (양변기, 좌변기 사진자료, 남자아이와 여자아이가 소변보는 모습 사진을 제시하며) 이곳은 어디일까? (화장실이요.) 화장실에서는 무엇을 할 수 있을까? (소변을 보아요. 대변을 보아요. 손도 씻을 수 있죠.)
3. 여자와 남자가 소변을 볼 때 어떤 자세로 보는 지에 대해 이야기한다.
   - 여자친구는 소변볼 때 어떤 모습일까? (앉아서 봐요.)
   - 남자친구는 소변볼 때 어떤 모습일까? (서서 해요.)
   - 왜 여자친구와 남자친구가 소변보는 모습이 다르다고 생각하지? (서로 소변을 보는 성기가 다르게 생겼기 때문이에요.)

4. 여자와 남자가 소변을 볼 때 서로 바꾸어서 소변을 보면 어떻게 되는지 이야기한다.
- 여자들이 서서 소변을 보면 어떻게 될까? 혹시 그런 적 있니?(그러면 옷이 다 젖어요.)
- 남자들이 여자처럼 앉아서 소변을 보면 안 될까? (전 그런 적 있어요. 남자는 서서도, 앉아서도 소변볼 수 있어요.)

5. 여자와 남자가 서로 변기를 바르게 사용하는 방법을 이야기한다.
- 소변을 볼 때 옷이 젖지 않으려면 어떻게 해야 할까?
- 소변을 다 본 후에는 어떻게 정리해야 할까? (변기 물을 잘 내려요. 옷을 잘 입어요. 손을 깨끗이 씻어요.)

활동 시 유의점

- 화장실에 가서 직접 변기 사용하는 방법을 익힌다.
- 활동 후 손 씻기까지 하면서 마무리한다.

여자와 남자는 같은 점, 다른 점이 있어요

대상연령 만 4~5세

활동목표
- 남자와 여자는 같은 점이 있음을 안다.
- 남자와 여자는 다른 점이 있음을 안다.

활동유형 이야기 나누기, 미술활동

활동영역
- 사회관계영역〉나를 알고 존중하기〉나를 알고 소중히 여긴다

활동자료 잡지, 신문, 전지, 풀, 색연필, 매직펜, 활동지

[활동지]

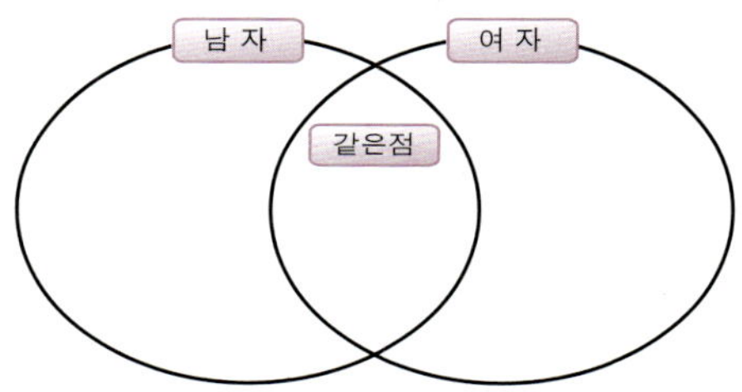

활동방법

1. 남자와 여자의 공통점에 대해 이야기 나눈다.
   - 밥을 먹어요. 유치원(어린이집)에 가요. 같이 살아요. 똥을 누어요. 감기에 걸려요.
   - 선생님, 회사원, 의사와 같은 일을 해요. (이때 다양한 직업을 여성과 남성 모두가 할 수 있음을 양성평등적 입장에서 이야기 나눈다.)
2. 남자와 여자의 차이점에 대해 이야기 나눈다.
   - 몸의 생김새가 달라요.
   - 다르게 불러요. (아저씨-아줌마, 언니-오빠)
   - 옷이 달라요. (치마-바지)
   - 얼굴과 머리모양이 달라요. (이때 남자와 여자가 비슷한 외모를 지닐 수 있음을 양성평등적 입장에서 이야기한다.)
3. 잡지나 신문을 활용하여 남자와 여자가 하는 일을 오려 붙인다.
4. 3의 자료를 보면서 남자와 여자의 일 중 공통점에는 ○표, 다른 점은 □표를 한다.

5. 함께 모여 〈활동지〉를 활용하여 남자와 여자의 다른 점은 각각 남자 여백과 여자 여백에, 같은 점은 중앙에 각각 찾아 글이나 그림으로 표현한다.

활동 시 유의점

- 완성된 활동지는 교실에 전시한다.
- 확장활동으로 남녀의 신체 차이를 남자모형 그림과 여자모형 그림을 전지에 밑그림으로 제시하여 꾸며본다.
- 교사는 이야기의 전개과정에서 양성평등적 입장을 가지고 참여한다.

내 몸의 이름 알기

대상연령 만 4세

활동목표
- 자신과 다른 사람의 몸에 대해 관심을 갖는다.
- 신체기관의 생김새와 각각의 명칭을 안다.

활동유형 이야기 나누기

활동영역 신체운동 · 건강 영역〉신체활동 즐기기〉신체를 인식하고 움직인다.

활동자료 남자 어린이, 여자 어린이 각각의 그림판(옷을 입지 않은 몸), 명칭이름표, 신체퍼즐

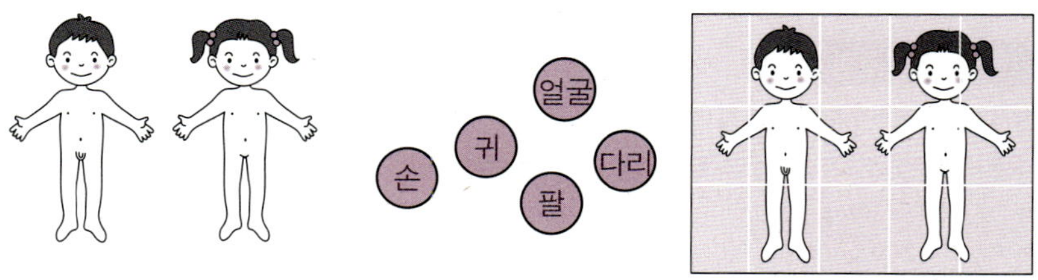

활동방법

1. 교사와 유아가 함께 손유희를 한다.
   - "눈은 어디 있니? 요~기" "코는 어디 있니? 요~기"
2. 그림을 보며 몸의 각 부분의 이름을 알아보고 남자와 여자의 몸 그림판에 신체이름표를 붙인다.
   - 어떤 그림이지? 몸의 이름들을 말해 보자.
   - 우리가 말하지 않은 곳도 있네. 어떤 이름들을 가지고 있는지 이야기해 보자.
3. 여자아이와 남자아이의 성기부분을 짚어 보며 이야기 나눈다.
   - (남자 아이의 성기부분을 가리키며) 이 부분을 무엇이라고 할까?
   - ○○는 ○○라고 말하는구나. 바른 이름은 음경이란다. 음경 옆에 있는 것은 고환이라고 하지.
   - (여자 아이의 성기부분을 가리키며) 이 부분을 무엇이라고 할까?
   - ○○는 ○○라고 말하는구나. 이 부분도 바른 이름은 음순이란다.
4. 유아들이 앞에 나와서 신체부분의 이름을 말하며 각각의 이름표를 붙인다.
   - 친구들이 차례로 나와서 몸의 각 부분에 맞는 이름표를 붙여 보자.

5. 몸의 이름에 대해 더 궁금한 것이 있는지 질문을 하고 이야기를 나눈다.

활동 시 유의점

- 교사는 성기 부분에 대한 명칭을 설명할 때, 당황하지 말고 정확하게 말한다.
- 여자와 남자의 밑그림 퍼즐판과 신체 부분 퍼즐조각 교구를 조작영역에 비치하여 자유선택활동시간에 활동하도록 알린다.

Young children Safety Management

CHAPTER 11

11

약물 오·남용 안전

영유아에게 일어나는 약물 오 · 남용 안전사고는 성인이 잠깐 방심한 사이에 약품 및 가정용 화학물질 등을 오 · 남용함으로써 일어나는 우발사고가 대부분이다. 이에 약물 오 · 남용 안전은 영유아의 생활 주변에 산재해 있는 다양한 유해물질을 인식하고 영유아와 영유아를 보살피는 보호자가 이를 효과적으로 관리하는 통제력을 갖도록 하는 것을 목적으로 하고 있다.

본 장에서는 약물 오 · 남용 안전교육의 개념 및 필요성, 약물 오 · 남용 안전사고의 실태 및 유형, 약물 오 · 남용 안전사고의 내용 및 방법과 실제를 살펴보기로 한다.

1. 약물 오·남용 안전교육의 개념 및 필요성

1) 약물 오·남용 안전교육의 개념

약물(drug)이란 무엇인가? 일반적으로 어린이들은 아픈 사람의 고통을 없애주는 의약품을 약물이라고 생각하며, 실험실에서 산에 넣으면 색이 변하거나 거품이 생기는 물질은 화학물질이라고 생각한다. 또한 약국에서 귀여운 캐릭터로 포장된 약물은 비타민으로 생각할 수 있으며, 맛이 좋은 영양제는 달콤한 식품으로 생각할 수도 있다. 이처럼 어린이들이 약물에 대해 가지고 있는 생각은 약물의 개념 중 극히 일부분에 제한되어 있으므로 우선 약물의 개념을 살펴본 후 약물 오 · 남용의 개념을 살펴볼 필요가 있다.

약물이란 사람을 포함한 모든 유기체 내에서 생리적 · 화학적 특성에 의해 유기체의 구조와 기능을 변화시키는 물질을 통칭한다(위키피디아, 2014). 이와 같은 광의의 정의에는 의약품, 정신활성제, 많은 사람들이 약으로 사용하지 않는 화학제품과 같은 물질도 포함하게 된다. 또한 약물은 의학적으로 인체의 질병을 치료, 예방, 진단하는 것을 목적으로 쓰이는 의약품을 의미하는 협의의 개념으로 사용되기도 한다(한국아동청소년안전교육협회, 2016). 그러나 약물의 정의를 의약품과 동의어로 정의할 경우 의학적인 기능을 가지고 있지 않은 흡입제, 환각제 등이 약물의 범위에서 벗어나므로 본 장에서는 약물을 실질적으로 사람에게 육체적, 정신적, 사회적으로 영향을 미치는 물질로 확장하여 사용하고자 한다. 이러한 개념에 기초하여 약물 오 · 남용의 개념을 살펴보면 다음과 같다(신태용, 2004).

(1) 약물 오용

약물 오용(drug misuse)이란 의사의 처방에 따르지 않고 약물을 임의로 사용하거나 의사의 지시대로 사용하지 않는 행위를 말한다. 즉, 질병을 치료하기 위하여 처방된 약을 그 용법이나 용량을 지키지 않고 과용하거나 적게 복용함으로써 기대한 효과를 얻지 못하는 것을 말한다. 예컨대 부모가 약 효과가 없는 것 같아서 복용량이나 복용횟수를 임의로 늘려 먹이거나, 감기약을 먹일 때 의사와 상의 없이 임의로 다른 감기약, 해열진통제와 같은 약을 함께 먹이는 것을 들 수 있다.

(2) 약물 남용

약물 남용(drug abuse)이란 치료를 목적으로 하지 않고 감정이나 행동에 변화를 일으키기 위해 약물을 부적절하고 불법적으로 사용하는 행위를 말한다. 즉, 약물을 사용함으로써 근심 걱정이 일시적으로 멈추거나 바람직하지 않은 행동을 하게 될 경우 이는 약물 남용에 해당한다. 또한 즐거움을 경험하기 위하여 약물을 사용하거나 약물의 사용을 조절할 수 없을 경우도 남용에 해당한다. 예를 들어 본드나 부탄가스를 원래 사용 용도인 접착제나 연료로 사용하지 않고 환각을 목적으로 사용하는 경우가 이에 해당한다(한국아동청소년안전교육협회, 2016).

이러한 약물 오 · 남용에 의해 나타나는 중독(drug poisoning)이란 치료약물과 남용약물뿐만 아니라 살충제, 중금속, 표백제와 같이 일상생활에서 사용되는 가정용품 등을 포함한 여러 화학물질의 범위에 해당되는 독성물질을 먹거나 흡입 또는 다른 경로를 통한 노출로 인하여 생기는 손상성 생리효과를 의미한다(한국소비자보호원, 2009). 따라서 영유아를 대상으로 하는 약물 오 · 남용 안전교육은 영유아의 생활 주변에 산재한 위험 약물을 인식하고 그러한 약물로부터 영유아 스스로 사고의 위험을 예방할 수 있도록 필요한 지식과 기술, 태도를 익혀 습관화할 수 있도록 교육하는 것을 의미한다.

2) 약물 오·남용 안전교육의 필요성

약물 오 · 남용 안전사고는 6세 이하 영유아에게 흔히 발생한다. 의약품, 화장품, 부동액, 살충제 등 많은 물질들이 영유아에게 위험하다는 것을 알고 있으면서도 이러한 물질들은 우리의 일상생활 속에서 방치되어 있는 경우가 많다. 특히 영유아기는 발달 특성상 주변에서 발견한 것은 무엇이든지 입으로 탐색하려 하고 계속 돌아다니는 역동성과 혼자하려고 시도하는 고집, 모방하고 탐색하려는 욕구가 많아져 생활 주변에 함부로 놓여 있는 의약품이나 화학제품 등을 잘못 먹는 오 · 남용 안전사고가 일어날 가능성이 더욱 높다.

그러나 영아든 유아든 이들이 생활하는 공간은 어린이들이 마음껏 안전하게 뛰어 놀고 탐험할 수 있는 장소이어야 한다. 무엇이든지 만지고 잡고 기어오르고 탐험하는 것은 영유아들의 몸과 마음을 건강하게 발달시키는 활동이기 때문이다. 따라서 영유아의 약물 오 · 남용 안전사고를 예방하기 위해서는 무엇보다도 영유아의 환경을 안전하게 마련해 주는 것이 중요하다. 왜냐하면 약물 오 · 남용 안전사고를 일으키는 연령층이 대부분 6세 이하이기 때문에 영유아의 행동에 대한 엄격한 통제나 금지보다는 보호자가 약물을 보관하고 사용할 때 철저히 주의를 기울임으로써 안전한 환경을 마련하는 것이 보다 효과적이기 때문이다.

실제로 영유아에게 일어나는 약물 오 · 남용 안전사고의 대부분(67.8%)은 성인들이 전화나 인터폰을 받는 등 잠시 방심하는 동안에 일어나는 우발사고이다(이기숙 외, 2008). 따라서 어린이 약물 오 · 남용 안전사고에 대한 보호자들의 경각심을 고취시키고 사고 발생 시 응급조치를 실시할 수 있도록 하기 위해서는 약물 오 · 남용 안전사고 예방을 위한 안전교육이 반드시 필요하다. 그러나 이러한 처방으로 모든 위험이 제거되었다고 안심할 수는 없으므로, 영유아가 약물을 구별하고 이를 통제할 수 있는 힘을 가질 수 있도록 지도하는 교육도 필요하다.

현재 약물 오 · 남용 안전교육은 「아동복지법」에 근거한 '감염병 및 약물의 오 · 남용 예방 등 보건위생관리'와 「학교안전사고 예방 및 보상에 관한 법률」에 근거한 '약물 및 사이버 중독 예방'에 해당되는 것으로, 영유아교육기관의 장은 연간 10시간 이상 해당 안전교육을 실시해야 한다. 이는 그만큼 영유아가 스스로 안전을 보호할 수 있는 능력과 기술을 가지는 것이 중요하고, 영유아를 보살피는 보호자가 주변 환경을 효율적으로 관리할 수 있도록 교육해야 한다. 현실적으로 영유아교육기관 담당교사의 과중한 업무부담, 안전교육 관련 프로그램의 부족 등 어려움이 많으나, 약물 오 · 남용 안전사고는 영유아의 생활주변에 산재한 위험 약물을 인식하고 이를 올바르게 구별하며 함부로 만지거나 마시지 않는 것만으로도 사고 발생률을 크게 감소시킬 수 있으므로 이에 대한 실질적인 안전교육이 반드시 필요하다.

2. 약물 오·남용 안전사고의 실태 및 유형

1) 약물 오·남용 안전사고의 실태

한국소비자보호원(2019)이 발표한 어린이 안전사고 동향분석 결과에 의하면, 어린이가 최근 5년간 중독 작용을 일으킨 위해사례는 2015년 89건에서 2019년 41건으로 큰 폭으로 감소하는 추세를 보이고 있다.

〈표 11-1〉 연도별 어린이 중독사고 현황

구분	2015년	2016년	2017년	2018년	2019년
건수	89	62	59	55	41

출처: 한국소비자보호원(2019).

2019년 한국소비자원 소비자위해 정보감시시스템(CISS: Consumer Injury Surveillance System)에 접수된 발달단계별 중독사고 현황을 살펴보면, 1~3세가 181건으로 59.2%를 차지하였고, 이어서 7~14세 52건(17.0%), 0세 30건(9.8%)의 순으로 나타났다. 성별로는 남아가 159건(52.0%), 여아가 147건(48.0%)으로 큰 차이를 보이지 않았다.

〈표 11-2〉 발달단계별 중독사고 현황

(단위: 건, %)

구분	0세	1~3세	4~6세	7~14세	합계
남아	18	100	12	29	159(52.0)
여아	25	81	18	23	147(48.0)
합계	423(14.0)	181(59.2)	30(9.8)	52(17.0)	306(100.0)

출처: 한국소비자보호원(2019).

중독사고를 일으키는 주요 위해품목을 살펴보면 '의약품'에 의해 발생한 사례가 119건으로 38.9%를 차지해 가장 많았고, '의약외품' 40건(13.1%), '가정용 청소 및 세탁용품'은 30건(9.8%)으로 위 세 가지 품목이 전체의 61.9%를 차지하는 것으로 나타났다. 다음으로 주방세제 등 '주방용구 및 용품'이 9건(2.9%), 클렌저, 세정제 등 '인체 세정용 화장품'이 8건(2.6%), 가스, 방향제 등 '가정용 난방 · 환기용품' 7건(2.3%) 등으로 나타났다. 이러한 분석결과는 의약품, 가정용 청소 및 세탁용품을 어린이가 접근하지 못하도록 별도의 장소에 보관 및 관리하는 것이 필요함을 보여준다.

〈표 11-3〉 중독사고 주요 위해 품목

(단위: 건, %)

주요 위해품목	약물 오 · 남용 안전사고
의약품	119(38.9)
의약외품	40(13.1)
가정용 청소 및 세탁용품	30(9.8)
주방용구 및 용품	9(2.9)
인체 세정용 화장품	8(2.6)
가정용 난방 · 환기용품	7(2.3)
손발톱용 화장품	7(2.3)
빵(떡) 및 과자류	6(2.0)
외식-양식	5(1.6)
의료용구	5(1.6)

출처: 한국소비자보호원(2019).

어린이 중독사고 사례

[의약품]

- 2019년 11월 김OO(여, 만 2세): 엄마의 신경안정제를 잘못 삼켜 약물오용에 의한 정신의 약물중독으로 치료받음

[의약외품]

- 2019년 7월 홍OO(남, 만 3세): 바퀴벌레 퇴치약을 삼킨 후 전신의 화학물질 중독으로 치료받음

[가정용 청소 및 세탁용품]

- 2019년 1월 최OO(여, 만 1세): 액체형 세탁세제를 삼켜 소화계통의 화학물질 중독으로 치료받음

출처: 한국소비자보호원(2019).

2) 약물 오·남용 안전사고의 유형

(1) 의약품에 의한 안전사고

일반적으로 가정에는 감기약, 해열제, 소화제나 비타민 등의 다양한 종류의 약이 있고, 약을 함부로 먹었을 때 발생할 수 있는 높은 위험성에도 불구하고 약의 복용법이나 보관에 대해서는 철저히 주의를 기울이지 않는 경우가 많다. 이는 매스미디어의 영향으로 약의 효능이 과대 포장되거나, 약효만을 생각한 나머지 그 이면에 나타날 수 있는 부작용이나 잘못된 사용을 인지하지 못하고 사용하기 때문이다. 그러나 아무리 좋은 약도 함부로 먹었을 경우에는 오히려 해가 되므로 영유아를 보살피는 보호자는 약품의 올바른 사용과 보관에 주의를 기울여야 한다. 다음은 영유아가 흔히 접할 수 있는 아세트아미노펜, 아스피린, 철분 등의 의약품을 오 · 남용했을 때 나타날 수 있는 증상이다(김미예 · 구현영 · 권인수 · 김진선 · 김태임 외, 2007).

① 아세트아미노펜(타이레놀) 중독은 영유아에게 나타나는 가장 흔한 약물중독으로 과량 섭취 시 발생하며, 간 기능 장애를 지닌 영유아나 식이장애를 가진 영유아에게 발생할 가능성이 많다. 증상은 4단계로 발생하는데, 초기에는 섭취 후 2~4시간 정도에 오심, 구토, 발한, 창백함을 보인다. 그 다음은

잠복기로 24~36시간이 지나면서 호전되는 모습을 보이는 시기이다. 그 다음은 간 침범기로 우상복부 통증, 황달, 혼돈, 강직, 비정상적 혈액응고 등의 증상이 일주일 정도 지속되거나 영구적으로 존재할 수 있다.

② 아스피린은 그 맛이 새콤하기 때문에 영유아가 쉽게 과다 복용할 수 있다. 한 번에 많은 양을 복용함으로 급성 독작용을 일으킬 수도 있고, 만성적으로 복용함으로 만성 독작용을 일으킬 수도 있다. 만성적인 경우가 급성인 경우보다 더 심각할 수 있다. 급성중독의 경우 오심, 혼미, 구토, 탈수, 발한, 과호흡, 고열, 핍뇨, 이명, 혼수, 발작 등을 보이고, 만성중독의 경우는 급성중독의 증상들이 혼란스럽고 미묘하게 나타나며, 탈수나 혼수, 발작은 더 심하고 출혈경향을 보인다.

③ 철분은 영유아의 건강증진을 위해 평소에 먹는 비타민 제제에 들어 있어 과량 섭취 시 철분중독이 발생할 수 있다. 특히 철분정제가 당의정 모양의 초콜릿이나 사탕과 비슷하므로 중독사고가 발생하기 쉽다. 초기에는 구토, 토혈, 설사, 혈변, 위통을 보이며, 잠복기를 거쳐 전신 중독단계에 들어가면 대사성 산독증, 발열, 고혈당, 출혈, 쇼크를 보이거나 사망할 수 있고 생존할 경우에는 발작과 혼수를 보인다.

(2) 가정용 화학제품에 의한 안전사고

가정용 세제, 방향제, 화장품, 매니큐어 등이 영유아에게 위험한 물질이라는 사실은 누구나 인정하면서도 의외로 우리 생활 속에 이러한 물질이 방치되어 있는 경우가 많다. 주방이나 욕실에는 표백제, 합성세제, 변기 세척제를 쉽게 볼 수 있고 알약으로 된 방충제도 옷장이나 장롱 서랍에 방치되어 있으므로, 결국 영유아는 가정이나 영유아교육기관에서까지 위험물질에 둘러싸여 있는 셈이다. 일반적으로 영유아가 자주 섭취하는 가정용 표백제는 부식제로, 이런 부식제를 마실 경우 입과 식도, 위, 장에 심한 화상을 입게 되고 심하면 장기에 구멍이 뚫릴 수도 있다.

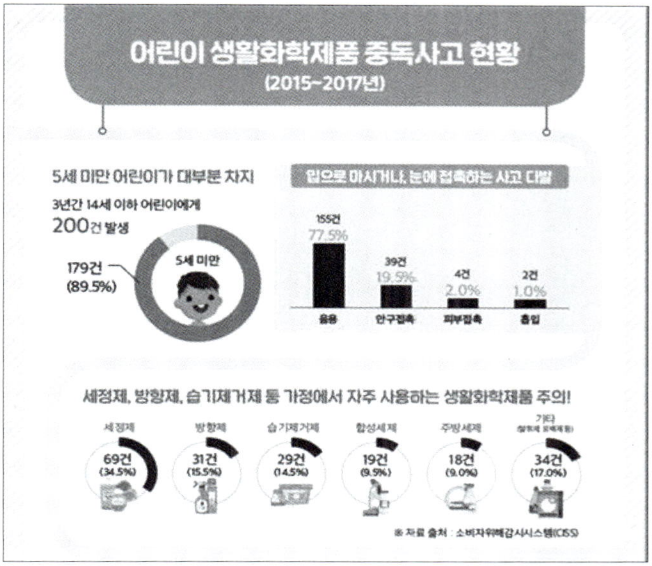

출처: 한국소비자원(2018).

(3) 납, 수은 중독과 같은 중금속류에 의한 안전사고

납중독의 가장 중요한 원인은 환경에 분포된 납이다. 납은 수도배관에서부터 영유아 완구, 페인트, 자동차 배기가스, 오염된 토양 속에 포함되어 있어 우리의 건강을 위협하는 매우 위험한 물질 중의 하나이다. 납은 우리의 입이나 호흡기를 통해 섭취되는데, 특히 영유아는 손에 잡히는 것을 무엇이든지 빨고, 먹고, 마시기 때문에 그 피해가 더욱 심각하다.

수은은 깨진 체온계, 깨진 형광등, 수은 전지, 집안 내부 장식에 사용되는 페인트 성분인 라텍스 등에서 발견된다. 수은 체온계에 있는 금속 수은은 음식물에 들어 있는 수은과는 달리 우리 몸에서 잘 흡수되지 않기 때문에 체온계 한 개에 들어 있는 수은을 다 먹었다 해도 그다지 큰 문제가 되지는 않는다. 하지만 적은 양이라도 수은 그 자체가 인체에 유익한 것은 아니므로 영유아가 먹지 않도록 주의해야 한다. 또한 장난감이나 사진기, 시계, 계산기 등에 들어 있는 단추형 리튬전지를 영유아가 삼킬 경우, 타액과 전류가 만나 화학반응이 일어나 식도나 성대가 손상되어 목소리를 잃거나 음식물 섭취에 어려움을 겪는 등의 휴유증이 발생할 수 있다.

3. 약물 오·남용 안전교육의 내용 및 방법

1) 의약품 오·남용 안전교육

다음은 가정이나 영유아교육기관에서 의약품을 안전하게 사용하기 위해 지켜야 하는 안전 수칙이다.

① 어린이 중독사고 방지를 위해 어떤 종류이든지 약은 식탁 위나 영유아의 손이 닿는 곳에 두지 말고 별도의 약상자에 넣어 안전한 장소에 보관한다. 특히 부엌 식탁 위나 조리대, 침대 옆 탁자, 서랍장 위 등에 비타민 병, 아스피린 병이나 다른 의약품 등을 방치하지 않도록 한다.

② 영유아가 보는 앞에서 약을 먹거나, 약을 사탕이라고 하면서 먹이지 말아야 한다. 영유아들은 이 '사탕'을 찾아내어 때로는 치사량까지 먹을 수 있다. 약은 우리가 아플 때 건강을 회복하기 위해 먹는 것임을 알려주어야 한다.

③ 약을 어두운 곳에서 먹이지 않는다. 어둠 속에서 잘못된 양이나 전혀 엉뚱한 약을 먹을 가능성이 높기 때문이다.

④ 약을 먹기 전에 반드시 약의 이름과 그 분량 등을 확인한다. 또한 계량스푼, 계량컵은 약품에 동봉된 것을 사용하고, 주의 깊게 눈금을 확인하고 정확히 복용시킨다. 특히 영유아교육기관의 교사들은 부모로부터 투약 의뢰를 받은 경우에만 영유아에게 약을 먹이도록 한다.

⑤ 일반 의약품을 먹일 경우, 절대 성인 복용량을 짐작으로 용량을 줄여 어린이에게 사용하지 않는다. 의약품을 사용할 때마다 사용설명서를 주의 깊게 읽고 이해하며 반드시 지시사항을 준수한다.

⑥ 요리활동을 할 때 사용하는 간장이나 소스, 초코 시럽 등을 영유아의 약병으로 사용하지 않는다. 약과 음식물을 혼돈하여 잘못 섭취할 수 있기 때문이다.

⑦ 어린이 혼자서 약을 복용하게 내버려 두지 않는다.

⑧ 유효기간이 지났거나 용도가 분명하지 않은 약은 폐기한다. 기한이 지난 약은 약효가 없거나 신체기관에 자극을 주게 된다.

의약품 안전과 관련하여 유아에게도 다음과 같은 올바른 약물 사용법을 알려주고 실천하도록 한다(이기숙, 2016).

① 약은 아플 때 먹는 것이므로 반드시 정해진 용량대로, 정해진 시간에, 횟수를 지켜서 먹는 것임을 안다.
② 친구나 낯선 사람이 주는 약은 절대로 먹지 않는다.
③ 약은 혼자서 먹지 않는다.
④ 약상자에 있는 약을 함부로 먹지 않는다.
⑤ 바닥에 떨어져 있는 약은 먹지 않는다.
⑥ 다른 사람이 먹던 약은 먹지 않는다.

사고 예방 체크리스트

영유아의 약물 오·남용 사고는 유아의 호기심에서뿐만 아니라 부모의 부주의에 의해서도 일어납니다. 가정에서 약물안전 수칙을 잘 지키고 있는지 가족과 함께 안전점검을 해보는 시간을 가져보세요.

점검 내용	Yes	No
1. 의약품 등을 어린이의 손에 닿지 않는 곳에둔 다.		
2. 보관용기엔 처음 들어 있던 약물만을 넣어 보관한다.		
3. 구급상자를 어린이의 손이 닿지 않는 곳에 준비해 두고 있다.		
4. 비슷한 증상이라도 다른 자녀의 약을 먹이지 않는다.		
5. 복잡한 증상의 경우에도 여러 가지 약을 한 번에 먹이지 않는다.		
6. 병을 예방하기 위해 미리 약을 복용하지 않는다.		
7. 물 대신 우유나 주스와 함께 약을 먹이지 않는다.		
8. 알약을 부수어 먹이지 않는다.		
9. 약 복용 전 사용 설명서를 꼭 읽는다.		
10. 좋은 약이라도 많이 먹지 않고 정해진 양만 먹는다.		

우리 집 약물안전 점수는? Yes의 개수를 세어 보세요.
- 10개: 안전해요. 그렇지만 방심하시면 안 되요.
- 6~9개: 안전에 더 신경 써 주세요.
- 5~0개: 위험해요! 약물안전 수칙을 잘 지켜주세요.

출처: 교육과학기술부(2012).

2) 가정용 화학제품 오·남용 안전교육

영유아 약물 오 · 남용으로 인한 중독사고의 50% 이상은 세제, 향수, 화장품, 방향제 등의 유독성 물질을 영유아의 눈에 띄는 곳에 둠으로써 발생하므로, 결국 영유아에게 발생하는 약물 오 · 남용사고의 대부분은 성인들의 주의로 예방할 수 있는 것이다. 따라서 가정이나 영유아교육기관에 산재하고 있는 유독성 물질과 그에 의한 사고를 예방하기 위해 성인이 지켜야 할 안전 수칙은 다음과 같다(이기숙 외, 2016; 한국소비자보호원, 2004, 2006).

① 모든 유해한 물질은 원래 용기에 보관해야 하며, 제품에 대한 이름이나 설명서를 떼어내지 말아야 한다. 설명서에는 약품의 사용법이나 주의사항뿐만 아니라 그 약품에 대한 해독제를 명기해 놓은 경우도 있기 때문이다.

② 유독성 제품은 영유아들의 손이 닿거나 보이는 곳에 보관하지 않는 것이 좋다. 모든 유독성 제품은 별도의 상자나 잠금장치가 있는 캐비닛에 넣어 안전한 곳에 보관하도록 한다. 또한 영유아들에게 어떤 것을 먹거나 마시기 전에는 '항상 먼저 물어 본다'는 수칙을 가르친다.

③ 향수, 화장품, 구강 세척제 등의 위험도 과소평가해서는 안 된다. 이런 것들도 유아가 많은 양을 섭취했거나 눈에 뿌렸다면 유해하므로 의사의 진단을 받아야 한다. 특히 향수나 화장품의 병은 모양이나 색이 영유아의 관심을 끌 수 있으므로 영유아의 손이 닿지 않는 곳에 보관해야 한다.

④ 가능하면 자외선 차단제, 각종 오일, 특수 얼룩 제거제, 금속 세척액 등은 어린이 보호용기 포장제품을 구입한다. 다만, 어린이 보호용기 포장제품이라고 해서 못 여는 것이 아니라 개봉에 시간이 좀 걸릴 뿐이라는 점을 명심한다.

⑤ 에어졸 용품의 무분별한 사용은 현기증이나 구역질, 피부 자극, 두통, 시각의 몽롱함 등과 같은 신체적 문제를 유발할 수 있다. 따라서 이런 용품을 사용한 후에는 반드시 실내의 문을 열어 환기시키도록 한다.

⑥ 마룻바닥에 바퀴벌레약이나 살서제(쥐약)를 놓아두지 않는다.

⑦ 가정용 화학제품을 사용 중에 있다면 영유아를 잘 지켜보도록 한다. 대부분

의 중독 사고는 이들 제품의 사용 중에 일어난다는 것을 기억하도록 한다.

가정용 화학제품 안전과 관련하여 유아에게도 다음과 같은 내용을 알려주고 실천하도록 지도한다.

① 생활 주변의 해로운 화학제품 구별한다.

② 세제, 화장품 등 가정용 화학제품을 오 · 남용했을 때의 위험성을 안다.

③ 가정용 화학제품을 만지거나 먹지 않는다.

사고 예방 체크리스트

- 부엌이나 세탁장에서 사용 또는 보관하는 유해물질들이 아동보호포장으로 되어 있는가?
- 어린이가 접근하기 쉬운 보관함에 자물쇠나 안전빗장이 있는가?
- 배수관 세척제나 표백제와 같은 위험 물질은 모두 본래의 용기에 보관하고 있는가?
- 사용한 가사용 세제와 용기를 안전하게 처분하는가?
- 살충제와 같은 유해제품이 음식물과 안전한 거리를 두고 보관되어 있는가?
- 욕실에 보관하고 있는 모든 약의 뚜껑이 어린이들이 쉽게 열 수 없는 것인가?
- 유독성 세제와 화장품, 목욕용품 등이 어린이가 닿을 수 없도록 보관되어 있는가?
- 모든 장식물은 무독성인가?
- 독이 있는 식물이 아이들의 손이 닿지 않는 곳에 있는가?
- 침대 옆 탁자나 화장대에 약, 술, 담배 등의 위험물질이 없는가?
- 화장수, 향수, 아세톤이 어린이의 손이 닿지 않는 곳데 보관되어 있는가?

출처: 한국소비자보호원(2004).

어린이 보호 포장 제도란?

- 어린이보호포장이란 영유아의 중독사고 예방을 위해 성인이 개봉하기는 어렵지 않지만, 52개월 미만의 어린이가 일정 시간 내에 내용물을 꺼내기 어렵게 설계 고안된 포장 및 용기를 위미함
- 어린이가 5분 이내에 개봉할 수 없어야 하며, 성인이 시범을 보인 후에도 개봉이 불가능해야 하는 반면, 50세에서 70세까지의 성인은 5분 이내에 포장을 개봉하고 다시 1분 이내에 제봉함할 수 있어야 함
- 우리나라에서도 관련 규정을 제정하여 의약품(경구로 투여되는 의약품), 화학제품(세정제, 코팅제, 접착제, 방향제 등), 화장품 등의 제품에 어틴이보호포장 제도를 실시하고 있음

출처: 한국소비자원(2017).

3) 납, 수은 등 중금속류 오·남용 안전교육

납은 우리 주변에 산재해 있는 물질들과 공기를 통하여 체내에 들어오게 된다. 즉, 영유아가 납 성분이 포함된 페인트가 칠해진 물건을 입으로 빨거나 납이 포함된 페인트에서 나오는 먼지를 삼킬 경우, 노후한 수도배관을 통해 공급되는 납 수돗물을 사용할 경우, 자동차의 배기가스나 공장에서 배출하는 매연을 흡입할 경우, 배기가스에 포함된 납에 의해 오염된 토양을 손으로 만지고 입에 넣을 경우 납을 섭취하게 된다. 어릴 때부터 만성적으로 납을 섭취하게 되면 납이 체내 조직에 축적되어 적혈구의 형성을 방해하며 뇌손상을 초래할 위험이 높아지므로, 특히 어린 영유아에 대한 성인의 세심한 보호와 지도가 중요하다.

한편 장난감이나 리모컨, 시계, 계산기 등에 들어 있는 단추형 리튬전지는 크기가 100원짜리 동전의 1/3 정도일 뿐만 아니라 반짝거리기 때문에 영유아의 호기심을 유발할 수 있다. 이러한 전지를 영유아가 삼켰을 경우 식도에 걸려 화상을 입거나 협착 · 천공을 일으키며, 위에 들어갈 경우 심각한 위장 손상을 야기할 수 있다. 따라서 성인이 영유아의 납, 수은 등 중금속류 오 · 남용 안전사고를 예방하기 위해 지켜야 할 안전 수칙은 다음과 같다(김미예 외, 2007; 이기숙 외, 2008; 한국소비자보호원, 2004).

① 페인트는 납중독을 일으킬 수 있는 가장 위험한 물질이다. 영유아의 생활공간이나 놀잇감 등에 사용하는 페인트는 납 성분이 없는 것으로 선택해야 한다. 그리고 가정이나 영유아교육기관의 벽면 혹은 놀이기구나 장난감에 페인트가 벗겨져 있는지 조사해야 한다. 영유아가 페인트 조각을 입에 넣거나 씹을 수 있기 때문이다. 이때 페인트가 벗겨진 부분에는 새로 페인트칠을 해야 하나 그럴 시간적 여유가 없을 때는 두꺼운 벽지를 발라 페인트 조각이 떨어지지 않게 한다.

② 수질을 검사하여 마시는 물속에 납이 포함되어 있는지를 조사하고 상수도 배관의 마모 정도를 고려하여 배관을 동관으로 교체한다. 또한 처음 물을 사용할 때에는 수도꼭지를 열어 물을 잠깐 동안 흘려보낸 후 사용하는 것이 좋다.

③ 자동차 배기가스에 포함된 납에 의해 공기 중에도 납이 포함되어 있으므로 실내에 먼지가 쌓이지 않게 깨끗이 청소한다. 특히 영유아의 손, 장난감, 고무젖꼭지, 우유병 등을 자주 씻어 납의 오염을 줄이도록 한다.

④ 영유아가 바깥에서 들어왔을 때 신발에 묻은 흙이나 먼지를 털게 하고 실내 놀잇감과 실외 놀잇감은 반드시 구분하여 사용하도록 한다.

⑤ 깡통은 납땜이 되어 있으므로 음식을 깡통에 넣은 채 가열하지 않는다. 통조림 식품을 열은 후에 남은 음식을 깡통 속에 그대로 두지 않는다. 반드시 유리나 플라스틱 용기에 옮겨 담는다.

⑥ 깨진 수은 체온계에서 흘러나온 금속 수은은 우리 몸에는 잘 흡수가 되지 않지만 오히려 수은 방울이 방바닥에 굴러다니는 것이 더 위험할 수 있다. 방바닥에 굴러다니는 수은은 난방열을 받거나 햇볕을 받으면 쉽게 수은 증기로 바뀌게 되고, 이런 수은 증기가 서서히 몸에 축적되어 수은 중독이 될 위험이 있다. 따라서 수은 체온계가 깨지면 빳빳한 종이 위에 잘 쓸어 담아야 하고, 집 안 구석구석 남아 있는 수은이 없는지 확인해야 한다. 수은을 완전히 제거하려고 진공청소기를 사용하면 온 방에 수은 증기를 퍼트릴 위험이 있으니 삼가야 한다.

⑦ 수은 체온계를 사용할 때는 반드시 보호자가 영유아 옆에 있어야 하고, 수은 체온계를 사용한 후에는 영유아의 손이 닿지 않는 곳에 잘 보관해야 한다. 영유아가 깨물어 체온계가 깨질 수 있기 때문에 수은 체온계를 영유아의 입 속에 넣어 체온을 재는 행위는 금해야 한다.

⑧ 가정 내 단추형 건전지를 넣는 제품이 있다면 전지 개폐구가 나사로 고정돼 있지 않거나 쉽게 열리는 경우 강력한 테이프로 고정해준다.

⑨ 영유아 앞에서 단추형 리튬전지를 넣거나 교환하지 않는다.

⑩ 단추형 리튬전지 사용 제품은 영유아가 볼 수 없거나 접근할 수 없는 곳에 보관한다.

⑪ 사용한 단추형 리튬전지도 위험할 수 있으므로 전지를 교체한 후에는 즉시 폐기한다.

⑫ 리튬전지를 영유아가 삼키거나 귀에 넣었을 경우 배설될 때까지 기다려서는 안 되고, 최대한 빨리 병원으로 데려가 이물질을 제거해 주어야 한다. 또한 엑스레이에 건전지가 나타나는 것을 확인하기 전까지는 영유아에게 음식을 먹이거나 마시게 하지 말고 억지로 토하게 하지 않는다.

납, 수은 등 중금속류 안전과 관련하여 유아에게도 다음과 같은 내용을 알려주고 실천하도록 지도한다.

① 페인트가 벗겨진 부분은 손으로 떼어내지 말고, 동생이나 친구가 페인트 조각을 먹었을 경우 즉시 부모나 교사에게 알린다.

② 페인트칠이 된 건물 가까이나 교통체증이 심한 차도 가까이의 토양은 오염되어 있으므로 오염된 토양에서는 놀지 않는다.

③ 토양과 공기 중에도 납이 포함되어 있으므로 바깥에서 들어왔을 때에는 신발에 묻은 흙을 털고 손을 씻는다.

④ 영유아 완구나 소형 전자제품에 들어 있는 단추형 전지를 호기심으로 흡입하지 않는다.

단추형 건전지 안전의식 개선 캠페인

출처: 한국소비자원(2014).

약물 오 · 남용 응급처치

① 유독물질을 먹었을 경우

- 정상적으로 숨을 쉬고 혈액순환이 이루어지는지를 확인한다. 필요하다면 심폐소생술을 실시한다.
- 호흡곤란, 무기력의 증가, 무의식 혹은 경련을 일으키면 즉시 병원에 가야 한다.
- 영유아가 삼켰다고 의심되는 물질과 포장용기를 찾아 보관한다.
- 의식을 잃은 경우 옆으로 뉘어 혀가 인후를 막아 질식사하지 않도록 주의한다.
- 유독성 물질을 먹었는지 불분명할 경우 입에서 화학성분 냄새, 입 주위의 화상, 호흡곤란, 구토 등을 확인하여 어떤 종류의 유독성 물질을 먹었는지 확인한다. 이때 입에 손을 넣어 강제적으로 구토를 유발하거나 토하게 해서는 안 된다. 구토를 하면서 또 한 번 식도나 장기를 손상시킬 수 있기 때문이다.

  ※ 병원에 가거나 신고할 때 알아야 할 내용
  - 어떤 제품을 먹었는가(종류)?
  - 어느 정도의 양을 먹었는가(몇 cc 혹은 몇 알)?
  - 영유아의 나이와 몸무게(현재 정확한 몸무게)?
  - 영유아가 어떤 증상을 나타내는가(독성 증상)?
  - 중독 사건이 일어닌 지 얼마나 지났나?
  - 제품의 제조사 이름과 전화번호는 무엇인가?
  - 제품의 사용 용도는 무엇인가?
  - 제품의 라벨에 경고 표시가 있는가?

② 피부에 닿은 경우

오염된 옷은 벗기고 몸에 물을 부어 10분 정도 씻어낸다. 비누와 물로 부드럽게 닦은 뒤에 다시 헹군다.

③ 눈에 들어간 경우

눈에서 5~6cm 떨어진 위치에서 미지근한 물이나 수돗물을 눈에 15분 정도 흐르게 한다. 어린이들에게는 물을 붓는 동안 눈을 깜박이도록 함으로써 눈을 씻어내도록 한다.

출처: 구경선 외(2019).

4. 약물 오·남용 안전교육의 실제

잘 쓰면 약! 못 쓰면 독!

대상연령 만 3~5세

활동목표
- 약의 유익한 점과 해로운 점에 대해 안다.
- 약의 올바른 사용방법에 대해 안다.

활동자료 다양한 의약품 실물(알약, 가루약, 물약, 연고제, 주사제, 붙이는 약 등)

활동방법

1. 도입
- 유아들이 아팠던 경험에 대해 함께 이야기 나눈다.
  - 기침을 심하게 한 적이 있니?
  - 넘어져서 다쳤던 적이 있니?
  - 너무 오래 아파서 병원에 입원했던 적은 있니?

2. 전개
- 교사가 준비한 약을 차례로 보며 약의 여러 가지 용도에 대해 이야기 나눈다.
  - 어떤 약일까?
  - 이런 약은 언제 먹어 보았니?
  - 어디가 아플 때 이런 약이 필요할까?
  - 붙이는 약은 주로 언제 사용할까?
- 약의 사용법에 따라 분류해 본다.
  - 우리가 먹을 수 있는 약은 어떤 것일까?
  - 절대 먹어서는 안 되는 약은 어떤 것일까?
  - 약을 올바르게 사용하기 위해 우리가 해야 할 일은 무엇일까?
    (의사 선생님의 처방대로 한다, 부모님께 물어보고 먹는다 등)
- 올바르게 약을 먹는 방법에 대해 이야기 나눈다.
  - 아프면 무조건 약을 먹어야 할까?
  - 우리 몸에 있는 면역체계에 대해 들어본 적이 있니?
  - 어른의 허락 없이 내가 마음대로 먹어도 될까?
  - 약을 먹을 때 음료수나 우유와 함께 먹으면 안 되는 이유는 무엇일까?
- 약을 먹을 때의 약속에 대해 이야기 나눈다.
  - 약을 먹을 때 어떤 약속을 지켜야 할까?

(남의 약을 먹지 않는다, 유효기간을 확인한다, 정량을 지킨다, 혼자서 먹지 않는다 등)

- 약을 먹을 때의 주의점을 생각하며 퀴즈를 풀어보는 게임을 한다.
  - 오늘 이야기한 내용의 퀴즈를 맞춰보기로 하자.

3. 마무리

- 약의 올바른 사용법에 대해 알 수 있었는지 언어적 상호작용을 통해 평가한다.
  - 오늘 활동을 통해 어떤 생각을 했니?
  - 약을 먹을 때 반드시 지켜야 할 약속에는 어떤 것이 있었니?

활동 시 유의점

- 약은 병을 낫게 도와주지만, 잘못 먹게 되면 도리어 건강을 해치게 될 수 있음을 알려준다.
- 어른의 도움 없이 마음대로 약을 먹지 않도록 지도한다.

활동평가

1. 약의 유익한 점과 해로운 점에 대해 아는지 평가한다.
2. 약의 올바른 사용방법에 대해 인식했는지 평가한다.

확장활동

가정과 연계하여 부모님과 함께 우리 집에는 어떤 약들이 비치되어 있는지 살펴보고 올바른 사용법에 대해 이야기 나눈다.

참고자료

〈약을 먹을 때의 주의점 퀴즈〉

- 조금만 아파도 약을 먹는다. (×)
- 약에는 유효기간이 있다. (○)
- 약은 정해진 시간에 정해진 양을 먹는다. (○)
- 약이 쓰면 오렌지 주스나 우유와 함께 먹는다. (×)
- 어른이 먹는 약을 먹어도 상관없다. (×)
- 의사선생님이 처방해준 약만 먹는다. (○)
- 맛이 궁금하면 몰래 조금 먹어봐도 된다. (×)
- 많이 아프면 약의 양을 늘려서 먹어도 된다. (×)

우리 몸에 해로운 물질을 알아보아요

대상연령 만 3~5세

활동목표
- 유해물질에 대해 안다.
- 유해물질의 위험성을 알고 만지거나 먹지 않도록 한다.

활동자료 여러 종류의 유해물질 사진자료

활동방법

1. 도입
   - 수수께끼를 통해 주의를 집중한다.
     - 여름에 많이 사용합니다.
     - 모기에게 뿌려서 모기를 잡을 때 사용합니다.
     - 나는 무엇일까요?
2. 전개
   - 유해물질의 사진자료를 보며 이야기 나눈다.
     - 이것은 무엇일까?
     - 어디에서 보았니?
     - 언제 사용하는 것을 보았니?
     - 만약 이 제품이 없다면 어떻게 될까?
   - 유해물질의 종류에 대해 알아본다.
     - 주방에서 사용: 주방세제, 락스, 비누, 배관 세척제 등
     - 화장실에서 사용: 세제, 섬유 유연제, 방향제, 표백제, 변기 세척제 등
     - 화장품으로 사용: 스프레이, 아세톤 등

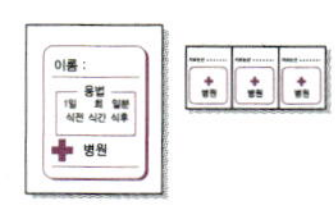

   - 유해물질의 위험성에 대해 이야기 나눈다.
     - 만약에 우리가 이것을 먹게 되면 어떻게 될까?
     - 눈이나 코에 들어가면 어떻게 될까?

3. 마무리
   - 유해물질을 함부로 만지거나 마시지 않을 것을 약속한다.

활동 시 유의점

1. 유해물질에 대해 지나치게 무서움을 갖지 않도록 유의한다.
2. 활동이 끝난 후, 벽면에 유해물질의 사진들을 게시하여 익히도록 한다.

활동평가

1. 유해물질에 대해 바르게 아는지 평가한다.
2. 유해물질의 위험성에 대하여 바르게 아는지 평가한다.

확장활동

가정연계활동으로 가정에서도 유아가 유해물질을 구분하고 함부로 만지거나 마시지 않도록 지도방법과 활동을 안내한다.

약은 정해진 규칙대로 먹어요

대상연령 만 3~5세

활동목표
- 약을 바르게 먹는 방법에 대해 안다.
- 약을 함부로 먹지 않는다.

활동자료
- 약, 약병, 약 봉투, 물 등의 실물자료

활동방법

1. 도입
   - 약을 먹어본 경험에 대해 이야기한다.
     - 약을 먹어본 적이 있니?
     - 언제 약을 먹었니?
2. 전개
   - 약 봉투를 보면서 복용 방법에 대해 알아본다.
     - 이름 − 나이
     - 남, 여
     - 식후 30분, 식간, 식후 즉시, 식전 30분, 취침 전, ______시간마다.
     - 1일 ○회, ○일분, 1회 ○포 · 정씩 복용
     - 뭐라고 쓰여 있니? 이건 무슨 뜻일까?
     - 이 약은 얼마나 먹어야 할까? 이 약은 어떻게 먹어야 할까?
   - 약 봉투에 쓰인 대로 먹지 않으면 어떻게 되는지 이야기한다.
     - 약이 맛있다고 많이 먹으면 어떻게 될까?
     - 다른 사람의 약을 먹으면 어떻게 될까?

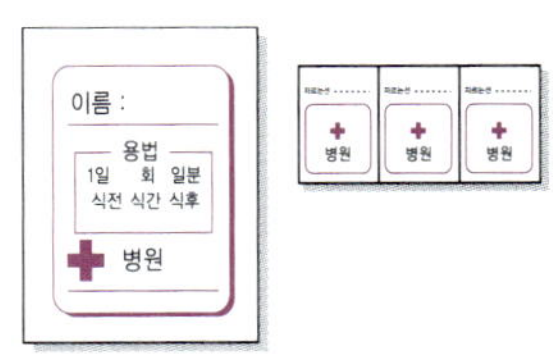

3. 마무리
   - 약은 반드시 정해진 규칙에 따라서 먹을 것을 약속한다.

활동 시 유의점

1. 다양한 복용방법이 적힌 약 봉투를 준비한다.
2. 교육의 효과를 높이기 위하여 실물자료를 준비한다.

활동평가

1. 약을 바르게 먹는 방법을 아는지 평가한다.
2. 약을 함부로 먹지 않음을 인식했는지 평가한다.

확장활동

병원놀이와 연계하여 사회극놀이를 할 수 있다.

Young children Safety Management

CHAPTER 12

12

안전사고 예방 및 보상정책

본 장은 국외 및 우리나라 안전사고 예방 및 보상정책과 관련된 내용을 다룬다. 일반적인 안전에 관한 내용보다는 안전사고를 예방하고자 수립된 보상정책에 관한 내용에 중점을 두고 기술하였다. 아동 안전사고 발생현황과 학교 안전사고 발생현황을 기술하였으며 「아동안전정책 관련 법」, 아동 안전정책 추진과정, 학교 안전사고 예방 및 보상정책에 대한 내용을 담아 아동 안전사고 예방과 보상정책에 대한 이해를 도모하고자 하였다.

1. 국외 안전사고 예방 및 보상정책

1) 일본의 안전사고 보상정책

(1) 일본 안전사고 보상제도

일본은 교육 관계 법령인 「학교보건법」 제90호1조 '보건관리 및 안전관리'에 '학교 위생'과 '학교 환경의 안전'에 관한 조항을 별도로 규정하여 안전사고에 대한 예방 조치를 법률로 명시하고 있다. 구체적으로 학교 위생은 환기, 채광, 조명 등에 관한 법적 기준이 제시되어 있다.

일본은 1985년 12월 6일 일본 체육, 「학교건강센터법」(법률 제92호)을 제정하였다. 이 법은 학교관리하에 있는 아동의 재해에 관한 필요한 급부, 학교안전 및 학교급식의 보급에 기여하는 것과 관련 있는 시행령과 시행규칙을 통해 아동 안전사고 예방에 관한 자세한 기준과 절차를 마련하였다. 이 법에 따라 일본 학교건강회와 국립경기장을 합하고 특수법인화하여 학교안전부를 두었다.

「학교보건법」이 2008년 6월 개정되면서 안전에 관한 규정이 새롭게 더해져 「학교보건안전법」으로 개칭 및 개정되었고 2009년 4월부터 시행되었다. 「학교보건안전법」이 마련되고 학교에서의 사고, 재해 등에 대한 체계적인 대응이 본격 시작되면서 학생들의 안전을 보장하기 위한 제반활동들이 부각되었다. 또한 '살아갈 힘'을 기르는 학교에서의 안전교육이 발간되었을 뿐 만 아니라 2008년 개정된 초중등 교육과정인 '학습 지도 요령'에 안전과 관련된 내용들이 반영되었다(유병열, 손은혜, 2018).

(2) 일본체육·학교건강센터 조직도

일본체육 · 학교건강센터(특수법인)는 본부와 지부로 구성되어 있다[그림 12-1]. 본부에 학교안전부를 두고 그 산하에 업무과와 보급과를 두어 학교 안전사고 업무를 담당하고 있다. 지부는 지방교육청에서 겸직체제로 운영되고 있다. 학교

안전부가 스포츠부와 같은 하위 본위에 소속되어 있는 것이 특이한 점이며 아동의 안전사고가 체육시간에 많이 일어나고 있음을 반영한 법률적 조치임을 알 수 있다(이종규, 2004).

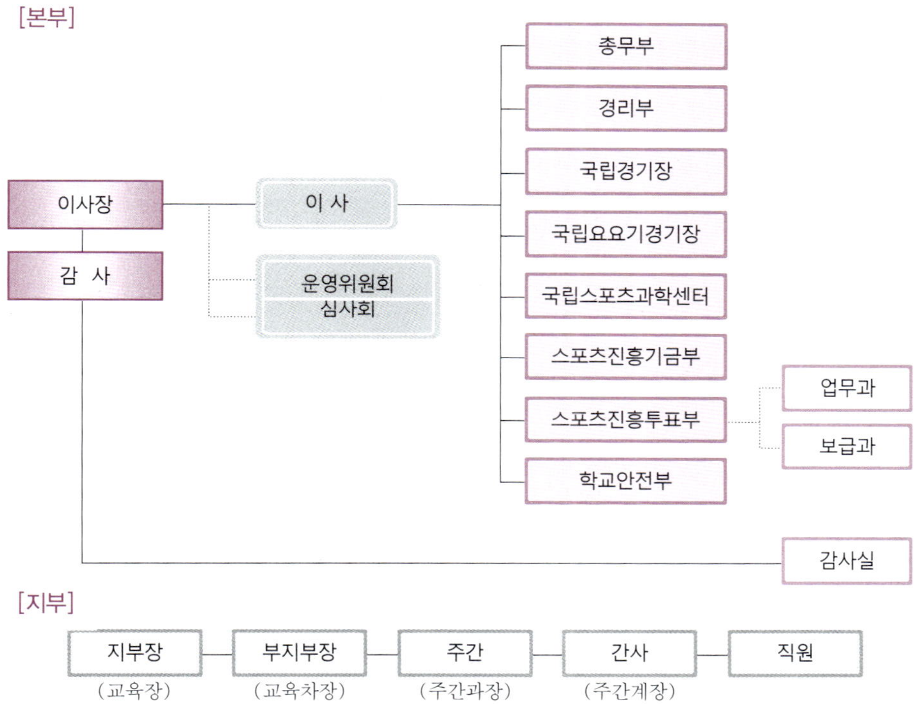

출처: 이종규(2004).

[그림 12-1] 일본의 학교 안전사고 및 재해 처리 조직도

(3) 재해의 범위와 종류

일본은 학교사고를 재해로 규정하고 있으며 학교관리하의(소학교, 중학교, 고등학교, 중등교육학교, 고등전문학교, 특수교육 제학교 및 유치원과 보육소를 포함) 부상, 질병, 장애, 사망(돌연사)이 포함된다. 비상재해는 풍수해, 지진 등이며 보상은 생활보험법에 의한 의료부조에서 담당한다(김남선, 2004; 이종규, 2004). 일본의 보상 대상 재해의 범위와 종류는 〈표 12-1〉과 같다.

일본은 초등학생과 중학생이 자살한 경우에는 금액에 차등을 두어 보상을 하고 있으며 고등학생의 자살은 보상을 하지 않고 있다.

〈표 12-1〉 일본의 보상 대상 재해의 범위와 종류

<table>
<tr><th>재해 종류</th><th colspan="2">재해의 범위</th></tr>
<tr><td>부상</td><td colspan="2">• 학교관리하의 사고를 당해 의료비에 드는 비용이 5,000엔 이상일 것</td></tr>
<tr><td>질병</td><td colspan="2">• 학교관리하에 행위로 인한 것으로 의료비에 드는 비용이 5,000엔 이상으로 문부과학성령으로 정하는 경우
–학교급식, 가스 등에 의한 중독
–일사병 · 익수 · 이물질을 먹거나 썩어서 생긴 질병
–옻 칠 등에 의한 피부염, 외부충격 부상으로 인한 질병</td></tr>
<tr><td>장애</td><td colspan="2">• 학교관리하의 부상 또는 질병을 치료한 후 남은 장애로 그 정도에 따라 제1급에서 제14급 장해로 구분된다.</td></tr>
<tr><td rowspan="3">사망</td><td colspan="2">• 학교관리하의 사고에 의한 사망 및 상기질병을 직접 원인으로 사망</td></tr>
<tr><td rowspan="2">돌연사</td><td>• 학교관리하에 운동 등의 행위와 관계없이 발생한 경우</td></tr>
<tr><td>• 학교관리하에 운동 등의 행위가 원인이 되었거나 유인(誘因)이 되어 발생한 경우</td></tr>
</table>

출처: 이종규(2004).

(4) 공제납부금

일본은 재해공제납부금을 국가, 학교설립자가 운영경비를 부담하고 보호자가 보상금 재원인 회비를 부담한다[그림 12-2]. 보호자의 회비 부담은 표준부담액을 센터에서 규정하여 학교가 시행한다. 일본의 이러한 제도는 일종의 보험제도와 비슷한 것으로 보험의 혜택을 입는 자가 일정액을 반드시 부담하는 것과 같은 제도이다. 소학교와 중학교의 경우는 4할에서 6할을, 기타 학교에서는 6할에서 9할을 보호자가 공제 납부금을 부담하고 나머지는 학교 설립자가 부담한다. 공립의무교육제 학교에서는 보호자의 경제적 이유에 의해 공제료 징수가 곤란하다고 인정될 때(요보호 아동 등)는 징수하지 않을 수도 있다. 이 부족분은 국가가 보조금을 지출하여 마련하고 있다. 재해공제급부를 체결할 때 학교 관리하에서의 아동학생 등의 재해에 대해서 학교 설립자의 손해배상책임이 발생한 경우에 센터가 재해공제급부를 행하는 면책특약에 가입할 수 있으며 그 비용은 아동 1인당 35엔으로 학교 설치자가 부담한다. 면책특약에 가입한 경우 학교의 책임으로 아동이 사망한 것으로 판명되었을 때 일정액을 센터가 부담하여 학교 설립자의 돌발적인 재정 부담을 줄이기 위한 취지로 만들어진 것이다(센터법 제44조 제1항 규정).

일본은 사고를 당한 학생이 일정한 책임이 있을 경우 그에 대한 책임을 물어 일정 비율의 보상금을 부담하게 하는 과실상계율을 따로 정하지 않는다. 이는 사고가 발생하였을 경우 규정된 전액을 보상하는 것을 의미한다. 과실상계율을 정할 경우 학부모 간 분쟁이 일어나기도 하며 센터에 대한 불신이 야기될 수도 있기 때문이다(김남선, 2004; 이종환, 2017).

(5) 회원 가입자

일본은 재해공제급부 계약을 학교 설립자가 보호자의 동의를 얻어 센터와 체결하고 공제요금을 납부한다. 즉, 회비납부를 국가, 학교설립자, 보호자가 함께 부담하는 형식으로 되어 있다. 또한 재해공제 급부제도에 가입되어 있는 비율은 유치원의 경우는 77~78%에 달하고 있으며 어린이집은 90% 이상이 가입하고 있다. 「일본스포츠진흥법」 제29조에는 국가보조금에 대한 사항을 명시하고 있다. 국가보조금은 첫째, 의무교육 대상자의 경우는 보조 대상에게 재해공제급부액의 1/3에 상당하는 액수를 보조한다. 나머지 부담액 중 학교 설립자가 50%, 학부모가 50%를 부담한다. 둘째, 고등학교, 고등전문학교 및 유치원 보조 대상 재해공제급부 경비 가운데 문부과학대신이 정하는 액수를 보조한다. 셋째, 예산의 범위 내에서 정부령에서 정하는 바에 의해 재해공제급무에 필요한 경비의 일부를 센터에 대하여 보조할 수 있다.

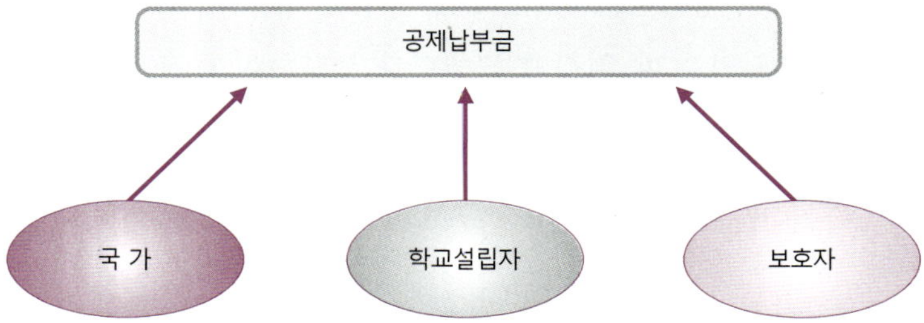

[그림 12-2] 일본의 회비부담 주체

2) 독일의 안전사고 보상정책

독일은 학교에서 안전사고의 예방을 가장 우선적으로 둔다. 특히 아동의 노동보호, 안전, 건강 보호를 위해 다양한 예방 활동을 실시한다. 그럼에도 불구하고 사고가 발생할 경우 사고보험 조합에 일정한 보험료를 지불하고 가입 대상 아동을 대상으로 보상을 하고 있다.

(1) 보상 관련 법

보상과 관련된 법은 다음과 같다.

- 학교에서의 노동보호, 안전, 건강보호 법률('02. 6. 4)
- 노동보호법
- 노동안전법
- 사회복지법
- 소비자제품안전법
- 산업안전보건법

(2) 사고의료보험조합

프랑크푸르트에 본부를 둔 헷센 주 '사고의료보험조합'은 모든 노동자, 모든 학생 등 보험을 든 인적 자원이 사고를 당했을 경우 법적 사고보험의 책임자가 된다.

사고보험조합에서 수행하는 일은 다음과 같다.

첫째, 학교에서의 사고 및 노동 재해 방지를 위한 각종 대책을 수립한다.
둘째, 효과적인 응급조치를 실시한다.
셋째, 노동재해를 당하거나 직업병에 걸렸을 때 피보험자의 건강대책을 강구한다.
넷째, 경제적인 보상을 한다.
다섯째, 사고 예방을 위한 사고 예방 규정의 공포 및 사고 예방 규정의 변형을 감시한다.

(3) 학교 안전사고 예방을 위한 관련자 역할

① 학교 최고 책임자

- 사고보험조합(사고보험책임자)과 함께 안전교육, 건강보호에 대한 계획 및 예방을 주제로 한 교사연수회를 개최한다.
- 안전교육과 건강보호를 위한 계획을 추진한다.
- 학교 건물과 설비 안전을 위해 학교안전관리자를 임명하는 역할을 수행한다.
- 국가교육청 노동보호위원회 위원으로 활동한다.

② 국가 교육청

- 학교담당자, 사고보험조합(사고보험책임자), 노동의학 담당자, 노동안전 전문인력, 노동보호와 안전기술을 담당하는 관리들과 같이 학교 안전사고 예방을 위해 활동한다.
- 효과적인 응급조치의 실행, 노동재해, 직업병, 노동에 따른 건강 위험을 예방하기 위해 학교장, 보험 담당자와 긴밀한 협력하에 감독한다.

③ 교장

- 사고 위험과 건강 위험을 야기할 수 있는 부족한 설비들을 학교 책임자에게

통보한다.
- 사고 발생 시 사고보험 담당자에게 알린다.

④ 교사
- 응급조치 교육을 받아야 한다.
- 사고의료보험조합의 전문적 연수에 참가해야 한다.
- 노동보호와 건강보호의 개선을 위해 사고의료보험조합의 규정들과 다른 자료들을 사용하여 필요한 경우 수업에 활용하여 교육한다.

3) 미국의 안전사고 보상정책

미국의 경우는 안전업무가 국가 보건정책(health)의 일환으로 이루어지고 있다. 최근 보건교육의 흐름을 보면, 개인의 사고 예방 및 대처 능력을 함양하는 것에 역점을 두고 있다. 아동안전 대책은 연방정부 차원과 주정부 차원에서 이루어진다. 연방정부에서는 아동과 관련된 법 제정, 안전캠페인의 전개를 통한 안전의식의 고양 등을 추진하고 있다. 주정부의 경우는 주에 따라 독자적인 안전과 관련된 사업이나 교육 등을 주도한다.

(1) 보상 관련 및 아동안전 관련 법
- 미국은 국가 의료체계가 아니다. 따라서 사고가 발생하였을 경우 대부분 사적인 보험으로 처리하고 있으며 교육당사자의 불법적인 행위가 발견되었을 시 소송으로 처리하고 있다.
- 1994년 어린이안전보호법(The Child Safety Protection Act) 제정
- 온수온도 조절기구 착용 법규 제정
- 연기 탐지기 설치와 방염처리 제품 사용에 관한 소방법 제정
- 유아 안전시트 착용 의무화 법규 제정
- 산업안전보건법

- 소비자제품안전법
- 안전한 학교 증진법(Safe Schools Improvement Act) 제정

(2) 안전사고 예방을 위한 관련자의 역할

① 연방정부차원의 아동안전사업기관

- 미보건성(Department of Health and Human Services)
- 질병통제센터(Centers for Disease Control and Prevention): 질병통제센터는 1992년 6월 각종 사고 및 상해로 인한 사망을 예방하기 위해 국립상해예방관리센터(National Center for Injury Prevention and Control)를 설치하였다. 이 센터에는 140명의 직원과 비의도성 상해관리부, 급성치료, 재활연구 및 장애예방부, 폭력예방부 등 3개 부서와 5개의 사무국이 구성되어 있다.
- 1993년 아동보육시설과 영유아교육기관의 건강과 안전을 위한 기준 마련(980개)
- 1995년부터 Safe USA라는 공공보건과 안전과 관련된 20여 개 정도의 연합체가 구성되어 안전한 가정, 안전한 학교, 안전한 직장, 안전한 이동과 수송, 안전한 지역공동체 만들기 운동과 캠페인을 전개하여 미국 전 국민의 안전의식 고양과 사고예방을 위한 활동을 전개하고 있다. 아동과 관련된 안전사업은 가정에서 화재 및 익사, 추락, 레저 및 스포츠와 연관된 안전보호사업을 전개하고 있으며, 학교에서 학생들의 통학버스 안전, 자전거 안전, 놀이 및 스포츠 안전사업을 전개하고 있다. 또한 안전한 지역사회사업으로 자전거 및 보행자 안전, 어린이 추락 예방사업, 놀이시설 안전 등의 어린이안전사업을 전개하고 있다(김승권 · 윤선화 · 김형욱 · 정윤경 · 이주영, 2007).
- 1997년 치명적인 상해에 대한 기준 마련(180개)
- 미도로교통 안전국(National Highway Traffic Safety Administration, NHTSA)은 연방 정부 차원에서 일반 차량과 구분되는 스쿨버스에 관한 별도의 설계와 운영 규정을 마련하였다. 미국의 모든 주는 학생 통학 교통수단과 관련

한 안전 방안을 마련하고 준수해야 한다. 스쿨버스 설계 규정에 따르면 스쿨버스는 반드시 눈에 잘 띄도록 제작되어야 하며, 적색점멸등(flashing red lights), 전후좌우 방면을 관찰할 수 있는 크로스뷰 미러(cross-view mirrors), 정지 표시등(stop-sign arms), 어린이 보호 좌석(protective seats), 전복 방지 장치(rollover protection) 등을 의무적으로 설치해야 한다. '도로교통 안전지침 17조: 학생통학안전(Highway safety program guideline No.17: Pupil Transportation Safety)'에서는 스쿨버스의 색상, 범퍼의 색상, 제조 시 준수해야 할 요건 등에 대해서도 상세한 권고사항을 제시한다(김지혜, 2018).

② 주정부차원의 아동안전사업기관

- 모자보건부(Maternal and Child Health Agency)

  모자보건부 산하 아동안전네트워크(Child Safety Network): 아동과 청소년의 사고와 폭력방지활동을 지원하는 기관조직
  - 비의도성 사고와 의도성 사고의 원인에 대한 정보 제공
  - 각 주의 아동과 청소년 안전정책 수립을 위한 기술 지원
  - 각 주의 안전 담당자들을 교육하고 자원을 제공
  - 사고 예방을 위한 연구 조사활동과 정책 활동
  - 주 및 지방 사고 예방 담당자를 대신하여 연방기관 내에서 대변자 역할 수행
  - 건강한 아동보육 캠페인(Health Child Care America)
- 전국상해폭력방지자원센터(National Injury and Violence Prevention Resource Center)

③ 전국 아동 안전예방단체(National Safe Kids)

아동의 교통 안전, 화재와 화상안전, 익사사고 예방, 중독과 쇼크 예방, 추락 예방 등 5개 영역의 사고 예방에 초점을 맞추어 지역과 연대활동을 주도한다.

4) 영국의 안전사고 보상정책

영국은 아동 안전사고가 가장 적은 나라이다. 아동안전 관련 정책의 목표를 '안전한 아동'으로 정하고 정부와 아동사고 예방전문기관이 상호 밀접한 협조체제를 구축하여 안전사고를 예방하고 있다.

영국의 아동안전 정책은 안전한 아동을 목표로 부모, 가족, 보호자는 아동에게 안정된 환경을 조성해 주도록 강조하고 있다. 목표를 달성하기 위한 지표설정과 더불어 아동에게 안전한 환경 제공, 부모에게 주요 위험에 대한 정보와 대처법 제공, 아동 유기와 방임을 최소화하는 것, 보호아동의 안전지원, 배우는 것에 장애를 가진 아동의 안전 지원, 지역사회에 기반을 둔 가족 서비스, 교통, 가정, 놀이, 약물 등의 안전예방 등의 점검기준으로 제시하는 등 구체적인 안전정책을 수립하고 있다(김승권 · 윤선화 · 김형욱 · 정윤경 · 이주영, 2007).

(1) 보상 관련 및 아동안전 관련 법

- 소비자보호법(1961): 모든 소비자용 제품은 안전해야 한다는 일반적인 규정이 제시
- 작업장 건강과 안전법(1974)
- 도로안전실행지침(1987): 각 주정부에서 도로안전에 관한 계획을 수립하고 실행
- 어린이 안전법(1989): 유아들을 위한 가족 지원, 일상 보살핌과 교육에 관한 가이드, 지방 사회 서비스 부서 및 어린이 건강, 안전, 복지와 관련된 교육기관, 8세 이하 어린이 보육을 위한 적절한 조치에 관한 기준 제시(종사자 수, 보육원, 유치원, 운동장에 관한 안전기준)
- 식품안전법(1990)
- 건강 및 안전관리 규칙(1992)
- 식품 안전규칙(1995)

(2) 안전정책

- 1962년 영국왕실지원으로 설립된 민간 안전전문기관: 왕실사고예방협회(ROSPA)
  - 교통 안전팀, 가정안전팀, 안전교육팀, 익사예방팀, 화재 안전팀으로 구성
  - 안전과 관련된 전문가 양성
  - 안전교재 편찬 보급
  - 안전사고 분석
  - 학교 안전교육 강화를 위한 지원
  - 학교 보건 및 안전 교육에 대한 가이드라인 제공
  - 안전관리를 위한 학생들의 통제대책과 모니터링 계획 수립
- 1988년 교육개혁법: 국가 수준에서 안전과 관련된 학습내용 및 성취 수준에 대한 기준 제시, 중앙정부와 지방정부의 안전 관련 교육과정의 균형적 운영 도모
- 1992년 보건성장관의 『국가의 건강(*The Health of the Nation*)』 백서 발표: 1990년부터 2005년 사이에 사고로 인한 아동사망률을 33%로 감소시킨다는 정책 발표. 아동대상 안전교육 강화 및 개인, 사회, 건강교육, 시민교육, 직업교육 등 안전교육 강화
- 2000년 Tomorrow's Roads–Safer for every one, The government's road safety strategy and casualty reduction targets for 2010 발표: 2010년까지 교통사고로 인한 사망 및 상해로 인한 아동 수를 50%로 낮추는 정책으로 연령별 아동에게 실시해야 할 안전교육내용을 발표
- 어린이 사고 예방 재단, 전국소비자협의회(NCC) 등의 민간단체와 교통 안전전문기관에서 정부 지원하에 교통 안전교육 연구 및 프로그램을 개발하고 시행하며 평가하는 활동을 수행
- 「교육에서 아동을 안전하게 하기(*Keeping Children Safe in Education*)」(2016)와 「아동 보호를 위해 함께 노력하기(*Working Together to Safeguard Children*)」(2015)라는 법 지침서(Statutory Guidance)와 「만약 아동이 학대받

고 있다고 염려된다면 무엇을 해야 하나: 실천가를 위한 조언(*What to do if you are worried a child is being abused—Advice for practitioners*)」이라는 교육부 자료집 발행(김경희, 2016)

일본, 독일, 미국, 영국 등의 안전사고 예방과 보상제도를 살펴보면, 안전사고와 관련된 예방, 정보관리, 홍보, 보상업무 등이 체계적으로 진행되고 있음을 알 수 있다. 영국, 미국, 일본의 안전사고 예방을 위한 안전교육제도 및 교육프로그램 현황이 〈표 12-2〉에 제시되었다.

〈표 12-2〉 영국, 미국, 일본의 안전사고 예방을 위한 안전교육제도 및 교육프로그램 현황

구분	영국	미국	일본
안전교육 제도	• 중앙정부 차원의 체계적이고 구체적인 전략이 제시되어 있음 • 안전교육의 목표 및 실행 지침을 개발함	• 각 주마다 독자적인 교육제도 운영 • 50개의 모든 학교에서 안전교육을 실시하고 전국조사를 통한 현황 파악	• 교육기본법, 학교교육법에 의해 학교 안전교육이 정규적으로 이루어지고 있음
관련 교과	• 범교과에서 개인, 사회, 건강, 시민교육의 중요내용으로 다루고 있음	• 보건교과에서 주로 안전 교육내용을 다루고 있음	• 학교급별의학습지도요령에 의한 안전교육 실시
취학 전 안전교육	• 클럽활동 및 부모와 함께 하는 교육을 강조하고 있음	• 안전클럽을 통한 부모와 함께하는 교육을 강조하고 있음	• 클럽활동, 유아원, 보육 원에서 안전교육 실시
초등학교 안전교육	• 학교에서 안전교육이 활발하게 이루어지고 있음. 전문가에 의한 교육이 이루어짐	• 교사에 의한 안전교육 실시, 안전전공 교사에 의한 교육	• 강사 훈련을 받은 일반직, 소방직과 교사들에 의한 안전교육 실시
운영 프로그램	• LASER 프로그램에 의한 체험관이 운영되고 있음 • 도로안전관 등 전문강사에 의한 안전교육 실시	• Risk Watch를 공통 과목으로 기본적인 안전교육 실시 • 지역별로 안전마을을 운영하며, 해당 지역 학생들의 안전교육을 실시 • 학교를 방문하는 이동식 체험 프로그램이 운영되고 있음	• 150여 개의 방재관, 교통 공원, 체험관을 통한 체험 안전 프로그램을 실시하며, 캠페인을 통한 가족단위 체험프로그램을 실시
프로그램 개발	• 정부의 지원하에 민간단체에서 프로그램 개발	• 민간단체와 기업에 의한 교육연구 및 프로그램 개발	• 국가 및 민간단체에 의한 자료 개발, 교사용 지침서 개발

출처: 이재연·윤선화·정윤경(2008).

2. 국내 안전사고 예방 및 보상정책

1) 아동 안전사고 발생 현황

우리나라 아동 10만 명당 안전사고 사망자 수는 2014년 2.93명에서 2011년 2.43명으로 그 수가 줄어들었다.

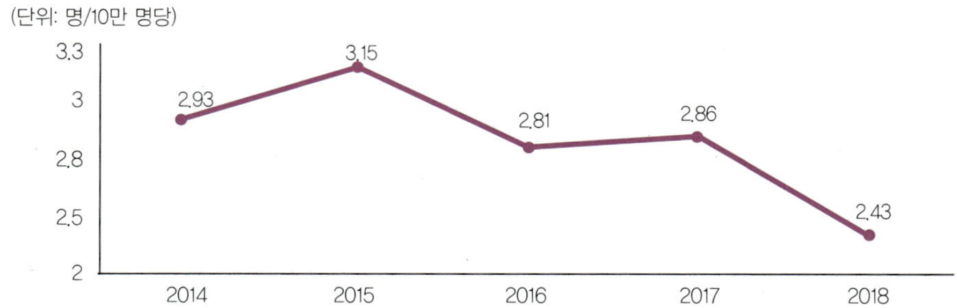

[그림 12-3] 아동 10만 명당 안전사고 사망자 수

출처: 통계청(2020).

2014년부터 2018년까지 아동 안전사고 사망자 유형별 현황을 순위별로 보면, 교통사고가 1순위였으며 그 다음은 기타, 추락, 익사, 화재, 중독 순으로 나타났다. 원인을 알 수 없는 기타의 경우는 교통사고 다음으로 높은 순위를 보이고 있다. 안전사고 사망의 원인을 좀 더 세분화하여 파악하고 이를 예방하는 대책 마련에 활용할 수 있도록 할 필요가 있다.

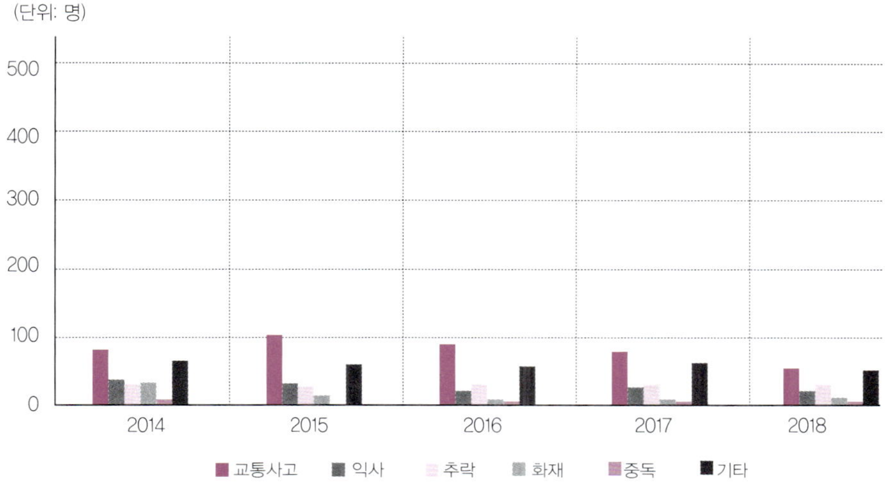

출처: 통계청(2020).

[그림 12-4] 아동 안전사고 사망자 유형별 현황

〈표 12-3〉 아동 안전사고 사망자 유형별 현황

(단위: 명)

	2013	2014	2015	2016	2017	2018
계	287	215	225	196	196	163
교통사고	121	80	103	87	75	54
익사	41	36	28	19	24	18
추락	37	31	28	28	26	28
화재	15	5	10	5	7	8
중독	2	2	0	1	2	4
기타	71	61	56	56	62	51

출처: 통계청(2020).

2) 우리나라 학교 안전사고 현황

학교안전중앙공제회(2020)에 보고된 시간대별 사고 발생 현황을 살펴보면 〈표 12-4〉와 같다. 2017년부터 2019년까지 체육시간에 안전사고가 가장 많이 발생하였고 그 다음으로는 점심시간에 사고 발생이 많았다. 2017년부터 2019년까지 삼 년간 체육시간 및 점심시간에 안전사고가 가장 많이 발생되고 있음을 알 수 있다.

〈표 12-4〉 시간별 학교 안전사고 현황

연도	단위	수업 시간	체육 수업	점심 시간	석식 시간	휴식 시간 및 청소 시간	특별 활동	학교 행사	등하교	기숙사 생활	계
2017	건수	18,411	35,165	22,681	1,010	17,494	6,151	9,004	6,231	537	116,684
2018		18,963	38,031	24,741	875	18,151	5,984	8,776	6,445	604	122,570
2019		21,746	43,619	28,936	823	20,620	6,111	9,615	6,706	608	138,784

출처: 학교안전공제중앙회(2020).

2017년부터 2019년까지 학교 안전사고 중 사고 형태별 현황을 보면, 물리적힘 노출이나 낙상에 의한 사고가 가장 많았다.

〈표 12-5〉 사고 형태별 학교 안전사고 현황

년도	단위	사람과의 충돌	물리적힘 노출	낙상-넘어짐	낙상-미끄러짐	낙상-떨어짐	기타	합계
2017	건수	16,034	45,283	31,220	10,442	4,675	9,030	116,684
2018		16,777	48,073	32,140	11,080	4,380	10,120	122,570
2019		19,355	54,844	36,075	11,865	5,412	11,233	138,784

출처: 학교안전공제중앙회(2020).

사고 부위별 학교 안전사고 현황(2017년부터 2019년까지)을 보면, 손과 발에 사고를 당하는 경우가 가장 많으며 머리는 3순위로 나타났다. 그러나 실제 머리와 치아를 다치는 경우까지 고려한다면 얼굴 쪽을 다치는 비율이 상당히 높은 것을 알 수 있다

〈표 12-6〉 사고 부위별 학교 안전사고 현황

년도	단위	머리(두부)	치아(구강)	흉복부	팔	손	다리	발	기타	합계
2017	건수(%)	24,008 (20.6)	10,155 (8.7)	2,099 (1.8)	11,587 (9.9)	25,998 (22.3)	15,706 (1.3)	25,605 (21.9)	1,526 (1.3)	116,684 (100)
2018		24,694 (20.1)	10,028 (8.2)	2,159 (1.8)	11,604 (9.5)	28,048 (22.9)	16,080 (13.1)	28,072 (22.9)	1,885 (1.5)	122,570 (100)
2019		27,278 (19.7)	10,868 (7.8)	2,426 (1.7)	13,155 (9.5)	32,969 (23.8)	17,900 (12.9)	32,299 (23.3)	1,889 (1.4)	138,784 (100)

출처: 학교안전공제중앙회(2020).

2017년 시간대별 사고 발생 현황을 보면 유치원의 경우는 1순위가 수업시간, 2순위는 점심시간이었다.

〈표 12-7〉 2017년 학교급별 학교 안전사고 발생 사고 건수 및 사고 당시 활동시간

시간/구분	유치원	초등학교	중학교	고등학교	특수학교
기숙사 생활	0.0	0.1	1.7	1.3	0.0
등하교	7.9	8.1	3.0	3.7	9.6
석식시간	0.1	0.0	0.1	3.3	0.0
수업시간	60.2	16.6	10.6	9.2	41.3
점심시간	9.3	25.7	18.0	15.3	15.3
체육수업	9.0	23.5	37.4	36.3	12.0
특별활동	0.7	3.4	6.8	7.2	2.0
학교행사	5.5	4.3	8.2	12.5	7.6

시간/구분	유치원	초등학교	중학교	고등학교	특수학교
휴식시간 및 청소시간	7.3	18.5	16.0	10.9	10.9
계	7,707	41,661	36,737	29,769	458

출처: 학교안전공제중앙회(2019).

주) 사고 건수를 제외한 각 셀의 단위는 퍼센트(%)임

2019년 유치원에서 사고가 가장 많이 발생한 장소는 교실, 운동장, 부속시설, 통로, 교외시설 순이었다.

〈표 12-8〉 2019년 학교 안전사고 장소

(단위 : 건)

장소/구분	유치원	초등학교	중학교	고등학교	특수학교	기타	계
교실	4,471	10,988	5,423	3,290	207	55	24,434
운동장	1,601	16,496	18,698	13,664	67	127	50,653
통로	784	10,649	6,001	3,118	93	47	20,692
교외시설	536	1,905	1,644	1,589	39	21	5,734
부속시설	1,376	13,735	11,862	10,041	155	102	37,271
계	8,768	53,773	43,628	31,702	561	352	138,784

출처: 학교안전공제중앙회(2020).

2017년 유치원에서 발생한 부상 부위별 현황은 머리가 1순위, 치아가 2순위, 손 3순위, 발 4순위 순이었다.

〈표 12-9〉 2017년 학교급별 학교 안전사고 발생 건수 및 사고 부위 분포

사고부위	유치원	초등학교	중학교	고등학교	특수학교
다리	3.6	9.7	15.3	19.0	11.1
머리(두부)	46.4	24.8	15.5	14.3	27.3
발	8.6	16.9	23.5	30.6	18.6
손	10.8	20.9	27.0	21.5	14.9

사고부위	유치원	초등학교	중학교	고등학교	특수학교
치아(구강)	17.6	14.1	4.9	3.6	16.4
팔	10.0	11.0	10.7	7.4	7.9
흉복부	0.7	1.6	1.9	2.3	0.9
기타	2.4	1.2	1.2	1.4	3.1
사고건수	7,707	41,661	36,737	29,769	458

출처: 학교안전공제중앙회(2019).
주) 사고 건수를 제외한 각 셀의 단위는 퍼센트(%)임

2017년 유치원에서 발생한 사고 원인별 건수를 보면, 학생 부주의가 압도적으로 많은 것을 알 수 있다. 이러한 현상은 초등학교, 중학교, 고등학교에서도 지속적인 현상으로 나타난다. 이러한 현상을 볼 때, 안전사고를 예방하는 지속적인 교육이 필요함을 알 수 있다.

〈표 12-10〉 2017년 학교급 별 학교 안전사고 발생 건수 및 사고 부위 분포

원인/구분	유치원	초등학교	중학교	고등학교	특수학교
식중독	–	–	–	0.2	–
이물질 섭취	0.2	0.1	–	0.1	1.1
이물질 접촉	0.4	0.1	0.1	0.1	–
자기 자신	71.1	71.4	65.5	71.5	77.5
자해, 자살	–	–	–	0.2	–
지병(기왕증)	–	–	–	0.9	–
타인	28.0	28.1	34.3	27.9	18.6
폭행(집단폭행 포함)	–	0.1	–	–	0.2
기타 질병	0.4	0.1	0.1	0.2	1.5
사고 건수	7,707	41,661	36,737	29,769	458

출처: 학교안전공제중앙회(2019).

또한 아동 안전사고 발생 현황과 학교 안전사고 현황은 우리나라의 안전사고를 예방할 수 있는 대책과 정책이 마련되어야 함을 보여 준다.

3) 우리나라 아동안전 관련 법률 제정

(1) 아동안전과 관련된 법 제정

아동안전과 관련된 법 제정 시초는 1990년 「도로교통법」 '유아보호용 장구 착용의무화' 조항의 신설이라고 볼 수 있다. 그 이후 1992년에 주택건설기준 등에 관한 규정이 개정되었고 1994년에는 수영장, 스키장, 썰매장 등 체육시설의 안전, 위생기준 등이 신설되었다. 어린이 보호구역의 제정 및 관리에 관한 규칙제정(1995), 어린이 통학버스 특별보호규정 도입(1997), 학생의 안전관리조항 신설(1998), 청소년 수련 시설 및 노유자 시설에 대한 자동 화재 속보 설비 설치 의무화 도입(1999), 아동의 건강 및 안전조항의 신설(2000), 공동주택 베란다 난간 규정 강화(2003) 등의 법률이 제정되거나 개정되었다. 이러한 법률을 분야별로 살펴보면 교통, 화재, 익사, 추락, 교통 안전 전반, 안전전반 등과 관련되어 있다.

〈표 12-11〉에 우리나라 아동 안전 관련 법률의 재 · 개정 현황이 제시되었다. 이 현황을 살펴보면, 2004년 이후 법률의 재 · 개정이 활발하게 이루어지고 있다. 그럼에도 불구하고 우리나라의 인구 10만 명당 아동 사망사고는 선진국에 비해 높은 편이다. 2004년 프랑스, 독일, 영국의 인구 10만 명당 아동 안전사고 사망률은 각각 4.18명, 3.15명, 2.82명이며 미국은 9.0명, 일본은 4.81명이다. 이에 비해 한국은 10.6명이다. 2005년 프랑스, 독일, 영국의 인구 10만 명당 아동교통사고 사망률도 각각 1.3명, 1.3명, 1.1명이며 일본은 1.1명인데 한국은 3.1명이다. 그 이유를 우리나라 아동안전 관련 법률과 유럽국가 아동안전 관련 법률과의 비교에서 찾아볼 수 있다. 유럽국가와 우리나라 아동안전 관련법을 비교해 보면, 우리나라는 집안청소기의 아동 안전보호, 포장용기, 가정 내 연기 감지기, 가정 내 수영자의 경계울타리, 농장경운기에 대한 아동운전과 탑승금지, 아동에게 불꽃놀이 장난감 판매금지 등과 관련된 법률은 아직 제정되지 않은 것으로 파악된

다. 따라서 「아동 안전 관련법」 강화와 제도정비를 더욱 강화하여 아동 안전사고 발생률을 낮추어야 할 것이다(표 12-11).

〈표 12-11〉 아동 안전 관련 법률 재·개정 현황

구분	시기	법령	주요내용	성과
신설법규	'05.5	실종아동 등의 보호 및 지원에 관한 법률	미아 찾기	복지부와 경찰청의 업무와 역할을 명시
	'07.1	학교 안전사고 예방 및 보호상에 관한 법률	학교 안전교육의 실시 근거 마련	
	'07.1	어린이놀이시설 안전관리법(산자부)	어린이놀이기구 및 시설에 대한 안전관리의 일원화 및 체계화	아동사고 발생 시 신속한 조치 및 보상시스템 구축
	'08.6	아동보호구역에서의 폐쇄회로, 텔레비전 설치	유괴 등 범죄의 위험으로부터 아동을 보호하기 위하여 필요하다고 인정될 때, 유치원, 초등학교, 특수학교, 보육시설, 도시공원 등에 설치	
개정법규	'04.10	품질경영 및 공산품 안전 관리법	어린이보호포장제도 도입	어린이중독사고 예방
	'05.12		안전인증 등 안전관리 제도 개편 및 신속조치제도 신설	어린이 용품 안전관리 강화
	'05.5	도로교통법	어린이보호구역 지정 확대	어린이 통학원 강화
	'05.7	수난구호법	구조구급 책임 명시	
	'07.1	학교급식법	학교급식 위생 · 안전관리 기준	
	'05.3	영유아보육법	보육시설 안전기준 강화	
	'06.6	소방기본법	안전체험관 설립근거 마련	
	'05.3	아동복지법	아동학대예방교육의무화 등	
	'08.6		아동복지시설과 아동용품에 대한 안전기준 등	
	'08.6		교통 안전, 실 · 유괴의 예방과 방지, 약물 오 · 남용 예방, 재난대비 안전 및 성폭력 예방교육	
	'06.6	청소년 성보호에 관한 법률	청소년대상 성범죄자 취업제한제도 및 정보등록 · 열람제도 신설	
	'07.8		청소년대상 성범죄자 신상정보등록 · 열람제도 및 취업제한 제도 강화 및 친고죄에서 반의사불벌죄로 변경	
	'05.3	청소년활동진흥법	청소년 수련시설의 화재 안전 도모	
	'05.11	소방시설 설치 및 안전관리에 관한 법률	아동 관련 시설 방염처리 제품 사용	
	'05.12	약사법	약품보호포장용기 도입	
	'04.3	재난 및 안전관리기본법	재난예방교육홍보 방법과 시기 명시	

(2) 어린이 교통사고 관련 법

2007년 이후 아동안전에 관한 다양한 법률이 개정되었다. 이러한 노력으로 인해 우리나라 어린이(13세 미만) 교통사고 사망자는 2007년 179명에서 2011년에는 80명으로 55.3%가 감소하였다. 특히 어린이보호구역이 2007년 8,429개소에서 14,921개소로 77%로 확대되어 교통사고 사망자 수는 2007년 1.1명에서 2011년 0.7명으로 36.4%가 감소하였다(도로교통공단, 2012). 어린이 교통사고를 선진국들과 비교해 보면, 2015년 14세 이하 어린이 교통사고 사망자 수가 OECD의 경우는 1,938명이었으며 우리나라의 경우는 18,607명이었다.

〈표 12-12〉 OECD 및 우리나라 전체 교통사고와 어린이 교통사고

구분	전체 교통사고		어린이 교통사고(14세 이하)	
	OECD	우리나라	OECD	우리나라
'11년	3,834,142	221,711	2,295	20,187
'12년	3,892,629	223,656	2,257	19,205
'13년	3,819,579	215,354	2,117	18,133
'14년	3,811,433	223,552	2,041	18,708
'15년	3,899,383	232,035	1,938	18,607

출처: 도로교통공단(2016).
주 1) 국가별 어린이 사망자 기준은 14세 이하로, 우리나라 어린이 사망자 수도 14세 이하로 적용.

어린이 교통사고는 발생률을 줄이기 위해 2010년에는 어린이 보호구역을 9,609개소에서 2011년에는 14,921개소 확대 지정하였다. 또한 어린이 보호구역 주요 교통법규 위반자의 경우는 범칙금과 과태료를 두 배로 부과하는 가중처벌을 적용하였다. 이외에도 2010년에는 보행안전지도(Walking School Bus) 학교를 38개교에서 2012년에는 524개교로 확대하였다. 2011년에는 어린이 통학차량 안전강화를 위한 법률을 개정하여 통학차량 운전자가 어린이 승하차 시 하차를 확인하는 것을 의무화(「도로교통법」 제53조의2), 통학차량 운영자 및 운전자 안전교육 의무화(「도로교통법」 제53조의2), 통학차량에 광각 후사경 부착 의무화(자동차안

전기준에 관한 규칙 제50조 제3항)하였다. 이외에도 교통사고 없는 어린이보호구역 만들기 민 · 관 공동캠페인을 개최하여 어린이 보호구역 내 서행(30km/h) 스티커 제작 및 부착과 같은 운동을 벌였다(도로교통공단, 2012).

〈표 12-13〉 유럽국가와 국내 아동안전 관련 법 비교

	아동을 위한 자전거 헬멧 착용	아동 안전 벨트/카시트	아동을 위한 안전 벨트	도시 지역에서 도로 속도 제한	집안 청소기의 아동 안전 보호 포장 용기	약물 관련 아동 보호 포장 용기	가정 내 연기 감지기	가정 내 수영장의 경계 울타리	농장 경운기에 대한 아동 운전과 탑승 금지	놀이터 안전 기준 채택	아동에게 불꽃놀이 장난감 판매 금지
오스트리아		✓	✓	✓					✓	✓	✓
벨기에		✓	✓	✓	✓					✓	✓
체코	✓	✓	✓	✓	✓				✓	✓	✓
덴마크		✓	✓	✓	✓				✓	✓	✓
에스토니아		✓	✓	✓	✓						✓
프랑스		✓	✓	✓	✓			✓	✓	✓	
독일		✓	✓	✓	✓	✓			✓		✓
그리스		✓	✓	✓					✓	✓	✓
헝가리		✓	✓	✓						✓	✓
아이슬란드	✓	✓	✓	✓	✓			✓	✓	✓	✓
아일랜드		✓	✓	✓	✓		✓		✓	✓	✓
이탈리아		✓	✓	✓		✓				✓	✓
룩셈부르크		✓	✓	✓	✓				✓	✓	✓
네덜란드		✓	✓	✓	✓	✓	✓		✓	✓	✓
노르웨이		✓	✓	✓			✓		✓	✓	✓
폴란드		✓	✓	✓	✓		✓		✓		✓
포르투갈		✓	✓	✓	✓	✓			✓	✓	✓
스페인	✓	✓	✓	✓	✓	✓			✓		✓

	아동을 위한 자전거 헬멧 착용	아동 안전 벨트/카시트	아동을 위한 안전 벨트	도시 지역에서 도로 속도 제한	집안 청소기의 아동 안전 보호 포장 용기	약물 관련 아동 보호 포장 용기	가정 내 연기 감지기	가정 내 수영장의 경계 울타리	농장 경운기에 대한 아동 운전과 탑승 금지	놀이터 안전 기준 채택	아동에게 불꽃놀이 장난감 판매 금지
스웨덴	✓	✓	✓	✓	✓	✓		✓	✓	✓	
스위스		✓	✓	✓	✓				✓		✓
영국		✓	✓	✓	✓	✓	✓		✓	✓	✓
한국	✓	✓	✓	✓		✓				✓	

출처: 김승권 · 윤선화 · 김형욱 · 정윤경 · 이주영(2008).

4) 우리나라 안전정책 추진과정

1996년 우리나라가 OECD에 가입하면서 아동안전과 관련된 정책이 마련되기 시작하였다. 1996년 보건복지부에서 아동안전 육성 종합대책 시안이 발표되면서 정책과제가 제시되었으나 구제적인 성과는 실현되지 않았다. 그러나 1999년 자구능력이 부족한 아동을 위한 안전대책과 「아동복지법」의 전면 개정(2000)으로 인해 아동안전과 관련된 구체적인 정책이 추진되었다. 2001년에는 서울시 아동안전종합대책이 수립되었고 어린이 교통사고 절반으로 줄이기를 정책으로 수립하여 어린이 교통 안전 관련 사업을 추진하게 되었다. 2002년에는 국가 수준의 어린이 보호육성추진단(이후 어린이 보호육성협의회)을 조직하여 5개 중점 추진 과제에 어린이 안전강화가 포함되게 되었다. 이러한 노력에도 불구하고 우리나라의 아동안전사고 사망률은 2003년까지 회원국 중에서 가장 높아 우리나라 어린이들이 각종 사고 위험으로부터 보호받지 못하는 것으로 밝혀졌다(홍혜경 · 지성애 · 김영옥, 2005). 이에 참여정부는 2003년 5월 5일 어린이날에 '어린이안전원년'을 선포하고 어린이 안전사고 사망률을 매년 10%씩 감소하여 5년 후에는 OECD 국가들 중 중위권에 진입하는 목표를 설정하였다. 이를 위해 아동안전종합대책을 수립하여 교통 안전, 추락사고, 익사 등 12개 분야 76과제를 추진하였다.

2003년 수립된 아동안전종합대책의 성과는 다음과 같다.

첫째, 아동의 사고사망률이 2003년 1,016에서 2007년 648명으로 감소되어 아동 안전사고 사망자 수가 50% 정도 감소되었다.

둘째, 아동안전 관련 법령 및 기준이 정비되고 강화되었다〈표 12-11〉.

셋째, 아동안전 관련 예산이 2003년 1,523억 원에서 2007년에는 2,746억 원으로 80.3% 증액되었다.

넷째, 안전문화체험관 건립, 어린이 교통 안전공원 및 체험장 건립, 안전교육 교재 개발 및 보급 등을 통해 안전교육 및 홍보사업의 근거를 마련하였다.

그러나 이러한 평가에도 우리나라 아동 안전사고 사망률은 14.8명에서 8.3명으로 감소하기는 하였으나 OECD 평균 7.3명보다는 높으며, 아동 사고 관련 손상률도 여전히 높은 것으로 나타났다. 또한 아동 안전대책 평가 체계의 미흡, 아동안전정책을 모니터링하고 조사할 인프라의 부족, 아동생애주기별 맞춤형 안전대책의 미흡, 아동안전에 대한 이해 부족, 지자체의 참여부족, 아동 안전사고 예방 및 홍보사업 등이 미비하였다(송현종, 2006). 이를 해결하기 위해 2008년 제2차 아동안전종합대책 5개년 계획을 위한 연구가 수행되었으며, 이를 통해 2012년까지 달성할 아동안전종합대책의 비전과 목표, 추진과제 등이 설정되었다. 이에 대한 사항은 〈표 12-14〉와 〈표 12-15〉에 제시되었다.

〈표 12-14〉 아동 안전 종합대책 5개년 계획의 비전과 목표

비전	아동이 살기 좋은 사고 없는 안전한 사회
목표	아동친화적인 안정한 환경조성

세부 목표	• 모든 환경(가정, 학교, 보육시설, 공공장소, 지역사회 및 여가 환경)에서 아동의 안전한 생활 유지 • 사고 위험의 적극적인 관리를 통해 윤택하고 즐거운 삶 향유 • 가족의 걱정 및 불안감 감소 • 사고로 인한 각계의 혼란 및 갈등 방지 • 사고에 대한 전국적인 통계 자료를 통한 사고감소율 제고 • 국가의 사회적 비용 감소 및 국가경쟁력 극대화
정책 추진 방향	• 아동의 사고 예방 및 안전증진을 위한 국민의 인식과 참여 증진 • 아동 사고 예방 및 안전증진을 위한 역량 강화 • 아동을 위한 안전한 환경 및 시스템, 제품의 설계와 개발 • 사고 예방을 위한 공공정책과 규제의 개발과 강화를 통한 아동안전정책 기반 조성 • 부처별 부문별 협력과 조정을 통한 사고예방 활동 통합 • 아동 사고예방 지식과 정보 향상 • 효과적인 사고예방 대책 수립과 이행 • 피해아동에 대한 응급대처, 응급치료, 재활서비스 극대화 • 주요부분별, 아동연령별 사고예방 전략 제고 • 민간기구와의 파트너십 강화와 사고예방을 위한 리더십 육성

출처: 김승권 외(2008).

〈표 12-15〉 아동 안전 종합대책 5개년 계획 추진과제 및 세부추진과제

추진과제	세부추진과제	관련부처
1. 아동 안전 기반구축	1-1. 아동안전정책 추진 인프라 구축 1-2. 아동안전 관련 제도개선 및 강화 1-3. 아동안전 증진을 위한 사회적 역량 강화 1-4. 아동안전정책 조정기구 설치 · 운영	총리실, 복지부, 통계청 총리실, 복지부 경제부, 환경부 행안부, 지자체, 국무조정실
2. 사고예방 및 안전한 생활환경 보장	2-1. 안전한 가정환경 조성 2-2. 안전한 교통환경 조성 2-3. 안전한 교육 및 보육환경 조성 2-4. 아동친화적 놀이 환경 및 유해물질로부터의 아동 보호 2-5. 안전한 급식 및 식품 제공	복지부, 국해부, 방재청 복지부, 행안부, 경찰청 교과부, 복지부 경제부, 소방청 교과부, 식약청
3. 위험으로부터의 보호 및 안심 환경 조성	3-1. 학교폭력 예방 및 대책 강화 3-2. 아동학대 제도개선 및 예방 3-3. 실종아동 예방 및 지원 3-4. 유해환경에서의 아동보호체계 강화	교과부, 복지부, 경찰청 복지부 복지부, 경찰청, 교과부, 복지부 국해부, 경제부
4. 손상피해아동 지원 체계 구축	4-1. 안전사고 예방 및 응급의료지원체계 구축 4-2. 손상피해아동에 대한 치료 및 재활서비스 지원	복지부, 소방청 복지부, 교과부

출처: 김승권 외(2008).

3. 학교 안전사고 예방 및 보상제도

1) 우리나라 학교 안전사고 예방 및 보상제도의 변천

학교 안전사고 예방 및 보상에 관한 법률의 제정은 2007년에 이루어졌다. 우리나라의 경우 학교 안전사고에 관한 보상은 (구)사단법인 학교안전공제회에서 담당하였다. (구)사단법인 학교안전공제회는 1987년 서울특별시교육청을 시작으로 1999년까지 각 시 · 도 교육청 16개의 기관에 설치되었다. 사단법인 학교안전공제회의 운영은 지방재정, 국고지원, 학교회계에서 지출하는 회비로 기금을 조성하였으며 학교 안전사고 보상업무를 상호부조적 차원에서 시행하여 학교안전망을 구축하는 기초를 마련하였다. 한편 교육시설재난공제회는 교육인적자원부의 출연금으로 풍수해, 설해 등의 자연재해와 화재 발생 시 학교시설의 복구와 보상을 담당하고 있다. 그러나 (구)사단법인 학교안전공제회의 경우는 법률적 지원의 뒷받침 없이 운영됨으로써 학교 안전사고에 대한 예방과 보상에 있어 학교안전망 역할을 담당하는 것이 한계가 있었으며 보상기준이 시 · 도마다 각각 달랐다. 1991년에 제정된 「교원지위향상을 위한 특별법」 제5조는 학교 안전사고로부터 교원 및 학생을 보호하기 위하여 학교안전공제회를 설치하고 학교안전공제회에 관하여 따로 법률로 정하도록 하였다. 2007년 학교 안전사고 예방 및 보상에 관한 법률이 제정되어(시행, 2007. 9. 1) 학교 안전사고를 예방하고, 학생 · 교직원, 교육활동 참여자가 학교 안전사고에 의한 피해를 신속 · 적정하게 보상하기 위하여 학교 안전사고의 기준, 학교시설의 안전관리기준, 공제료 산정 및 공제급여 지급기준, 학교안전공제정책심의위원회의 운영 등 법률에서 위임된 사항과 그 시행에 필요한 사항을 정하고 있다(그림 12-5).

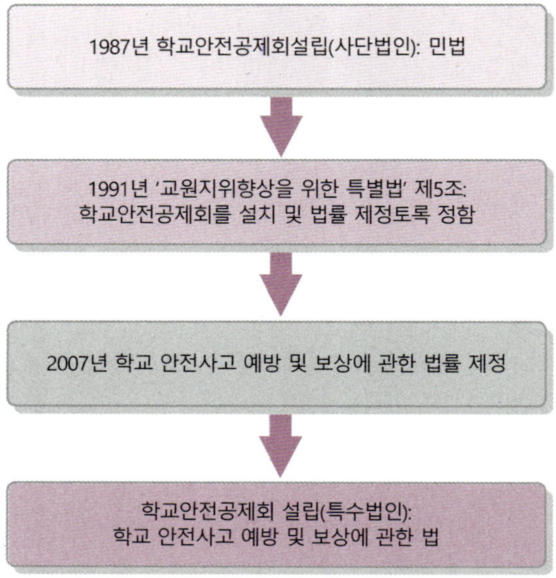

[그림 12-5] 학교안전공제회 설립의 변천

학교 안전사고 예방 및 보상에 관한 법률이 제정되기 이전에는 각 시 · 도 교육청별로 공제급여의 지급기준이 달라 민원이 제기되고 학교 안전사고를 예방하기보다는 사고가 일어났을 때 보상하는 차원으로 운영되어 학교 안전사고가 줄어들기보다는 매년 늘어나는 문제점이 있었다. 그러나 동 법률이 제정됨으로써 학교 안전사고에 대한 예방과 보상업무를 공적인 사회보험수준으로 전환하였고 기금조성에 관한 근거를 마련하여 실질적인 학교안전망을 구축할 수 있게 되었다. 「학교 안전사고 예방 및 보상에 관한 법률」 시행 이전과 이후의 달라진 점을 제시하면 〈표 12-16〉과 같다.

〈표 12-16〉 학교 안전사고 예방 및 보상에 관한 법률 시행 이전과 이후

구 분	법률 시행 이전	법률 시행 이후
학교안전공제회 가입	• 유치원, 초 · 중 · 고, 평생교육시설 • 외국인학교(가입대상 제외)	• 유치원 및 초 · 중 · 고, 평생교육시설(의무 가입) • 외국인학교(임의가입)
급여지급범위 확대 및 급여기준	• 시 · 도 학교안전공제회별로 상이	• 학교 안팎의 교육활동 중에 일어나는 모든 사고로 보상범위 확대 • 보상기준 전국 통일화
가입대상자	• 학생	• 학생, 교직원 및 교육활동참여자
급여종류 확대	• 요양급여, 장해급여, 유족급여	• 요양급여, 장해급여, 유족급여, 간병급여, 장의비 • 교직원 등이 학교 안전사고와 관련하여 비용 지출한 경우 이를 보전
보상대상 확대	※ 공제급여 지급대상 제외 • 등 · 하교시간 중 사고 • 위탁급식에 의한 사고 • 가해자가 있는 사고 • 천재지변에 의한 사고 • 자해 · 자살	※ 공제급여 지급대상 • 등 · 하교 중 발생한 사고 • 급식 관련 사고 • 학교폭력사고(국민건강보험법의 범위) • 천재지변에 의한 사고 • 학교 안전사고가 원인인 자해 · 자살사고 등 포함
법인의 종류	• 민법에 의한 사단법인	• 제정법률에 의한 특수법인
사고 발생 통지의 기한	• 시 · 도 학교안전공제회별로 상이	• 사고 발생 시 지체 없이 통지(의무사항)

출처: 경상북도교육청(2007).

2) 학교폭력예방 및 대책에 관한 법률 개정(서울특별시 학교안전공제회, 2012)

• 공포일
  - 법령: 2012. 3. 21
  - 시행령: 2012. 3. 30
• 시행일
  - 2012. 5. 1
  - 2012. 4. 1(법 제16조, 시행령 제18조 피해학생의 보호 · 지원 범위 등)

(1) 학교폭력 피해학생의 보호

① 공제회 또는 교육청 선 지급 후 구상

- 피해학생이 전문단체나 전문가로부터 심리상담 및 조언, 일시보호, 치료 및 치료를 위한 요양 등을 받는 데에 사용되는 비용은 가해학생의 보호자가 부담
- 다만, 피해학생의 신속한 치료를 위하여 학교의 장 또는 피해학생의 보호자가 원하는 경우에는 「학교 안전사고 예방 및 보상에 관한 법률」 제15조에 따른 학교안전공제회 또는 시 · 도 교육청이 부담하고 이에 대한 구상권을 행사(법 제16조 제6항)

② 직접 청구

- 학교의 장 또는 피해학생의 보호자는 필요한 경우 「학교 안전사고 예방 및 보상에 관한 법률」 제34조의 공제급여를 학교안전공제회에 직접 청구(법 제16조 제7항)

(2) 학교폭력 피해학생의 지원범위

- 교육감이 정한 전문심리상담기관에서 심리상담 및 조언을 받는 데 드는 비용(시행령 제18조 제1항제1호)
- 교육감이 정한 기관에서 일시보호를 받는 데 드는 비용(시행령 제18조 제1항 제2호)
- 「의료법」에 따라 개설된 의료기관, 「지역보건법」에 따라 설치된 보건소 · 보건의료원 및 보건지소, 「농어촌 등 보건의료를 위한 특별조치법」에 따라 설치된 보건진료소, 「약사법」에 따라 등록된 약국 및 같은 법 제91조에 따라 설립된 한국희귀의약품센터에서 치료 및 치료를 위한 요양을 받거나 의약품을 공급받는 데 드는 비용(시행령 제18조 제1항 제3호)

(3) 청구·지급 절차

- 비용을 지원 받으려는 피해학생 및 보호자가 학교안전공제회 또는 시 · 도 교육청에 비용을 청구하는 절차와 학교안전공제회 또는 시 · 도 교육청이 비용을 지급하는 절차는 「학교 안전사고 예방 및 보상에 관한 법률」 제41조를 준용(시행령 제18조 제2항)

(4) 구상권 행사 범위

- 가해학생의 보호자에게 구상(求償)하는 범위는 피해학생에게 지급하는 모든 비용(시행령 제18조 제3항)

3) 학교안전공제회 의무 가입

(1) 가입대상

「학교 안전사고 예방 및 보상에 관한 법률」에 의거 「유아교육법」 제2조 제2호의 규정에 따른 유치원, 「초 · 중등교육법」 제2조의 규정에 따른 학교, 「평생교육법」 제20조 제2항의 규정에 따라 고등학교 졸업 이하의 학력이 인정되는 평생교육시설의 학교장은 학교안전공제의 가입자가 된다. 다만, 「초 · 중등교육법」 제60조의 2의 규정에 따른 외국인학교의 학교장은 학교안전공제회의 승인을 얻어 학교안전공제에 가입할 수 있다.

(2) 공제회비 납부의무

공제가입자는 「학교 안전사고 예방 및 보상에 관한 법률」에 의거 공제료를 공제회에 납부해야 한다.

공제회는 법 제50조 제1항에 따라 학교별 공제료를 정하여 매년 4월 1일까지 공제가입자에게 통보하여야 하고, 공제가입자는 공제료를 매년 4월 30일까지 공제회에 납부하여야 한다. 다만, 법 제12조 단서에 따라 공제회에 가입한 공제가입자는 가입한 날부터 30일 이내에 공제료를 납부해야 한다.

(3) 학교 안전사고 발생 시 지급대상 및 절차

① 보상금 지급기준

• 지급기준은 전국적으로 동일하다.
• 요양급여와 보전비용의 경우 실제 지급하는 보상 금액은 다를 수 있다.

② 지급대상

• 청구서 작성 시 기재한 청구자(학부모)에게 지급된다.

학교 안전사고 예방 및 보상에 관한 법률이 제정된 이후에 피해보상이 가능한 사례를 〈표 12-17〉에 제시하였다.

〈표 12-17〉 학교안전공제회에서 제공하는 피해보상 가능 사례

보상 사례의 예	보상방법 및 절차
학교폭력	• 가해자가 누구인지 명백하게 가릴 수 없을 경우 • 가해자가 명백하지만 가해자의 경제적 능력이 피해보상을 하지 못하는 경우 • 피해자와 가해자 간 보상 문제가 신속히 해결되지 않는 경우
등 · 하교 중 발생한 사고	• 학교를 가다가 또는 돌아오다가 발생한 사고 • 다른 곳에서 놀다가 또는 학원을 다녀오다 일어난 사고는 보상받지 못한다.
급식사고	• 급식으로 인한 식중독 사고 • 위탁급식: 위탁급식업체로부터 보상 • 직영급식: 식자재가 원인인 경우는 납품업자가 보상. 사고는 위탁급식업체와 같은 방식으로 보상 • 급식사고의 원인이 명백하지 않거나 사고처리가 장기화 될 경우: 학교안전공제회가 우선 보상
집단따돌림	• 집단따돌림은 학교폭력에 해당 • 집단따돌림의 피해가 입증되고, 가해자들이 보상을 미루고 있는 경우: 학교안전공제회가 보상 • 학교안전공제회가 피해자에게 먼저 보상을 한 후 가해자에게 구상권 행사 • 가해자가 명백한 경우: 가해자에게 직접 보상을 받는 것이 원칙
천재지변	• 학교교육활동 중 발생한 천재지변에 의한 사고는 보상 • 천재지변에 의해 학교 시설물이 손괴되어 손해를 입은 경우: 교육시설재난공제회가 보상 • 학교안전공제회 보상: 교육시설재난공제회가 보상하는 경우를 제외한 그 밖의 교육활동 중 천재지변에 의하여 직접 피공제자가 손해를 입었을 경우

보상 사례의 예	보상방법 및 절차
학교장의 관리 · 감독하의 질병에 의한 사고	• 학교급식이나 가스 등에 의한 중독 • 일사병 • 이물질의 섭취 등에 의한 질병 • 이물질과의 접촉에 의한 피부염 • 외부 충격 및 부상이 직접적인 원인이 되어 발생한 질병
위탁교육활동 중 입은 부상	• 학교와 컴퓨터 학원이 계약을 맺고 학원 강사가 학교에 파견 나와 교육하던 중 사고가 발생한 경우 학생은 보상을 받고, 강사는 산재보험으로 보상을 받는다.
학교행사에서 부모가 부상을 당한 경우	• 학부모는 "교육활동 참여자"로 볼 수 없으므로 학교안전공제회의 보상범위에 해당되지 않는다.
토요일 재량 휴교 시 학부모가 학생들을 인솔, 현장학습을 한 경우	• 학부모가 학생들을 인솔하여 실시한 현장학습은 교육활동으로 인정하기 어려우며, 학부모를 교육활동 참여자로 볼 수도 없으므로 보상대상이 아니다. • 학교교사가 교육계획에 따라 학교장의 허가를 받고 현장학습을 하던 중 발생한 사고라면 학교안전공제회로부터 보상 가능하다.
유치원 교사가 교육활동 중 부상한 경우	• 유치원 교사가 교육활동 중 부상을 당한 경우에는 보상 가능하다. • 유치원 교사 중 「공무원연금법」, 「사립학교교직원연금법」, 「산업재해보상보험법」의 적용을 받는 유치원 교사는 개별 법률에 의하여 보상 가능하다. • 학교안전공제회는 개별 법률의 적용을 받지 않는 교사에 대해 보상을 담당한다.
유치원장 명의로 가입한 보험에 대한 보상	• 유치원장의 명의로 보험을 가입했다면 학교안전공제회와 보험회사에서 보상을 받을 수 있다.
검사에 대한 보상	• 1차 진료기관의 진단결과 의뢰서에 의해 2차 진료기관으로, 2차 진료기관에서 3차 진료기관으로 이송, 담당의사의 소견에 따라 검사를 받는 경우 보상 대상이 된다. • 학부모의 단순 의심으로 검사를 받는다면 진료비는 학부모 부담이 된다.

참고문헌

강민재(2007). 가정과 연계된 교통 안전교육이 유아의 교통 안전지식과 문제해결 사고능력에 미치는 영향. 중앙대학교 교육대학원 석사학위청구논문.

경상북도 교육청(2007). "학교안전사고 예방 및 보상에 관한 법률 제정배경".

경상재(2005). 보육시설 안전관리 실태와 개선방안. 청주대학교 사회복지·행정대학원 석사학위청구논문.

경찰청(2003). 도로교통 안전백서. 서울: 경찰청.

경찰청(2010). 도로교통 안전백서. 서울: 경찰청.

경찰청·도로교통공단(2008). 2008년판 교통사고통계. 범신사.

곽은복(2000). 유아안전교육프로그램 구성 및 효과에 관한 연구. 중앙대학교 대학원 박사학위청구논문.

곽은복(2001). 영유아를 위한 안전교육 프로그램. 서울: 창지사.

교육과학기술부(2008). 유치원 교육과정해설(II): 건강생활·사회생활. 교육과학기술부..

교육과학기술부(2012a). 5세 누리과정 해설서. 교육과학기술부.

교육과학기술부(2012b). 유아 재난대비 안전생활교육 프로그램. 교육과학기술부.

교육과학기술부(2012c). 유아 재난대비.생활안전교육 프로그램(부모용 책자). 교육과학기술부.

교육과학기술부(2013). 4세 누리과정 교사용 지도서 제5권 건강과 안전. 교육과학기술부.

교육과학기술부·보건복지부(2012). 3-5세 연령별 누리과정: 해설서.

교육과학기술부·보건복지부(2013). 3-5세 연령별 누리과정: 해설서.

교육부 학교안전정보센터(2019). [2017 학교 안전교육 우수사례 공모전 우수상 수상작]재난유형별 BCP 실천사례. http://schoolsafe.kr/front.php?go=bd

교육부(2000). 유아를 위한 안전교육 지도자료. 교육부.

교육부(2006). 유치원 시설안전관리 매뉴얼. 교육부.

교육부(2007). 유치원 교육과정 해설. 교육부.

교육부(2013). 유치원 시설 안전관리 매뉴얼 최종본. 교육부.

교통 안전공단(1995). 어린이 교통 안전에 관한 종합연구. 교통 안전관리공단.

구경선·김태임·서영희·홍은숙(2019). 아동안전관리. 경기: 정민사.

김경회(2016). 학교안전에 관한 해외 우수 사례 분석. 학교안전연구소, 2016-1, 43, 50-51.

김계자(2004). 영유아를 위한 안전교육. 동문사.

김계자(2007). 영유아 영양 및 건강교육. 동문사.

김근희(2005). 어린이 식품 안전활동계획안. 두레생협연합. http://www.dure.coop.

김남선(2004). 학교안전사고의 보상에 관한 연구. 전주대학교 대학원 석사학위청구논문

김미예·구현영·권인수·김진선·김태임·송인숙·심미경·이수연·정승은·조갑출·최미혜(2007). 아동간호학의 기초. 군자출판사.

김성희(2007). 유아안전교육. 서울: 창지사.

김승권·윤선화·김형욱·정윤경·이주영(2007). 아동안전종합대책 5개년계획 수립 연구. 보건복지가족부 한국보건사회연구원 정책보고서.

김승권·윤선화·김형욱·정윤경·이주영(2008). 제2차 아동안전종합대책 5개년 계획 수립 연구. 보건복지가족부 한국보건사회연구원 정책보고서. 2008-38.

김은경(2003). 유아교육기관의 안전교육실태 및 교사 안전인식에 관한 연구-경기도 국공립 유치원을 중심으로. 경희대학교 교육대학원 석사학위청구논문.

김인주(2006). 유아기 자녀안전에 대한 부모의 지식과 실천 및 부모교육 요구도. 성신여자대학교 대학원 석사학위청구논문.

김지혜(2018): 미국의 통학 안전 정책 추진 사례. 미국통신원, 메일진 해외교육동향, 344, 1-2.

김태환·홍준수·이재민(2013). 학교 내 사고통계 분석을 통한 안전대책 방안. 한국경호경비학회, 34, 139-160.

김현자·신지현(2008). 보육교사를 위한 안전교육의 이론과 실제. 서울: 동문사.

김혜금(2003). 자녀의 안전한 양육을 위한 어머니들의 부모교육 요구. 동남보건대학논문집, 21(1), 201-215.

김혜금(2006). 가정 내 안전사고 예방을 위한 부모교육 프로그램 요구. 44(1). 87-99.

김혜금(2008a). 보육시설 안전실태와 배상책임 법적근거 및 판례분석을 통한 안전사고 예방과 보상에 대한 고찰. 유아교육논총. 17(2), 109-126.

김혜금(2008b). 부모의 양육태도와 유아의 상해위험행동과의 관계. 아동학회지, 29(3), 41-54.

김혜금(2008c). 지역보육안전네트워크 활성화를 위한 과제와 방향에 대한 토론. 안전한 보육환경 조성을 위한 토론회. 107-113.

김혜금(2016). 어린이 안전사고 예방 및 응급 대응 문제와 대책: 어린이집 중심으로. '용인 어린이집 사고' 원인 진단 및 '어린이 안전' 향상을 위한 세미나 자료집. 서울: 표창원 국회의원

도로교육공단(2012). 교통사고 분석자료집 통권 제19호. "2011년 어린이 교통사고 특성분석". 서울: 도로교통공단.

도로교통공단(2008). 유치원선생님을 위한 교통 안전교육. 서울: 도로교통공단.

도로교통공단(2012). 2012년판 교통사고통계분석. 서울: 도로교통공단.

도로교통공단(2016). 교통사고분석시스템. 서울: 도로교통공단.

도로교통공단(2020). 교통사고통계분석. 서울: 도로교통공단.

도로교통공단(2020). 어린이 교통사고 특성 분석. 서울: 도로교통공단.

류경화·정명순·지주영(2008). 영유아건강 교육의 이론 및 실제. 서울: 동문사.

박명숙(1995). 유아안전교육에 대한 기초연구. 강남대학교 교육대학원 석사학위청구논문.

박성옥·이영환·한유미·곽혜경·양연숙·이진숙·장혜자·안은숙·이민경·김연주(2003). 영유아의 건강과 안전. 서울: 창지사.

박성익(1997). 교수.학습방법의 이론과 실제. 서울: 교육과학사.

박옥임·도미향·류도희·박애선·백경숙·성정현·이규미·이영석(2004). 성폭력 전문상담. 서울: 시그마프레스.

박은혜·조혜선·이성희·황보영(2016). 영유아 안전교육. 서울: 파란마음.
박은혜·김혜금·남궁선혜(2005). 보육시설 운영매뉴얼 및 영유아 보육프로그램 개발 2: 영유아의 건강 및 안전보호. 서울특별시
방인옥·박찬옥·이기현·김은희(2012). 유아교육과정. 경기: 정민사.
배애성(2009). 유아 성교육 프로그램 개발 연구. 동덕여자대학교 교육대학원 석사학위청구논문.
변정희(2006). 유아교육기관의 교통 안전교육 실태와 요구도에 대한 연구. 가톨릭대학교 교육대학원 석사학위청구논문.
보건복지가족부(2008). 2008 보건복지통계연보. 보건복지부.
보건복지부(1998). 영유아 안전 보육프로그램 1. 보건복지부.
보건복지부(2011). 2011 보건복지통계연보. 보건복지부.
보건복지부(2012). 5세 누리과정에 기초한 어린이집 프로그램. http://central.childcare.go.kr.
보건복지부(2013). 2013년도 보육사업안내. 보건복지부.
보건복지부(2013). 아이사랑 부모 모니터링 지표. 보건복지부. http://www.mw.go.kr.
보건복지부(2020). 2020년 보육사업안내 부록. 보건복지부.
보건복지부·인구보건복지협회(2011). 보육교사를 위한 유아 성교육 매뉴얼. 보건복지부.
相川德孝(2008). 保育の安全と管理. 同文書院.
서울시교육연구원(1996). 수업모형의 이론과 적용. 삼광문화사.
서울특별시 학교안전공제회(2012). 우리나라 학교 안전사고 현황.
선소선·하지영·서소정(2019). 유아의 재원 기관유형에 따른 식행동과 친사회적 행동에 대한 연구. *J East Asian Soc Diet Life, 29*(2): 130~138 (2019)
성아어린이집(2006). 영유아의 안전생활습관형성을 위한 안전체험교육. 강남구 구립 성아어린이집 안전교육 시범학교 운영자료.
성은현(2000). 부모의 화재 안전의식과 아동의 화재 안전의식의 관련성 연구. 한국안전생활교육회 한국어린이재단 주최 어린이 화재 안전 실태와 화재 안전교육 발표자료.
소비자안전국 생활안전팀(2012). 옷장 문틈 어린이 안전사고 조심하세요. 보도자료.
소비자안전국 식의약안전팀(2010). 영유아 중독. 보도자료.
소비자안전국 식의약안전팀(2012). 어린이 삼킴 및 중독사고 빈발. 보도자료.
소비자안전국 위해정보팀(2010). 가정 내 어린이 안전사고 유형별 실태조사: 위해정보 심층분석을 중심으로
소비자안전국 위해정보팀 (2011). 가정 내 안전사고 위해정보 분석.
소비자안전국(2011). 어린이 놀이시설(놀이터) 안전실태조사.
손승아(1992). 아동성폭력 예방을 위한 행동기술훈련의 효과에 관한 연구. 서울여자대학교 대학원 석사학위청구논문.
손영숙(2000). 부모를 위한 유아안전사고 예방에 대한 연구. 경남정보대학교 논문집, 337-346.
송인자·한정석(1998). 영유아의 사고유형 실태조사와 안전교육 효과분석. 한국보건간호학회지, 12(1), 55-74.
송태희·곽현주·우인애·김용선·이현옥(2008). 유아교사를 위한 영유아 영양과 건강. 서울: 교문사.
송현종(2006). 아동안전사고의 현황 및 정책과제. 보건복지포럼. 통권 제116호.
식품안전열린포럼(2009). 09년 식중독 관리방향. 제37회 식품안전열린포럼 세미나 자료.
식품안전열린포럼(2009). 식품 안전을 위한 위기대응체계. 제36회 식품안전열린포럼 세미나 자료.

신동주 (2001). 영유아의 사고 유형 실태조사와 안전교육 효과 분석. 한국보건간호학회지, 12(1), 55-74.

신동주·김명순(1998). 아동 안전을 위한 국내·외 아동놀이시설물 및 놀이용품의 안전보호제도에 관한 연구. 아동학회지, 20(1), 177-198.

신태용(2004). 약물 오.남용. 신일상사.

오정옥(2008). 유아교육기관의 화재 안전교육 실태. 덕성여자대학교 대학원 석사학위청구논문.

우민정(2010). 유아 성교육 프로그램의 구성 및 적용효과. 중앙대학교 대학원 박사학위청구논문.

원중연(2006). 영유아교육기관 운영관리. 경기: 정민사.

유광찬(1997). 교육방법 신강. 교육과학사.

유병열·손은혜(2018): 한국과 일본의 학교 안전교육 비교 연구(Ⅰ): 학교 안전교육의 배경 및 목표와 구조를 중심으로. 한국초등교육, 29(1), 181.

유선희(2004). 통합적 활동을 통한 유치원 교통 안전교육이 유아의 교통 안전지식에 미치는 영향. 이화여자대학교 교육대학원 석사학위청구논문.

육아정책연구소(2013). 표준보육과정.

윤선화(2002). 유아교사의 화재 안전실천에 관한 연구. 한국안전교육학회지, 15(1), 99-113.

윤선화(2004). 창의적, 자율적 교사로서의 전문성 함양 프로그램. 한육연 2004-1, 51-64.

윤선화(2006). 아동·청소년의 불장난, 방화 원인 및 대책. http://edupia.or.kr. 2008. 11. 14 출력.

윤선화(2012). 유아 화재사고 예방을 위한 화재 안전교육프로그램 개발 방향 탐색. 한국화재소방학회 논문지, 26(2), 112-122.

이기숙·장영희·정미라·배소연·박희숙(2008). 영유아를 위한 안전교육과 응급조치. 경기: 양서원.

이기숙·장영희·정미라·윤선화(2011). 영유아 안전교육. 경기: 양서원.

이기숙·장영희·정미라·윤선화(2016). 영유아 안전교육. 경기: 양서원.

이기숙·장영희·정미라·배소연·박희숙(2008). 영유아를 위한 안전교육과 응급조치. 경기: 양서원.

이기영(2000). 유아의 주의집중과 기억에 미치는 성교육 교수매체의 효과. 숭실대학교 교육대학원 석사학위청구논문.

이기현·이은상 역(2003). 영유아를 위한 건강. 안전. 영양. 서울: 정민사.

이성한, 김경승, 김미진, 변수정, 이윤정, 하연희(2020). 아동안전관리. 서울: 창지사.

이성호(1999). 교수방법론. 서울: 학지사.

이순형(2008). 영유아건강교육. 서울: 학지사.

이순형·이성옥·민하영·이영미·한유진·장영은·최나야·김지현·김진경·정현심(2008). 영유아 건강교육. 서울: 학지사.

이시백(2003). 성교육 이론과 실제. 서울대학교 출판부.

이영애·조인경(1997). 안전교육에 대한 보육교사의 인식. 영유아보육학, 12, 219-242.

이영환·임옥희·원은실(2004). 유아교사의 안전인식과 유아교육기관의 안전교육 실태. 한국가정과학회지, 7(3), 59-71.

이용주·오선영(2009). 유아부모의 화재 안전인식에 관한 연구: 서울, 대구, 영주 지역을 중심으로. 열린유아교육연구, 14(6), 421-444.

이인실·최민수·한국선(2006). 아동안전관리. 서울: 형설출판사.

이자형·김신정·강숙현·김동욱·문선영·박현두·이정은·이중의·조운주(2002). 아동과 청소년을 위한 사고 예방. 서울: 현문사.

이자형·하영수·김일옥·김혜영·박영애·오진아·이정은·장은영(2003). 아동간호학Ⅰ. 서울: 신광출판사.

이재연(1995). 영유아보육시설의 안전사고 현황과 대책. 영유아보육학, 2, 39-57.

이재연·윤선화·정윤경(2008). 어린이 안전교육 프로그램 개발 연구. 소방방재청 연구보고서.

이종규(2004). 한국과 일본의 학생안전사고관리 및 보상제도 비교. 보험학회지, 68(8), 39-72.

이종환(2017): 학교에서의 스포츠 사고에 있어서 안전배려 의무와 재해공제 급부제도에 관한 고찰: 일본의 사례를 중심으로. 법학연구, 68, 163-164.

이현성(2007). 가정 내 유아안전사고 실태 및 주양육자의 인식에 관한 연구. 공주대학교 교육대학원 석사학위청구논문.

이혜란(2001). 유아에 대한 어머니의 안전교육현황. 동남보건대학논문집, 19(2), 333-352.

이화영(2008). 유아교육기관의 놀이 안전교육을 위한 기초조사 및 프로그램 개발. 덕성여자대학교 대학원 박사학위청구논문.

임광빈(2011). 아동성폭력 예방교육의 개선방안 연구: 교사와 학부모의 인식을 중심으로. 건국대학교 행정대학원 석사학위청구논문.

임미혜·조숙경·지명숙·채혜선(2008). 영유아의 건강 및 안전교육. 경기: 양서원.

임미혜·조숙경·지명숙·채혜선(2010). 영유아 건강 및 안전교육. 경기: 양서원

임승지(2003). 어린이 안전사고 예방을 위한 세부 실천 방향. 모자보건학회, 67-78.

장영희·정미라·배소연(1997). 유아교육기관의 안전교육 실태. 유아교육연구, 17(1), 23-44.

정명희(2007). 아동 성폭력 피해의 유형 및 현황. 국회도서관보, 44(6), 제337호, 2-12. 서울: 국회도서관.

정미라·배소연·이영미(2007). 영유아를 위한 건강 및 영양교육. 서울: 학지사.

정인자·이재연(1998). 보육시설 안전사고 실태 및 안전보육 환경 평가. 영유아보육학, 14, 329-351.

정정옥·임미혜(2010). 영유아안전교육. 서울: 창지사

정채옥(2005). 유아를 위한 성학대 예방 교육법. 한국학술정보.

조희연·조경자·김진선·정동희(2011). 아동안전관리. 서울: 동문사.

중앙보육정보센터(2008). 보육시설 안전 매뉴얼 연구.

중앙아동보호전문기관(2008). 2007년 전국아동학대현황보고서. 중앙아동보호전문기관.

중앙아동보호전문기관(2012). 2011년 전국아동학대현황보고서. 보건복지부.

지성애·김영옥·홍혜경(1998). 농어촌 보육시설의 안전점검 척도 개발에 관한 연구. 영유아보육학, 15, 133-170.

질병관리본부(2006). 2005 건강행태 및 만성질환 통계 자료집.

최민수·정영희 공저(2006). 아동건강교육. 서울: 학지사.

최영해(1993). 성적 학대 예방교육 프로그램이 유아의 방어행동에 미치는 효과. 중앙대학교 대학원 석사학위청구논문.

최지영(2007). 아동건강교육. 서울: 동문사.

통계청(2007). 사망 원인 통계연보.

통계청(2009). 사고에 의한 어린이 사망 OECD 국가 비교.

통계청(2009). 놀이 안전통계연보

통계청(2011). 사망 원인 통계연보.

통계청(2012). 아동안전사고 현황. http://www.index.go.kr/egams/stts/jsp/potal/stts.

통계청(2018). 사고에 의한 어린이 사망 : 1996-2016년

통계청(2019). 2018년 사망원인통계

통계청(2020). 사망원인통계, 국가승인통계 제10154호

표석환(2009). 유치원 학교안전사고 통계. 학교안전공제중앙회.

학교안전공제중앙회(2019). 학교안전사고 통계 활용도 제고 연구

학교안전공제중앙회(2020). 2017년, 2018년, 2019년 사고 및 보상통계

한국소비자원(2020). 2019 어린이 안전사고 동향분석. 서울: 한국소비자원위해정보국위해예방팀.

한국산업안전공단(1995). 유아교사용 안전교육지도서.

한국산업안전공단(2003). 네 환한 웃음, 선생님이 꼭 지켜줄게. 학교안전사고 사례집. 한국산업안전공단 홍보사업국.

한국산업안전관리공단(2002). 생활주제와 함께하는 안전교육. 한국산업안전관리공단.

한국산업안전관리공단(2003). 생활주제와 함께하는 안전교육. 한국산업안전관리공단.

한국소비자보호원(2004). 어린이 안전사고 예방 가이드.

한국소비자보호원(2005). (어린이 안전 원년 선포 2주년 기념) 어린이안전정책포럼.

한국소비자보호원(2007). 소비자 위해실태 및 안전의식 조사.

한국소비자보호원(2007a). 어린이안전사고 유형별 실태조사. 서울: 소비자보호원.

한국소비자보호원(2007b). 수입유아용 완구 안전 실태조사. 서울: 소비자보호원.

한국소비자보호원(2009). 영유아 중독사고 실태조사. 한국소비자보호원.

한국소비자원(2014). 유아단추형 건전지 어린이 삼킴 사고, 당신의 가정은 안전하십니까. 한국소비자원.

한국소비자원(2017). 생활화학제품 어린이보호포장 안전실태 조사. 한국소비자원.

한국소비자원(2018). 리플렛_생활화학제품 어린이 중독사고, 한국소비자원.

한국소비자원(2020). 2019년 어린이 안전사고 동향 분석. 한국소비자원.

한국소비자원 소비자안전국 식의약안전팀(2012). 보도자료 '어린이 삼킴 및 중동사고 빈발, 안전대책 마련 시급'(2012.05.07).

한국소비자원 소비자안전국 위해정보팀(2014a). 애완견 물림 사고 관련 위해사례 동향분석.

한국소비자원 소비자안전국 위해정보팀(2014b). 보도자료 '어린이 안전사고예방! 가정에서부터'(2014.05.01).

한국소비자원 소비자안전국 위해정보팀(2015). 보도자료 '애완견 물림 사고, 가정에서 10대 미만 어린이에게 가장 많이 발생'(2015.01.23).

한국소비자원 안전감시국 제품안전팀(2018). 보도자료 '식품 · 장난감 모양의 제품으로 인한 어린이 안전사고 주의'(2018.12.26.).

한국소비자원 위해정보국 위해관리팀(2019). 보도자료 '0~1세 영아, 고데기 화상 사고 빈발'(2019. 05. 21).

한국소비자원 위해정보국 위해분석팀(2018). 2017 어린이 안전사고 동향분석

한국소비자원 위해정보국 위해예방팀(2020a). 보도자료 '어린이, 고령자의 가정 내 안전사고 주의하세요'(2020.03.11).

한국소비자원 위해정보국 위해예방팀(2020b). 보도자료 '장난감으로 인한 가정 내 어린이 안전사고 위험'(2020.04.22).

한국소비자원(2014). 어린이 안전사고 사례분석.

한국소비자원(2019). 2018년 어린이 안전사고 동향 분석

한국소비자원(2020). 2019년 어린이 안전사고 동향 분석.

한국아동청소년안전교육협회(2016). 학교안전교육. 경기: 공동체.

한국어린이육영회(1990). 유아를 위한 성교육. 한국어린이육영회.

홍명희·정영숙·장혜자(2004). 유아안전을 위한 부모교육의 경험 및 부모의 인식도. 한국생활과학회지, 13(4), 741−749.

홍명희·정영숙·장혜자(2004). 유아안전을 위한 부모교육의 경험 및 부모의 인식도. 한국생활과학회지, 13(4), 741−749.

홍혜경·지성애·김영옥(2005). 영유아 보육시설의 안전사고 현황: 농어촌 지역을 중심으로. 영유아보육학, 13.

Berman, C., & Fromer, J. (1991). *Teaching children about food. A teachers and activities guide*. Palo Alto, CA: Bull Publishing Co.

Bonny, L. W.(1996). *Injury prevention for young children*. NY: Greenwood Press.

Bromberg, D. S., & Johnson, B. T. (1997). Children, research, and public policy. *School Psychology Review, 26*(4), 622-633.

Cole, R. E., Crandall, R., & Kourofsky, C. E. (2004). We can teach young children fire safety. *Young Children, 59*(2), 14-18.

Hall-Long, B. A., Schell, K., & Corrigan, V. (2001). Youth safety education and injury prevention program. *Pediatric Nursing, 27*(2), 141-148.

Hendricks, C. M., & Reichert, A. (1996). Parents self-reported behaviors related to health and safety of very young children. *Journal of School Health, 66*(7), 247-251.

Hjern, A., Ringback-Weitoft, G., & Andersson, R. (2001). Socio-demographic risk factors for home-type injuries in Swedish infants and toddlers. *Acta Paediatr, 90*, 61-98.

Kendrick, A. S., Kaufmann, R., & Messenger, K. P. (1991). *Healthy young children: A manual for programs*. NAEYC.

Kendricks, A. S., Kaufmann, R., & Messenger, K. P (1988). *Healthy young children: A mamual for programs*. NAEYC.

Laden, M. G., Bauer, U., & Kohn, M. (2003). Inadequate supervision as a cause of injury deaths among young children in Alaska and Louisiana. *Pediatrics, 111*(2), 328-331.

Marotz, L. R., Cross, M. Z., & Rush, J. M. (1997). *Health, safety, and nutrition for the young child*(4th ed.). Albany, NY: Delmar Publishers.

Martoz, L. R., Rush, J., & Cross, M. (1989). *Health, safety, and nutrition for the young child*. Albany, NY: Delmar Publishing Co.

Matheny, A. P. (1988). Accidental injuries. In D. K. Routh(Ed.), *Handbook of pediatric psychology*(pp.108-134). New York: Guilford.

Mercy, J. A., Sleet, D. A., & Doll, L. S. (2003). Applying a developmental approach to injury prevention. *American Journal of Health Education, 34*(5), 6-12.

Mickalide, A. (1994). Creating safer environments for children. *Childhood Education, 70*(5), 263-266.

Pickle, B. (1989). *Increasing sagety awareness of perschoolers through a safety education program*. Nova University.

Rivara, F. P. (1995). *Developmental and behavioral issues in childhood injury prevention*. Den Beh Ped, 16, 362-370.

Robertson, C. (1998). *Safety, nutrition, and health in early education*. Albany, NY: Delmar Publishers Inc.

Scott, R. J. (1992). *Preventing injury: A safety curriculum for preschool-kindergarten Unpublished Doctorial Dissertation*. Albama University.

Sleet, D. A., & Mercy, J. A. (2002). Promotion of safety, security, and well-being. In M. H. Bornstein, L. Davidson, C. L. M. Keyes, & K. A. Moore(Eds.), *The center for child well-being: Positive development across the life course*. Mahway, NJ: Lawrence Erlbaum.

Soubhi, H., Raina, P., & Kohen, D. (2004). Neighborhood, family, and child predictors of childhood injury in Canada. *American Journal of Heath Behavior, 28*(5), 397-409.

US Consumer Product Safety Commission. (2006). *List of top holiday safety tips*.

WHO (1993). *Prevention Violence and Negligence, 5*.

Yeaton, W. H., & Bailey, J. S. (1987). Teaching pedestrian safety skills to young children: An analysis and one year follow-up. *Journal of Applied Behavior Analysis, 11*.

국가재난정보센터 http://www.safekorea.kr

교육부 학교안전정보센터(2019). [2017 학교 안전교육 우수사례 공모전 우수상 수상작]재난유형별 BCP 실천사례. http://schoolsafe.kr/front.php?go=bd

기상청 http://www.kma.go.kr

나무위키(2020). 화재. https://namu.wiki/w/%ED%99%94%EC%9E%AC

동일유치원(2007). 2007학년도 동일유치원 교육계획. http://www.pen.go.kr. 보건복지부(2020a). 2020년도 보육사업안내. http://www.mohw.go.kr/react/jb/sjb030301vw.jsp?PAR_MENU_ID=03&MENU_ID=032901&CONT_SEQ=352298

보건복지부(2020a). 2020년도 보육사업안내. http://www.mohw.go.kr/react/jb/sjb030301vw.jsp?PAR_MENU_ID=03&MENU_ID=032901&CONT_SEQ=352298

보건복지부(2020b). 「제3차 어린이집 표준보육과정 고시」 전부개정. http://www.mohw.go.kr/react/jb/sjb0406vw.jsp?PAR_MENU_ID=03&MENU_ID=030406&CONT_SEQ=354045

세이프키즈코리아(2020). 안전자료. https://www.safekids.or.kr/content/content.php?cont=record03

소방방재청(2006). 화재 시 행동요령. http://www.nema.go.kr.

소방방재청(2009a). 2008년 화재발생현황분석. http://www.nema.go.kr.

소방방재청(2009a). 화재. http://www.nema.go.kr.

소방방재청(2009b). 겨울철 안전관리 종합정보. http://www.nema.go.kr.

소방방재청(2009b). 화재. http://www.nema.go.kr.

소방방재청(2009c). 겨울철 안전관리 종합정보. http://www.nema.go.kr.

소방방재청(2011). 유아 안전교육프로그램: 교사용 지도서 및 부모용 자료. http:/www.nema.go.kr.

소방방재청(2012). 용어사전. http://www.nema.go.kr.

소방방재청 http://www.nema.go.kr
소방청(2019). 2018년 화재통계연감. https://www.nfds.go.kr/bbs/selectBbsDetail.do?bbs=B21&bbs_no=7943&pageNo=1
식품의약품안전처(2013). 식품안전기본지식. 식품의약품안전처. http://www.mfds.go.kr.
식품의약품안전청 http://kfda.go.kr
식품의약품안전청 식품안전정보 식품나라 포털 http://foodnara.go.kr
식품의약품안전청 위해예방정책과 http://www.foodwindow.go.kr
아시아경제 2019년 7월 5일:https://www.asiae.co.kr/article/2019070514144734181 한국, 유난히 개물림 사고 많아
안전보건매거진위시(WISH)(2007). 화재의 종류 및 소화원리. http://wish.koaha.net.
어린이급식관리지원센터(2013). 어린이급식관리지침서. 어린이급식관리지원센터. http://www.ccfsm.foodnara. go.kr(p.246).
어린이안전학교(2009). 화재사고 유형. http://www.go119.org.
연합뉴스 http://www.yonhapnews.co.kr
영양신문(2009). 강남구 보육정보센터. http://www.gncare.go.kr/
위키피디아. www. wikipedia.org (추가)
재난안전대책본부 http://sokcho.gangwon.kr
한국산업안전공단(2003). http://www.kosha.or.kr
한국소비자원 https://www.kca.go.kr/home/main.do
한국소비자원(2009). http://www.kca.go.kr/modules/board/view.jsp?&menuNo=348&boardConfigNo=129& board No=10143
한국소비자원 소비자위해감시시스템 https://www.ciss.go.kr/www/index.do
한국소비자원 어린이안전넷 http://www.isafe.go.kr/children/index.do
한국형사정책연구원(2012). 아동·청소년대상 성범죄의 장소별 동향분석(2000-2010년), 여성가족부 연구용역보고서.
행정안전부 어린이(2020). 소방 · 안전. https://www.mois.go.kr/chd/sub/a06/fire_2/screen.do
환경부 http://www.me.go.kr
MBC생활뉴스 http://imnews.imbc.com

저자 소개

천희영 고신대학교 아동복지학과 교수

문혁준 가톨릭대학교 아동학과 교수

권희경 건국대학교 유아교육과 교수

김민정 서원대학교 유아교육과 교수

김정희 총신대학교 유아교육과 교수

김혜금 동남보건대학교 보육과 교수

김혜연 제주관광대학교 유아교육과 교수

남옥선 배화여자대학교 아동보육과 교수

서소정 경희대학교 아동가족학과 교수

안효진 인천대학교 유아교육과 교수

정지나 신한대학교 유아교육과 교수

최윤희 가톨릭대학교 아동학과 강사

영유아 안전관리

초판 1쇄 인쇄 2020년 9월 1일
초판 1쇄 발행 2020년 9월 4일

지 은 이 | 천희영 문혁준 권희경 김민정 김정희 김혜금
김혜연 남옥선 서소정 안효진 정지나 최윤희
펴 낸 이 | 김기섭
책임편집 | 이윤미
펴 낸 곳 | 창지사 www.changjisa.com
08589 서울시 금천구 가산디지털1로 83 파트너스타워 1차 9층
전화 (02) 719-2211~3
팩스 (02) 701-9386
등 록 | 1977년 4월 28일 · 제1-421호

ISBN 978-89-426-1385-4 (93370)

KOMCA 승인

값 24,000원

「이 도서의 국립중앙도서관 출판예정도서목록(CIP)은 서지정보유통지원시스템 홈페이지(http://seoji.nl.go.kr)와 국가자료공동목록시스템(http://www.nl.go.kr/kolisnet)에서 이용하실 수 있습니다.(CIP제어번호: 2020037511)」